**JUSTIÇA PARA
OS ANIMAIS**

JUSTIÇA PARA OS ANIMAIS

Nossa responsabilidade coletiva

Martha C. Nussbaum

Tradução
Ricardo Doninelli Mendes

wmf **martinsfontes**

Esta obra foi publicada originalmente em inglês com o título
JUSTICE FOR ANIMALS por Simon & Schuster, Inc.
© 2022, Martha Nussbaum
© 2023, Editora WMF Martins Fontes Ltda., São Paulo, para a presente edição.

Todos os direitos reservados. Este livro não pode ser reproduzido, no todo ou em parte, nem armazenado em sistemas eletrônicos recuperáveis, nem transmitido por nenhuma forma ou meio eletrônico, mecânico ou outros, sem a prévia autorização por escrito do Editor.

1ª edição 2023

Tradução
RICARDO DONINELLI MENDES

Acompanhamento editorial e preparação de textos
Daniel Rodrigues Aurélio
Revisões
Hector Lima
Bruna Brezolini
Produção gráfica
Geraldo Alves
Paginação
Renato Carbone
Capa e edição de arte
Gisleine Scandiuzzi
Imagem da capa
Ana Matsusaki

Dados Internacionais de Catalogação na Publicação (CIP)
(Câmara Brasileira do Livro, SP, Brasil)

Nussbaum, Martha C.
  Justiça para os animais : nossa responsabilidade coletiva / Martha C. Nussbaum ; tradução Ricardo Doninelli Mendes. – São Paulo : Editora WMF Martins Fontes, 2023.

  Título original: Justice for animals: our collective responsibility.
  Bibliografia.
  ISBN 978-85-469-0473-0

  1. Animais – Direitos 2. Animais – Direitos – Aspectos éticos e morais 3. Política ambiental 4. Responsabilidade I. Título.

23-159029   CDU-34:59

Índice para catálogo sistemático:
1. Animais : Direitos   34:59

Eliane de Freitas Leite – Bibliotecária – CRB 8/8415

Todos os direitos desta edição reservados à
Editora WMF Martins Fontes Ltda.
Rua Prof. Laerte Ramos de Carvalho, 133 01325-030 São Paulo SP Brasil
Tel. (11) 3293-8150 e-mail: info@wmfmartinsfontes.com.br
http://www.wmfmartinsfontes.com.br

*À memória de Raquel,
e a todas as baleias.*

SUMÁRIO

INTRODUÇÃO IX

1 | Brutalidade e negligência: injustiça nas vidas dos animais   3

2 | A *scala naturae* e a abordagem "Tão Semelhantes a Nós"   29

3 | Os utilitaristas: prazer e dor   61

4 | A abordagem kantiana de Christine Korsgaard   85

5 | A Abordagem das Capacidades: formas de vida e o respeito pelas criaturas que as vivem   119

6 | Senciência e esforço: uma fronteira em construção   173

7 | O dano da morte   225

8 | Conflitos trágicos e como superá-los   253

9 | Os animais que vivem conosco   281

10 | A "natureza selvagem" e a responsabilidade humana   325

11 | As capacidades da amizade   373

12 | O papel das leis   407

CONCLUSÃO 455
AGRADECIMENTOS 465
BIBLIOGRAFIA 467
NOTAS 485
ÍNDICE REMISSIVO 515

INTRODUÇÃO

Os animais estão em apuros no mundo todo[1]. Nosso mundo é dominado por humanos em toda parte: na terra, nos mares e no ar. Nenhum animal não humano escapa da dominação humana. Na maioria das vezes, essa dominação inflige danos injustos aos animais, resultantes das crueldades bárbaras da indústria da carne, das caças clandestina e esportiva, da destruição dos hábitats, da poluição do ar e dos mares ou da negligência com os animais de companhia por pessoas que dizem amá-los.

De certa forma, esse problema é antigo. Tanto as tradições filosóficas ocidentais como as não ocidentais deploram a crueldade humana com os animais há cerca de dois milênios. O imperador hindu Ashoka (*circa* 304-232 a.C.), um convertido ao budismo, escreveu sobre seus esforços para abandonar a carne e renunciar a todas as práticas que prejudicassem os animais. Na Grécia, os filósofos platônicos Plutarco (*circa* 46-119 d.C.) e Porfírio (*circa* 234-305 d.C.) escreveram tratados detalhados reprovando a crueldade humana com os animais, descrevendo sua inteligência aguçada e sua capacidade para a vida social e fazendo um apelo aos humanos para mudarem sua alimentação e seu modo de vida. Mas, em geral, essas vozes caíram em ouvidos surdos, mesmo no reino supostamente moral dos filósofos, e a maioria dos humanos continuou a tratar grande parte dos animais como objetos, cujo sofrimento não importa – embora eles às vezes abram uma exceção para os animais de companhia. Enquanto isso, inúmeros animais sofrem com a crueldade, a privação e a negligência.

Atualmente temos, então, uma dívida ética há muito vencida: ouvir argumentos que nos recusamos a escutar, cuidar do que obtusamente ignoramos e agir com base no conhecimento que podemos alcançar tão facilmente sobre nossas más práticas. Hoje, porém, temos razões que os humanos nunca tiveram antes para fazer algo com relação ao tratamento injusto dispensado aos animais. Primeiro, a dominação humana aumentou exponencialmente nos últimos dois séculos. No mundo de Porfírio, os animais sofriam quando eram mortos por causa da sua carne, mas até aquele ponto, eles tinham vidas bastante decentes. Não havia uma indústria frigorífica como a que atualmente cria esses animais como se já fossem apenas carne, confinando-os em condições horríveis, apertados e isolados, até morrerem antes de terem vivido. Os animais foram caçados por muito tempo na natureza, mas a maior parte de seus hábitats não foi tomada por habitações humanas ou invadida por caçadores buscando ganhar dinheiro com o assassinato de um ser inteligente como um elefante ou rinoceronte. Nos mares, os humanos sempre pescaram para se alimentar, e as baleias há muito são caçadas devido ao seu valor comercial. Mas o mar não estava cheio de lixo plástico que atrai animais para comer, e então os sufoca até a morte. Nem as empresas de perfuração de petróleo submarino criavam poluição sonora em todos os lugares (perfurações, bombas de ar usadas para mapear o chão do oceano), tornando a vida cada vez mais difícil para criaturas sociais cujo sentido da audição é o principal modo de comunicação. Aves eram baleadas para servirem de comida, mas aquelas que escapavam não se engasgavam com a poluição do ar ou batiam fatalmente em arranha-céus urbanos cujas luzes as seduzem. Resumindo: a abrangência da crueldade e negligência humanas era relativamente estreita. Nos dias de hoje, novas formas de crueldade contra animais aparecem o tempo todo – mesmo sem serem reconhecidas como crueldade, já que seu impacto na vida de seres inteligentes é pouco considerado. Portanto, não temos apenas a dívida vencida do passado, mas uma nova dívida moral, que aumentou mil vezes e está aumentando continuamente.

Como o alcance da crueldade humana se expandiu, também cresceu o envolvimento de praticamente todas as pessoas. Mesmo aquelas que não consomem carne produzida pelo setor da pecuária industrial provavelmente terão usado itens de plástico descartáveis, usado combustíveis fósseis extraídos do fundo do oceano e poluentes do ar, morado em áreas por onde elefantes e ursos uma vez vagaram, ou vivido em edifícios que significam a morte para aves migratórias. A extensão de nosso próprio envolvimento em práticas que prejudicam os animais deve fazer com que cada pessoa com consciência considere o que todos nós podemos fazer para mudar essa situação. Imputar culpas é menos importante do que aceitar o fato de que a humanidade como um todo tem o dever coletivo de enfrentar e solucionar esses problemas.

Até agora, não falei da extinção de espécies animais, porque este é um livro sobre perdas e privações sofridas por criaturas individuais. E cada uma dessas criaturas tem importância. Espécies como tais não sofrem perdas. No entanto, a extinção nunca ocorre sem o sofrimento maciço de criaturas individuais: a fome de um urso polar, isolado sem alimento em um bloco de gelo, incapaz de atravessar o mar para caçar; a tristeza de um elefante órfão, privado de cuidados e da sua comunidade à medida que sua espécie diminui rapidamente; as extinções em massa de espécies de aves canoras como resultado do ar irrespirável, com mortes horríveis. Quando práticas humanas perseguem espécies, ameaçando-as de extinção, os animais membros sempre sofrem muito e vivem vidas esmagadas e frustradas. Além disso, as próprias espécies são importantes para a criação de diversos ecossistemas nos quais os animais possam viver bem (veja mais no capítulo 5).

As extinções ocorrem mesmo sem a intervenção humana. Mas até nesses casos podemos ter razões para intervir visando detê-las, por causa da importância da biodiversidade. Os cientistas, porém, concordam que as extinções atualmente são entre mil e dez mil vezes maiores do que a taxa natural de extinção[2]. (Nossa incerteza é enorme, porque somos muito ignorantes a respeito de quantas espécies realmente existem, particularmente quanto aos peixes e insetos.) Em todo o mundo, aproximadamente um quarto da população mundial de mamíferos e mais de 40% dos anfíbios estão atualmente ameaçados de extinção[3]. Aí estão incluídas várias espécies de urso, o elefante asiático (em perigo), o elefante africano (ameaçado), o tigre, seis espécies de baleia, o lobo-cinzento e diversas outras. Ao todo, mais de 370 espécies de animais estão em perigo ou ameaçadas, usando os critérios da Lei de Espécies Ameaçadas dos Estados Unidos, que não inclui as aves, e uma lista separada, com extensão similar, de aves. As aves canoras asiáticas estão praticamente extintas na natureza, por conta do lucrativo comércio desses itens de luxo[4]. Além dessas, muitas outras espécies de aves foram recentemente extintas[5]. Enquanto isso, o tratado internacional Cites*, que deveria proteger as aves (e muitas outras criaturas), é capenga e deixa de ser aplicado[6]. A história deste livro não é a história da extinção em massa, mas a dos sofrimentos de criaturas individuais que ocorrem dentro do contexto de indiferença humana com a biodiversidade.

Existe uma outra razão pela qual a evasão ética do passado precisa terminar agora. Atualmente sabemos muito mais sobre a vida dos animais do que há cinquenta anos. Sabemos demais para que as desculpas simplórias do passado sejam oferecidas sem vergonha. Porfírio e Plutarco (e Aristóteles antes deles) sabiam muito sobre a inteligência e a sensibilidade dos animais. Mas de alguma maneira os humanos encontram formas de "esquecer" o que a ciência do passado claramente revelou, e por muitos séculos a maioria das pessoas, incluindo a maioria dos filósofos, pensava que os animais eram "bestas brutas", autômatos sem sentido do mundo, sem emoções, sem sociedade, e talvez até sem a sensação de dor.

Contudo, as últimas décadas assistiram a uma explosão de pesquisas de alto nível cobrindo todas as áreas do mundo

▼

* Sigla em inglês para "Convenção sobre Comércio Internacional das Espécies da Flora e Fauna Selvagens em Perigo de Extinção". [N. do T.]

animal. Um dos grandes prazeres de escrever este livro foi a imersão nessas pesquisas. Nós agora sabemos mais não apenas sobre animais há muito estudados de perto – primatas e animais de companhia –, mas também sobre animais que são difíceis de estudar – mamíferos marinhos, baleias, peixes, aves, répteis e cefalópodes.

O que nós sabemos? Sabemos – não apenas por observação, mas pelo trabalho experimental cuidadosamente planejado – que todos os vertebrados e muitos invertebrados sentem dor subjetivamente e têm, de forma mais geral, uma visão do mundo percebida subjetivamente: o mundo parece algo para eles. Sabemos que todos esses animais experimentam pelo menos algumas emoções (o medo é a mais presente), e que muitos experimentam emoções como compaixão e tristeza, que envolvem "tomadas" mais complexas de uma situação. Sabemos que os animais tão diferentes quanto golfinhos e corvos podem resolver problemas complicados e aprender a usar ferramentas para resolvê-los. Sabemos que os animais possuem formas complexas de organização e comportamento social. Mais recentemente, aprendemos que esses grupos sociais não são simplesmente lugares onde um repertório herdado e rotinizado é colocado em ação, mas lugares de uma complicada aprendizagem social. Espécies tão diferentes quanto baleias, cães e muitos tipos de aves transmitem partes do repertório da espécie para seus filhotes não apenas geneticamente, mas socialmente.

Vou usar muito dessa pesquisa neste livro. Quais são suas implicações para a ética? Enormes, claramente. Não podemos mais traçar a linha usual entre nossa própria espécie e "as bestas", uma linha destinada a distinguir inteligência, emoção e sensibilidade da vida de uma "besta bruta". Também não podemos traçar uma linha entre um grupo de animais que já reconhecemos como algo "semelhantes a nós" – macacos, elefantes, baleias, cães – e outros que são supostamente pouco inteligentes. A inteligência assume múltiplas e fascinantes formas no mundo real; as aves, evoluindo por um caminho muito diferente dos humanos, convergiram em muitas habilidades semelhantes. Mesmo um invertebrado como o polvo tem capacidades surpreendentes de percepção inteligente: um polvo pode reconhecer seres humanos individuais e pode resolver problemas complexos, guiando um de seus braços por um labirinto para obter comida usando apenas seus olhos[7]. Uma vez que reconhecemos tudo isso, dificilmente podemos deixar de mudar nosso pensamento ético. Colocar uma "besta bruta" em uma jaula não parece mais errado do que colocar uma pedra em um terrário. Mas não é isso que estamos fazendo. Nós estamos deformando a existência de formas de vida inteligentes e complexamente sencientes. Cada um desses animais luta por uma vida que floresça, e cada um tem habilidades sociais e individuais que o equipam para negociar uma vida decente em um mundo que lhes apresenta desafios difíceis. O que os humanos estão fazendo é frustrar esse esforço – e isso parece errado. (No capítulo 1, desenvolverei essa intuição ética em uma ideia rudimentar de justiça.)

No entanto, ainda que tenha chegado o momento de reconhecermos nossa responsabilidade ética em relação aos outros animais, temos poucas ferramentas intelectuais para efetuar uma mudança significativa. A terceira razão pela qual devemos enfrentar o que estamos fazendo atualmente com os animais é que construímos um mundo em que duas das melhores ferramentas de que a humanidade dispõe para o progresso, o direito e a teoria política, têm oferecido, até o momento, pouca ou nenhuma ajuda sobre o tema. Como este livro mostrará, o direito – tanto o doméstico quanto o internacional – tem muito a dizer sobre a vida dos animais de companhia, mas muito pouco sobre quaisquer outros animais. Os animais, na maioria das nações, também não têm o que os advogados chamam de "legitimidade": isto é, o *status* para fazer uma demanda judicial caso sejam injustiçados. É claro que os próprios animais não têm condições de reivindicar algo legalmente, mas tampouco as têm a maioria dos humanos, incluindo crianças, pessoas com deficiências cognitivas – e, para dizer a verdade, quase todos, já que as pessoas pouco conhecem as leis. Todos nós precisamos de um advogado para fazer pressão pelas nossas reivindicações. Mas todos os humanos que mencionei – incluindo pessoas com deficiências cognitivas ao longo da vida – importam e podem apresentar uma reivindicação legal, assistidos por um advogado capaz. Na maneira como projetamos os sistemas jurídicos do mundo, os animais não têm esse simples privilégio. Eles não importam.

A legislação é construída por humanos usando as teorias de que eles dispõem. Quando essas teorias eram racistas, as leis eram racistas. Quando as teorias sobre sexo e gênero excluíam as mulheres, a legislação também as excluía. E não há como negar que a maior parte do pensamento político elaborado por seres humanos em todo o mundo tem sido centrada no ser humano, excluindo os animais. Mesmo as teorias que pretendem oferecer ajuda na luta contra o abuso são profundamente defeituosas, construídas sobre uma imagem inadequada das vidas e das lutas dos animais. Como filósofa e teórica política que também está profundamente imersa no direito e seu ensino, espero mudar as coisas com este livro, oferecendo uma teoria filosófica baseada em uma visão adequada da vida animal, para assim fornecer uma boa orientação ao direito.

Eu disse que é crucial acertar as coisas, baseando a teoria em uma visão adequada (apoiada pela melhor ciência atual) de uma gama diversificada de vidas animais, observando como os animais se esforçam para florescer e como eles são frustrados por várias práticas humanas. Deixem-me começar, então, convidando-os a considerar cinco exemplos, escolhidos para representar as zonas do mundo onde são infligidos danos aos animais: terra, mar, criação de animais para alimentação, ar e uso de animais de companhia.

Meus exemplos constituem apenas a menor amostra do que pode acontecer com um animal, e apenas uma amostra dos tipos de animais. Vou descrever cada animal cuidando de sua própria vida, florescendo e, em seguida, passando pelas dores resultantes do tratamento humano injusto.

Os animais não humanos são frequentemente tratados como coisas, não como seres sencientes individuais, e um aspecto desse tratamento tem sido a recusa de atribuir-lhes nomes próprios; por isso, os cientistas hoje insistem em usar tais nomes para os animais individuais que estudam. Sigo esta prática aqui, tomando nomes da realidade e da ficção.

Em todos os meus casos, exceto no de Lupa, que havia passado por bons e maus momentos, os animais floresciam quando eu (ou outros) os observei e os descrevi. Minha segunda descrição é hipotética, mas baseada em calamidades muito comuns na vida desses animais.

A mãe elefanta: a história de Virginia

Virginia é uma elefanta sensível do Quênia, que foi descrita (e nomeada) pela cientista de elefantes Joyce Poole em seu livro de memórias, *Coming of Age with Elephants* [Amadurecendo junto aos elefantes][8]. Virginia tem grandes olhos cor de âmbar. Quando ouve uma música de que gosta, fica muito quieta e suas pálpebras se fecham. Joyce Poole passa seus dias com todo o grupo matriarcal e descobriu que Virginia – menor que a matriarca mais velha, Victoria – gosta muito de ouvi-la cantando: "Amazing Grace" é uma das suas canções favoritas. Muitas vezes, no entanto, Virginia está se deslocando, cobrindo enormes extensões de pastagem, com suas patas enormes pisando silenciosamente no chão do Parque Nacional Amboseli, no Quênia. Seu novo bebê elefante anda sob sua barriga, abrigado por aquela enorme estrutura materna. (Elefantas são mães maravilhosas, altamente protetoras de seus filhotes, conhecidas até por sacrificarem suas vidas para salvar jovens elefantes do perigo.)

Agora considerem algo que pode acontecer, e que de fato acontece com frequência. Virginia jaz de lado, morta, com as presas e a tromba cortadas por um facão ou serra; seu rosto, um buraco vermelho sangrento. (O comércio de marfim se intensifica, apesar de muitas tentativas de contê-lo. E o mercado de troféus de animais, como partes traseiras e troncos, prospera enfrentando poucos impedimentos: nem sequer é ilegal importar tais troféus nos Estados Unidos.) As outras fêmeas reúnem-se em torno dela e tentam em vão erguer seu corpo com suas trombas. Finalmente desistindo do esforço, elas espalham terra e grama sobre seu corpo[9]. O bebê elefante está desaparecido; foi levado, muito provavelmente, para ser vendido a algum zoológico nos Estados Unidos, que não são muito exigentes quanto à especificação das origens[10].

A baleia-jubarte: a história de Hal

Hal Whitehead é um grande cientista de baleias, especialmente focado no canto desse mamífero marinho[11]; por isso dei seu nome a uma baleia-jubarte que é proficiente em canto, membro de um grupo que acompanhei desde um barco de observação de baleias perto da Grande Barreira de Corais, na Austrália. Nosso pequeno barco corta a agitada arrebentação. Ao longe, vários grupos de baleias-jubarte aparecem, saltando e batendo suas caudas e barbatanas. Suas enormes costas brilham ao sol. Uma delas é Hal. Sobreposto ao barulho do motor do barco, ouvimos o canto das baleias, com padrões sonoros muito complexos para nossos ouvidos mapeá-los, embora se saiba que o canto da baleia-jubarte apresenta uma estrutura melódica complicada e com imensa variedade, e está em constante mudança – às vezes, aparentemente, por pura moda e interesse pela novidade. Uma variante que se originar aqui pode chegar ao Havaí dentro de um ano, já que as baleias imitam umas às outras. O som é lindo para nós, e profundamente misterioso.

Agora olhe para Hal: lançada, morta, a uma praia nas Filipinas[12]. Outrora saudável, seu corpo está emaciado. Dentro, os pesquisadores encontraram 88 kg de lixo plástico, incluindo sacolas, copos e outros itens descartáveis. (Outra baleia que também se engasgou com plástico continha, entre o lixo ingerido, um par de chinelos.) Hal morreu de fome. O plástico dá às baleias uma sensação de saciedade, mas sem nutri-las. Por fim, não resta espaço para ingerir comida de verdade. Parte do plástico no estômago de Hal estava lá há tanto tempo que havia calcificado, transformando-se em um tijolo de plástico. Ela não cantará novamente.

A porca: a história de Imperatriz de Blandings

Como não conheço nenhum porco da vida real que seja bem tratado, escolho um inspirado na vida ficcional. Nenhum porco fictício é mais imperioso e mais marcante do que Imperatriz de Blandings nos romances de P. G. Wodehouse, uma nobre porca Berkshire preta em excelentes condições, que ganha muitas medalhas. Como Wodehouse era um famoso entusiasta e defensor dos animais, sabe-se que seu personagem fictício é descrito com base numa observação amorosa. Imperatriz de Blandings é enorme. Cuidada como uma companheira favorita na propriedade do Castelo de Blandings, ela adora seu cocho, onde sempre há comida apetitosa oferecida por seu cuidador humano, Cyril Wellbeloved. Porém, quando Wellbeloved tem que ir para a prisão por um curto período, penalizado por embriaguez e desordem, ela começa a definhar e perde o apetite. Sua família humana – especialmente Lorde Emsworth, muito dedicado aos porcos – preocupa-se com seu bem-estar, tentando-a com várias guloseimas, mas em vão. Por um golpe de boa sorte, James Belford aparece em Blandings, e sua habilidade em "canto de chamar porco", aprendida durante um período de trabalho em uma fazenda em Nebraska, traz Imperatriz de volta ao seu bom humor habitual. Ela come com gosto, fazendo "um gulp, glub, glup, smash, nhoc"* que encanta Lorde Emsworth. Pouco tempo depois, ela conquista sua primeira medalha de prata na 87ª Feira Agrícola de Shropshire, na classe "Porco Gordo"[13].

Agora imagine uma vida diferente para Imperatriz. Em vez de se desenvolver entre as pessoas gentis nos arredores acolhedores do Castelo de Blandings, e no mundo gentil de P. G. Wodehouse, onde todos os seres são tratados com amor e humor, Imperatriz tem um péssimo destino: viver em uma fazenda de suinocultura em Iowa no início do século XXI[14]. Assim que engravidou, ela foi empurrada para dentro de uma "gaiola de gestação", um cercado estreito de metal do tamanho de seu corpo, sem qualquer forragem para servir como cama, com piso de ripas de concreto ou metal para permitir que os dejetos desçam para as "lagoas" de esgoto. Ela não pode andar ou virar-se; não pode nem se deitar. Nenhum chamador de porcos fala com ela; nenhum humano afeiçoado a porcos a admira e a ama; nenhum outro porco nem outros animais da fazenda a encontram. Ela é apenas uma coisa, uma máquina de reprodução. A maioria das aproximadamente 6 milhões de porcas nos

▼

* Na famosa passagem original, entre os adjetivos enumerados estão famosas palavras onomatopeicas cunhadas por Wodehouse (e ainda hoje não dicionarizadas mesmo no inglês), ele em seguida acrescenta à descrição que os sons feitos por Imperatriz ao comer pareciam os de mil homens comendo sopa avidamente em um restaurante! [N. do T.]

EUA está em fazendas industriais, e essas gaiolas de gestação são usadas na maioria dos estados, embora proibidas em nove deles e em vários países[15]. As gaiolas causam perda de massa muscular e óssea pela falta de exercício. Elas obrigam os porcos a defecar onde vivem, coisa que os porcos, animais muito asseados, odeiam. E privam esses animais sociais de tudo o que é social[16].

O tentilhão: a história de Jean-Pierre

Jean-Pierre Rampal, o grande flautista francês (1922-2000), gravou muitas obras em que o som do gorjeio de alguma ave é tocado na flauta; por isso dei o mesmo nome dele ao meu habilidoso tentilhão, a quem ouço no site do Laboratório de Ornitologia de Cornell. Jean-Pierre é um tentilhão doméstico[17]. Ele tem penas vermelhas brilhantes logo acima de seu bico, e então a cor muda para vermelho acinzentado na parte de trás de sua cabeça. Abaixo do bico, tons de vermelho puxando para o rosa e o branco, e depois para um cinza listrado na barriga. Suas asas são listradas de cinza e branco. Ele canta um gorjeio rápido composto de notas curtas, e finaliza arrastando sua voz de forma mais aguda ou grave[18]. Jean-Pierre atrai o olhar para tantas delicadas gradações de cores em sua plumagem e tanta atividade e inteligência ao socializar com outras aves. E, acima de tudo, é fascinante ouvi-lo volteando suas complicadas composições de gorjeios. Ele não se cansa de cantar.

Agora olhe para Jean-Pierre: com um sistema respiratório comprometido, após arfar muito, ele jaz morto no chão sob a árvore onde outrora cantava com tanta fluidez. Milhares de pequenas aves migratórias (tentilhões, pardais, toutinegras, espécies que compõem 86% das espécies de aves da América do Norte) morrem todos os anos devido aos efeitos da poluição do ar. O ozônio danifica o sistema respiratório das aves e prejudica as plantas que atraem os insetos que as aves consomem. Neste caso, existem algumas boas notícias: programas para reduzir a poluição por ozônio, que aplicam a Lei do Ar Limpo [*Clean Air Act*], também ajudaram as aves. Estima-se que esses programas tenham evitado a perda de 1,5 bilhão de aves ao longo de quarenta anos, quase 20% das aves vivas nos Estados Unidos atualmente. Contudo, foi muito pouco e tarde demais para Jean-Pierre. Assim como Hal, ele não vai cantar de novo.

A cadela: a história de Lupa

Lupa é uma cadela que foi maltratada e depois viveu selvagemente por um tempo. Finalmente, encontrou um lar feliz junto aos professores de Princeton, George Pitcher e Ed Cone, tal como descrito em *The Dogs Who Came to Stay* [Os cães que vieram para ficar], de Pitcher[19]. Lupa corre rapidamente pelo campo de golfe de Princeton, sem coleira, ultrapassando o seu companheiro, o filósofo George Pitcher, e a sua hóspede, eu – mas não superando seu jovem filho Remus, que salta à frente dela perseguindo um cheiro, voltando depois para se juntar à mãe. Ela é uma cadela atarracada de tamanho médio, parte pastora alemã, parte desconhecida; ele é esguio e pequeno, com uma pelagem mais curta e traços de pastor menos pronunciados. Ambos têm pelos brilhantes, e brincam alegremente. Apesar de Lupa ser muito tímida comigo, ela demonstra grande afeição por George – e Remus é afetuoso e brincalhão com ele e comigo. Ambos os cães estão claramente florescendo, levando uma vida simbiótica que inclui George, seu parceiro Ed, um ao outro e vários visitantes animais e humanos.

Nesse caso, a história ruim está no passado. Lupa foi uma cadela selvagem por algum tempo, antes que George e Ed a encontrassem, quando ela escolheu a parte de baixo de um galpão em sua propriedade para dar à luz uma ninhada de filhotes. Ela não estava em boas condições: a vida na natureza selvagem é difícil para os cães. E sua vida antes disso poderia ser lida nas suas temerosas respostas. Certas coisas sempre a assustavam, mesmo muito tempo depois: uma mão levantada, um telefonema feito de um determinado telefone no andar térreo. Todos os novos humanos tiveram que provar seu valor para Lupa por um longo período, e poucos passaram no teste. Ela preferia se refugiar sob o piano de cauda. Tanto a crueldade como a negligência ficaram claramente gravadas na sua memória. Remus, ao contrário, conhecia apenas a boa vida.

* * *

Eu poderia ter contado histórias de tantos outros tipos de animais: gatos, cavalos, vacas leiteiras, galinhas, golfinhos, todo tipo de grande mamífero terrestre. Vamos ouvir mais sobre o polvo, sobre aves de todos os tipos, sobre peixes. E eu poderia ter imaginado diferentes obstáculos para os animais de que fiz os "perfis": para os elefantes, a fome devido ao hábitat cada vez menor, à medida que os humanos invadem as suas terras; para as baleias, as perturbações da vida cotidiana pelos ruídos marinhos, incluindo os resultantes do programa de sonar da Marinha dos Estados Unidos, que interrompem a migração e os padrões de reprodução; para animais de fazenda, todo o conjunto de instituições e práticas que constituem a criação industrial; para as aves, serem baleadas por caçadores esportivos; para os cães, o nascimento e início da vida em uma fábrica de filhotes, com todas as doenças que os acompanham, ou serem criados para lutar, ou apenas o tédio causado pela falta de exercício e atenção. Os relatos de brutalidade e negligência seguem assim por diante.

Um contraste entre as vidas que florescem e as vidas impedidas é a ideia central deste livro. Está no cerne do conceito de justiça, tal como vou argumentar no capítulo 1. E pensar bem sobre esse contraste é a chave para desenvolver uma boa teoria da justiça para os animais. O que há de errado com as três principais teorias sobre este tema, vou argumentar, é que elas não prestam atenção nesse contraste e as variadas formas como ele aparece nas diversas vidas que os animais levam. Vou desenvolver uma nova base teórica para pensar sobre a justiça e a injustiça com os animais, baseada nas habilidades destes para levar suas próprias formas características de vida. E vou argumentar que, por tornar central o contraste entre vidas que florescem e vidas impedidas, ela é capaz de superar desafios que outras teorias não conseguem. As teorias orientam as ações, e as más teorias as orientam mal. Acho que as teorias dominantes nessa área são defeituosas, e que a minha vai orientá-las melhor.

Mas, para mim, este livro é obra do amor e, agora, do que eu poderia chamar de luto construtivo, tentando levar adiante os compromissos de uma pessoa que o mundo perdeu tragicamente. Minha filha, Rachel Nussbaum, foi minha mentora e inspiração quando comecei, relativamente tarde na vida, a ter um grande interesse na difícil situação dos animais não humanos. Depois de um doutorado e uma curta carreira docente em história intelectual alemã, ela decidiu seguir sua paixão por animais na faculdade de direito, e teve a sorte de estar na Universidade de Washington, cuja faculdade de direito tem um currículo repleto de cursos de direitos animais e assuntos correlatos. Enquanto isso, ela e o marido moravam em Seattle, perto de locais adequados para observar as baleias e orcas, que eram a maior paixão dela. Ela teve ainda mais sorte em conseguir seu emprego ideal, como advogada da Friends of Animals, organização de defesa dos animais, trabalhando na divisão da vida selvagem em Denver, chefiada pelo maravilhoso especialista em direitos animais, Michael Harris. Por cinco anos, ela trabalhou com problemas legais de animais selvagens, incluindo elefantes traficados para zoológicos dos Estados Unidos, cavalos selvagens ameaçados de abate por fazendeiros, bisões sob perigo e tantos outros. Ela trabalhou na preparação de relatórios. Ela depôs em assembleias legislativas estaduais durante exames de leis pró-animais.

E ela conversava com sua mãe, levando-a a compartilhar sua própria paixão pelos animais selvagens e seu comprometimento com eles. Sua dedicação para melhorar a vida de criaturas abusadas e sofredoras foi intensa e bonita. Isso continua me inspirando. Começamos a escrever uma série de artigos em coautoria sobre a personalidade jurídica dos mamíferos marinhos e sobre questões mais gerais a respeito das relações entre animais selvagens e humanos. (Eu fornecia a teoria filosófica, impulsionando minha Abordagem das Capacidades [*Capabilities Approach*] para uma nova direção. Ela apresentava os fatos e as leis[20].)

Rachel morreu em dezembro de 2019, aos 47 anos, vítima de uma infecção fúngica resistente a medicamentos, após um bem-sucedido transplante de órgão. Descobriu-se que o órgão do doador tinha um defeito estrutural que o fazia "semear" a infecção e bombeá-la para o corpo. O defeito não pôde ser detectado antes da autópsia do doador. Por ter ficado claro que, por algum motivo, o órgão doador não estava fazendo o seu trabalho, haviam agendado um novo transplante. Um novo órgão foi encontrado, e ela estava prestes a ser levada para a sala de cirurgia quando a infecção fúngica foi descoberta. A infecção se mostrou resistente a medicamentos. O tempo transcorrido desde o transplante inicial até a morte dela foi de apenas cinco meses. Durante esse tempo, seu marido, Gerd Wichert, e eu a víamos no hospital praticamente todos os dias, exceto quando ela me encorajou a ir a Londres para apresentar nosso último *paper* em colaboração para a Human Development and Capability Association (HDCA), num momento em que ela estava muito bem e prestes a ser mandada para casa. Ela conversou com seus amigos da HDCA em uma ligação transatlântica e esperava, ansiosa e alegremente, juntar-se a eles no ano seguinte. E, ao longo daqueles dias, tivemos muitas conversas sobre os animais que amamos. Felizmente isso foi antes da covid-19, de modo que seu pai e seu chefe da Friends of Animals puderam juntar-se a Gerd e a mim para estar com ela em visitas frequentes, e todos nós estávamos com ela em seu último dia.

Enquanto eu viver, verei o brilho em seus olhos verdes e seu sorriso subversivo. Éramos um estudo de contrastes, eu, com cabelos loiros encaracolados, ela, com cabelos pretos quase raspados; eu, com vestidos coloridos femininos, ela, com terninhos. Nossos corações, porém, estavam profundamente ligados.

Este livro não é sobre essa tragédia. É diferente: olha para a frente, tentando promover as causas que ela amava, com uma teoria que ela conhecia e apoiava. Essa teoria, uma versão da minha Abordagem das Capacidades, mede a justiça perguntando se as pessoas – ou, neste caso, os animais sencientes – foram capacitadas pelas leis e instituições a viver de forma decente vidas florescentes, tal como definidas por uma lista de oportunidades de escolha e de atividades que cada criatura consegue (ou não) desenvolver, em seu contexto político e legal. Rachel até deu uma palestra sobre a Abordagem das Capacidades na Universidade de Denver, perto de seu local de trabalho. Ela tinha lido a breve incursão em questões animais, usando a Abordagem das Capacidades, que escrevi em meu livro de 2006, *Fronteiras da justiça*. Muitas vezes discutimos o projeto deste livro, e até lhe mostrei alguns rascunhos, principalmente o capítulo sobre os animais selvagens. E nosso trabalho em coautoria aparece amplamente nele, particularmente no capítulo sobre as leis e no capítulo sobre a amizade entre humanos e animais. Então sinto que ela está falando através de mim e estou canalizando a voz que amei.

O filósofo e estadista romano Cícero, cuja filha, Túlia, morreu quando era apenas um pouco mais jovem que Rachel, expressou sua profunda dor e luto planejando, nos que viriam a ser os últimos anos da sua vida, construir um santuário em sua memória. Espero que um livro que mantenha vivos no mundo os compromissos de Rachel e impulsione outras pessoas a segui-los possa ser uma expressão ainda melhor de amor e dor do que aquele santuário, já que exemplificará seus valores e os comunicará em todo o mundo.

O que é a Abordagem das Capacidades (AC) e por que os advogados apaixonados por justiça animal se importariam com ela[21]? É fácil dizer o que ela não é. A AC não classifica os animais por sua semelhança com os humanos, nem busca privilégios especiais para aqueles considerados mais "semelhantes a nós", como fazem algumas outras abordagens teóricas populares. A AC preocupa-se com o tentilhão e o porco, e igualmente com a baleia e o elefante. E argumenta que a forma de vida humana é simplesmente irrelevante quando pensamos sobre o que cada tipo de animal precisa e merece. *Suas próprias* formas de vida que são relevantes. Assim como os humanos procuram ter capacidades para usufruir dos bens característicos de uma vida humana, um tentilhão busca a vida de um tentilhão e a baleia, a vida de uma baleia. (E para cada um, ter espaço para a diferenciação individual faz parte da vida que busca.) Devemos nos ampliar e aprender – sem preguiçosamente imaginar os animais como seres humanos inferiores – buscando vidas mais ou menos semelhantes às nossas. De acordo com a AC, cada criatura senciente (capaz de ter um ponto de vista subjetivo sobre o mundo e sentir dor e prazer) deve ter a oportunidade de florescer na forma de vida que lhe é característica. A AC também não se importa apenas com a dor e o prazer, como o faz a abordagem da justiça animal mais destacada atualmente, baseada no Utilitarismo clássico do filósofo britânico do século XVIII, Jeremy Bentham, e atualizada pelo filósofo australiano de nosso tempo, Peter Singer. A dor é muito importante, e uma das grandes fontes de injustiça e danos nas vidas dos animais. Mas ela não é a única coisa que importa. Os animais também precisam de interações sociais, muitas vezes com um grande grupo de companheiros da espécie. Eles precisam de muito espaço para se movimentar. Eles precisam de brincadeiras e estimulação. Devemos certamente prevenir a dor não benéfica, mas também devemos pensar em outros aspectos de uma vida animal florescente. Nós não escolheríamos uma vida sem dor se isso significasse perder amor, amizade, atividade e as outras coisas com as quais temos razões para nos importar. Os animais são igualmente plurais em seus interesses. Teorias defeituosas dão conselhos defeituosos.

A grande história que este livro conta é a história de por que precisamos de uma nova teoria para orientar a política e o direito conforme tentamos cumprir as nossas responsabilidades éticas em relação aos cinco animais que descrevi, e a tantos outros – e por que a AC é o melhor modelo de intervenção ética e política nas práticas que arruínam e frustram essas vidas.

Começo, no capítulo 1, falando sobre o que significa a justiça e sobre algumas faculdades, que nós humanos temos, que nos permitem compreender a injustiça e responder a ela. Os três capítulos seguintes investigam três teorias defeituosas que são usadas atualmente no direito e na filosofia: uma teoria centrada no ser humano, que chamo de abordagem "Tão Semelhantes a Nós", que tenta ajudar criaturas que parecem muito semelhantes aos seres humanos (e apenas elas); a teoria utilitarista de Jeremy Bentham, J. S. Mill, Henry Sidgwick e Peter

Singer, que se concentra no prazer e na dor e reduz outros aspectos da vida de um animal a quantidades de prazer e dor (embora Mill divirja dos outros aqui); e a abordagem kantiana da filósofa Christine Korsgaard, que avança a passos largos no respeito à dignidade das vidas animais, mas, como sustento, falha em alguns aspectos importantes.

Em dois capítulos centrais, 5 e 6, apresento minha própria teoria e argumento sobre os animais terem direitos, ou seja, "direitos prestacionais" [*entitlements**] baseados na justiça para vidas que florescem decentemente. Eu mostro o que isso significa nos termos de minha própria teoria. Em seguida, discuto o conceito-chave de senciência, apresentando minhas razões para dizer que a justiça se aplica apenas aos animais que têm um ponto de vista sobre o mundo, e não aos que não o têm, nem às plantas.

O capítulo 7 questiona se a morte é sempre um dano a um animal, revisitando a perene questão filosófica de saber se somos prejudicados pela morte. O capítulo 8 examina "conflitos

▼

* *Entitlements*: eis um termo da teoria do direito anglo-saxônica que desafia teimosamente os tradutores. Ao contrário das "soluções" comumente encontradas – por exemplo, os genéricos "direitos" ou "garantias", ou os literais "intitulamentos" –, que não dão conta da especificidade ou da correspondência conceitual com a nossa doutrina jurídica, proponho o termo "direitos prestacionais", por crer que esta tradução usa o equivalente adequado, já em uso no português, que conta do caráter complexo do conceito usado pela autora: envolve o dever de prestação ou acessibilidade, por parte do Estado e da sociedade, de algum meio para a realização de um bem (os "funcionamentos" e as "capacidades", constituintes fundamentais de quaisquer vidas, na abordagem de Martha Nussbaum), assim como a proteção ou garantia de meios ou oportunidades para a realização desse bem. O exemplo nuclear que salta aos olhos é o *direito prestacional* a uma vida minimamente saudável e florescente, seja ela humana ou não humana, que inclui, por exemplo, desde o acesso à nutrição adequada, a garantia da integridade física, a proteção de hábitats até as oportunidades para realizar atividades com as quais o indivíduo exercita significativamente o pertencimento à própria espécie. [N. do T.]

trágicos" entre dois deveres eticamente importantes – um problema que muitas vezes encontramos na promoção do bem dos animais – e pergunta como podemos abordá-los para mitigar os danos que podemos temporariamente ter de infligir para resolver problemas complicados, como aqueles colocados pela experimentação animal.

Os capítulos 9 e 10 examinam os dois principais tipos de animais do nosso mundo: os animais que vivem conosco e perto de nós, e os "animais selvagens" – que não são, creio, realmente selvagens, no sentido de que todos os animais vivem em espaços dominados por seres humanos, mas não evoluíram para serem simbióticos com humanos. Em cada caso, pergunto o que a AC sugere sobre como as leis e as políticas devem lidar com essas vidas animais.

O capítulo 11 se volta para o objetivo principal da amizade entre humanos e outros animais, mostrando como pode haver tais amizades – mesmo com animais "selvagens" – e afirmando que o ideal de amizade nos ajudará a pensar bem sobre as tarefas diante de nós. E, finalmente, o capítulo 12 se volta para a legislação – as leis existentes, tanto internas quanto internacionais, com seus muitos defeitos –, perguntando quais recursos temos no direito que poderiam ser usados para forjar um caminho melhor.

Nós, humanos, podemos e devemos fazer melhor. A legislação pode e deve fazer melhor. Agora, creio, é a hora de um grande despertar: para nosso parentesco com um mundo de notáveis criaturas inteligentes, e para a responsabilização real pelo tratamento que a elas dispensamos. Em direção a uma justiça genuinamente global, incluindo todos os seres sencientes.

Espero que este livro ajude a orientar esse despertar, fornecendo sua urgência moral e estrutura teórica, e inspirando novas pessoas a assumirem a causa da justiça para os animais – da mesma forma que a paixão de Rachel pelos mamíferos marinhos me deixou curiosa, disposta a embarcar em uma difícil viagem, que provou ser mais gratificante do que qualquer outra jornada na minha vida, exceto a da maternidade.

JUSTIÇA PARA OS ANIMAIS

1

BRUTALIDADE E NEGLIGÊNCIA

Injustiça nas vidas dos animais

Os animais sofrem injustiças em nossas mãos. O projeto de todo este livro é fazer valer essa afirmação, recomendar uma poderosa estratégia teórica para diagnosticar as injustiças e sugerir remédios apropriados: uma versão da minha Abordagem das Capacidades.

Neste capítulo, começarei examinando nosso cotidiano pré-filosófico. A ideia de injustiça envolve, penso eu, a ideia de alguém que se esforça para obter algo razoavelmente significativo, mas é bloqueado por outra pessoa injustamente, seja por maldade, seja por negligência.

Essa ideia já nos coloca no caminho da minha Abordagem das Capacidades, porque esta abordagem se concentra nas atividades significativas e nas condições que tornam possível sua busca por uma criatura, sem sofrer danos ou bloqueios. Em outras palavras, levar uma vida florescente. Ao contrário de outras abordagens, que se concentram estritamente na dor como a principal coisa ruim, a minha se concentrará em muitos tipos diferentes de atividades significativas (incluindo o movimento, a comunicação, o vínculo social e a brincadeira) que podem ser bloqueadas pela interferência de outros, e em muitos tipos de atividades que bloqueiam injustamente, por maldade ou negligência.

Neste capítulo, primeiro compararei animais que florescem com animais frustrados em seus esforços, visando preparar uma explicação rudimentar da justiça e da injustiça. Em seguida, examinarei nossa ideia pré-filosófica comum de injustiça, para demonstrar como os animais em meus exemplos sofreram tratamento injusto. Então, depois de desenvolver a ideia de obstrução injusta de atividades significativas, investigarei três capacidades que todos os leitores deste livro possuem, que recomendam nossa atenção e cuidado com os animais: admiração, compaixão e indignação. Essas três emoções também são recursos: adequadamente desenvolvidas e cultivadas, elas nos ajudam a entender melhor o quadro ético e filosófico mais amplo dos direitos animais.

Aqueles que duvidam que os animais mereçam justiça em nossas mãos, e tenham o direito de exigi-la, devem esperar a apresentação da minha teoria no capítulo 5 para verem meu argumento completo sobre esta questão crucial, uma vez que diferentes teorias dão respostas diferentes para ela. Mas, dito muito brevemente, o meu ponto essencial é: todos os animais, humanos e não humanos, vivem neste planeta frágil, do qual dependemos para tudo o que importa. Nós não escolhemos estar aqui. Nós nos encontramos aqui. Nós, humanos, pensamos que, por nos encontrarmos aqui, temos o direito de usar o planeta para nos sustentar e tomar partes dele como nossa propriedade. Mas negamos aos outros animais o mesmo direito, embora a situação deles seja exatamente a mesma. Eles também se encontraram aqui e têm que tentar viver da melhor maneira possível. Mas com que direito negamos a eles o direito de usar o planeta para viver da mesma forma afirmada para nós mesmos? Normalmente, nenhum argumento é oferecido para essa negação. Creio que qualquer razão que apoie a nossa própria reivindicação de uso do planeta para nossa sobrevivência e florescimento é uma razão para os animais terem o mesmo direito[1].

Contudo, primeiro precisamos ter uma concepção funcional da justiça e da injustiça. Esse é o projeto deste capítulo.

Antes de começarmos, precisamos de alguns exemplos: casos que inspiram admiração pelas complexidades e atividades impressionantes de um animal, e dolorosa compaixão – unida a uma indignação direcionada à ação – pelo que foi feito desse animal em um mundo de brutalidade e negligência humanas.

Animais florescentes, animais frustrados

Minha introdução familiarizou-os com cinco animais em particular, que tentam viver, mas encontram vários tipos de bloqueio e frustração. Descrevi, primeiro, as atividades florescentes do animal em sua vida característica; depois, o mesmo animal levado a sofrer com os maus-tratos humanos.

Virginia, a mãe elefanta, desfrutava de liberdade de movimento e de uma vida social com seu grupo feminino, junto com os pequenos elefantes bebês que o grupo cria comunitariamente. Então, ela foi atacada e morta por caçadores clandestinos; seu rosto, aberto por causa do seu marfim, e seu bebê, tirado do grupo para ser vendido a um zoológico que não lhe daria uma vida florescente.

Hal, a baleia-jubarte, gostava de movimentar-se livremente, da interação social com seu grupo de baleias e de cantar. E então, tendo ingerido lixo plástico, morreu de fome devido a um bloqueio do trato digestivo, sendo lançada à praia.

Imperatriz de Blandings teve uma vida feliz no Castelo de Blandings, bem alimentada e cuidada por pessoas que amavam porcos e compreendiam suas personalidades peculiares e necessidades. Ela encontrou uma vida muito diferente em uma fazenda de criação de porcos em Iowa, confinada em uma gaiola de gestação, forçada a comer perto de suas próprias fezes, privada de toda a vida social e da livre circulação.

Jean-Pierre costumava voar livremente, emitir maravilhosos gorjeios e desfrutar da interação social com outros tentilhões. Mas a poluição do ar acabou com ele.

A história de Lupa é a única que vai da dor à felicidade e da injustiça ao florescimento. Anteriormente espancada por um humano cruel, depois uma vira-lata se alimentando nas ruas, ela por fim encontrou uma vida longa e feliz com os humanos que a tratavam com bondade, amor e respeito, dando-lhe excelentes cuidados médicos e muito exercício, e que também adotaram seu filhote Remus (encontrando bons lares para os outros irmãos), de modo que ela também tivesse tanto companhia canina como humana.

Estas são apenas cinco histórias, entre as milhões que estão aí para serem contadas. Os relatos de brutalidade e negligência continuam. Mas eles nos dão o material de que precisamos para mergulhar nas ideias de justiça e de injustiça. Em todas essas histórias, vemos uma vida florescente: significativamente, todas elas envolvem o livre movimento, a vida social e a expressão de habilidades próprias de cada espécie. Em contrapartida, vemos essas habilidades frustradas, esses movimentos bloqueados, essas trocas sociais tornando-se impossíveis.

O contraste entre vidas florescentes e vidas impedidas é a ideia intuitiva central deste livro. Nem todo impedimento, no entanto, conta como uma injustiça que devemos enfrentar. Voltemo-nos, então, para essa questão.

Justiça: a ideia intuitiva básica

O que é sofrer injustiça? Quando os danos à vida não são apenas danos, mas também erros pelos quais devemos responsabilizar alguém, e remediar se for possível, ou prevenir suas ocorrências futuras, se não for possível remediá-los?

Aqui estou descendo às intuições fundamentais da minha teoria, em que é realmente muito difícil dar mais razões. Deixe-me tentar, no entanto, articular as ideias básicas, pois elas nos guiarão no que se segue. O que significa uma criatura sofrer injustiça e ter direitos prestacionais baseados na justiça?

Imaginemos um animal: já que mesmo um hipotético animal genérico precisa de um nome, vamos chamá-lo de Susan. Susan está cuidando de sua vida, planejando, agindo, relacionando-se, buscando todas as coisas que importam para um animal do seu tipo. Susan usa seus sentidos e pensamentos. Ela estende a pata até as coisas, desejando-as. Ela se move em direção a elas e tenta pegá-las. Pelo caminho, Susan encontra obstáculos aos seus esforços. Alguns deles são triviais: eles bloqueiam planos que são questões secundárias e não centrais em sua vida. Entre os obstáculos mais sérios, alguns decorrem de limitações físicas que parecem não ser culpa de ninguém: Susan é acometida por uma doença; uma grande tempestade destrói sua habitação. Até agora, parece que Susan não sofreu injustiça, embora tenha sofrido danos, alguns menores e outros maiores.

Suponhamos, entretanto, que Susan seja bloqueada por outra criatura, ou por uma situação criada por outra criatura. Ainda assim, Susan pode não ter sofrido injustiça, se a outra criatura não fizesse nada de errado – estava apenas cuidando dela mesma e passou a colidir ou competir com Susan. Ela pegou um pouco de comida que Susan estava pegando. Ou ainda, a justificável defesa da sua vida e da sua família envolvia lutar e ferir Susan.

Mas suponha que a habitação de Susan tenha sido deliberadamente arruinada por outra criatura, que era capaz de ter mais juízo e fazer melhor. Suponha que Susan foi deliberadamente presa e morta, junto com milhares de seus companheiros e membros da espécie. Esse é o destino da maioria das galinhas do mundo e de muitos dos porcos e bezerros. Suponhamos que, assim como Imperatriz de Blandings, Susan tenha sido trancada em uma gaiola de metal e forçada a defecar através de ripas em uma lagoa fedorenta, enquanto adoecia por falta de exercício. Suponhamos que, assim como Virginia, seu rosto tenha sido cortado com um facão, deixando uma polpa sangrenta, para satisfazer o mercado de marfim, um sindicato ilegal e global do crime. Suponhamos que, como Lupa, ela tenha sido espancada por alguém que afirma ser seu proprietário.

Agora estamos no domínio da injustiça, porque os esforços de Susan são bloqueados por uma interferência que parece injusta. Se Susan fosse humana, rapidamente concluiríamos que há injustiça envolvida.

Os casos de Hal e Jean-Pierre parecem diferentes, porque não há um ato deliberado que tenha causado o dano. Se Hal tivesse sido arpoado (uma terrível prática não mais permitida pela Comissão Baleeira Internacional, mas praticada, ainda assim, pelo Japão, que se separou desse grupo quanto a essa questão), então poderíamos concordar rapidamente que o erro foi deliberado. Mesmo que Hal tivesse sido frustrado pelo programa de sonar desenvolvido de boa-fé pela Marinha dos Estados Unidos – mesmo assim, como veremos mais adiante no capítulo 5, um tribunal dos Estados Unidos interrompeu o programa por interferir delituosamente nas atividades das baleias[2]. Portanto, se a Marinha seguisse em frente, desafiando o tribunal, estaria cometendo uma infração deliberada. Mas Hal, a baleia encalhada e sufocada por lixo humano, é um caso mais complicado. Certamente, nós humanos podemos estar nos descuidando um pouco a respeito de onde todo aquele lixo de plástico irá parar, mas isso chega ao nível da negligência? E quem assume a responsabilidade? Mesmo que não sejamos culpados desta vez, e quanto ao futuro? Agora que vimos a baleia encalhada, estamos avisados de que seremos culpabilizados da próxima vez – mesmo que o lixo esteja por aí e seja muito difícil limpar os mares[3]?

A sufocação de Jean-Pierre pela poluição do ar é um caso similarmente difícil: os subprodutos da nossa vida industrial causam danos a muitas espécies, inclusive a nossa, mas em que ponto isso se eleva ao nível do dano injusto? E de quem é a culpa? Nosso sistema legal (especialmente a Lei do Ar Limpo) tem lutado contra isso para defender os humanos, mas as proteções contra a poluição acionáveis por meio da Lei do Tratado de Aves Migratórias [*Migratory Bird Treaty Act*] são uma questão politicamente contestada (consultem o capítulo 12).

No entanto, se Susan fosse Hal, seus amigos diriam que já existem leis positivadas que previnem danos aos mamíferos marinhos, que esse dano não foi doloso, que era claramente previsível e resultou de negligência, mesmo que o delito não possa ser atribuído a um único autor. Os mares estão lamentavelmente mal regulamentados, mas em princípio é possível que esse tipo de despejo de lixo possa ser regulado por lei, se as nações cooperarem. A poluição do ar também foi restringida por leis, e um violador dessas leis, mesmo um violador negligente em vez de um deliberado, está agindo de forma injusta. As aves são diferentes? O tempo e a política darão a resposta, mas sei o que penso.

A injustiça, então, envolve algum esforço da parte de Susan para conseguir algo em troca, ao menos algo razoavelmente significativo para a sua vida; e envolve não apenas danos, mas também uma transgressão por parte de outra pessoa, seja por um ato deliberado ou por negligência.

Até agora, parece que a vítima da injustiça não precisa ser humana, podendo ser um animal não humano. A injustiça depende da ação feita contra um ser senciente, e não do tipo desse ser: Susan pode ser uma humana, uma porca, uma elefanta. (No capítulo 6, perguntarei se todos os animais podem sofrer injustiças, ou se apenas alguns, e definirei essa fronteira ainda mais.) Na maioria dos casos de ação deliberadamente má, o perpetrador é humano, porque os humanos são capazes de intenções malévolas deliberadas de uma forma que poucos animais são. No entanto, veremos mais tarde que os humanos não são, na verdade, as únicas criaturas éticas, nem as únicas criaturas a quem deveres podem ser atribuídos. Isso será importante mais tarde, na construção de uma teoria convincente para uma comunidade multiespécies.

Às vezes, coisas que parecem acidentes envolvem injustiça quando nós as examinamos mais a fundo, porque envolvem negligência culposa. Isso é bem conhecido no mundo humano. Você foi acometido por uma doença para qual existe uma vacina conhecida, mas seu médico lhe disse que as vacinas são prejudiciais. Você sofre um terrível acidente automobilístico por causa de um erro do fabricante. Você é envenenado por um produto contaminado não detectado por uma falha de inspeção. Todo o cenário da responsabilidade civil se abre diante de nós. Na pandemia da covid-19, determinar o conjunto de conexões entre sofrimento e culpa tem sido ainda mais complicado e obscuro. Quantas pessoas teriam deixado de perder a vida se os testes tivessem sido organizados de forma mais eficiente e os *lockdowns*, mais completos? (Muitas, como mostra o caso da Nova Zelândia.)

Quantas teriam morrido mesmo assim, por terem sido afligidas, durante todas as suas vidas, por doenças e deficiências associadas à pobreza, como a diabetes e a desnutrição? Existe culpa aí? Se existe, de quem é? E quem vai ser culpado no caso das pessoas que, por causa de desinformação, não recebem vacinas que salvam vidas? A pessoa mesma, por credulidade e despreocupação com a ciência? Os fornecedores da desinformação? Ambos? E assim por diante. Em qualquer momento há pessoas no comando, ou que deveriam estar no comando, e, onde quer que haja meios de comunicação que deveriam aspirar à verdade e à confiabilidade, os danos começam a parecer errados: elas deveriam ter previsto o dano, e elas poderiam então tê-lo evitado, dado o seu poder. O caso de Hal se parece com isso, e o de Jean-Pierre também.

Às vezes, também, parece haver negligência em algum lugar, mas é difícil determinar onde. Por exemplo, o que dizer quanto aos danos que as criaturas sofrem na "Natureza", quando os humanos estavam em cena e poderiam ter ajudado? Quando elefantes passam fome por causa de uma seca que mata a vegetação que eles comem? (O uso humano da terra circundante é provavelmente uma das principais causas dessa seca.) Quando os animais ficam aleijados por uma doença que sabemos como curar? (Um tigre no Brookfield Zoo, em Chicago, teve sucesso na cirurgia para substituição do quadril. Um tigre em uma reserva natural supervisionada e monitorada por humanos, mas ainda "selvagem", pode ou não passar por uma intervenção cirúrgica?) E o que dizer da predação? Devemos tentar impedir que uma matilha de cães selvagens mate e coma um veado, quando podemos fazê-lo, sabendo que quase certamente impediríamos um cão ou gato de companhia de envolver-se em uma agressão semelhante?

É muito difícil, então, determinar quando há injustiça e por parte de quem. Mas a intuição geral deveria estar emergindo com mais clareza: a injustiça envolve centralmente um *esforço significativo* bloqueado não apenas por um *dano*, mas também por um *impedimento ilícito*, por negligência ou ação deliberada. Frequentemente, a frustração pelo impedimento inclui a imposição de dor, o que bloqueia quase todas as atividades comuns de um organismo (perceber, comer, mover, amar).

Por enquanto, apenas suponha que você está convencido de que os animais podem sofrer não apenas danos, mas injustiças, entendidas como impedimentos impostos ilicitamente. A seguir, eu lhe oferecerei razões pelas quais você deve pensar assim, embora eu espere que esses exemplos já tenham tocado você.

Os seres humanos e os modos de vida humanos estão por toda parte: na terra, espremendo os hábitats dos grandes mamíferos e o uso da água de que os animais precisam; no ar, alterando os padrões de voo das aves e o próprio ar que respiram; nos mares, alterando, de inúmeras formas, os hábitats de mamíferos e peixes. A onipresença do poder humano faz com que a responsabilidade humana se espalhe por domínios que anteriormente considerávamos apenas "selvagens" e "naturais". Onde a justiça começa e onde termina?

Este livro não tratará de todos os casos difíceis, mas tentará mostrar uma maneira de pensar sobre o florescimento animal (e o que o impede) e que pode nos ajudar a lidar com os casos difíceis melhor do que outras teorias rivais. Vou argumentar que nós, humanos, somos todos coletivamente responsáveis por dar sustentação às atividades vitais mais essenciais das criaturas com quem compartilhamos este planeta, tanto detendo a nossa interferência injusta com tantas dessas atividades, como também protegendo hábitats para que todas as criaturas sencientes (todas aquelas que têm um ponto de vista sobre o mundo, para quem as coisas importam) – um grupo que inclui todos os vertebrados e muitos invertebrados – tenham um quinhão decente de uma vida florescente. Essas oportunidades de escolher atividades significativas são o que quero dizer com "capacidades" [*capabilities*]. Então, todos nós deveríamos estar apoiando as Capacidades Principais dos nossos companheiros animais.

Admiração, compaixão, indignação: abrindo os olhos da alma

Tentei descrever os cinco casos de forma a despertar o sentimento de que algo errado fora feito. Repito: é o projeto de todo este livro, já que estou tentando persuadi-los de que muitas ações humanas em relação aos animais são formas de impedimento ilícito. Todo mundo sabe que as ações humanas causam muito sofrimento aos animais, bem como muitas outras formas de impedimento, mas muitas pessoas não admitem que isso seja errado. Nós temos o direito de continuar fazendo o que estamos fazendo, embora talvez seja bom sermos um pouco mais compassivos. Mesmo John Rawls, o maior filósofo da justiça do século XX, considerava que era virtuoso tratar os animais com compaixão, mas que eles não podiam ser tratados com justiça ou injustiça.

Mais tarde, quando eu estabelecer minha própria teoria, apresentarei meu argumento sustentando que os animais têm direitos. Mas é provável que antes de as pessoas se ocuparem de um argumento filosófico, elas precisem ser motivadas a se importar. Qual equipamento nós humanos temos que possa nos ajudar a alcançar essa motivação? Algumas pessoas já vivem relações de amor com alguns animais. Esse amor pode ser um ponto de partida para um cuidado mais inclusivo. Mas os amores existentes podem não ser por si mesmos suficientes, porque as pessoas amam o que conhecem e, com muita frequência, não todos os milhões de animais que não conhecem – assim como pais amorosos de crianças humanas nem sempre estão motivados a tentar acabar com a fome infantil e o abuso sexual em todo o mundo. O que mais podemos chamar em nosso auxílio? Quais emoções têm o potencial de nos levar além do nosso contexto diário?

Minhas descrições tentaram despertar um senso de *admiração* eticamente sintonizada, que poderia levar a uma *compaixão* eticamente orientada, quando na presença de um esforço do animal que é injustamente frustrado, e a uma indignação voltada para o futuro que diz: "Isso é inaceitável. Não deve acontecer de novo". Como constataremos, todas essas emoções morais estão intimamente ligadas à minha Abordagem das Capacidades, porque todas elas nos ajudam a ver o mundo da forma como minha abordagem acabará por retratá-lo: como um mundo de formas de esforço animal notavelmente diversas, que parecem significativas e dignas de apoio. A admiração prende a nossa atenção, informando-nos sobre a importância e o valor do que vemos e ouvimos. A compaixão nos alerta para o sofrimento dos outros e seu significado. E a indignação, que mais tarde chamarei de Raiva-de-Transição [*Transition-Anger*], move-nos da simples reação para um refazer do futuro, direcionando-nos a tomar medidas corretivas. Façamos uma pausa, então, para investigar essas emoções.

Quando vemos Hal saltando ao sol e ouvimos sua misteriosa canção; quando vemos Virginia caminhando suavemente pela grama, seu bebê embaixo da sua barriga, e ouvimos sua trombeta retumbante; quando vemos Imperatriz de Blandings alimentando-se alegremente e ouvimos seu "glup, smash, nhoc" (as próprias palavras inventadas expressam uma atenção amorosa); quando vemos Jean-Pierre em um galho, com suas brilhantes penas multicoloridas, e ouvimos seu complexo gorjeio; quando vemos Lupa atravessando o campo de golfe e a ouvimos ofegando ao retornar de um bom galope – em todos esses casos, somos aptos a sentir uma emoção que chamarei de admiração. É semelhante à reverência, pois ambas são emoções fortes em resposta a algo impressionante e misterioso, mas a admiração é mais ativa do que a reverência, sendo mais ligada à curiosidade[4].

Como Aristóteles disse há muito tempo: a admiração envolve primeiro ficar impressionado com algo, ficar paralisado e, em seguida, ser motivado a tentar descobrir o que está acontecendo por trás das imagens e sons que nos impressionam. Ele conecta a admiração intimamente ao reconhecimento da vida senciente. Quando seus alunos resistiam a aprender sobre os animais e suas faculdades, concebendo-os como humildes demais, e não divinos como as estrelas celestiais, ele lhes dizia que em toda a natureza é possível encontrar formas maravilhosas de funcionamentos organizados. E então ele contava uma história: alguns sábios vieram de muito longe para visitar o filósofo Heráclito. Eles provavelmente esperavam encontrar o sábio em um assento elevado, cercado por estudantes reverentes. Em vez disso, eles o encontraram "na lareira". (Os estudiosos acham que essa frase muito provavelmente significa "na latrina".) Heráclito disse: "Entrem, não tenham medo. Há deuses aqui também"[5].

A maioria das emoções está intimamente ligada ao nosso bem-estar pessoal. Medo, tristeza, raiva, ciúme, inveja, orgulho – todas fazem referência ao *eu* [*self*] e como estão os vínculos do *eu* no mundo. Usei a palavra "eudaimonista" para descrever essa característica das emoções: elas relacionam seu objeto com o eu e com a concepção de bem-estar do eu[6]. A admiração é diferente: leva-nos para fora de nós e em direção aos outros. Parece ser não eudaimonista, nada tendo a ver com a nossa busca pessoal do bem-estar. Está ligada à nossa alegria original pela própria vida. Está afastada ao máximo do narcisismo ou do orgulho, e mais perto da brincadeira. A admiração é coisa de criança, é a nossa humanidade brincando em um mundo de seres notáveis.

A admiração, então, nem sempre é solene. Creio que a própria invenção de palavras como "glup" e "nhoc" é uma forma de admiração cômica, uma brincadeira com a linguagem, expressando a alegria sentida pela maneira como um porco nobre come. (P. G. Wodehouse, como eu disse, era um famoso amante dos animais.)

Temos admiração na presença de muitas coisas. (Na língua inglesa, é difícil saber qual é a melhor preposição para acompanhar o verbo "wonder" [admirar, admirar-se]: "at" ou "about"? O filósofo Jeremy Bendik-Keymer sugere que a preposição "over" é a melhor, porque "wonder over" sugere uma forma de admirar mais lenta, mais refletida.) Mas na concepção de Aristóteles, que vou tomar emprestada e ampliar, a admiração pelos animais está especialmente ligada à nossa consciência do movimento e da senciência. Vemos e ouvimos essas criaturas se movendo e fazendo todas essas coisas, e imaginamos que algo está acontecendo lá dentro: não é puro movimento aleatório, mas dirigido de alguma forma por uma consciência interior, por um alguém. A admiração está ligada à nossa percepção do esforço: vemos que essas criaturas têm um propósito, que o mundo é significativo para elas de alguma forma que não entendemos completamente, e ficamos curiosos a respeito disso: o que é o mundo para elas? Por que elas se movem? O que estão tentando obter? Nós interpretamos o movimento como significativo, e isso nos leva a imaginar uma vida senciente interior.

De fato, isso é o que acontece quando encontramos outros seres humanos. Nossos sentidos nos dão apenas uma forma externa, e então é a nossa curiosidade, a nossa imaginação, que dá o salto para imaginar que o mundo se parece a algo para aquela outra forma, que é outro ser senciente, não um autômato[7]. No capítulo 6, argumentarei que, de fato, nossos fundamentos para atribuir senciência a uma variedade de animais são os mesmos que temos para supor "outras mentes" quando encontramos formas humanoides. Às vezes, podemos nos mostrar equivocados: pensamos que alguma coisa está acontecendo por dentro, quando se trata realmente de uma máquina muito inteligente. Ou consideramos os movimentos de alguns animais como significativos, quando, em uma inspeção mais aprofundada, descobrimos que a evidência não sustenta nossa atribuição de senciência: é o que eu digo sobre a maioria dos insetos. Mas, em muitos casos, uma inspeção mais aprofundada apoiará a atribuição de senciência, de um ponto de vista sobre o mundo.

Como a admiração se conecta à consideração ética? O próprio Aristóteles não fazia essa conexão. Ao contrário de muitos outros pensadores gregos antigos, ele não parece ter prosseguido com suas reflexões sobre a admiração no domínio ético. Ele não tem nada a dizer (ou nada que sobreviva) sobre o argumento moral a favor do vegetarianismo, ou sobre outras questões a respeito do tratamento humanitário dos animais. E ainda, se sentimos admiração olhando para a complexa atividade e o esforço de um animal, essa admiração ao menos sugere a ideia de que, para esse ser, é valioso persistir e florescer como o tipo de coisa que é [8]. Essa ideia está, pelo menos, intimamente relacionada a um juízo ético de que é errado o bloqueio do florescimento de uma criatura pela ação danosa de outra. Essa ideia mais complexa está no cerne da Abordagem das Capacidades. A admiração, tal como o amor, é epistêmica: ela nos leva para fora de nós mesmos e desperta uma nascente consideração ética.

Como desenvolvemos a admiração? Penso que as crianças pequenas normalmente têm grande curiosidade sobre a vida dos animais, conectada a uma forte consideração. Elas muitas vezes desenvolvem sua imaginação vendo animais de perto. Mas elas também podem desenvolver suas ideias por meio de livros ilustrados, filmes, documentários de TV e, de forma mais problemática, por meio de visitas a um zoológico ou parque temático. (Discutirei os problemas que estes últimos apresentam no capítulo 10.) Em nosso mundo, existem muitas maneiras excelentes de despertar e nutrir a admiração nas crianças – embora os pais precisem perguntar se o que o filme mostra está correto e se contém estereótipos imprecisos de comportamento animal, como fariam com qualquer outro filme a que seus filhos assistissem. Creio que a admiração começa muito naturalmente. Nosso principal problema não é que não consigamos começar, mas que a vida diária, a competição e a desordem dominem o olhar da mente e nos façam esquecer do que uma vez vimos.

A admiração não é a única emoção evocada por meus cenários contrastantes. Se a sua atenção foi atraída pelo bom cenário, sua resposta ao cenário ruim provavelmente será de indignação — essas coisas não deveriam acontecer — e compaixão dolorosa. Retornarei à indignação mais tarde.

Vamos agora pensar na compaixão. Quando nos dói o significativo sofrimento de outra criatura, a dor apresenta, pensava Aristóteles, três elementos — aos quais eu adicionei um quarto[9]. Em primeiro lugar, você tem que pensar que o sofrimento é importante, não trivial. Incluí esse elemento nas histórias, mostrando o quanto a vida do animal é arruinada pelo que aconteceu. Em segundo, você tem que pensar que o próprio animal não tem culpa pela situação ruim. Isso também é evidente nas histórias, e contrasta com os casos em que podemos nos recusar a ter compaixão porque pensamos que o comportamento do animal foi malicioso. (Também recusamos a compaixão nos casos em que a agressão de um animal ameaça nossa vida, como argumentarei mais adiante, falando de um princípio de autodefesa que às vezes pode justificar ferir um animal. Em muitos desses casos, é errado culpar o animal: os ratos estão apenas vivendo suas vidas miseráveis, e assim por diante; mas a natureza potencialmente perigosa do comportamento pode justificar nossa recusa da compaixão.) Em terceiro lugar, diz Aristóteles, temos que ter uma espécie de companheirismo com o sofredor: devemos pensar que nossas próprias possibilidades são *semelhantes* às dele. Em trabalhos anteriores, rejeitei esse ponto, dizendo que nem sempre temos que acreditar em possibilidades semelhantes para termos compaixão, e ofereci o caso dos animais não humanos para exemplificar. Agora acho que minha posição estava certa e errada. Certa porque quando somos atraídos para fora de nós mesmos e nos preocupamos com uma baleia ou um porco, é crucial que vejamos a estranheza dessa forma de vida. Nós não nos importamos, ou pelo menos não deveríamos, porque imaginamos que a baleia tem muita semelhança conosco, como argumentarei mais adiante. Mas equilibrando esse sentimento de estranheza, creio hoje, está um senso de similaridade genérica maior. Somos todos animais, lançados neste mundo juntos, lutando para obter as coisas de que necessitamos e muitas vezes frustrados em nossas tentativas. Somos todos *Animalia*, e essa semelhança de família é importante para dar sentido à nossa experiência.

Crucialmente, nosso senso de similaridade não deve ser do tipo descrito na tradicional *scala naturae* [escada da natureza]: a ideia de que espécies animais estão dispostas em uma hierarquia linear, com os humanos no topo, mais próximos do divino. Vou rejeitar essa ideia no capítulo 2. Ela simplesmente não é um bom guia do mundo que encontramos quando estudamos os animais seriamente. As habilidades dos animais são notáveis e complexas, e, em muitos parâmetros, muitos animais se saem melhor do que humanos. No final, toda a ideia de um ranking único é de pouca utilidade. Aqui, então, de forma alguma estou dizendo que devemos dar notas altas à baleia porque ela se parece mais com os humanos do que um cão ou um porco. Nós devemos, no entanto, notar algo genericamente semelhante em todas essas criaturas: o mundo lhes parece algo e, reagindo ao que elas percebem, avançam para conseguir o que querem. Foi com esse embasamento que Aristóteles, no *De Motu Animalium* [Sobre o movimento dos animais], sentiu-se apto a propor o que chamou de "explicação comum" do movimento animal[10].

A similaridade é sedutora, mas potencialmente leva ao erro. Ela pode nos levar a negligenciar, e talvez e nem sequer ver, a incrível diversidade e alteridade da vida animal. Também pode nos levar a suspender as faculdades críticas, atribuindo senciência a criaturas quando as evidências não a sustentam. Contudo, um sentido de destino comum neste mundo, ligando-nos aos animais numa relação familiar, é amplamente justificado e epistemicamente valioso. Se combinarmos o senso de semelhança com a admiração, que motiva a curiosidade e nos alerta para as diferenças e surpreendentes alteridades, é menos provável que sejamos enganados.

E há um quarto elemento: precisamos acreditar que o ser que sofre é importante, que é parte do nosso círculo de consideração. Em meus livros sobre as emoções, chamei-o de elemento *eudaimonista*, mas talvez o termo seja muito restritivo: uma criatura pode ser trazida para dentro do nosso círculo de consideração sem que pensemos que o seu bem-estar faça parte do nosso próprio florescimento. A admiração traz muitas criaturas para o nosso círculo de consideração sem ser autorreferencial: nossa consideração é dirigida ao outro como outro, nem mesmo como uma parte intrinsecamente valiosa da nossa própria vida (como um parente ou amigo podem ser).

A razão para incluirmos este quarto elemento é que sabemos de muitas catástrofes no mundo e de muitas injustiças, mas apenas algumas nos comovem. Nossa atenção precisa ser presa, e nosso pensamento sobre fins e objetivos precisa ser modificado. Às vezes, a modificação é passageira. Você fica sabendo de pessoas que morreram em uma enchente, e se comove – mas, depois, você rapidamente se esquece delas e segue com sua vida inalterada. Então, para que uma compaixão duradoura crie suas raízes, a imaginação deve, de alguma forma, aproximar a criatura, torná-la parte do nosso mundo de metas e projetos.

A compaixão por si só já incita o comportamento de ajuda, como os experimentos do grande psicólogo C. Daniel Batson mostraram[11]. Contudo, muitas vezes ela pode se revelar uma motivação fraca ou, pelo menos, incompleta. A sua mensagem é: essas coisas são ruins, e seria bom que fossem mais bem feitas. Motiva o comportamento que ajuda a vítima. Entretanto, focada como é no sofrimento da vítima, não reage plenamente ao caráter maldoso das ações do perpetrador, que são as causas do sofrimento. (Para tornar a sua tarefa conceitualmente mais simples, a maioria dos experimentos de Batson diz respeito ao sofrimento sem uma má ação: por exemplo, uma aluna que quebrou a perna e precisa de ajuda para ir às aulas.) Portanto, a compaixão por si só não consegue impedir que o causador dos danos cause mais danos. Para isso, precisamos de outra emoção, que, até aqui, chamei de "indignação". Agora preciso explicá-la melhor.

A indignação é uma forma de raiva. Mas a raiva, como os filósofos a definiram durante séculos, é em parte uma emoção retributiva. Ela reage ao dano percebido como injusto, mas também projeta uma espécie de troco satisfatório na mesma moeda. Para Aristóteles e todos os filósofos da tradição ocidental que o seguem (e também para os filósofos indianos hindus e budistas), o desejo de vingança é uma parte conceitual da raiva. Argumentei em outro lugar que essa ideia de troco não serve para ninguém: é uma fantasia vazia pensar que a dor no presente pode expiar ou consertar o passado[12]. Por exemplo, matar um assassino não restabelece a vida da vítima, embora muitas famílias de vítimas busquem a aplicação da pena capital como se de alguma forma isso expiasse ou anulasse os danos do crime. A raiva retributiva muitas vezes nos motiva a realizar ações que não são apenas agressivas, mas também contraproducentes. As pessoas que abordam uma negociação de divórcio com um espírito retributivo de "dar o troco", procurando empilhar misérias sobre o cônjuge "mau", muitas vezes tornam o mundo muito pior, não apenas para os filhos e amigos, mas também para si mesmas.

Existe, no entanto, um tipo de raiva que é livre de desejos de vingança retributiva – um tipo excepcional não percebido por essas definições filosóficas. Esta espécie de raiva volta-se para a frente, e seu objetivo é criar um futuro melhor. Por isso a chamo de Raiva-de-Transição, e a partir de agora uso esse termo inventado, porque nenhum termo da linguagem comum, como "ultraje" ou "indignação", deixa bem claro que se trata de uma raiva sem o desejo retributivo. Uma boa maneira de imaginar esse tipo de raiva é pensar nos pais e nos filhos. As crianças fazem coisas ruins, e os pais ficam indignados. Mas normalmente não buscam dar um troco retributivo, e certamente não buscam uma punição que obedece à *lex talionis*, "olho por olho, dente por dente". Eles se concentram em como tornar o futuro melhor: como fazer cessar o mau comportamento e fazer com que seus filhos se comportem de maneira diferente no futuro. O conteúdo inteiro da Raiva-de-Transição é: "Quão inaceitável, quão indignante isso é. Isso não deve acontecer de agora em diante".

A Raiva-de-Transição às vezes busca a punição de erros de conduta – mas não porque a punição seja uma forma de vingança ou retribuição. Também podemos punir a fim de dissuadir as pessoas de se envolverem nesse tipo de conduta no futuro, ou dissuadir a mesma pessoa de cometer outro crime semelhante ("dissuasão específica") ou dissuadir outras pessoas de imitar a má ação ("dissuasão geral"). Também podemos punir a fim de regenerar o perpetrador e educar a próxima geração, afirmando, por meio da punição, que esse tipo de comportamento não deve ser imitado. No processo, também declaramos expressivamente os nossos valores como sociedade. O defensor da Raiva-de-Transição acolhe todas essas possibilidades.

A Raiva-de-Transição é a terceira emoção de que precisamos. Creio que geralmente seja inútil e até autoindulgente lamentar nosso passado culposo ou amontoar brasas de carvão sobre os malfeitores (neste caso, todos nós). O que é necessário é uma nova atitude com relação ao futuro: vamos parar com isso. Há um trabalho a ser feito. Vamos fazer as coisas de outra forma. A indignação nos direciona a um projeto que é, ao mesmo tempo, de oposição – vai contra os atores injustos, e se empenha em detê-los (às vezes, por meio de punições, criminais ou civis) – e de construção. Vamos encontrar uma melhor maneira de fazer as coisas. Não podemos mais continuar assim.

Este livro trata de uma grande injustiça humana, mas de nada serviria se simplesmente inspirasse os leitores a estudar a injustiça humana, franzindo as sobrancelhas para nós mesmos em um espelho. No final, o pensamento ético tem que se tornar prático, ou é inútil. Esses problemas são muito difíceis, mas há muitas coisas que podem ser feitas para nos aproximar da justiça, e cada leitor pode encontrar algum lugar onde se entrincheirar, algum trabalho a fazer, arcando com uma pequena parte da nossa enorme responsabilidade coletiva. A admiração prende nossa atenção e nos tira de nós mesmos, inspirando a curiosidade sobre um mundo estranho. A compaixão nos liga ao sofrimento dos animais com uma poderosa experiência emocional. A Raiva-de-Transição nos prepara para a ação.

Mas há mais uma coisa de que precisamos: uma teoria adequada para orientar os nossos esforços. Mostrarei a seguir, em meus próximos três capítulos, que três proeminentes teorias da justiça animal (ou ética animal, já que nem todas usam a palavra "justiça") possuem graves falhas que as tornam guias inadequados para nossos futuros esforços construtivos – embora eu também identifique pontos de convergência com minha própria teoria, mostrando que, e como, as pessoas de boa vontade de "outros campos" podem se unir em um esforço comum.

Os próximos quatro capítulos analisarão as principais alternativas teóricas. No capítulo 2, estudarei uma abordagem influente, que se concentra em conquistar proteções para uma gama limitada de animais devido à sua semelhança com seres humanos: a abordagem "Tão Semelhantes a Nós". Vou argumentar que esta teoria é muito limitada – indigna da estranheza e enorme diversidade da vida animal – e contraproducente como estratégia para ajudar os animais injustiçados. No capítulo 3, examinarei a abordagem dos utilitaristas britânicos, que se concentraram na dor e no prazer como normas universais que guiam a vida de todos os seres sencientes. Essa abordagem tem muitas vantagens, mas, no final, seus defeitos são grandes e numerosos demais para ela ser um guia totalmente adequado. No capítulo 4, vou recorrer à melhor teoria filosófica da vida animal na literatura recente, digna por si só de um capítulo inteiro: a abordagem de Christine Korsgaard em seu recente livro *Fellow Creatures: Kantian Ethics and Our Duties to Animals* [Criaturas companheiras: A ética kantiana e nossos deveres com os animais]. Korsgaard baseia sua teoria filosófica em materiais extraídos de Immanuel Kant, mas ela é extremamente sensível aos defeitos das visões reais de Kant sobre os animais. Suas próprias opiniões são muito mais interessantes, e sua visão complexa, que inclui uma forma de valorizar a oportunidade de cada criatura conduzir a sua própria vida converge, em muitos pontos, com a abordagem que eu recomendo. Ainda assim, como vou argumentar, sua dívida com uma visão que, ao pensar sobre direito e cidadania, privilegia a razão e a escolha moral sobre todas as outras habilidades revela-se uma desvantagem no desenvolvimento de uma abordagem totalmente adequada às leis e às políticas públicas.

Finalmente, no capítulo 5, chegaremos à abordagem que eu mesma recomendo: minha versão da Abordagem das Capacidades (AC), desenvolvida originalmente para orientar as agências internacionais de desenvolvimento que trabalham com populações humanas, que é igualmente bem adequada para fornecer uma boa base para os direitos prestacionais dos animais [*animal entitlements*]. Essa teoria nos trará de volta aos temas deste capítulo. A AC tem conexões com a admiração, sendo construída sobre o reconhecimento de uma ampla diversidade de formas animais de vida, e uma diversidade que é "horizontal" ao invés de "vertical" – sem estabelecer uma escada ou hierarquia, mas reconhecendo algumas semelhanças genéricas. Também tem conexões com a compaixão, focada como é na necessidade de cada animal ter condições para poder viver, mover-se, perceber, agir de maneira própria. Quando essas condições estão bloqueadas, a compaixão se justifica. Como também com frequência (quando o bloqueio é injustamente imposto) se justifica a Raiva-de-Transição. Quando vemos um impedimento ilícito, então não há tempo para chorar e torcer as mãos. É hora de dizer: "Chega!".

2

A *SCALA NATURAE* E A ABORDAGEM "TÃO SEMELHANTES A NÓS"

Passemos agora à questão central deste livro: qual abordagem teórica da injustiça na vida dos animais é a melhor para orientar uma reflexão séria sobre essas vidas e, especialmente, sobre questões que dizem respeito às leis e às políticas? Nós, humanos, estamos indubitavelmente no controle do mundo neste momento, e somos nós que fazemos as leis. Mas, embora sejam feitas por nós, elas não são apenas para nós, nem só a nosso respeito. As leis e políticas regulam o modo como outras criaturas buscam seus próprios objetivos, e concedem ou excluem oportunidades para o florescimento dessas outras vidas. Até agora, no que diz respeito aos interesses dos outros animais, os humanos fizeram este trabalho de forma muito aleatória. Nós precisamos fazer melhor. E para isso precisamos pensar teoricamente, escolher abordagens que se encaixem com o que sabemos sobre o mundo da natureza e com o que os argumentos éticos nos dizem sobre nossas responsabilidades.

Neste capítulo, estudarei uma abordagem influente, que se concentra em conquistar proteções para uma gama limitada de animais, devido à sua semelhança com os seres humanos: a abordagem "Tão Semelhantes a Nós", que se tornou muito influente na legislação e nas políticas dos Estados Unidos a partir do trabalho do estudioso do direito e ativista Steven Wise. Esta teoria é muito limitada, desmerecedora da estranheza e enorme diversidade da vida animal. Ela também é contraproducente como estratégia para expandir os direitos animais.

Wise escolhe pragmaticamente a sua abordagem, esperando que ela atraia juízes com uma educação ocidental normal. Assim, parece importante começar resumindo, brevemente, em que ponto as inadequações da filosofia (e da religião) ocidental nos deixaram. Essa história contém algumas abordagens excelentes da vida animal, mas que em geral carecem de influência, já que as visões dominantes no Ocidente foram aquelas que negam o significado moral das capacidades e das vidas dos animais.

A história da filosofia ocidental e a *scala naturae*

Ao longo de muitos séculos, a maioria das pessoas nas culturas euro-americanas absorveu uma imagem particular da natureza: a natureza é uma escada, com degraus mais baixos e mais altos, alcançando o divino. No degrau mais alto, está o ser humano, mais próximo do divino do que qualquer outro ser vivo, em virtude de ter razão e linguagem, bem como uma capacidade de entender as distinções morais do certo e do errado, ainda que não necessariamente seja influenciado por elas.

Não é como se as criaturas ou suas espécies pudessem realmente *subir* essa escada: a imagem medieval da *scala naturae* antecede em muito a teoria da evolução, e mesmo a evolução não permite que as criaturas guiem sua própria evolução de forma aspiracional. O contexto da *scala naturae* é um mundo de espécies que se acredita ser fixo e imutável. É uma escada, então, que ninguém jamais sobe, cujo único propósito é indicar uma permanente superioridade ou inferioridade.

Nem todas as religiões e cosmovisões sustentam que os humanos são uma espécie superior. O budismo e o hinduísmo têm visões mais generosas do mundo da natureza[1]. Sob a influência das tradições hindus, um tribunal indiano chegou a determinar que os animais de circo são "pessoas", estando abrangidos pelo significado dessa palavra na constituição indiana (ver capítulo 12)[2]. Muitos hindus são vegetarianos estritos, e qualquer companhia aérea indiana atualmente oferece duas escolhas, "vegano" ou "não vegano". O budismo proíbe ainda mais estritamente o abuso contra todos os animais: concentra-se na bondade de toda a vida e na primazia do sofrimento, que é propriedade comum de todos os seres sencientes. A ética budista está, de muitas maneiras, próxima das visões dos utilitaristas britânicos, a quem encontraremos no próximo capítulo, que impulsionaram o moderno movimento ocidental pelos direitos animais. A crença de que a sensibilidade ética no nosso tratamento dos animais é uma invenção recente sinaliza a ignorância sobre as outras tradições mundiais.

Tal como o filósofo britânico Richard Sorabji mostrou, mesmo na tradição ocidental, a visão dos humanos no topo não foi mantida por todas as antigas escolas greco-romanas de filosofia. A maioria delas se recusou a traçar uma linha nítida entre humanos e outros animais, e algumas proibiam estritamente o consumo de carne, juntamente com toda aplicação de dor aos animais[3]. (Sorabji, um importante historiador do antigo pensamento greco-romano, conta a seus leitores que a motivação para o seu projeto veio da origem indiana da sua família, que o apresentou a atitudes em relação aos animais mais generosas que aquelas com que ele foi criado na Inglaterra.) Alguns pensadores gregos pré-socráticos insistiram no vegetarianismo, incluindo Pitágoras (e sua escola) no século VI a.C. e Empédocles no quinto século a. C.. Eles citaram como razão o parentesco de toda a natureza, sustentando que os animais, e até as plantas, abrigam almas vivas e sencientes. Platão (falecido em 347 a.C.) acreditava na transmigração das almas de uma espécie para outra. Embora ele não aborde a ética animal em detalhes nos diálogos que chegaram até nós, suas obras forneceram a base para escritos posteriores que defenderam poderosamente o vegetarianismo. E Aristóteles, a quem a *scala naturae* é frequentemente atribuída, insistiu, ao longo dos seus escritos de filosofia natural e biologia, que cada criatura se esforça para florescer à sua maneira. O objetivo ou o fim de cada uma é viver e florescer como indivíduo, e nenhuma criatura existe para o bem de alguma espécie "superior". Alguns poucos textos sugerem outro cenário, mas Aristóteles teve uma vida relativamente longa (384/3-322 a.C.) e descobriu a alegria de estudar animais somente após um período de exílio de Atenas, depois da morte de Platão. Há muitas maneiras de pensar sobre os textos dissonantes em Aristóteles, sem imputar a ele uma visão global da natureza que é contrariada por tantas afirmações em suas obras biológicas (que, infelizmente, poucos filósofos leem)[4]. Como mencionei no capítulo 1, o tardio *De Motu Animalium* oferece uma "explicação comum" dos movimentos de animais de muitos tipos diferentes em direção aos seus objetos de desejo, persuadindo-nos a preferir esta explicação comum àquela que trata os humanos como uma espécie à parte[5]. É extremamente importante distinguir os escritos reais de Aristóteles do uso feito deles durante a Idade Média, para criar a forma cristã de aristotelismo conhecida como escolástica, que inventou a *scala naturae* como a conhecemos atualmente.

No entanto, durante a era helenística (a era que começa aproximadamente na época da morte de Aristóteles), houve uma mudança. Os epicuristas ainda parecem ter tido uma visão generosa e inclusiva dos animais, e seus textos muitas vezes insistem em semelhanças entre humanos e outras criaturas sencientes. (O poeta romano epicurista Lucrécio, por exemplo, escrevendo no primeiro século a.C., dá uma descrição maravilhosa dos sonhos dos animais, visando mostrar uma semelhança com os humanos em suas capacidades perceptivas e desiderativas). Sustentando que o prazer e a dor são as únicas coisas boas e ruins por si mesmas, os epicuristas traçam uma ligação estreita entre os humanos e outras criaturas sencientes, fornecendo, muito mais tarde, uma fonte para a ética utilitarista, quando ela começou a surgir no século XVIII. (Os pensadores britânicos de classe alta foram todos criados estudando os gregos e romanos, o que lhes deu acesso a um estoque de pontos de vista alternativos quando as visões normativas da religião convencional começaram a ser questionadas.)

No entanto, os antigos estoicos gregos e romanos, extremamente influentes tanto na Antiguidade como no desenvolvimento da ética cristã, não concordavam com os epicuristas.

Eles sustentavam que os animais não humanos são bestas, sem pensamento nem emoção, enquanto os humanos são quase divinos, e que, por conta disso, podemos usar os animais como quisermos. A escola estoica, do final do século IV a.C. até o início do Império Romano (os dois primeiros séculos d.C.), tornou-se culturalmente dominante, moldando o pensamento cotidiano de maneiras profundas. Mais tarde, o estoicismo influenciou o cristianismo – assim como o judaísmo, que da mesma forma sustentava que o ser humano é especial. Popularmente, entendia-se que ambas as religiões ensinam que o ser humano, feito à imagem de Deus, é o único ser verdadeiramente inteligente e espiritual, bem como o único ser a quem a salvação está aberta.

Mesmo assim, continuou a haver um vigoroso debate dentro do antigo mundo greco-romano. Os platônicos tardios Plutarco e Porfírio (ver a Introdução) escreveram obras eloquentes, que podemos estudar atualmente, defendendo a inteligência e sensibilidade dos animais e defendendo uma dieta sem carne. *Sobre a abstinência de carne dos animais*, de Porfírio, é uma obra maravilhosa repleta de argumentos detalhados e altamente convincentes que deveriam figurar, de forma destacada, nos currículos de filosofia, embora poucos filósofos saibam algo sobre ela. No entanto, esses pontos de vista foram cada vez mais marginalizados pelo domínio do cristianismo.

Tal como os estoicos, a maioria dos pensadores cristãos e judeus distinguia nitidamente os humanos de todos os outros animais; em ambas as religiões, a distinção tem sido amplamente utilizada para justificar o uso de animais para os nossos próprios propósitos humanos[6]. A codificação medieval desta divisão na metáfora da *scala naturae* parece um pouco mais generosa do que o ponto de vista estoico, na medida em que postula uma série gradual de passos, com alguns animais situados mais acima dos outros. Na prática, porém, a metáfora da escada é interpretada de uma forma estoica, para sugerir um abismo profundo entre os humanos e todos os outros animais. Essa visão de abismo continua a moldar as ideias dos filósofos que se nutrem na tradição judaico-cristã[7].

A ideia da escada da natureza é essencialmente uma ideia religiosa, seja em sua forma estoica (na qual apenas os humanos participam do plano racional de Zeus para o universo), seja em sua forma judaico-cristã. Ela se baseia menos em argumentos e observação do que em um sistema de crenças que as pessoas são solicitadas a aceitar como estrutura para viver, sem testá-lo exaustivamente. Os estoicos eram racionalistas, e favoreceram o pensamento crítico; mas nesta questão crucial, não testaram suas crenças pela razão. Seus oponentes ofereceram devastadoras refutações de suas afirmações sobre a bestialidade dos animais. Um exemplo representativo e bastante divertido, usado pelos céticos antigos para criticar seus oponentes estoicos, diz respeito a um cão fictício, imaginado como pertencente ao próprio Crisipo, o mais importante dos filósofos estoicos. Este cão está perseguindo um coelho e chega a uma trifurcação na estrada. Fareja o caminho A, depois fareja o caminho B – e, detectando algo negativo nos caminhos A e B, não se detém para farejar o caminho C, mas o desce correndo, como se estivesse convencido de que o coelho certamente havia tomado o caminho C. Os oponentes dos estoicos querem mostrar que o próprio cão de Crisipo refuta a alegação de que os animais são bestas, pois teria dominado o silogismo disjuntivo: ou A ou B ou C; não A; não B; logo, C[8]! Não é apenas uma brincadeira, como sabem os amantes de cães.

Embora o estoicismo fosse muito influente em Roma, os romanos que foram fortemente influenciados pelas doutrinas estoicas em outros aspectos não aceitaram plenamente sua visão sobre a bestialidade de todos os animais. Eles eram inconsistentes e seletivos, mas viram evidências surpreendentes da sensibilidade e complexidade dos animais. Em 55 a.C., o líder romano Pompeu encenou um combate entre humanos e elefantes[9]. Cercados na arena, os animais perceberam que não tinham esperança de escapar[10]. Segundo Plínio, eles então "suplicaram à multidão, tentando ganhar sua compaixão fazendo indescritíveis gestos, lastimando sua situação com uma espécie de lamentação"[11]. O público, levado a sentir pena e a protestar pela triste situação, levantou-se para praguejar contra Pompeu, percebendo – escreve o filósofo e estadista Cícero, então presente – que os elefantes tinham uma relação de comunalidade* (*societas*) com a espécie humana[12].

A crença estoica e judaico-cristã na bestialidade animal não é simplesmente não testada e não testável. Ela deriva de um tipo de religião que é antropocêntrica e antropomórfica, segundo a qual Deus, imaginado como um tanto semelhante

▼

* Tradução literal de "commonality", que significava originalmente "comunidade, gente comum". Segundo o Online Etymology Dictionary, apenas em meados do século XX a palavra começou a ocorrer também na acepção de "estado ou qualidade do que existe em comum, do que é partilhado" (ver https://www.etymonline.com/search?q=commonality). A visão de Martha Nussbaum faz amplo uso desses dois sentidos como complementares. [N. do T.]

a nós, só que melhor, usando a fala, o raciocínio e a linguagem, nos torna especiais, semelhantes a Ele, e então nos valoriza porque somos divinos.

Embora tanto a escada como o abismo tenham se tornado princípios centrais da religião judaico-cristã dominante na prática, devemos fazer uma pausa aqui para apontar algumas maneiras pelas quais eles estão em conflito com características mais profundas dessas religiões. Primeiro, imaginar Deus (Deus Pai, no caso cristão) como humano na forma é considerado, por judeus e muitos cristãos, como idolatria. Além disso, ambas as religiões sustentam que Deus criou todas as espécies, e se deleitou com toda a criação por ser "boa". A história do livro de Gênesis estimula a admiração pela beleza e variedade da criação viva[13]. Mais tarde, quando Noé e sua família entram na Arca antes do dilúvio, Deus lhes pede que tomem pares, macho e fêmea, de cada espécie animal, inclusive as aves, como se todas as espécies merecessem preservação e respeito[14]. A aliança pós-dilúvio é feita entre Deus e "vós e toda criatura viva que está convosco, pelas gerações eternas"[15]. Não encontramos na Torá (os cinco livros de Moisés) qualquer sinal de que os animais foram criados para serem comida e presa dos humanos. A ideia dominante em ambas as histórias é de admiração e pelo menos um tipo limitado de respeito.

É verdade que, em Gênesis 1:26-8, Deus dá aos humanos "influência" sobre as outras criaturas vivas. E a palavra traduzida como "influência" (em outras traduções, "domínio"), *radah*, denota um tipo de regra: como o erudito e tradutor Robert Alter argumenta, uma forma muito forte de governo ou comando. Mas geralmente acreditamos que bons governantes são aqueles que cuidam dos seus governados, não aqueles que os tratam como propriedade e lhes infligem tormentos. E como na história bíblica os humanos são regentes de Deus, assumindo o comando de uma criação que Deus amou e considerou boa, certamente a maneira com que devem "governar" é exercendo um manejo inteligente e sensível. Além disso, o dom da "influência" é contrastado com o dom de Deus das plantas como "alimento" para os humanos e outros animais. Nos versículos 29 e 30, Deus diz: "Eis que vos dei todas as plantas que dão sementes na face de toda a terra e todas as árvores que têm sementes frutíferas; elas serão vossas como alimento. E a todos os animais da terra, a todas as aves dos céus e a tudo o que rasteja sobre a terra, que tem dentro de si o sopro da vida, as plantas verdes como comida"[16]. Esta passagem sugere fortemente que o vegetarianismo era a norma antes da queda e que comer carne pode, portanto, ser uma expressão de nossa natureza decaída. No Jardim do Éden, parece que até os animais não são carnívoros. O que está absolutamente claro é que a melhor leitura de "influência" não é como a autorização para saquear e abusar da criação animal. Em suma, a tradição judaico-cristã respeita mais os animais do que é frequentemente alegado pela crença e prática populares.

Um livro maravilhoso que extrai as implicações dessa ideia, justapondo-a à realidade das nossas práticas brutais atuais, é *Dominion*, de Matthew Scully[17]. Conservador e republicano, Scully é um redator de discursos, especialmente para o presidente George W. Bush. O objetivo de seu eloquente livro é argumentar a favor do manejo compassivo. Seu relato vívido de algumas das práticas mais cruéis em que os norte-americanos atualmente se envolvem em relação aos animais inclui uma descrição macabra do setor da pecuária industrial, uma sátira mordaz das autojustificativas hipócritas do Safari Club, ao promover a caça de animais selvagens falando em termos espirituais, e uma hábil paródia dos filósofos que pontificam sobre a "sacralidade" da caça à raposa. (O falecido Roger Scruton entra em cena e é justificadamente zombado[18].) Ao longo do caminho, Scully estuda tanto os textos bíblicos como os escritos de pensadores cristãos posteriores que condenam a crueldade e a desumanidade com os animais. Alguns deles se opõem a toda matança. O principal objetivo de Scully é mostrar que a crueldade hedionda e desenfreada das práticas atuais é uma criação da ganância humana e não tem justificativa no cristianismo autêntico. É uma bela contribuição, que quebra a complacência, sejamos ou não religiosos à maneira judaico-cristã.

As escolas filosóficas da Antiguidade greco-romana e os textos canônicos do judaísmo e do cristianismo surgiram em um mundo em que todos pressupunham que as espécies eram fixas. A teoria da evolução de Darwin causou uma enorme agitação em muitos lugares nos Estados Unidos, e ainda causa, porque nos diz que os humanos não foram criados diretamente, por um ato especial de Deus, mas que nossa espécie atingiu suas características ao longo de eras, em uma transformação gradual de ancestrais primatas. O estreito parentesco histórico que a teoria estabelece entre humanos e animais não humanos tem sido frequentemente considerado repugnante, em parte porque parece negar a criação especial dos seres humanos por Deus, e em parte porque qualquer associação próxima de nossa espécie com macacos pareceu nojenta a muitas pessoas.

Ensinar a teoria da evolução tornou-se ilegal em vários momentos e em vários lugares nos Estados Unidos por essas razões – a famosa lei do Tennessee chamada Lei Butler, que deu origem ao Julgamento de Scopes em 1925[19]. Atualmente, embora ensinar evolução não seja ilegal em nenhum lugar nos Estados Unidos, quatorze estados exigem o ensino simultâneo da "ciência da criação" como uma visão alternativa, apesar do fato de que a "ciência da criação" e o "design inteligente", seu parente, tenham sido rejeitados pela comunidade científica: eles simplesmente não são ciência, seja qual for o outro *insight* que possam oferecer. Mas, na realidade, embora a teoria de Darwin – que agora está completamente estabelecida em suas linhas gerais – esteja em desacordo com uma leitura puramente literal do livro de Gênesis, esse também é o caso de toda a ciência recebida sobre a idade da Terra, tal como Clarence Darrow mostrou de forma memorável quando questionou William Jennings Bryan no banco das testemunhas no Julgamento de Scopes. Bryan acreditava em um cálculo literal da idade da Terra baseado nas eras dos profetas em Gênesis, que estabelecem a data da criação em 4004 a.C., uma data absurda do ponto de vista da arqueologia. Hoje, poucos norte-americanos, se é que haveria algum, se juntariam a Bryan nessa crença. Mas, então, a leitura metafórica deve assumir o controle em algum momento, e a única questão é em qual. A teoria de Darwin não é incompatível com a ideia de que os humanos têm um lugar especial e recebem atenção especial de Deus. Mas, para um darwinista religioso, esse *status* especial deve ser investigado com a devida humildade: o que exatamente separa os humanos de outras criações historicamente relacionadas a nós? Não teríamos, talvez, também deveres especiais, assim como temos privilégios especiais?

A tradição ocidental é mais complicada do que às vezes pensamos. A essa altura, é natural para um darwinista sensato, que ainda goste da ideia da *scala naturae*, perguntar se os macacos e outras criaturas "no alto" da escada de alguma forma compartilham da nossa especialidade. Se de alguma forma subíssemos, ultrapassando os outros macacos, ao topo da escada da natureza, isso também não significa que eles subiram quase tão alto, a ponto de terem, portanto, direito a receber pelo menos algum tratamento especial em virtude dessa semelhança? Que entre em cena a abordagem "Tão Semelhantes a Nós".

A abordagem "Tão Semelhantes a Nós": negociando com a *scala naturae* para progredir

Por que não começar onde a maioria dos norte-americanos parece estar e tentar empurrá-los na direção de direitos limitados para um grupo limitado de criaturas? Uma destacada e influente abordagem da ética e do direito dos animais, que chamo de abordagem "Tão Semelhantes a Nós", faz exatamente isso. Busca o reconhecimento da personalidade jurídica, e alguns direitos de autonomia, para um conjunto específico de espécies animais, com base em suas capacidades [*capacities*] semelhantes às humanas [*humanlike*]. Esta abordagem está associada, acima de tudo, ao ativista e autor Steven Wise[20].

Wise é um dos mais importantes pioneiros do direito animal [*animal law*]. Seu livro *Rattling the Cage* [Sacudindo a jaula], publicado no ano de 2000, levou o campo da ética animal para o direito, com impressionantes resultados[21]. Seu curso sobre direitos animais na Harvard Law School foi um dos primeiros sobre esses direitos ministrado em faculdades, talvez até o primeiro. E, como protagonista do documentário *Unlocking the Cage* [Destrancando a jaula], de 2016, exibido no festival de Sundance, ele descreve eloquentemente, para os muitos espectadores do filme, os objetivos do Nonhuman Rights Project [Projeto Direitos Não Humanos], que ele lidera. O filme acompanha as suas batalhas legais para conquistar direitos de personalidade limitados para vários chimpanzés mantidos em cativeiro[22]. Wise é um heroico pioneiro, e escolhe a sua abordagem conceitual não por considerá-la, no final das contas, a melhor, mas por achar que ela pode ajudar a trazer avanços, aqui e agora, para os animais que sofrem graves injustiças. Minhas críticas à sua abordagem de forma alguma pretendem diminuir minha admiração por Wise e seu trabalho jurídico.

Wise não fundamenta sua visão em nosso parentesco histórico-evolutivo com os macacos, mas sim na própria semelhança; por isso, ela é compatível com a *scala naturae* fixa original e com uma forma darwiniana modificada. Mas ele não se concentra no parentesco evolutivo nem limita seu interesse às criaturas que têm uma estreita relação evolutiva com os humanos.

O foco de Wise no livro de 2000 eram os chimpanzés e bonobos[23], mas agora ele inclui explicitamente todas as quatro espécies de grandes símios, bem como elefantes (presumivelmente, todas as três espécies) e baleias e golfinhos (presumivelmente, todas as espécies de ambos)[24]. Seu argumento baseia-se fortemente em alegações sobre a semelhança desses animais com os seres humanos. Eles são, diz Wise, autoconscientes, autodirecionados, têm uma teoria da mente, têm cultura, não são "encaixotados pelo instinto", são capazes de contemplar seu próprio futuro. Em geral, eles são "muito, muito inteligentes"[25]. Centralmente, ele sustenta que são "criaturas autônomas", que, por essa razão, deveriam ter "vidas autônomas"[26].

Wise não é um filósofo, e não explica qual dos conceitos de autonomia usados pelos filósofos ele tem em mente. Já que ele também diz que pensa nos chimpanzés como seres situados no nível de uma criança humana de cinco anos, não está claro se ele realmente deveria atribuir-lhes autonomia, caso isso signifique, como normalmente acontece, a capacidade de criticar os próprios desejos à luz de alguns princípios de ordem superior ou, como Kant notoriamente sustentou, ao poder individual de libertar-se da influência da religião e da cultura[27]. Wise provavelmente quer dizer alguma forma menos exigente de autodirecionamento, como a capacidade de escolher entre alternativas. (Mas muitas outras espécies de animais escolhem entre alternativas!) De qualquer forma, como enfatizam repetidamente o livro e o filme, Wise acha que essas espécies de animais são muito semelhantes aos humanos, e faz dessa semelhança a base da sua cruzada para conquistar alguns direitos legais limitados para elas[28].

Mostrando como esses animais são parecidos conosco, Wise espera demonstrar, como ele diz no filme, que a linha normalmente traçada no direito entre humanos e animais é irracional e precisa ser repensada[29]. Se pensarmos que as crianças e pessoas com deficiências cognitivas graves têm alguns direitos, embora com algumas qualificações e limitações, e necessitam de tutela, devemos admitir que essas espécies de animais também têm direitos. É irracional e inconsistente tratar todos os humanos como pessoas portadoras de direitos, e tratar todos os animais como coisas. Neste ponto, Wise usa uma analogia com a escravidão: assim como a lei costumava tratar os escravos como propriedade, e percebemos agora que isso era moralmente hediondo, também devemos perceber que nosso atual tratamento dos animais é moralmente hediondo[30]. No filme, a analogia com a escravidão recebe forte resistência de alguns dos interlocutores de Wise, presumivelmente porque ela pode ser entendida como se sugerisse, inapropriadamente, que os africanos e os norte-americanos são semelhantes a chimpanzés; contudo, não é essa a ideia que Wise pretende transmitir[31]. Ele então se afasta da analogia, mas não da ideia central de que devemos fazer uma transição no direito, deixando de pensar nos animais como coisas e propriedades e passando a vê-los como pessoas[32]. Ele aponta repetidamente – um ponto muito bom – que as leis concedem direitos às empresas; estender direitos aos animais autodirecionados é um passo mais fácil do que esse[33]!

Como mostra esta última analogia, Wise é, acima de tudo, um advogado. Não está tentando criar a melhor teoria filosófica do direito animal, mas sim colocar os animais em uma posição melhor, usando os materiais legais e teóricos à sua disposição. Muitas pessoas pensam que a extensão da personalidade às empresas foi um grande erro e, por tudo que sabemos, pode ser que o próprio Wise pense isso. Mas ele está argumentando a partir do precedente como um astuto advogado: já decidimos isso, agora precisamos ver suas implicações para a questão animal. Seu foco na semelhança é mais estratégico que filosófico: ele está apenas tentando obter algum ganho significativo na posição dos juízes, partindo de onde eles estão. Portanto, criticar sua teoria como teoria pode ser um pouco grosseiro. No entanto, ela é apresentada como uma boa base para a argumentação pública, e ela convence, tanto quanto o consegue, apenas à proporção que as pessoas acreditam nela. Então, com todo o respeito pela inteligente estratégia legal de Wise, examinarei sua visão como uma base teórica para a justificativa de (alguns) direitos prestacionais para os animais.

Ao longo do livro e do filme, Wise apresenta muitas evidências de que as espécies selecionadas de animais têm muitos tipos de habilidades semelhantes às humanas[34]. Sua estratégia retórica central no filme é nos mostrar chimpanzés e outros macacos fazendo coisas que o espectador reconhecerá imediatamente como de feitio humano: usam linguagem gestual, demonstram empatia ao assistirem a um filme de humanos exibindo emoções, e assim por diante[35].

Wise supõe astutamente que, se quiser progredir nos direitos animais, ele terá de começar onde o público está. Ele chama esse começo de "a primeira salva em uma guerra estratégica" e fala em "chutar para abrir a primeira porta"[36]. Portanto, ele claramente não é indiferente ao projeto mais amplo de se conquistar direitos de algum tipo para todos os animais. E é louvável sua atenção cuidadosa e determinada às capacidades e privações de algumas espécies. No entanto, pode-se levantar algumas inquietações. A escolha de uma estrutura conceitual influencia para onde poderemos ir. É importante acertar a teoria por razões de verdade e compreensão. Também é importante obter uma estratégia que nos coloque na direção certa, em vez de nos apontar um beco sem saída.

Do ponto de vista filosófico, quais são os problemas com a estratégia de Wise? O mais óbvio é que ele valida e joga com a ideia não científica e antropocêntrica da *scala naturae*, com os humanos ocupando o topo. Alguns animais recebem tratamento favorável, mas apenas porque são (quase) iguais a nós. A primeira porta é aberta, mas, em seguida, fechada atrás de nós: ninguém mais é incluído. Em vez da linha antiga, temos uma linha ligeiramente diferente, mas que não faz maior diferença: a maior parte do mundo animal ainda fica de fora, deixada no domínio escuro da coisidade.

A imagem da *scala naturae* não é desenhada a partir da natureza, e não corresponde ao que vemos quando olhamos para a natureza, se conseguirmos deixar de lado nossa arrogância. O que vemos são milhares de diferentes formas de vida animal, todas exibindo uma espécie de esforço ordenado para sobreviver, florescer e reproduzir. As formas de vida não se alinham para serem classificadas segundo uma escala única: elas simplesmente são maravilhosamente diferentes. Se quisermos jogar o jogo da classificação em rankings, vamos fazê-lo de forma justa. Nós, humanos, ganhamos o prêmio pelos parâmetros do QI e da linguagem. E adivinhem quem inventou esses testes! Contudo, muitos animais são muito mais fortes e mais rápidos. As aves se saem muito melhor na percepção espacial e na capacidade de lembrar destinos distantes. A maioria dos animais tem um olfato mais apurado. Nossa audição é muito limitada: alguns animais (por exemplo, cães) ouvem frequências mais altas do que nós e muitos (elefantes, baleias) ouvem frequências mais baixas[37]. Nós cantamos ópera, aves cantam cantos incríveis, baleias cantam canções de baleia. Há um único "melhor"? Para um amante da música, seria como perguntar se devemos preferir Mozart ou Wagner: eles são tão diferentes que é uma tola perda de tempo compará-los segundo uma única escala.

Quanto às capacidades de sustentação da vida: os ratos são reprodutores e sobreviventes muito mais bem-sucedidos; numerosos animais, de vermes tubulares a baleias-da-groenlândia, são mais longevos individualmente. Será que devemos perguntar sobre as capacidades morais? Bem, nós nos orgulhamos disso, mas nós, humanos, nos envolvemos profundamente com crueldades e torturas deliberadas que são desconhecidas por qualquer outra espécie animal, e veremos mais adiante que numerosas espécies animais mostram capacidades para a amizade e o amor. Pensamos que somos os mais belos? Jonathan Swift foi persuasivo quando retratou Gulliver achando repugnantes a forma e o cheiro humanos, depois de anos convivendo com os adoráveis Houyhnhnms, que se assemelhavam aos cavalos[38]. Nenhum outro animal tem tanta arrogância quanto a sua beleza. Ao mesmo tempo, nenhum outro animal se odeia e foge de si mesmo.

Em suma, se alinharmos as capacidades de forma justa, sem prejulgar em favor das coisas em que somos bons, muitos outros animais "ganham" muitos jogos classificatórios. Mas, a essa altura, toda a ideia de jogo de classificação em rankings provavelmente parecerá um pouco boba e artificial. O que parece realmente interessante é estudar a grande diferença e distinção de cada forma de vida. O antropocentrismo, então, começa a se revelar como uma falsa arrogância. Como somos grandiosos! Se ao menos todas as criaturas fossem semelhantes a nós; bem, algumas são um pouquinho semelhantes! Em vez de perturbar o nosso pensamento de uma forma que pudesse realmente nos levar a um abraço revolucionário da vida animal, Wise apenas mantém no lugar o velho pensamento e a velha linha divisória, e simplesmente transfere várias espécies para o outro lado. Mais uma vez: esta pode ser uma estratégia astuta para abordar juízes com imaginação limitada; mas, no final, é provável que uma teoria defeituosa tenha resultados defeituosos a longo prazo.

A *scala naturae* também é potencialmente perigosa de outras formas. Ela desencoraja a autocrítica útil. E leva a projetos em que os seres humanos imaginam transcender os seus corpos animais lançando aspersões sobre cheiros e fluidos corporais[39]. Esses projetos são frequentemente acompanhados por tentativas de subordinar algum outro grupo de seres humanos, pelo fato de eles serem os verdadeiros animais[40]. Mau cheiro, fisicalidade contaminante e hipersexualidade são imputados a algum subgrupo relativamente impotente, como desculpa para tipos violentos de subordinação. Pode-se rastrear essas ideias no racismo nos Estados Unidos, na hierarquia de castas indiana, na misoginia em todos os lugares, na homofobia, no preconceito contra pessoas idosas[41]. A estratégia de Wise não faz nada para minar essas práticas humanas perniciosas; corre o risco de reforçá-las com seu desenho da linha. Quando o que precisamos é um modo totalmente novo de ver nossos corpos, ela nos dá o mesmo modo antigo, com alguns pequenos ajustes.

Enquanto isso, a abordagem de Wise deixa a maior parte do reino animal à deriva, sem poder receber a ajuda de suas intervenções. Ele claramente não quer esse resultado, mas é difícil saber o que sua teoria rende para o terrível sofrimento de porcos e galinhas, para a perda de hábitat por ursos polares e dezenas de outros animais selvagens. Ou melhor, não é difícil saber o que ele oferece, mas fácil demais: ele não oferece nada. Uma abordagem totalmente nova teria de ser inventada ao sairmos da esfera especial das espécies tão semelhantes a nós. Está bem claro que, a longo prazo, Wise quer criar alguma abordagem para lidar com esses casos, mas ele não nos dá nenhuma ideia de qual seria, ou como ela poderia mais tarde ser reconciliada com o profundo antropocentrismo do seu ponto de partida. O que está faltando na sua teoria é a admiração pela diversidade da natureza e o amor por suas muitas formas distintas de vida.

Há mais uma consequência perturbadora da abordagem "Tão Semelhantes a Nós": ela leva a um foco em desempenhos artificiais, que não são realmente característicos de uma espécie vivendo na natureza. Assim, seu livro *Unlocking the Cage* gasta muito tempo com a linguagem gestual: sim, é verdade e impressionante que chimpanzés, bonobos e gorilas consigam aprender a linguagem gestual[42], mas eles não a usam quando não estão vivendo entre os humanos. Embora os golfinhos ocasionalmente carreguem consigo comportamentos aprendidos com humanos quando voltam à natureza e os ensinem a outros golfinhos[43], não tenho conhecimento de nenhum caso em que macacos tenham feito a mesma coisa. Simplesmente não é útil para eles. E, embora Wise possa ter mostrado haver empatia e emoção por parte de macacos e elefantes em muitos tipos de comportamento em relação às suas próprias espécies, como Frans de Waal tem feito por décadas[44], no filme ele se debruça sobre um exemplo de empatia transmitida através do uso da linguagem gestual[45]. Um gorila assiste a um filme em que uma criança humana se despede da sua família fazendo gestos de tristeza e assim por diante. Mais uma vez, usar a linguagem gestual para indicar emoção é algo que os macacos fazem para os humanos e por causa dos humanos, não algo que eles façam entre si – embora entre si eles tenham, como de Waal mostra repetidamente, muitas maneiras de comunicar emoções[46]. E por que tinha que ser um filme sobre humanos? Wise presumivelmente gosta do exemplo da linguagem gestual empática porque ela o ajuda a estabelecer a semelhança conosco. Mas é um truque para animais de estimação. Torna-se muito difícil, de fato, entender a razão fundamental pela qual Wise condena alguns truques ensinados aos macacos, como o de dar chutes de caratê, ao mesmo tempo que, ainda assim, ama e destaca os truques de linguagem gestual. Ambos são semelhantes, parece-me (supondo que o caratê foi ensinado por meio de reforço positivo e não de crueldade): truques de salão que mostram algo sobre o animal, mas não algo que está no cerne da sua forma de vida. Se é ético ensinar tais truques é algo que se pode debater, e tenho certeza de que Wise defenderia o truque da linguagem gestual pelo que ele nos ensina. Mas é só isso: o que ele nos ensina, não o que faz para a vida animal e como parte dela.

Wise argumenta que precisamos começar focando apenas alguns direitos para algumas espécies, porque as pessoas ficarão apavoradas se a porta for aberta para todos os tipos de direitos para todos os tipos de criaturas. Veremos mais tarde, no entanto, que dar aos animais alguma voz política é algo que pode ser feito de uma forma sensata e aceitável, como um objetivo de longo alcance. As pessoas apreciam a consistência e a integridade de uma teoria. Mais cedo ou mais tarde, as pessoas vão acordar para o fato de que Wise está fazendo um tipo de "propaganda enganosa": semelhança com humanos, para algumas criaturas; e alguma outra razão, ainda não anunciada, para outras criaturas.

Wise é um advogado habilidoso. Num caso já famoso, em que tentou conseguir que dois chimpanzés fossem declarados pessoas, visando obter suas transferências para um santuário animal, ele e seu Nonhuman Rights Project tiveram um sucesso limitado. Embora a Suprema Corte de Nova York tenha rejeitado o argumento de Wise por uma votação de 5 a 0, um juiz ficou claramente comovido com o argumento. Com uma opinião marcadamente concordante, o juiz Eugene Fahey escreveu: "Será que um animal não humano inteligente, que pensa, planeja e aprecia a vida como fazem os seres humanos tem direito à proteção da lei contra crueldades arbitrárias e detenções forçadas que lhes são impostas? Não se trata de uma mera questão de definição, mas um profundo dilema envolvendo a ética e as políticas, que exige a nossa atenção"[47]. Portanto, Wise está certo ao pensar que sua abordagem pode causar uma mudança significativa. Mas o mesmo pode acontecer com a Abordagem das Capacidades – e de uma forma teoricamente mais coerente e pertinente.

Uma *scala naturae* modificada: a "estranha inteligência", segundo White

Antes de irmos além da *scala naturae*, vale a pena passarmos um tempo com um esplêndido livro filosófico que não apenas descreve em detalhes afetuosos a forma de vida de um determinado tipo de animal, mas também defende uma abordagem ética/de políticas que é consideravelmente mais nuançada e cuidadosa do que a de Wise, evitando pelo menos algumas das armadilhas do seu antropocentrismo. O livro é *In Defense of Dolphins: The New Moral Frontier* [Em defesa dos golfinhos: a nova fronteira moral], de Thomas I. White[48]. White é um filósofo, e seu livro é escrito com impressionante cuidado conceitual e argumentativo. Ele também sabe muito sobre golfinhos, com base em observação pessoal e leituras exaustivas da literatura científica. Ele é um escritor claro e vívido, capaz de comunicar-se bem com um grande público. Seu objetivo é, em última análise, semelhante ao de Wise, embora limitado a uma espécie: convencer os leitores de que os golfinhos têm vidas cognitivas e emocionais sofisticadas, e convencê-los, além disso, de que o conceito filosófico/legal padrão de "pessoa" se encaixa tão bem nos golfinhos quanto nos humanos, e que, por isso, é importante tratar os golfinhos não como coisas ou propriedades, mas como "eus", cada um como um fim individual em si mesmo, digno do *status* kantiano de ter uma "dignidade", em vez de apenas um "preço". Seus objetivos específicos são acabar com as práticas de pesca do atum, que ferem e matam golfinhos, e fazer as pessoas repensarem radicalmente a prática de manter golfinhos em cativeiro. Vou discutir este último tópico complexo no capítulo 10; então, por enquanto me concentro na abordagem geral de White.

Assim como Wise, White usa um conceito filosófico familiar de personalidade, que inclui: autoconsciência, um senso de identidade (mostrado pela capacidade de passar no "teste do espelho"[49]), capacidades cognitivas e emocionais "avançadas"[50], a capacidade de controlar o comportamento à luz de seus objetivos, a capacidade de escolher "livremente" entre ações alternativas, e a capacidade de reconhecer outras pessoas e tratá-las adequadamente[51]. Grande parte do livro é gasta convencendo os leitores de que os golfinhos têm todas essas capacidades, e é claro que White quer que os leitores tratem os golfinhos de maneira diferente *porque* eles possuem essas capacidades "avançadas". Portanto, sua abordagem é vulnerável a muitas das críticas que enderecei a Wise. Em particular, White se move rápido demais da afirmação correta de que a forma de vida de uma criatura determina o que pode ser um dano para aquela criatura à aparente conclusão de que não pessoas são coisas e propriedades que realmente não podem ser prejudicadas em aspectos significativos[52]. White é um kantiano, e ele dá a esses atributos de personalidade características normativas centrais para conferir "*status* moral".

No final, então, a visão de White é sutilmente diferente da de Wise. Wise simplesmente apela à semelhança: esses animais são semelhantes a nós. A personalidade e a autonomia são importantes apenas porque nós as temos, e por nenhuma razão independente. White vai além, atribuindo valor independente a determinadas capacidades que os humanos têm e, em seguida, argumentando que os golfinhos as possuem. Sua visão é menos diretamente narcisista do que a de Wise, embora seja limitada de maneiras semelhantes. Precisamos de um argumento mais longo para refutar sua afirmação de que essas capacidades são mais importantes do que outras: precisamos mostrar que a maneira certa de avaliar as capacidades é olhar para o seu papel na forma inteira de vida de uma criatura. Algumas capacidades humanas não se adequariam à vida das aves, assim como algumas capacidades notáveis das aves não seriam úteis em uma vida humana. Vou me dedicar a esse argumento no capítulo 5. Por enquanto, podemos ver que a estreiteza de White diz respeito não apenas à sua avaliação das vidas animais, mas também à sua visão de como devemos nos avaliar: devemos ficar orgulhosos porque possuímos essas características notáveis. Esta visão, no final das contas, parece cega e arrogante da mesma maneira que a de Wise.

Ainda assim, o livro de White faz três melhorias significativas em relação ao paradigma de Wise, que ele critica, de algumas maneiras que eu critiquei, por focar muito a linguagem e o desempenho artificial[53]. Em primeiro lugar, embora ele ache que a sua abordagem, com foco na semelhança e na personalidade, é boa para satisfazer o público onde estiver, e que seja suficiente para justificar grandes mudanças no tratamento que damos aos golfinhos, oferecendo uma justificativa de que "mesmo os humanos mais antropocêntricos" aceitariam, ele nega repetidamente que seja a única base para a consideração ética com os animais não humanos[54]. Por exemplo: "Quero deixar claro desde o início que não estou reivindicando que a personalidade é o único fundamento, ou necessariamente o mais importante para os não humanos terem *status* moral".[55] Há passagens no livro em que ele não se apega totalmente a isso; onde, levado por seu entusiasmo kantiano pela autoconsciência e pela escolha, ele sugere que, sem os traços de personalidade, um ser pode ser considerado uma coisa sem dignidade. Mas sua posição oficial é a de que um ser assim não reuniu condições suficientes para ter *status* moral.

Em segundo lugar, entretecido com o argumento de White a favor da personalidade dos golfinhos, está um relato fascinante de sua "estranha inteligência". Enquanto Wise se concentra em desempenhos de macacos semelhantes aos humanos, mesmo quando não detenham nenhum papel significativo na vida normal dos macacos, White é sensível às muitas maneiras pelas quais os golfinhos, embora inteligentes, são totalmente diferentes: sua inteligência é "estranha" à nossa. Descrevendo as faculdades e formas de vida dos golfinhos com riqueza de detalhes, White nos faz ver como até mesmo a percepção e a consciência são realizadas de maneiras muito diferentes na vida dos humanos e dos golfinhos – o que não é realmente surpreendente, já que eles se adaptaram à vida na água e nós nos adaptamos à vida em terra. Os golfinhos fazem muito mais usando o som do que a visão, por exemplo. E eles têm uma capacidade notável de "ecolocalizar", de "ler" um objeto através de cliques semelhantes aos de um sonar. A ecolocalização permite aos golfinhos não apenas mapear o lado de fora de uma coisa; permite-lhes também perceber o lado de dentro. (Em um caso notável, um golfinho soube que sua treinadora estava grávida antes de a própria treinadora saber disso!) Uma seção adorável do livro imagina como os humanos provavelmente aparecem do ponto de vista dos golfinhos: semelhantes, mas também estranhamente carentes de algumas faculdades essenciais. Essa admiração pela complexidade e estranheza de outras formas de vida é o que falta na abordagem de Wise.

Às vezes, a ênfase de White na estranheza dos golfinhos vai longe demais. Por exemplo, ele continua dizendo que os golfinhos são criaturas altamente sociais, enquanto os humanos, pelo menos muitos ou a maioria deles, são indivíduos solitários. Ele aponta estudos que pedem que as pessoas se autocaracterizem: algumas pessoas mencionam relacionamentos; muitas, não[56]. Entretanto, o que as pessoas dizem em uma pesquisa não é tão útil assim para entender o que realmente orienta suas ações.

Nesta era do coronavírus, todos somos lembrados de quão profundamente sociais os humanos realmente são, pois mesmo quando a proximidade física é negada, enviamos e-mails, telefonamos e conversamos no Zoom – ou até mesmo, como em um caso em Chicago, temos um casamento público em um parque usando o "distanciamento social" apropriado, de um metro e oitenta. Algumas pessoas podem ter pensado que sermos capazes de viver sem os outros é viril ou forte; mas isso não quer dizer que, quando elas realmente são forçadas a serem solitárias, elas não odeiem isso[57].

Seja como for, a terceira e, de certa forma, a mais importante maneira com a qual White qualifica suas reivindicações de personalidade é sua franca admissão de que toda a categoria de "pessoalidade" – mesmo quando considerada de uma forma que abre espaço para os instintos sociais dos golfinhos e sua estranha inteligência – pode ser inadequadamente antropocêntrica[58].

No fim das contas, no entanto, a capacidade de admiração de White só vai até aqui. Ele é capaz de ficar curioso e impressionado com um modo estranho de fazer algo que nós, humanos, fazemos, mas ele não se aventura nos mundos totalmente diferentes de criaturas cujo caminho evolutivo separado os levou a habilidades e formas de inteligência muito mais estranhas para nós – aves e peixes, sobretudo. Os golfinhos têm uma neuroanatomia bastante comparável à nossa, e sua inteligência, embora estranha, não é tão estranha assim. As aves, por "evolução convergente", desenvolveram habilidades notáveis (ver o capítulo 6), mas de uma maneira que parece muito mais estranha e, em muitos aspectos, misteriosa. Por causa dessa preferência pela semelhança em detrimento da estranheza, ele ainda deixa no lugar uma concepção linear da natureza, em que algumas "pessoas" semelhantes a humanos ocupam o topo de alguma escada, em vez de explodir toda a ideia de linearidade em favor do mundo rico e incrível em que realmente estamos.

Tenho o prazer de informar que White recentemente mudou sua visão, e agora recomenda a Abordagem das Capacidades (ver a Conclusão).

Além da *scala naturae*: vidas maravilhosas e estranhas

O livro de White nos pede para ver o mundo através dos olhos de uma criatura muito diferente de nós mesmos, com uma curiosidade genuína e um sentimento de admiração pela sua surpreendente forma de vida. Essa é uma contribuição notável para a ética, e é o que eu acho que deveríamos estar fazendo em todo o mundo animal. Ele encerra sua comparação incitando-nos a perguntar, ao pensar em como tratar uma criatura, quais são as suas necessidades básicas e como elas são satisfeitas em sua forma de vida característica. Só então podemos decidir, ele diz, se uma forma de tratamento contemplada (cativeiro em zoológicos para golfinhos, por exemplo) é ou não apropriada[59]. Estas são exatamente as perguntas que a minha própria abordagem nos incita a questionar sobre todos os animais sencientes. A explicação de White é fascinante e comovente, mas simplesmente estreita demais. Por fim, não acho que White nos tenha oferecido boas razões para limitarmos essa investigação a criaturas muito semelhantes a nós. A personalidade, por mais ampla que seja, é questionavelmente antropocêntrica.

Reconhecidamente, é muito mais fácil fazer e responder a essas perguntas sobre criaturas bastante semelhantes a nós, embora estranhas em alguns aspectos. Mas a dificuldade de levar adiante essa questão não deve nos impedir de tentar, com o tipo de humildade, curiosidade e devoção aos fatos que White demonstra. O problema epistêmico não resolve a nossa questão normativa sobre o melhor procedimento e enquadramento. Se é possível imaginar como a percepção humana parece estranha a um golfinho, deve ser possível pensar, com afinco e com recursos, sobre como o mundo parece às aves, a todos os mamíferos e até aos peixes.

Evidentemente, qualquer explicação linguística é uma distorção. Mas estamos familiarizados com esse problema com base em nossos próprios estudos da cognição infantil, ou nossas tentativas de falar verbalmente sobre uma experiência pictórica ou musical. Mas, para melhor ou pior, a linguagem é o meio para as investigações filosóficas e científicas, então a "tradução gaguejante" (expressão usada pelo compositor Gustav Mahler sobre suas próprias tentativas de descrever sua música em palavras) deve ser feita. Não está claro por que não poderia ser feito em todo o mundo animal, se formos cuidadosos, humildes e engenhosos.

Investigamos até agora uma concepção teórica dos direitos animais e da justiça para os animais que não é apenas influente, mas que também corresponde, mais do que as outras, aos pensamentos não examinados que a maioria das pessoas criadas em culturas ocidentais provavelmente tem. A concepção é limitada. Ela classifica e ordena os seres sem usar de curiosidade e com considerável e injustificado narcisismo. Vamos agora nos voltar para uma visão que lançou um poderoso desafio a essa concepção, enfatizando o denominador comum de todos os animais: nossa compartilhada vulnerabilidade à dor.

3

OS UTILITARISTAS

Prazer e dor

No final do século XVIII, o grande filósofo britânico utilitarista Jeremy Bentham (1748-1832) emitiu um alerta. Comparando nosso atual tratamento dos outros animais à escravidão, ele disse que a pergunta certa a fazer sobre os animais não é "'eles podem raciocinar?', mas 'eles podem sofrer?'". Para Bentham, o prazer e a dor são os fatos éticos fundamentais, aos quais todos os outros são redutíveis. E, para Bentham, o prazer é unitário, variando apenas em quantidade (intensidade e duração), não em qualidade. O objetivo de uma política racional deveria ser maximizar o saldo líquido de prazer ("líquido", isto é, subtraindo a dor) no universo.

Bentham tampouco foi o único utilitarista a se concentrar no sofrimento dos animais. Seu pupilo e sucessor John Stuart Mill (1806-1873) fez um trabalho significativo nesta questão, embora sua visão geral divergisse da de Bentham em aspectos cruciais; ele deixou sua fortuna para a Sociedade para a Prevenção de Crueldades Contra os Animais. O destacado filósofo vitoriano Henry Sidgwick (1838-1900), retornando aos pontos de vista de Bentham e rejeitando a crítica de Mill, desenvolveu os aspectos filosóficos das visões de Bentham com mais rigor, embora sem um foco particular nos animais. E, atualmente, o utilitarista Peter Singer (1946-), um seguidor próximo das ideias de Bentham e Sidgwick, é um dos principais pensadores a enfrentar a questão da crueldade contra os animais, em seu famoso livro *Animal Liberation* [Libertação animal][1] e muitos escritos acadêmicos.

Neste capítulo, examino a poderosa abordagem utilitarista do bem-estar animal – com admiração e uma boa dose de concordância simpatizante, mas também com críticas significativas.

A abordagem utilitarista merece enorme respeito por sua sensibilidade aguçada ao sofrimento dos animais. Parece o oposto da abordagem "Tão Semelhantes a Nós", que critiquei em meu capítulo anterior; de certa forma, ela é oposta, por seu ataque à arrogância da espécie humana. De outra forma, porém, as duas abordagens compartilham um defeito. Ambos falham em compreender que o mundo das vidas animais exibe surpreendentes variedade e diversidade. Uma atenção cuidadosa não revela uma "escada" nem uma única natureza homogênea, mas, ao contrário, uma grande complexidade nas atividades interligadas que compreendem cada modo de vida animal. Ambas as abordagens são falhas na *admiração*, na curiosidade de olhos abertos. A primeira abordagem está disposta a ver apenas um padrão, o humano; a segunda, que poderíamos chamar de "visão do mínimo denominador comum", reconhece apenas um aspecto das vidas dos animais.

Uma nota de rodapé de Bentham

Bentham sustentou notoriamente que os fatos éticos que de fato se distinguem, e também os únicos fatos éticos relevantes, são o prazer e a dor. Ele insistiu fortemente que os prazeres e as dores não variam ao longo de qualquer dimensão qualitativa, mas apenas ao longo de várias dimensões da quantidade (das quais a duração e a intensidade são as mais importantes). O objetivo de cada ser senciente individual é, e deve ser[2], a maximização do prazer líquido (subtraindo a dor). O objetivo de uma sociedade racional deve ser a maximização do prazer líquido para todos os membros da sociedade. Nisso, e em nada mais, consiste a felicidade.

Quais membros? Mais próximo do final de *Uma introdução aos princípios da moral e da legislação*, Bentham aborda essa questão tão importante[3]. A ética e o direito, ele insiste, devem se preocupar com todos os seres vivos que são "suscetíveis de felicidade", entendida em seus termos. Esses seres são "de dois tipos": primeiro, os "seres humanos, que são denominados pessoas"[4]; segundo, os "outros animais, que, por terem seus interesses negligenciados pela insensibilidade dos antigos juristas, são rebaixados à classe das *coisas*"[5]. Bentham, então, rejeita a distinção convencional entre pessoas (humanas) e coisas; ele rejeita o rebaixamento de animais à última categoria e, com isso, aparentemente, à ideia de que eles são propriedade. Ele não afirma que os outros animais são pessoas, mas a passagem sugere claramente que qualquer que seja a rubrica certa, ela situa humanos e animais juntos. Então, nesse ponto, ele anexa uma famosa nota de rodapé. Frequentemente citada em parte, a nota merece ser apresentada na íntegra:

Nas religiões hindu e muçulmana parece que os interesses do resto da criação animal encontraram alguma atenção. Por que os animais não obtiveram, universalmente, tanta atenção quanto as criaturas humanas, levando em conta a diferença quanto à sensibilidade? Porque as leis que existem são obra do medo mútuo, um sentimento de que os animais menos racionais não tiveram os mesmos meios que os homens para fazer reverter em vantagem própria. Por que não *deveriam* ter os mesmos direitos? Não podemos oferecer razão alguma para que não devam. Se a diferença se resumisse ao fato de os animais serem comidos, há uma razão muito boa pela qual se pode tolerar que comamos aqueles que apreciamos comer: somos os melhores para fazê-lo, e eles nunca passam pelo pior. A morte com que os vitimamos geralmente é – e sempre pode ser – uma morte mais rápida e, por conseguinte, menos penosa do que aquela que os esperaria segundo o inevitável curso da natureza. Se a diferença se reduzisse ao fato de eles serem mortos, haveria uma razão muito boa para não aceitarmos matar os animais que nos incomodam, caso fizéssemos o pior para eles. Mas as suas vidas não pioram ao serem mortos. Entretanto, haveria alguma razão para *não* aceitarmos atormentá-los? Sim, várias [Bentham aqui se refere a outro manuscrito seu.] Houve um tempo – lamento dizer que em muitos lugares ele ainda não passou – no qual a maior parte da nossa espécie, sob a denominação de escravos, foi tratada pela lei exatamente no mesmo pé que, por exemplo na Inglaterra, as raças animais inferiores ainda são tratadas hoje em dia. *Pode* vir o dia em que o resto da criação animal adquira aqueles direitos que nunca lhes deveriam ter sido tirados, se não fosse por tirania. Os franceses já descobriram que a cor preta da pele não constitui razão alguma pela qual um ser humano possa ser entregue, sem recuperação, ao capricho do verdugo. Pode chegar o dia em que se reconhecerá que o número de pernas, a pele peluda, ou a extremidade do *os sacrum* constituem razões igualmente insuficientes para abandonar um ser sensível à mesma sorte. Que outro fator poderia demarcar, de forma insuperável, a linha divisória que distingue os homens dos outros animais? Seria a faculdade de raciocinar, ou talvez a de falar? Todavia, um cavalo ou um cão adulto é incomparavelmente mais racional e mais social e educado que um bebê de um dia, ou de uma semana, ou mesmo de um mês. Entretanto, suponhamos que o caso fosse o contrário: mesmo nesta hipótese, o que se demonstraria com isso? A pergunta não é "os animais podem *raciocinar*?"; tampouco, "eles podem *falar*?"; mas "eles podem *sofrer*?"[6]

Bentham insiste, de forma chocante, que os animais devem ser tratados pelo direito da mesma forma que os seres humanos (seja sob a rubrica de personalidade ou, mais provavelmente, sob algum novo conceito destacando a vulnerabilidade compartilhada). Eles não devem ser tratados como coisas ou propriedade, e seus interesses devem ser tratados com tanta atenção quanto os dos humanos, "levando em conta a diferença quanto à sensibilidade"[7]. Para que essa qualificação não pareça subtrair a maior parte do que Bentham disse, ele nos diz claramente o que ela significa: interesses semelhantes devem ser tratados da mesma forma, mas algo que é irrelevante para os interesses de uma criatura não deve importar ao pensarmos em suas necessidades. Em outro lugar, ele anuncia este preceito: cada um conta como um, e nenhum como mais de um.

Aqui e em outros textos, Bentham admite uma diferença com respeito à permissibilidade de matar. Outros animais, por causa da natureza diferente de suas mentes, não têm (ele acredita) interesses semelhantes em não serem mortos, porque não podem prever e antecipar a própria morte. Eles vivem no momento presente: por isso uma morte indolor não é um mal para eles. Eu concordo com uma parte deste princípio, mas nego que se aplique à maioria dos animais. Bentham também insiste, com razão, que outros animais estão, como os humanos, sujeitos a um princípio de autodefesa: podemos usar força letal se eles ameaçarem nos causar graves danos. Essas afirmações nos interessarão no capítulo 7. Mas o principal é que, onde os interesses são semelhantes, a atenção da lei deve ser semelhante, e isso significa que não devemos infligir deliberada ou negligentemente dor aos animais, não mais do que nos é permitido fazer aos humanos. Embora em outros lugares Bentham menospreze a ideia de direitos, aqui ele a afirma: os animais têm direito à proteção contra tratamentos cruéis, quer a lei os tenha reconhecido, quer não.

Bentham enfrenta a seguir um interlocutor imaginário que defende alguma versão da *scala naturae*, apontando as diferenças corporais como sinais de uma diferença no *status* moral. Bentham assinala primeiro que, no caso da escravidão, agora rejeitamos a ideia de que uma diferença corporal cria uma "linha" na natureza. Da mesma forma, ele prevê, acabaremos por rejeitar a ideia de que os traços corporais de animais não humanos constituem tal "linha". O interlocutor, agora se imagina, refere-se à "razão" e ao "discurso" como as reais justificativas para traçarmos tal "linha" entre nós e eles, uma "linha" que supostamente torna permissível o tratamento cruel. Bentham primeiro nega a existência de uma linha nítida: alguns animais raciocinam melhor do que alguns humanos. Mas então ele dá a sua verdadeira resposta: isso não tem importância. O fato moral proeminente não é a capacidade de raciocinar, mas a capacidade de sofrer.

O interesse de Bentham por animais era genuíno, como atestam várias observações reunidas por seu dedicado editor, John Bowring (1792-1872). Ele expressou uma predileção por uma grande variedade de animais, incluindo gatos, burros, porcos e ratos. Ele cultivou uma amizade com um porco, que costumava segui-lo em suas caminhadas. Um gato a quem ele chamou de Reverendo John Langborn costumava comer macarrão à mesa com ele. Ele adorava ter camundongos brincando em seu escritório e comendo migalhas no seu colo. "Amo tudo o que tem quatro patas", escreveu. Costumava recordar com consternação as crueldades que ele mesmo infligira aos animais quando criança, e o efeito salutar das reprovações do tio[8]. Claramente, Bentham não estava na extremidade da preocupação vitoriana com os direitos animais: outros pensadores defenderam uma proibição total do uso de animais para alimentação ou vestimenta[9]. Mas ele defendeu os limites de seu argumento (ver capítulo 7), e afirmou repetidamente que onde os interesses são semelhantes, a consideração legal também deve ser semelhante. Para a maioria do público de Bentham, essas afirmações eram radicais. O prelado cristão William Whewell foi um forte crítico desse radicalismo, mas Mill rebateu elegantemente sua crítica, como veremos.

O radicalismo antivitoriano de Bentham

Entretanto, Bentham foi ainda mais radical. Como ficou claro apenas recentemente, com a publicação de obras póstumas, ele questionou corajosamente o ódio puritano e a moralidade britânica ao prazer corporal e à nossa animalidade humana, atitudes que ajudaram a produzir o desdém vitoriano pelos animais, algo que ele rejeita. Uma vez que nós também devemos questionar as nossas atitudes frequentemente negativas em relação à nossa própria animalidade, este contexto é de grande importância hoje em dia.

Especialmente no livro *Not Paul, but Jesus* [Não Paulo, mas Jesus], uma releitura radical da ética cristã, publicado apenas em 2013[10], Bentham proclama a igualdade de valor de todos os prazeres e todas as dores, independentemente de sua fonte, e ataca toda a ideia de que alguns prazeres são "superiores" e outros "inferiores". Ele insiste que Jesus não era avesso ao prazer sexual, e que é apenas a hipocrisia do grupo dominante que decretou que só o sexo conjugal é bom e os outros tipos de sexo são ruins, merecendo punição criminal. Ele desenvolve um notável e poderoso conjunto de argumentos a favor da descriminalização da homossexualidade e da concessão de maior autonomia sexual às mulheres. Acima de tudo, Bentham faz um apelo ao seu leitor para que abandone o ódio aos corpos que tanto anima a cultura vitoriana.

Do seu ponto de vista, podemos ver uma grande verdade: grande parte da depreciação humana de outros animais é inspirada pela autoaversão e pelo medo. Pelo fato de nossa própria natureza animal nos perturbar, nos enojar e nos assustar, chamamos de baixa essa parte de nós mesmos e projetamos um desprezo e uma aversão semelhantes sobre o resto do reino animal – e também sobre grupos subordinados a quem consideramos irracionalmente mais animais do que nós mesmos somos.

Puritanismo e desprezo pelo outro animal se reforçam mutuamente, e o especismo e outros males, tais como o racismo, o sexismo e a homofobia podem ter uma origem comum.

Bentham, então, fez mais do que pedir um tratamento melhor para os animais: ele rastreou nossos maus-tratos até a sua origem, pedindo para que nos questionássemos de uma maneira corajosa.

Dificuldades: qualidade, atividade, identidade

O Utilitarismo é fortemente radical, e suas ideias têm sido cruciais para muito do progresso recente em limitar a crueldade humana contra os animais. O sofrimento é um fato muito grande na vida dos animais. Os utilitaristas estão certos sobre isso, e são corajosos quando o enfatizam – embora Bentham provavelmente esteja pensando, acima de tudo, no sofrimento físico e não na angústia mental, de forma que ele não insiste, como deveria, em que os animais são psicologicamente complexos e capazes de experimentar tormento mental e frustração. O ataque profundo de Bentham às atitudes vitorianas torna seus argumentos importantes para o defensor contemporâneo dos direitos animais, estejamos ou não de acordo com as suas propostas específicas.

Mas, de várias maneiras, sua visão é demasiadamente simples.

Em primeiro lugar, Bentham não oferece nenhuma explicação do prazer e da dor; nem sequer reconhece que há uma questão filosófica a esse respeito, como Mill observa, e ele certamente não mostra que todos os prazeres e dores são homogêneos em qualidade. Os filósofos da Grécia e Roma antigas debateram vigorosamente sobre o que o prazer realmente é. Ele é uma sensação? Uma forma de ser ativo (sem estresse ou impedimento)? Ou, talvez o mais plausível, é uma sensação que está ligada à atividade tão intimamente que não podemos separá-la da atividade e medi-la por conta própria? O prazer de comer uma refeição deliciosa parece muito diferente do prazer de segurar um filho amado, e ambos são diferentes do prazer de aprender e estudar – e assim por diante. Aristóteles disse convincentemente que o prazer é algo que "sobrevém" à atividade, "como o frescor nas bochechas" de uma pessoa jovem saudável. Em outras palavras, está muito intimamente ligado à atividade: você não pode obtê-lo sem exercer essa atividade. Mas, se isso for verdade, todo o projeto de maximizar o prazer líquido está desde o começo em apuros.

Além disso, uma vez que reconhecemos essas diferenças qualitativas, parece que precisamos descobrir quais prazeres merecem ser promovidos: a ideia de que todos são igualmente valiosos é duvidosa. Muitas pessoas encontram prazer na crueldade; outras, em acumular riqueza ilimitada. Talvez estes não sejam os prazeres que alguém preocupado em criar uma sociedade decente deveria privilegiar. Este problema é enorme quando pensamos nas relações entre humanos e animais. Em toda a história registrada, muitos seres humanos, senão a maioria, encontraram prazer no domínio sobre os outros animais, e em muitas práticas, da criação industrial de animais até a indústria de peles, que forçam os animais a levarem vidas miseráveis. Se todos esses prazeres contarem como positivos no cálculo social, será difícil para o utilitarista argumentar, de forma convincente, que essas práticas devem cessar. Mas por que cargas d'água eles deveriam contar como positivos? Podemos respeitar a razão para Bentham ignorar essas questões – ele está ansioso para minar uma hierarquia vitoriana específica de prazeres. Mas precisamos ainda insistir que ele ignorou uma questão fundamental.

Mesmo que deixemos de lado por um momento essa questão básica, o cálculo benthamista tem mais problemas. O objetivo social, para Bentham, é um agregado, um total ou uma média. A *distribuição* do prazer e da dor não é levada em consideração. Bons resultados agregados podem ser produzidos de maneiras variadas, algumas envolvendo grande miséria para aqueles que estão na pior posição da escala social. A teoria de Bentham não tem como dedicar atenção especial aos menos favorecidos, cujo *status* é de imensa importância para uma pessoa preocupada com oportunidades iguais ou mesmo adequadas para o florescimento. O problema da agregação é ainda mais preocupante se o objetivo for entendido como um prazer total e não médio, pois esse objetivo poderia justificar trazer ao mundo criaturas de qualquer espécie, cujas vidas sejam extremamente miseráveis, contanto que essas vidas exibam um magro saldo líquido de prazer. (Isso não seria verdade para as muitas vidas de animais criados pela indústria de alimentos?)

Outra maneira de ver o problema com a agregação utilitarista foi sutilmente levantada por Christine Korsgaard, que afirma, plausivelmente, que, quando agregam, os utilitaristas negligenciam a relevância das vidas individuais[11]. Bentham parece dizer que o importante é a quantidade de prazer na sociedade. As criaturas individuais importam apenas como recipientes de prazeres ou satisfações. Se pudermos substituir um indivíduo por outro que possa ter um pouco mais de prazer, devemos fazê-lo. Em suma, a sociedade não responde, de forma alguma, pelos seres sencientes individuais. Essa visão não os respeita. Eles são como vasos nos quais uma quantidade maior ou menor de prazer pode ser derramada, mas o fato de serem *eles*, cada qual uma criatura que tem apenas uma vida para viver, não importa. Talvez se possa formular uma visão utilitarista de modo a superar essa objeção; acho que a visão de Mill a supera. Está claro, entretanto, que Bentham nem mesmo contemplou essa objeção, muito menos a abordou.

Uma questão diferente surge quando consideramos a capacidade de todos os animais para se adaptar a condições precárias. Às vezes as pessoas aprendem a não sofrer com indignidades e privações, por meio do processo conhecido como "adaptação" e a criação de "preferências adaptativas"[12]. Uma certa dose de adaptação é benigna: à medida que crescemos, paramos de nos sentir chateados por não podermos voar e nos ajustamos à nossa condição de bípedes. Mas há uma adaptação que reflete a perniciosa tirania dos costumes sociais. Com frequência, as mulheres em sociedades sexistas aprendem a não querer coisas que a sociedade lhes nega, como o ensino superior, a autonomia e a plena participação política. Os animais também têm este problema: assim, os animais criados em zoológicos desde o nascimento podem não sentir dor e insatisfação com a sua falta de liberdade de movimento ou de companhia social, já que nunca experimentaram essas coisas; como as mulheres, são recompensados por seus guardiões por sua docilidade e punidos por seu protesto e sua agressão.

Além disso, a explicação de Bentham é muito restrita quanto ao que é importante na vida dos animais (incluindo animais humanos): apenas o prazer (visto como uma sensação qualitativamente homogênea) e a evitação da dor. Assim, não há espaço para o valor especial de movimentar-se livremente, do companheirismo e dos relacionamentos com outros membros de sua espécie, da estimulação, de um hábitat agradável e adequado. Nesta falha, o benthamismo coincide com a abordagem "Tão Semelhantes a Nós": ambas se recusam a considerar plenamente, e valorizar positivamente, as muitas formas complexas de vida que os animais realmente levam. O prazer e a dor simplesmente não são as únicas questões relevantes na avaliação das chances de um animal florescer.

Há também um problema em relação à atividade. Bentham, como dissemos, concebe o prazer como sensação. Essa sensação é tipicamente produzida por uma atividade: o prazer de comer é produzido por comer, os prazeres da amizade, pelas amizades. Mas é claro que pode ser produzida de alguma outra maneira, mas, na concepção de Bentham, ao contrário da de Aristóteles, o prazer e a atividade não estão intimamente ligados. No entanto, a atividade é importante para as criaturas vivas. O filósofo Robert Nozick imagina uma "máquina de experiências": conectado àquela máquina, você teria a impressão de estar comendo, conversando com seus amigos, e assim por diante, e você teria o prazer relacionado a essas atividades, mas sem fazer absolutamente nada[13]. Nozick aposta que a maioria das pessoas rejeitaria a máquina de experiências, já que ser o autor de suas próprias ações é importante para elas, não apenas as experiências que elas têm. O mesmo acontece com os animais. A maioria dos animais gosta de fazer coisas; ser o autor de suas ações é importante para eles. A abordagem utilitarista tem dificuldade em dar conta disso[14].

Devemos reter o foco corajoso do Utilitarismo no sofrimento e seu reconhecimento, igualmente corajoso, da extensa comunalidade entre os humanos e outros animais. Devemos também reter, de alguma forma, o ataque radical de Bentham ao elitismo vitoriano e ao puritanismo sobre os prazeres do corpo. Mas o utilitarista que quiser reformular essa visão de modo a superar essa longa lista de objeções terá muito trabalho pela frente.

Seguidores de Bentham: Sidgwick e Singer

O vitoriano Henry Sidgwick foi uma pessoa notavelmente perspicaz e um filósofo rigoroso, cujo monumental *The Methods of Ethics* [Os métodos da ética][15] recompensa o estudo minucioso por todos os que estão interessados no bem-estar, quer concordem com as ideias utilitaristas, quer não. Sua cuidadosa defesa do Utilitarismo contra muitas críticas (incluindo as de J. S. Mill, que discutirei na seção seguinte) faz muito mais do que Bentham para mostrar a força dessa visão filosófica. E, assim como Bentham, Sidgwick era um ativista, um pioneiro no ensino superior feminino que, com sua esposa Eleanor, fundou o Newnham College, em Cambridge, um dos primeiros lugares na Grã-Bretanha a oferecer graduações universitárias para as mulheres[16]. Não considero as ideias de Sidgwick em detalhes por três razões. Primeiro, ele nunca responde adequadamente às críticas que fiz à teoria de Bentham, e nunca sequer considera a maioria delas. Segundo, Sidgwick nunca discute os animais e seus direitos, embora comentários esparsos sugiram que ele entendia que a sua teoria se aplicava a eles. Terceiro, o mais destacado dos herdeiros diretos de Bentham, Peter Singer, é um grande teórico dos direitos animais, como Sidgwick não era. Por Singer ser também um especialista na filosofia de Sidgwick, e vê-la como a base para suas próprias ideias, podemos estudar o benthamismo de Sidgwick considerando Singer[17].

Peter Singer é, sem dúvida, uma das figuras mais importantes da história do movimento pelos direitos animais. *Libertação animal*, com sua escrita vívida e argumentos claros, lançou um alerta para o mundo. Diferentemente de Bentham, que colocou as suas principais observações em uma nota de rodapé de um livro sobre punição criminal, e ao contrário de Mill, que limitou suas observações sobre essa questão a uma resposta em uma revista especializada, Singer dirigiu-se ao público em geral de frente, incluindo todos os horrores do tratamento humano dispensado aos animais. Singer é também um filósofo sofisticado, que lida habilmente com as objeções aos seus pontos de vista[18]. Embora o que ele diz não satisfaça a todos, ele diz algo quando Bentham não disse praticamente nada.

Como Bentham, Singer se opõe resolutamente a ranquear algumas vidas como mais valiosas do que outras. Ele argumenta detalhadamente contra o especismo, mas uma vez que já apresentei meus próprios argumentos sobre este ponto, não preciso apresentar os dele. Como Bentham, ele insiste na ideia de que todos os interesses devem ser tratados igualmente. O princípio da igual consideração não determina que todas as criaturas devem ser tratadas da mesma forma, pois os interesses das criaturas podem diferir. Ele dita que interesses semelhantes devem ser tratados de forma semelhante. Este é um ponto importante de convergência entre o benthamismo de Singer e minha própria visão.

Singer é um ativista que busca a convergência intelectual para promover a causa. Ele chama a atenção para o fato de que nos escritos de divulgação – como *Libertação animal* – ele não pressupõe um acordo sobre sua versão do Utilitarismo, mas argumenta de uma forma que pessoas com outros pontos de vista possam concordar[19]. Creio que a convergência é uma questão importante e vou discuti-la no capítulo 5 e em minha conclusão. No entanto, ele e eu também concordamos que é importante acertar a visão filosófica!

Há mais dois pontos de convergência entre a visão de Singer e a minha. Uma é sua insistência de que a senciência, ou percepção consciente, marca uma importante linha divisória na natureza, e que os animais sem ela (ele discute os casos difíceis que tratarei de decifrar no capítulo 6), assim como as plantas, não são objetos próprios da consideração ética em uma teoria da justiça, embora possam ser objetos apropriados para outros tipos de consideração.

A outra convergência (parcial) diz respeito a ser errado matar. Como Bentham, Singer acredita que é permitido matar uma criatura que vive inteiramente no momento presente. No entanto, ele faz uma conta implausível desse grupo, que, para ele, inclui a maioria dos animais[20]. Concordo com algo semelhante a esse princípio no capítulo 7, mas com uma conta muito diferente de quais criaturas (muito poucas) realmente vivem no momento presente.

Eis o que há de concordância de Singer com Bentham. Quando atentamos para os detalhes da visão de Singer, no entanto, divergências significativas começam a aparecer.

Bentham parece considerar o prazer e a dor como fatos objetivos no mundo, que um cientista pode medir. Assim foi lido por Sidgwick, a quem Singer mais tarde emula. Mais no início de sua carreira, Singer não se concentrou nos fatos do prazer e da dor, mas nas preferências subjetivas das pessoas, e a sua versão do objetivo utilitarista era a maximização da satisfação líquida de preferências.

Embora essa visão pareça e seja diferente da de Bentham, ela é vulnerável a todas as objeções que fiz contra Bentham. Primeiro, a distribuição não é relevante no cálculo de Singer. Ele tem que confiar que a diminuição da crueldade contra os animais de fato termine contribuindo para maximizar a satisfação líquida de preferências. Isso é complicado, porque para Bentham, e presumivelmente para Singer, a intensidade é uma dimensão importante na medição de experiências, e é difícil descartar que os humanos derivem satisfações muito intensas de comer carne, possivelmente contrabalançando assim as dores de muitos animais. O cálculo é totalmente obscuro neste ponto, e não muito útil. Singer tampouco reconhece – esta é a minha segunda objeção – diferenças entre as satisfações. Ele acompanha Bentham e Sidgwick, divergindo de Mill, em sua determinação de ter um único cálculo.

Quanto às preferências adaptativas, não conheço nenhuma discussão de Singer sobre elas; contudo, ele presumivelmente se aprofundaria e diria que uma satisfação é uma satisfação, independentemente do processo que levou a ela. O valor especial da condição de agente é, mais uma vez, algo que ele não comenta (nenhuma resposta ao que Nozick diz sobre esse aspecto, por exemplo[21]), mas presumivelmente diria que a máquina de experiências é suficientemente boa se realmente funcionar para satisfazer preferências. Singer comenta o argumento dos "recipientes substituíveis", como mencionei, mas não de uma forma que satisfaça Korsgaard, quem originalmente lhe objetou.

De qualquer forma, agora Singer abandonou a insistência de que o prazer é subjetivo e mudou para uma visão como a de Sidgwick e Bentham: o prazer é um fato mensurável no mundo[22].

No todo, então, os argumentos de Singer têm maior sofisticação filosófica do que os de Bentham, mas problemas semelhantes. Eles dão um passo gigante além da abordagem tradicional "Tão Semelhantes a Nós". Mas, seguindo o exemplo de Mill, nós podemos e devemos fazer melhor.

Mill pode resolver esses problemas?

O distinto herdeiro de Bentham, John Stuart Mill, fez um grande progresso na maioria dessas questões. Por não conseguir, assim como Bentham, ocupar uma posição acadêmica, ou mesmo obter um título acadêmico, por conta de seu ateísmo[23], e por não ser, ao contrário de Bentham, independentemente rico, Mill tinha que ganhar a vida, em parte por meio de um emprego diurno na Companhia Britânica das Índias Orientais, e em parte trabalhando com redação jornalística. Em consequência, as obras publicadas de Mill às vezes são breves e enigmáticas. Gostaríamos que ele tivesse desenvolvido muitos desses pontos em maior extensão. Mas ele nos dá materiais promissores para nossa construção – embora eles tenham sido explicitamente rejeitados por Sidgwick e, com frequência, simplesmente ignorados pelos utilitaristas contemporâneos[24].

Primeiro, Mill insiste que os prazeres diferem tanto em qualidade quanto em quantidade. Ele também enfatizou o valor do arbítrio e o conectou à dignidade de uma criatura. Ele enfatiza a importância de itens específicos, como a saúde, a dignidade, a amizade e o autocultivo. Ele parece ter pensado que essas coisas valiosas, quando realizadas, são tipicamente acompanhadas de prazer, mas ele fala como se o prazer extraísse seu valor da atividade à qual está vinculado, e não o contrário. Ele deixa muito claro que a satisfação por si só é insuficiente para uma vida florescente: a atividade e a qualidade específica de uma atividade importam muito. Resumindo, ele tem uma imagem do bem-estar semelhante à ideia de florescimento multidimensional de Aristóteles, ou *eudaimonia*. E ele também é sensível ao fato de que, em uma sociedade corrupta, os prazeres das pessoas podem não ser indicadores confiáveis de valor. Em seus importantes escritos sobre a igualdade das mulheres, particularmente *The Subjection of Women* [A sujeição das mulheres], ele insiste que os desejos e as preferências das mulheres foram corrompidos e distorcidos pela dominação masculina: as mulheres aprendem a ter medo e ser dóceis, e a acreditar que ser assim é o que as torna sexualmente atraentes. Assim, os "senhores das mulheres" "escravizaram" as suas mentes. Dessa forma, ele antecipa os críticos recentes do Utilitarismo que escrevem sobre as "preferências adaptativas".

Além disso, Mill claramente se importa muito com a distribuição de utilidade na sociedade. Ele insiste em *O Utilitarismo* que as ideias de justiça e direitos precisam fornecer um piso para baixo do qual a lei não permitirá que os cidadãos sejam empurrados, mesmo para o bem-estar geral. Em seus escritos políticos, ele é um social-democrata, favorecendo um papel forte do governo em garantir uma educação adequada para todos, protegendo as boas condições de trabalho e ampliando o direito de voto. (Como deputado, apresentou a primeira proposta legislativa na Grã-Bretanha para dar acesso ao voto às mulheres, em 1872.) Ele também recomendou leis contra a violência doméstica e o estupro dentro do casamento. Ele insiste que, no "presente estado imperfeito da sociedade", há uma grande lacuna entre o que as pessoas pensam que produzirá o florescimento e o que realmente produzirá vidas florescentes para todos. Ele espera que esse problema acabe sendo abordado por meio do esclarecimento educacional, mas, enquanto isso, a lei deve assumir a iniciativa.

De forma crucial, Mill aborda o problema dos "recipientes", embora apenas em sua correspondência. Quando perguntado por um amigo como exatamente a felicidade agrega diferentes vidas, sua resposta é que fazemos isso simplesmente contando o número de pessoas que têm vidas felizes (presumivelmente felizes até algum limite razoável): "Com esta frase em particular, apenas quis argumentar que, sendo a felicidade de A um bem, a de B um bem, a de C um bem etc., a soma de todos esses bens deve ser um bem"[25]. Embora possamos desejar uma discussão teórica mais extensa, parece que sua visão é determinada a tratar a vida de cada criatura como uma fonte separada de valor.

Em muitos de seus escritos, Mill fala apenas de seres humanos e da sociedade humana. Mas é perfeitamente claro que ele pretendia que suas ideias se estendessem a outros animais e seu florescimento. Embora ele nunca tenha explicado em detalhes as suas próprias ideias sobre a base filosófica para os direitos animais, ele deixa evidenciada a sua posição básica em um artigo conhecido como "Resposta a Whewell."

William Whewell foi um clérigo e intelectual cristão que defendeu uma versão da "escada da natureza", sustentando que os humanos ocupam um lugar único no topo da criação. Ele publicou uma exposição muito hostil das opiniões de Bentham, dizendo que exigir que considerássemos os prazeres e as dores dos animais em pé de igualdade com os dos humanos era uma *reductio ad absurdum* [redução ao absurdo] do cálculo utilitarista. Whewell disse que, ao contrário, devemos julgar o valor dos prazeres de qualquer ser por sua semelhança conosco, e devemos nos ver como vinculados por laços de "fraternidade humana", colocando os prazeres humanos em primeiro lugar, sem pesar, no mesmo cálculo, os prazeres de outros animais. Em um longo artigo de revista, Mill respondeu com sagacidade mordaz e lógica devastadora, refutando Whewell em uma série de questões, incluindo esta.

Mill insiste que as percepções de semelhança são contingentes e altamente manipuláveis. No Sul dos Estados Unidos, ele observa, os prazeres e as dores dos homens negros são considerados totalmente diferentes daqueles dos homens brancos. Há cinco séculos, os prazeres e as dores da nobreza feudal não eram vistos de forma alguma como comparáveis aos dos servos. De acordo com Whewell, seria certo que o grupo dominante, em cada caso, se recusasse a levar em conta os prazeres e as dores do grupo subordinado no mesmo cálculo. Mas essas visões são "superstições de egoísmo"[26]. Para Mill, ao contrário, devemos sempre perguntar: "Supondo-se que qualquer prática cause mais dor aos animais do que prazeres aos homens: essa prática é moral ou imoral? E se exatamente à proporção que os seres humanos erguessem a cabeça para fora do pântano do egoísmo, eles não respondessem a uma só voz 'é imoral', então que a moralidade do princípio da utilidade fosse condenada para sempre"[27].

O princípio de Mill é vago, e nesta passagem ele não nos diz como remodelaria o cálculo de Bentham para incluir seus próprios *insights* sobre a questão das diferenças qualitativas, o limiar crucial dos direitos e da justiça, a questão das preferências adaptativas e o espinhoso problema de como agregar prazeres. Temos que fazer esse trabalho para ele, mas isso pode ser feito. Minha proposta positiva no capítulo 5 será altamente milliana em espírito.

No entanto, em uma questão importante devemos nos afastar de Mill. No lugar da radical democratização do prazer de Bentham, Mill reintroduz a conhecida distinção vitoriana entre "prazeres superiores" e "prazeres inferiores". Pior ainda, ele exemplificou os últimos com um animal: o "porco satisfeito". O puritanismo residual de Mill sobre o prazer corporal definitivamente não é útil para alcançarmos a ideia correta do nosso parentesco com os outros animais e o reconhecimento sincero e correto desse parentesco. Ele poderia ter mantido as distinções qualitativas sem voltar à hierarquia convencional, simplesmente dizendo, com Aristóteles, que cada atividade vem associada com seu próprio prazer distintivo.

Então, pode-se dizer que a minha Abordagem das Capacidades articulará o que Mill teria dito sobre os animais se tivesse sido menos afetado pelo estilo vitoriano, pelo pudor e pela vergonha!

A partir do cálculo de Bentham, seguindo em frente

Os utilitaristas foram e são heróis éticos. Eles viram e ouviram o que outros se recusaram a ver e ouvir, e eles não tiveram apenas compaixão, o que poderia ser desigual, mas também uma determinação baseada em princípios para tratar todas as criaturas sencientes de forma semelhante. As deficiências do Utilitarismo devem nos levar a buscar uma abordagem que compartilha a corajosa ênfase de Bentham no sofrimento como vínculo comum entre todos os animais e na senciência como uma saliente linha divisória na natureza, assinalando aquelas criaturas que podem ser tratadas com justiça ou injustamente – mas isso vai além de Bentham, prestando-se atenção à forma toda de vida de cada tipo de animal e aos muitos aspectos diferentes do florescimento e da privação dos animais. Nesse esforço, a crítica de Mill a Bentham será muito relevante, e concordo com muito dela: a importância da dignidade de cada ser; a importância das atividades, bem como dos estados; e a necessidade de reconhecer uma pluralidade irredutível de valores importantes. A Mill, no entanto, faltou o zelo radical de Bentham para reabilitar o corpo e seus prazeres. Por esta razão, precisamos manter Bentham em mente, bem como Mill, enquanto tentamos progredir.

Minha abordagem será como o Utilitarismo, ao considerar os interesses de todos os seres sencientes como tendo peso igual, bem como considerar a consciência como marco de uma fronteira muito importante. Mas, embora a dor seja muito importante e acabar com a dor gratuita seja uma meta urgente, os animais são agentes e suas vidas têm outros aspectos relevantes:

dignidade, capacidade social, curiosidade, brincadeira, planejamento e livre movimento, entre outros. Seu florescimento é mais bem concebido em termos de oportunidades de escolha de atividades, não apenas em termos de estados de satisfação. Aprendamos, então, com os utilitaristas, mas seguindo em frente.

4

A ABORDAGEM KANTIANA DE CHRISTINE KORSGAARD

Kant, dignidade e fins

Rejeitei as abordagens que colocam os humanos em um pedestal, julgando os animais como dignos de consideração apenas à proporção que eles se assemelham a nós. Também rejeitei a forma do Utilitarismo de Bentham, exigindo uma visão que respeite a dignidade de cada criatura senciente e que valorize os animais como agentes, não apenas como recipientes de satisfação. Agora passamos a uma terceira abordagem teórica, que está muito mais próxima da minha, sobrepondo-se a ela de várias maneiras: a abordagem de Christine Korsgaard, baseada no pensamento de Immanuel Kant; em particular, na ideia de Kant de que devemos sempre tratar as criaturas (para Kant, apenas os humanos, para Korsgaard, todos os animais sencientes) como fins, não simplesmente como meios para nossos próprios fins. *Fellow Creatures* [Criaturas companheiras] é o livro filosófico sobre os direitos animais mais significativo dos últimos anos, com o qual valeria a pena se envolver simplesmente por sua enorme qualidade. Contudo, também é importante entender por que a sua abordagem, por mais impressionante que seja, é insuficiente, não fazendo plena justiça à condição de agente dos animais e à complexidade das suas vidas.

Immanuel Kant (1724-1804) foi contemporâneo de Jeremy Bentham e outro grande arquiteto do Iluminismo liberal. Ambos queriam mais escolhas humanas e uma autoridade menos arbitrária na sociedade. Ambos, opondo-se à dominação da religião e dos costumes autoritários, buscaram políticas públicas que pudessem responder apenas à razão humana. Ambos eram internacionalistas ousados, buscando a cooperação entre as nações e criticando o colonialismo. Ambos se opuseram à escravidão e ao tráfico de escravos[1].

No entanto, eles também diferiam em aspectos fundamentais. Bentham pensava que o prazer e a dor eram os únicos fatos normativos relevantes; Kant não atribuía valor moral algum ao prazer como tal, concentrando-se, em vez disso, na dignidade da capacidade humana de fazer escolhas éticas[2]. Eles também diferiam em suas conclusões práticas, de maneiras ligadas a essa diferença fundamental. Enquanto Bentham entendia que as normas sexuais eram muitas vezes formas de subordinar grupos sem poder, incluindo as mulheres e quem desejasse relacionar-se com pessoas do mesmo sexo, e buscou o direito de todos encontrarem prazer da sua própria maneira, Kant parece ter tido pouco ou nenhum interesse na igualdade das mulheres e mantinha opiniões convencionais severas sobre impropriedades sexuais (até mesmo sustentando que a masturbação é pior que o estupro!). Ele era totalmente desdenhoso do prazer e do desejo. Enquanto Bentham tinha profunda consciência do sofrimento dos animais nas mãos dos humanos, concebendo isso também como um tipo inaceitável de "tirania", Kant pensava que os animais, por carecerem da capacidade de fazer escolhas éticas, eram totalmente desprovidos de dignidade, concluindo que os humanos podem usá-los "como bem entenderem"[3].

A partir de sua generosa preocupação com o sofrimento e seu cético desmascaramento de todas as formas de dominação, Bentham corrige (por assim dizer, já que ele provavelmente não o leu) algumas das piores falhas de Kant. Mas as coisas não são assim tão simples, porque também podemos dizer a mesma coisa inversamente. Enquanto Bentham, obsessivamente focado na agregação, carece de um senso de inviolabilidade e dignidade da criatura individual, Kant coloca esse direito de dignidade no coração de sua filosofia moral (somente para humanos), sustentando que a forma básica de transgressão é tratar um ser humano simplesmente como um meio em vez de um fim. Cada um, ao que parece, tem coisas a nos ensinar, que podemos aplicar às vidas e aos sofrimentos dos animais, se tivermos o cuidado de evitar os erros de ambos[4].

Neste capítulo, argumentarei que aqueles que amam os animais têm muito a aprender com o pensamento de Kant, mas que devemos pensar criticamente sobre o que a abordagem kantiana nos oferece. Faço isso focando o trabalho de Christine Korsgaard, uma das mais ilustres intérpretes e herdeiras de Kant, sendo uma das nossas filósofas contemporâneas mais atrativas. Korsgaard também é uma amante dos animais e uma das nossas melhores pensadoras sobre os "eus" animais e os direitos animais. Apesar de ter consciência de que o próprio Kant tem pouco respeito pelos animais, ela há muito acredita que a perspectiva ética de Kant contém materiais que podemos usar para construir uma visão dos direitos animais. Ela desenvolveu seus pontos de vista em duas publicações importantes: suas Conferências Tanner, de 2004, intituladas "Fellow Creatures: Kantian Ethics and Our Duties to Animals" [Criaturas companheiras: A ética kantiana e nossos deveres com os animais],[5] e seu livro de 2018, *Fellow Creatures: Our Obligations to the Other Animals*[6]. Como sugerem os títulos semelhantes, as duas obras são muito próximas em argumento; o livro, muito mais longo, desenvolve-se a partir das conferências. Apesar disso, existem diferenças significativas que justificam o tratamento sequencial.

Embora eu não concorde com tudo no livro de 2018 de Korsgaard, considero-o uma grande conquista filosófica, e convido todos os leitores deste meu livro a lê-lo também, já que abordo apenas algumas de suas ricas e importantes discussões.

Korsgaard é kantiana, mas também aprendeu muito com Aristóteles. (Sua tese de doutorado em Harvard foi sobre Kant e Aristóteles[7].) Aristóteles – de quem direi muito mais ao descrever a minha própria visão – se interessava profundamente pelas semelhanças entre humanos e os outros animais, sustentando que todos os animais se movem em direção a seus objetivos usando faculdades cognitivas (percepção, imaginação e desejo) e formas de desejo e emoção, buscando manter suas formas de vida características. Korsgaard considera esses *insights* importantes. De Aristóteles, ela extrai uma compreensão de como as criaturas sencientes de todos os tipos se esforçam para alcançar seus objetivos e viver de acordo com o tipo de funcionamento peculiar a cada espécie. Esses *insights* estão ausentes em

Kant[8], e Korsgaard usa um entendimento aristotélico de como os animais (incluindo os humanos) se esforçam para atingir seus objetivos para abrir um espaço na ética implacavelmente antropocêntrica de Kant, dentro do qual um amante dos animais pode então começar a fazer justiça aos animais e seus esforços. Mas então por que ficar com Kant? Por causa de sua visão sobre a dignidade inviolável da criatura individual, um *insight* que Aristóteles nunca articula.

Concordo com Korsgaard que qualquer boa abordagem à justiça animal precisa de um elemento aristotélico e de um elemento kantiano. Aristóteles carece das noções de dignidade e de ser tratado como um fim em si mesmo. Nós precisamos destas ideias. Korsgaard e eu combinamos os elementos aristotélicos e kantianos de maneiras significativamente diferentes, mas acabamos com muitas das mesmas conclusões. Este capítulo, então, será um estudo de uma visão rival e, ao mesmo tempo, um prelúdio para a abordagem que defendo.

Kant sobre o tratamento dispensado aos animais

Para Kant, o fato-chave sobre os seres humanos é nossa capacidade de raciocinar e escolher, eticamente, nossa capacidade de nos vincularmos a leis de nossa própria criação. Essa capacidade lhe parecia de valor inestimável, enquanto outras capacidades animais [*animal capacities*] não tinham valor algum. Na conclusão de sua *Crítica da razão prática*, ele faz esta famosa observação: "Duas coisas preenchem a mente com admiração e reverência sempre renovadas e crescentes, quanto mais frequente e constantemente se reflete sobre elas: *o céu estrelado acima de mim e a lei moral dentro de mim*"[9]. Nosso respeito e reverência diante dessa capacidade é, para ele, o ponto de partida básico para a ética.

Kant pensou que poderia haver outros seres moralmente racionais: os anjos, por exemplo. Mas em nosso mundo cotidiano, os humanos estão sozinhos. Como os estoicos, ele negou que os animais tivessem alguma participação na capacidade para a legislação moral: eles são apenas criaturas de instinto e desejo, que, em si e por si mesmas, não têm valor moral. Devido à nossa capacidade única (neste mundo) para a autolegislação, somos "totalmente diferentes em posição e dignidade das *coisas*, tais como os animais irracionais, dos quais podemos dispor como bem entendermos"[10].

Kant articula as consequências normativas da dignidade humana nas quatro formulações de seu famoso "imperativo categórico"[11]. "Categórico" é contrastado com "hipotético". Um imperativo hipotético diz para você fazer a ação A se quiser obter B: ele depende de seu objetivo anterior. Um imperativo categórico é obrigatório em todas as situações e não importa o que você quer ou sente. O imperativo categórico talvez seja mais bem considerado como uma maneira de testar o princípio da ação proposta por uma pessoa, para ver se ele passa no requisito ético. Ele incorpora, então, o tipo de lei que devemos dar a nós mesmos enquanto nos preparamos para agir?

Muito já foi escrito sobre as diferentes formulações kantianas do imperativo categórico, e muito disso é irrelevante para nossos propósitos aqui. Estou fortemente de acordo com Korsgaard no entendimento de que a ideia central de Kant é mais bem capturada na segunda formulação, a "fórmula da humanidade" ou "fórmula do fim em si mesmo"[12]: "Portanto, aja de modo a usar a humanidade, em sua própria pessoa e em qualquer outra pessoa, sempre e ao mesmo tempo, como um fim, nunca meramente como um meio"[13]. A ideia-chave, portanto, é a de tratar uma criatura não (ou não apenas) como um instrumento de seus próprios fins, um objeto de seus propósitos, mas sempre como um ser cujos interesses importam intrinsecamente, simplesmente porque a criatura que os possui importa. É claro que se pode usar uma criatura como um meio e também como um fim; por exemplo, empregar um trabalhador para fazer as coisas para você enquanto trata o trabalhador com respeito e consideração genuínos. O kantiano insiste que qualquer uso instrumental de uma criatura deve ser limitado pela ideia dominante de que você a valoriza por si mesma e procura respeitar sua busca por seus próprios fins. Esta é uma ideia que as leis e constituições de todo o mundo embutem na estrutura das nações como uma forma de circunscrever o que as maiorias podem ou não fazer.

Kant ilustra esta fórmula (como suas outras) mencionando quatro exemplos. O mais claro é a promessa enganosa: fazer uma promessa enganosa para obter um ganho pessoal é obviamente uma forma de tratar outra pessoa como um meio; logo, o imperativo categórico veta tal conduta. A existência de engano mostra que você não está respeitando suficientemente essa pessoa como alguém que faz escolhas. Podemos entender, a partir deste caso, que tratar a humanidade como um fim exige que não exploremos os outros por meio de coerção ou fraude.

Mas Kant pensa que também temos deveres conosco. Assim, ele argumenta, por meio de outro exemplo, que as pessoas que vivem para o prazer, não desenvolvendo seus talentos, também estão demostrando falta de respeito por suas próprias faculdades morais, tratando-as como meios para o prazer. Não está totalmente claro que Kant esteja certo. Talvez, em um caso muito extremo, a busca da pessoa pelo prazer possa destruir completamente sua capacidade de escolha, e esse caso extremo pode ser censurável. Mas frequentemente tais argumentos são usados para esconder o puritanismo, e Kant não está imune a essa objeção.

Usando um outro exemplo, Kant argumenta que as pessoas que, estando em circunstâncias confortáveis, nada fazem para ajudar os necessitados estão, na verdade, tratando a si mesmas apenas como meios – já que elas mesmas aceitariam animadamente alguma ajuda se estivessem necessitadas. Essa ideia é interessante, mas precisa de muito mais desenvolvimento do que Kant lhe dá. É possível que às vezes as pessoas em situação confortável explorem outras menos favorecidas, em quem confiam como criados dos seus próprios interesses em vez de respeitá-las como fins. Mas é preciso cuidado para articular as condições sob as quais essa crítica seria justificada[14].

Outra forma de ver o que está em jogo no respeito pela humanidade é pensar em como seria o mundo se fizéssemos de nosso próprio princípio uma lei universal. Esta fórmula da lei universal, a primeira formulação de Kant do imperativo categórico, visa ser intimamente ligada à fórmula da humanidade e nos dar uma outra forma de compreendê-la. Kant acredita que uma forma central de erro moral é conceder a nós mesmos uma posição especial, permitindo-nos isenções de regras que impomos aos outros. A universalização de nosso princípio revela a autonegociação envolvida em tal conduta, ajudando-nos a ver seu aspecto explorador. Quem faz a falsa promessa não quer que todos possam fazer falsas promessas: pois nesse caso a instituição de prometer deixaria de existir, e ela está contando com essa instituição para se favorecer às custas dos outros. Kant também pensa que o preguiçoso caçador de prazeres não poderia, de forma razoável, desejar um mundo em que todos fossem preguiçosos e vivessem para o prazer, já que ninguém faria as coisas essenciais para tornar o mundo estável e digno de ser vivido. Resumindo, ela parasita o trabalho dos outros. Novamente, a pessoa que não vai ajudar os outros não poderia, de forma razoável, querer que o mundo inteiro fosse assim, porque ninguém iria ajudá-la se ela precisasse de ajuda. Mais uma vez, então, ela explora os outros.

A ideia básica de Kant, então, é a de respeitar cada ser humano como uma criatura com valor intrínseco e autonomia, que faz as suas escolhas assim como nós mesmos fazemos, e não subordinar seus fins aos nossos. Vejamos agora como esse princípio pode funcionar se aplicado ao nosso tratamento dos outros animais.

Se nós, humanos, testássemos os princípios de nossas ações em relação a outros animais, pensando em nós mesmos como compartilhando o mundo da natureza com eles, muito pouco passaria pelo escrutínio do imperativo categórico. Os humanos concluem que é aceitável aprisionar porcos em gaiolas de gestação – mas ficariam chocados se seus próprios filhos fossem tirados deles e lançados em uma dolorosa e degradante forma de confinamento[15]. Os humanos acham aceitável cometer atos de agressão dolorosa, e muitas vezes letal, contra animais, mas não toleram a agressão de outros animais contra humanos. Humanos geralmente não acham importante ajudar os animais necessitados – embora contemos com os animais para nos fornecer todo tipo de coisas de que precisamos, sem mesmo pedir seu consentimento. E os humanos não refletem que um de nossos deveres conosco poderia ser desenvolver nossas capacidades de admiração e reverência pelas vidas dos animais. Na maior parte de nossa conduta em relação aos outros animais, então, nós os usamos como coisas, como meios – e também falhamos em querermos nos tornar diferentes. Assim, o imperativo categórico parece ter ricos recursos críticos para o nosso tratamento atual dos animais – se os animais primeiramente forem incluídos em nossa deliberação.

Kant, no entanto, não tem nenhum desses pensamentos, porque ele já traçou uma linha na areia, entre criaturas que autolegislam para si mesmas a lei ética e criaturas instintivas, estabelecendo, sem mais delongas, que as últimas não merecem nenhuma consideração ética. Em seu ensaio "Conjecturas sobre os primórdios da história humana", Kant descreve como uma etapa crucial no progresso humano aquela em que a razão humana eleva "o homem completamente acima da sociedade animal". Os humanos percebem que são "o verdadeiro *fim* da natureza". Nesse ponto, sua relação com os animais se transforma: o ser humano "não mais os considerava como semelhantes, mas como meios e instrumentos a serem usados à vontade para a obtenção de quaisquer fins que ele quisesse"[16].

No entanto, de forma um tanto surpreendente, Kant proíbe o tratamento cruel dos animais: não porque sejam fins em si mesmos, mas por uma razão diferente. Adotando uma visão comum do século XVIII, Kant afirma que o tratamento cruel dos animais torna os seres humanos insensíveis e com mais chances de serem cruéis contra os humanos. Uma ilustração famosa dessa visão é *The Four Stages of Cruelty* [Os quatro estágios da crueldade] (1751), do artista William Hogarth: o pequeno menino, Tom Nero, começa torturando um cão; mais tarde, como um adulto, progride para o espancamento de um cavalo e, em seguida, para o roubo e o assassinato brutal de uma mulher. Finalmente, ele é executado por enforcamento e seu corpo é dissecado por alunos de medicina. Referindo-se a essas gravuras em suas *Lições de ética*, Kant diz que elas devem ser "uma lição impressionante para as crianças"[17].

Kant pensou que essas leis psicológicas eram suficientes para descartar a crueldade, que para ele incluía muitos dos atos que Bentham também proíbe: atividades esportivas de caça e pesca, esportes como luta de ursos e brigas de galos. Kant acredita que podemos matar animais (e, presumivelmente, comê-los), mas que devemos fazer isso sem causar dor. Podemos fazer os animais trabalharem, mas não devemos sobrecarregá-los. E não devemos fazer experimentos médicos em animais para fins de "mera especulação", sempre que pudermos aprender o que queremos saber de alguma outra forma. Ele também critica a prática de matar animais quando eles são velhos demais para serem úteis[18]. De modo mais geral, ele sustenta que os animais inspiram em nós muitos sentimentos, como compaixão, gratidão e amor, que são úteis e devem ser fortalecidos – porque nos ajudam a ter um bom comportamento em relação aos seres humanos[19]. Nada disso, porém, é para o bem dos animais. Na prática, eles estão sendo usados como meios para o autocultivo moral dos humanos. Nós devemos esses deveres não aos animais, mas a nós mesmos.

Como argumenta Korsgaard, a posição de Kant é instável. Ele quer que vejamos os animais como semelhantes a nós mesmos em muitos aspectos, e que tenhamos, em relação a eles, uma gama de sentimentos genuínos: amá-los, não apenas tratá-los como se os amássemos. Mas então, se amamos os animais, não queremos tratá-los bem para o bem deles mesmos, não para o nosso próprio aperfeiçoamento? Como ela diz: "Aí certamente há uma certa tensão entre amar uma criatura pelo seu próprio bem e ver esse amor como uma forma de 'preservar uma disposição natural que é muito útil para a moralidade em nossas relações com outras pessoas'"[20].

Korsgaard está convencida de que um kantiano pode e deve fazer melhor.

A primeira visão kantiana de Korsgaard dos direitos animais

Tanto para Korsgaard como para Kant, nós, humanos, somos as únicas criaturas que podem ser obrigadas e *têm* deveres, por conta de possuirmos a capacidade para a reflexão e a escolha éticas. Korsgaard, no entanto, acha que esse fato não implica que sejamos as únicas criaturas que podem ser *objetos* de deveres, criaturas a quem os deveres são devidos. Kant supõe que essas duas maneiras de algo poder ser um fim em si mesmo selecionam a mesma classe de seres, ou seja, todos e apenas os seres humanos. Korsgaard aponta que um ser pode ser um fim em si mesmo no primeiro sentido – um gato, por exemplo, pode ser uma criatura a quem somos obrigados a tratar com respeito, mesmo que o gato não tenha a capacidade para a legislação ética, que ela julga crucial para ser um fim no segundo sentido, o do legislar ético[21].

A concepção de natureza animal de Korsgaard não é kantiana, mas aristotélica, como a minha também será: ela vê os animais, incluindo a natureza animal dos seres humanos, como sistemas de automanutenção que perseguem um bem e que importam para si mesmos. Ela dá uma boa explicação da maneira pela qual podemos ver os animais como, nesse sentido, inteligentes – tendo um senso de identidade e uma imagem do seu próprio bem e, portanto, tendo interesses cujas realizações importam para eles. Nós, seres humanos, também somos assim, argumenta ela, e se formos honestos, veremos que nossas vidas não são, nesse sentido, diferentes de outras vidas animais. No entanto, para ela, persiste uma cisão: nós, humanos, temos uma outra parte separada, a parte que realiza a reflexão e a escolha éticas. Então, na verdade, a visão dela não é a minha, como veremos: eu creio que todas as nossas capacidades são partes da nossa natureza animal.

Quando um ser humano escolhe e "legisla", ele o faz, segundo Kant e Korsgaard, em virtude de uma capacidade moral que nenhum outro animal tem. Isso não significa, porém, que toda a legislação humana seja *para* e *sobre* a vontade autônoma. Muito da ética, na verdade, tem a ver com os interesses e buscas característicos das capacidades que Korsgaard concebe como pertencentes à nossa natureza animal: pensamos eticamente sobre como satisfazer nossas necessidades, nossos desejos e outros projetos corporais. Quando fazemos leis para nós mesmos para a satisfação (legítima) de nossas necessidades e nossos desejos, é simplesmente inconsistente e de má-fé, argumenta Korsgaard, deixar de incluir, no domínio dessas leis, os outros seres que – como gatos, cães e todos os tipos de outras companheiras criaturas – são semelhantes a nós quanto a tais necessidades e desejos. Assim como uma máxima não pode passar no teste de Kant se quiser destacar um grupo de humanos, ou um único humano, para receber um tratamento especial, omitindo outros humanos similarmente situados, também não pode realmente passar no teste de Kant, tal como Korsgaard o reinterpreta, separar a parte animal da vida humana das vidas animais de nossas companheiras criaturas. Jane é obrigada a tomar medidas para proteger sua saúde física; mas, então, ela é inconsistente se não tomar medidas para proteger a saúde do seu gato, do seu cão e de outros animais, que também têm projetos animais.

A concepção de Korsgaard dos deveres com relação aos animais combina dois elementos que, aparentemente, uma visão adequada deve combinar: isto é, ela tem uma parte kantiana e uma parte aristotélica. Diz que devemos tratar os animais como fins em si mesmos, seres cujos fins importam em si mesmos, não apenas como instrumentos dos fins humanos. E também concebe as vidas animais, incluindo a nossa própria, como sistemas ricos de automanutenção que envolvem variedades complexas de inteligência. Até aí tudo bem, embora a divisão entre natureza animal e natureza racional seja preocupante.

Reservei para o final uma parte situada no coração mesmo da concepção de Korsgaard. Nós, humanos, ela insiste, somos os criadores dos valores. Os valores não existem no mundo para serem descobertos ou vistos; eles vêm a existir por meio do trabalho das nossas vontades autônomas. Nossos fins não são bons em si mesmos; eles são bons apenas relativamente aos nossos próprios interesses. Nós tomamos o nosso interesse por algo "para lhe conferir uma espécie de valor", tornando-o digno de escolha. Isso, por sua vez, significa que estamos atribuindo um tipo de valor a nós mesmos, incluindo não apenas a nossa natureza racional, mas também a nossa natureza animal. Os animais importam por causa do seu parentesco com (a natureza animal de) uma criatura que importa, e essa criatura importa porque conferiu valor a si mesma.

Para mim, isso é simplesmente demasiado indireto. O que parece maravilhoso em uma vida animal – digamos, a vida de um gato – é a sua própria busca ativa de fins, então nossa admiração e reverência diante de tal vida é bem diferente de nossa resposta ao Grand Canyon ou ao oceano Pacífico: é uma resposta ao valor ou dignidade de um ser ativo que se esforça para realizar o seu bem. Por serem seres sencientes ativos buscando um sistema de objetivos, os animais podem ser impedidos em sua busca pela interferência humana. Esta qualidade de agentes ativos e esforçados sugere que os animais não são apenas objetos de admiração, mas também sujeitos de justiça, ideia que desenvolverei mais adiante, nos capítulos 5 e 6.

A admiração nos sugere que os animais importam por sua própria causa – e não por causa de alguma semelhança que tenham conosco. A admiração nos faz olhar para fora, em direção ao gato, não para dentro, em direção a nós mesmos. Korsgaard não torna precisamente o valor dos animais derivado do valor dos seres humanos. Em vez disso, seu entendimento é que, quando atribuímos valor a nós mesmos, atribuímos valor aos membros de uma espécie de um gênero. Por isso, ao fazer essa atribuição, trata-se de má-fé negar que os membros das outras espécies desse gênero, na medida em que são semelhantes, possuem o mesmo valor orientador da ação. No entanto, ainda parece haver algo estranhamente indireto nesse caminho para o valor animal. É só porque temos, nós mesmos, naturezas animais semelhantes, e atribuímos valor a essa natureza, que também somos obrigados, para sermos consistentes, a conferir valor às vidas dos animais. Se tivéssemos uma natureza muito diferente, digamos de um androide, não teríamos razões para valorizar as vidas dos animais. E, tanto quanto posso ver, os seres racionais, reconhecidos por Kant, que não são animais (anjos, Deus), não têm razões para valorizar as vidas dos animais.

Isso parece errado: os animais importam pelo que são, não porque têm parentesco conosco. Mesmo que não existisse tal parentesco, eles ainda importariam pelo que são, e seu esforço seria digno de apoio. Em outras palavras, para Korsgaard, é de fato um acidente que os animais importem: simplesmente somos por acaso muito parecidos com eles. Mas eu penso que o valor das vidas dos animais deve vir do interior dessas vidas. O valor aparece em muitas variedades no mundo, e cada tipo distinto é valioso em razão do tipo que é, não em razão de sua semelhança conosco[22].

Resumindo: Korsgaard evita a maioria dos erros da abordagem "Tão Semelhantes a Nós", mas no final ela se prende a uma versão dessa abordagem: o valor dos animais deriva da semelhança com a humanidade.

Essa é minha primeira objeção a Korsgaard. Voltemo-nos para a divisão entre o racional e o animal. Korsgaard argumenta, de forma muito convincente, a favor de reconhecermos em animais uma variedade de tipos de consciência; mesmo aqueles que não conseguem passar no teste do espelho são considerados como tendo um ponto de vista sobre o mundo, e fins que importam para eles. Tudo isso parece certo. Então, embora pudéssemos esperar que uma visão kantiana traçasse uma linha muito nítida entre o humano e o animal, até certo ponto, isso parece não corresponder à visão de Korsgaard. Os próprios objetivos do coelho, diz ela, são os únicos pertinentes para o coelho. No entanto, no final, ela traça uma linha muito nítida.

Korsgaard diz que os humanos são os únicos animais verdadeiramente morais, os únicos que têm uma capacidade plena de se afastar de seus fins, testá-los e considerar se devem adotá-los. Ela, no entanto, diz que as crianças e as pessoas com deficiência mental também são seres racionais no sentido ético; apenas raciocinam mal. Se ela faz esse movimento, não vejo como ela possa evitar estender pelo menos uma parte dessa racionalidade ética para muitos, se não para a maioria, dos animais. Já que esse problema persiste no livro de Korsgaard, desenvolverei em profundidade minha objeção na próxima seção desde capítulo, argumentando que nossa natureza moral é, na verdade, uma parte de nossa natureza animal, não algo separado dela.

Em suma, Korsgaard levou Kant ao limite ao fornecer uma imagem extremamente sensível e atrativa de como Kant e Aristóteles podem cooperar, mas realmente não há como, sem nos afastarmos de Kant mais radicalmente, reconhecer que nossas capacidades morais são elas mesmas capacidades animais, parte integrante de uma natureza animal. O capítulo 2 lembrou-nos de que qualquer concepção que não reconheça isso está em perigo ético, cortejando o risco de autodivisão e autodesprezo (tão frequentemente ligado ao desprezo pelas mulheres, pelas pessoas com deficiência, por qualquer coisa que nos lembre muito fortemente do nosso lado animal). Embora Korsgaard sabiamente afaste esse perigo onde quer que ele se manifeste, ainda assim ela não se livra dele; ele permanece à espreita, na própria ideia de que, por sermos morais, estamos, de alguma forma, acima do mundo da natureza.

Fellow Creatures: desenvolvendo mais a visão kantiana

Fellow Creatures é um livro importante, com argumentos eloquentes sobre a maioria das questões que têm importância para os amantes dos animais. E lança um desafio emocionante para aqueles que ainda não são amantes dos animais, mas simplesmente queiram seguir um argumento fundamentado até onde ele levar. Eu me concentro aqui apenas em sua principal linha de argumentação, e farei algumas críticas. No capítulo 5, no entanto, ao desenvolver a minha própria visão, simplesmente tomarei emprestado um argumento sobre o direito e a fundamentação dos direitos que Korsgaard desenvolve em dois artigos separados do livro.

Korsgaard não espera que seus leitores estejam familiarizados com os detalhes de suas palestras anteriores. Consequentemente, ela apenas desenvolve a sua visão, sem apontar os aspectos com os quais a sua visão evoluiu. Cabe ao leitor descobrir isso por si mesmo, mas como as diferenças geralmente são sutis, eu as caracterizo com considerável cautela.

Korsgaard agora desenvolve, de forma bem mais completa, o que chamei de lado aristotélico da sua visão, contando com ele de forma muito mais decisiva. Todos os animais, tanto humanos como não humanos, ela insiste, são sistemas funcionais esforçando-se por um bem que lhes é próprio, intrínseco à sua forma de vida. Todos os animais são feitos de materiais frágeis, mas estão sempre se repondo e também tentando reproduzir o seu tipo. E todos os animais percebem, com a capacidade de representar o mundo para si mesmos. Além disso, seu perceber é avaliativo, de modo que, vendo algumas coisas como boas para eles e outras como nocivas, eles são atraídos para algumas coisas e se afastam de outras. Tudo isso, diz ela, não é apenas um fato sobre os animais, faz parte do próprio conceito do que é ser um animal, que é diferente de uma rocha, de um deus imortal ou mesmo de uma planta.

Todos os animais, então, desejam e atribuem valor aos fins pelos quais eles se esforçam. Um coelho valoriza a comida, estar livre do perigo e ter oportunidades de reprodução, que fazem parte do seu modo de vida. Os humanos, por engano, tentam ranquear os fins de diferentes criaturas de forma absoluta, para poder dizer que alguns fins pelos quais algumas criaturas se esforçam são mais importantes do que outros. (Ela alude, com efeito, à *scala naturae* e outras visões semelhantes.) Mas não é uma posição coerente: todo valor, toda importância, é importância *para* alguém. Não há nenhum lugar em que possamos nos posicionar para de lá perguntar coerentemente quais as criaturas são mais importantes: todo valor é "amarrado".

Para um coelho, os objetivos dos seres humanos não importam nada: tudo o que importa é somado ao seu próprio conjunto de metas e fins. Na morte, o coelho perderá o mundo todo. Para uma criatura que funciona dessa maneira, é uma verdade necessária que sua vida seja um bem para ela.

Todos os animais também têm a morte e a senescência embutidas em sua forma de vida, mas não da mesma forma: não procuram essas coisas; essas coisas não fazem parte do seu bem[23].

E se pensarmos que somos as únicas criaturas que têm consciência, ou um "eu", estamos errados: todos os animais experimentam os efeitos do mundo sobre a sua condição[24]. Todos os animais se situam relacionalmente no mundo. E os animais têm uma variedade de maneiras de experienciar a si mesmos em relação ao mundo, à dor e à percepção sensorial acima de tudo. Ter um eu animal envolve apenas essa consciência e esse ponto de vista sobre o mundo.

Tudo isso, observa Korsgaard, nós podemos compreender usando o ponto de vista da empatia. O fato de raramente usarmos a empatia dessa maneira, preferindo pensar nos animais como brutos insensíveis, é um defeito da percepção ética, e uma espécie de erro moral mais geral na vida humana. "É a perpétua tentação, especialmente dos seguros e privilegiados, de abrigar o pensamento de que aqueles menos afortunados do que nós também são seres mais simples, para quem o infortúnio provavelmente não importa tanto, ou da mesma forma vívida, como seria se as mesmas coisas estivessem acontecendo conosco"[25].

Quando buscamos os nossos fins, tratamo-nos como fins em nós mesmos: resistimos a sermos usados como ferramentas dos propósitos de outras pessoas. Mas isso é o que qualquer animal também faz, e essa forma de valorizar nossos fins é apenas nossa forma de ser um animal[26]. Todos os animais conferem valor absoluto aos seus fins. Para Korsgaard, isso basta para concluir que os animais são fins em si mesmos no sentido de Kant, significando que eles têm, cada um deles, uma dignidade, não apenas um preço, como uma propriedade. Tratar os animais como nada além de meios viola essa dignidade[27]. Tratar um animal como um fim significa valorizar o que é bom para ele por ser essa criatura, não por ser você ou por algum valor desamarrado absoluto[28]. Podemos entender, se tentarmos, o que é bom para um coelho, e tratá-lo como um fim significa valorizar essas coisas (vida, comida, segurança) para esse coelho porque são importantes para ele. Assim como o direito de cada ser humano de buscar seus próprios fins é limitado pelos direitos de todos os outros seres humanos, também nosso direito de buscar nossos fins é limitado (ou deveria ser) por nossa compreensão empática do bem de outros animais. Em suma, a pretensão de direito dos outros animais ao *status* de fins em si mesmos tem o mesmo fundamento último que a nossa própria pretensão, o mesmo fundamento último de toda a moralidade – a natureza autoafirmativa da vida mesma[29]. E uma razão adicional para mantermos os animais perto de nós é que eles são bons para nós: eles nos lembram "da coisa mais importante que compartilhamos com eles: a extrema alegria e o extremo terror da existência consciente"[30].

Tudo isso parece certo, e ao enfatizar estes fatos (aristotélicos), Korsgaard melhora significativamente o argumento das Conferências Tanner. Nessas conferências, ela parecia dizer que devemos valorizar os animais porque percebemos que eles são semelhantes a nós, e questionei aquele movimento. Agora fica muito mais claro que a percepção de semelhança entre nós mesmos e outros animais é apenas heurística, ajudando-nos a entender os tipos de criaturas que eles são, em vez de ser o fundamento de suas pretensões de direitos em relação a nós. Suas pretensões de direitos em relação a nós e nossas pretensões de direitos em relação uns aos outros têm exatamente a mesma fonte. A visão não parece mais exposta à minha objeção de que, se fôssemos diferentes, como robôs, não teríamos razões para nos preocupar com outros animais. Nossas razões morais seriam exatamente as mesmas: por buscarem um bem e lhe atribuírem valor, devemos tratar os animais como fins em si mesmos – e por essa razão apenas. Seria, porém, somente mais difícil para nós alcançarmos uma compreensão empática das suas vidas. Até agora, Korsgaard e eu estamos de pleno acordo.

Uma grande diferença, no entanto, surge do fato de Korsgaard insistir, no livro e nas conferências, que todo valor é uma criação humana. Os valores não existem "lá fora" para serem descobertos. Então, quando valorizamos as vidas dos animais, é porque conferimos valor a essas vidas, assim como o conferimos à nossa. As razões de Korsgaard para a sua visão são kantianas: a nossa razão é limitada em alcance e não nos autoriza a fazer reivindicações que vão além dos limites de nossa experiência. Minha resposta completa a ela sobre tal ponto virá no capítulo 5. Resumidamente, respondo que esta posição metafísica controversa não é necessária para a conclusão de Korsgaard sobre o valor das vidas dos animais; e tal posição é realmente inapropriada caso o que buscamos seja a criação de bons princípios políticos que possam unir pessoas com diferentes visões religiosas e metafísicas. Se estivermos buscando princípios políticos, como penso que ambas estamos, devemos nos esforçar para construir uma visão política e jurídica que possa, em última análise, ser aceitável para pessoas que sustentam muitas concepções metafísicas e seculares diferentes das fontes últimas de valor. E isso significa que não devemos tentar justificar uma visão ética totalmente abrangente dizendo o que pensamos sobre todas as questões metafísicas últimas. Vou desenvolver mais esse ponto no capítulo 5, descrevendo a minha própria visão. Korsgaard nunca diz se está criando uma base para princípios políticos e leis, mas parece que seja isso o que ela está fazendo, não apenas criando a sua própria visão ético-metafísica preferida: em última análise, ela quer acabar dispondo de boas leis. Ela não deve, então, incluir elementos metafísicos divisivos que não são necessários para justificar os direitos animais. Este é um grande desentendimento que tenho com Korsgaard, sendo mais uma objeção ao seu projeto, ainda que modificado.

Instinto, cultura, escolha: contra a dicotomia kantiana

Eu tinha duas objeções à primeira visão de Korsgaard sobre os direitos animais. Uma objeção – a de que ela valorizava os animais apenas por causa de uma semelhança acidental conosco – foi removida pela análise sutil do livro. A segunda objeção, no entanto, permanece. Korsgaard continua traçando uma linha muito nítida entre os humanos e todos os outros animais na área da capacidade moral. O mundo, diz ela, chega aos animais como já interpretado de forma prática: os objetos aparecem para o animal como a serem evitados, a serem buscados etc. É o instinto herdado que faz essas demarcações. Os animais são altamente inteligentes, e a inteligência lhes permite aprender com a experiência, aumentando o alcance e o sucesso do instinto. Mas eles estão ainda amarrados aos seus instintos, e todas as suas "escolhas" são ditadas pelo instinto; não são realmente escolhas. Por esta razão, conclui, eles nunca podem ser mais do que "cidadãos passivos". Com isso Korsgaard parece querer dizer que eles nunca podem participar do tipo de reciprocidade ética que é essencial para fazer boas escolhas políticas. Podemos ver qual é o bem deles e levá-lo em conta. Mas eles não podem modificar sua visão do seu bem, escolher inibir comportamentos inapropriados ou ingressar em qualquer tipo de diálogo sobre normas. Tudo isso seria uma parte essencial da cidadania ativa.

A racionalidade (moral) é diferente: é uma capacidade de analisar os fundamentos de nossas ações, para "perguntar se as razões potenciais para nossas crenças e ações são boas e ajustar nossas crenças e ações às respostas que obtemos"[31]. A inteligência olha para fora, para o mundo e suas conexões. A racionalidade, ao contrário, olha para dentro dos funcionamentos de nossas mentes e faz perguntas normativas sobre as conexões que encontra[32]. Essa capacidade de autogoverno normativo, ela insiste, é algo de que os outros animais carecem completamente. Sua ação instintiva nem sempre é mecânica, e pode ser flexível, mas é governada pela percepção teleológica. Nós, humanos, ao contrário, testamos e avaliamos nossas razões. Vendo nossas ações como tendo sua fonte em nós mesmos, avaliamos a nós mesmos. Nossa autoconcepção é normativa ou avaliativa[33].

Korsgaard admite que emoções autoavaliativas como o orgulho e a vergonha parecem existir nas vidas dos animais, mas ela as julga como sendo "quase" de verdade, não como "de verdade" mesmo, recusando-se a admitir que os outros animais avaliam – embora ela admita que esta é uma questão empírica[34]. Ela também encontra mais duas diferenças. Os humanos, diz ela, têm uma concepção da sua espécie, e das suas vidas como parte da vida mais ampla da espécie humana[35]. E os humanos são capazes de perguntar como é o mundo para o centro de um outro "eu", seja da mesma espécie ou de uma espécie diferente[36]. Nenhum outro animal, ela insiste, consegue fazer isso: os animais veem o mundo sempre do ponto de vista dos seus próprios interesses.

Mais uma vez, onde Korsgaard vê uma nítida divisão binária, creio que realmente encontramos um *continuum*. Quando um cão heroicamente salva uma criança que se afoga; quando as mães elefantes arriscam, e às vezes perdem, suas vidas para tentar salvar um bebê elefante que vaga por uma ferrovia[37]; quando cães de rua distribuem carne para cães deficientes que não conseguem acompanhar o bando[38], eles estão realizando atos de altruísmo e tratando outras criaturas como fins, geralmente inibindo desejos egoístas[39]. Chimpanzés, gorilas e bonobos são agora famosos por seus muitos tipos de comportamento altruísta, com a obra pioneira de Frans de Waal[40]. E poucos que moram com um cão podem negar suas respostas aguçadas à aflição de companheiros humanos, ou a sua disposição de assumir riscos pessoais para ajudar um ser humano ou, às vezes, um outro animal.

Sem dúvida, esse comportamento tem sua base no instinto, mas aqui devemos fazer duas observações. Primeiro, nosso próprio comportamento moral também é baseado em nossa carga evolucionária instintiva: uma tendência herdada para ajudar os outros ajudou os humanos a sobreviver e florescer. Segundo, tanto humanos como outros animais precisam ser ensinados a desenvolver seus instintos de maneira apropriada. Vemos claramente esse elemento cultural no comportamento animal quando vivemos com animais: cães que não são adequadamente treinados se comportam ilegalmente, e podem até ser ensinados a agredir perigosamente (como quando pit bulls, que podem ser amorosos e cooperativos, são treinados, em vez disso, para atacar). Cães bem treinados internalizam normas pertinentes à sua conduta.

Isso é verdadeiro para muitos animais selvagens. Os cientistas já observaram que, quando as comunidades de elefantes são atacadas por caçadores clandestinos, deixando bebês sem um grupo materno para criá-los, seguem-se um comportamento sem leis e o que poderíamos chamar de comportamento patológico – o resultado esperado na ausência do amor e de um ensino adequado. Infelizmente, vemos isso em outras espécies também: por exemplo, orcas arrancadas do seu grupo para serem artistas em parques marinhos (ver capítulo 10). E agora sabemos que os primatas que foram abusados quando crianças se tornam abusadores, da mesma forma que os humanos. Experimentos realizados pelo primatologista Dario Maestripieri com macacos-rhesus envolvem a troca de filhos: uma mãe macaca abusiva recebe o filho de uma mãe decente para criar, e o filho da mãe abusiva é dado à mãe decente. O experimento mostra conclusivamente que o comportamento segue o ambiente, não os genes: a mãe abusiva faz de seu filho adotivo um agressor, e a mãe decente cria um filho decente[41].

Até que ponto o comportamento animal é determinado pela cultura, e não pelo instinto, será diferente nas diversas espécies, e precisamos aprender muito mais sobre esta questão. Mas o papel da cultura está se transformando em algo maior do que costumávamos pensar, mais ou menos em todos os lugares. Em uma exploração particularmente rigorosa da questão "genes/cultura" em um grande grupo de mamíferos, os biólogos Hal Whitehead e Luke Rendell mostraram conclusivamente que muitos aspectos das vidas de baleias e golfinhos são formados pelo ensino dentro de um grupo, e não pelo instinto[42]. Outra excelente sondagem dessa distinção é o livro de Carl Safina, *Becoming Wild: How Animal Cultures Raise Families, Create Beauty, and Achieve Peace* [Tornando-se selvagens: Como as culturas animais erguem famílias, criam beleza e alcançam a paz][43]. Safina não é um pesquisador, mas seu conhecimento da pesquisa pertinente é profundo, e ele acompanha os pesquisadores durante seus trabalhos. Estudando três espécies – cachalotes, araras e chimpanzés –, ele exibe o enorme papel da aprendizagem social em todas as três. Todas têm mecanismos sociais para ensinar aos membros jovens as normas apropriadas, desenvolvendo assim dons instintivos em uma direção que promova o bem-estar individual e grupal. E não é realmente isso que todos os bons pais estão tentando fazer?

E "quem pensamos ser?" é a próxima pergunta lógica. Nós não somos anjos ou alienígenas de um planeta de racionalidade especial. Por também sermos parcialmente criaturas instintivas, também precisamos aprender a inibir comportamentos e aprender comportamentos pró-sociais. Quando isso não acontece, vemos excesso e narcisismo de muitos tipos.

Então a diferença, se houver uma, parece ser de grau e não de tipo. Poucos humanos são perfeitos kantianos: esse é o ponto principal da ética altamente aspiracional de Kant. O ensino social humano é altamente variável e produz uma grande quantidade de disfunção social. Como a própria Korsgaard concede, em resposta a de Waal, quando as coisas dão errado, elas podem dar muito, muito errado: os humanos são capazes de distorções e perversidades desconhecidas no resto do mundo animal[44].

Às vezes, os animais nos dão lições de ética, especialmente exibindo uma capacidade de amor incondicional e devoção, enquanto o amor humano é frequentemente corrompido por egoísmo. Podemos encontrar muitos desses casos na realidade, mas vamos considerar um caso fictício baseado nas observações da vida real do autor: o amor do cão Rollo por Effi no trágico romance de Theodor Fontane, *Effi Briest* (1895). Effi, casada pelos pais aos dezesseis anos com um homem decente, mas solene, na casa dos quarenta, privada de diversão e amizade, envolve-se em um caso extraconjugal, que ela logo termina, acreditando que seu casamento possa melhorar. E melhora sim, com o nascimento de um filho e a decisão do marido de se mudar para Berlim para proporcionar a Effi mais diversão e amizade. Mas depois de oito anos de vida feliz, o marido descobre evidências do antigo caso. Embora ele a ame e a perdoe em seu coração, ele se sente compelido por códigos sociais a repudiá-la e evitá-la, e a travar um duelo com o amante (o qual ele mata). Seus pais também se sentem compelidos a evitá-la. Nos seus últimos dias, enquanto ela murcha e morre, apenas Rollo, cão da raça Terra-nova, cuida dela, renunciando à comida e ao prazer.

Só ele chora em seu túmulo. Seu pai sugere a sua mãe que talvez os animais saibam algo importante que os humanos não sabem – e o romance termina com essa questão. O que Rollo não sabia era um monte de convenções sociais repressivas que marcaram Effi como uma "mulher decaída". O que ele conhecia era o amor, uma observação que Fontane, um atento observador dos animais, faz com frequência em seu trabalho.

Quanto à afirmação de Korsgaard de que os animais carecem da capacidade de ver o mundo do ponto de vista do outro, essa capacidade de pensamento perspectivo pertence a muitas espécies, incluindo cães, primatas, elefantes, golfinhos, aves e, muito provavelmente, muitas outras, como veremos no capítulo 6. A cientista de primatas Barbara Smuts descreve a maneira como sua cadela de companhia, Safi, estava tão sintonizada com o humor de Barbara que percebeu uma grave depressão iminente, mesmo quando a própria Barbara ainda não tinha consciência disso. A preocupação de Safi mostrou a Barbara que havia algo com que se preocupar. Isso não é incomum quando as pessoas tratam os animais com respeito e intimidade[45]. Além disso, o fato de não entendermos as línguas em que os outros animais comunicam seus pensamentos (ver capítulo 6) não nos deve levar a pensar que não há pensamentos lá. Algum dia nosso entendimento desses sistemas de comunicação pode melhorar. Nesse meio tempo, nós deveríamos (como a própria Korsgaard sugere) usar a empatia e apenas imaginar como o mundo pareceria ao olhar de um animal que estamos tentando entender.

Korsgaard sustenta que os outros animais não são capazes de se ver como membros de uma espécie, e que isso também é uma severa limitação ética. Bem, a primeira questão é se uma consciência aguda de pertencimento à espécie humana e uma tendência a definir-se em termos do destino da "humanidade" é uma virtude ou um vício. Costumo pensar que é mais vício do que virtude, muitas vezes uma forma de nos isolarmos de outros seres sencientes. Acho que seria bom se os seres humanos pudessem pensar, em vez disso, em um projeto compartilhado de habitar este globo com justiça e bondade. Mas mesmo o sentimento de pertencer a uma espécie não é exclusivo. Os elefantes sofrem quando veem ossos de elefante, mesmo quando os ossos não estão conectados ao seu próprio grupo. Muito provavelmente, à medida que nosso conhecimento aumentar, encontraremos muitos outros exemplos desse tipo.

O que tudo isso significa para o tipo de cidadania que os animais podem exercitar? Devemos admitir, em primeiro lugar, que todos os animais façam demandas. Eles dão indicações do que seu florescimento exige, se estivermos suficientemente atentos para decifrá-las. Isso já é, para mim, uma maneira pela qual os animais devem ser entendidos como cidadãos ativos, em vez de cidadãos "passivos". Mas a maioria dos animais também exibe a capacidade de aprender a conformar seu comportamento às normas, e essa capacidade é crucial para a criação de uma sociedade multiespécies compartilhada. As maneiras de isso ter importância para as leis e as regras variarão consideravelmente com as espécies. Discuto isso com mais detalhes em meus capítulos sobre animais de companhia e animais selvagens. O que não se pode esperar que os animais façam é participar nos procedimentos parlamentares, na elaboração de leis, na votação, ingressar com ações judiciais, e assim por diante.

Se pensarmos que essas coisas estão no coração da cidadania, duvidaremos que os animais possam ser cidadãos ativos. Mas acho que isso é muito estreito: participar, de alguma forma, na formação das condições que governam nossa existência compartilhada neste planeta é o núcleo de cidadania, e os animais são plenamente capazes disso, embora precisem de substitutos humanos para redigir os estatutos, trazer as ações judiciais e assim por diante, em nome deles.

Todo o empreendimento de Kant envolve uma tentativa de elevar a humanidade acima do reino animal. Ele nos coloca em pé de igualdade com os anjos, ou melhor, nos representa como anjos caídos. Portanto, não há como o próprio Kant aceitar a ideia de que nossas capacidades morais são parte integrante da nossa natureza animal, de que somos, por melhores e mais profundos que às vezes possamos ser, nada mais nem menos glorioso do que um tipo único de animal. Korsgaard está em uma posição desconfortável – incapaz de concordar com Kant que as outras criaturas não são fins, e valiosas, mas também incapaz de desistir da ideia kantiana de que existe algo verdadeiramente único e excepcionalmente maravilhoso em nossas próprias capacidades, algo que nos diferencia do resto da natureza, embora não acima dela. Sua posição não seria desconfortável se ela simplesmente dissesse: esta é a forma humana de vida, e até certo ponto, ela é diferente de outras formas de vida. Todas as vidas são excepcionalmente maravilhosas à sua própria maneira. Mas ela claramente quer fazer reivindicações maiores para a racionalidade moral humana, e permanece kantiana a esse respeito, embora ela não precise dessas reivindicações para defender os direitos animais, e suas afirmações confundem o leitor, aproximando-a desconfortavelmente das visões que rejeitei no capítulo 2.

Para mim, o caminho certo a seguir é ver essas capacidades pelo que elas são: um tipo especial e maravilhoso de natureza animal, um entre os muitos tipos maravilhosos de naturezas animais, todos diferentes de uma miríade de maneiras. E em vez de vermos a moralidade como algo que nos separa das nossas companheiras criaturas, devemos vê-la como um fio que nos liga a elas. O conhecimento dessa comunalidade deve aprofundar nossa curiosidade e fermentar nossa compreensão.

A visão de Korsgaard e a minha têm muitas semelhanças, e a visão dela é suficiente para fundamentar uma rica consideração ética e política dos outros animais. Suas conclusões práticas se encaixam nas minhas em muitos aspectos. No próximo capítulo, veremos que há uma parte da visão kantiana que a minha Abordagem das Capacidades pode tomar emprestada com alegria: uma explicação atrativa da base dos direitos animais e da função do direito.

Se os leitores permanecerem mais apegados à especialidade humana do que eu (*não* à superioridade, o que Korsgaard repudia), sua visão pode ser interessante para uma adesão. Ela avança bastante além da abordagem "Tão Semelhantes a Nós" e até mesmo da visão utilitarista (embora talvez não seja superior à forma de Mill). Mas o leitor tentado a se apegar à visão de Korsgaard deve se lembrar de que tem a desvantagem de fazer grandes – e, eu diria, desnecessárias – reivindicações metafísicas. É um desacordo meu com Korsgaard que já identifiquei, e que analisarei melhor ao articular a minha própria visão. Se os leitores do capítulo 5 concordarem comigo que tais reivindicações são inadequadas para moldar princípios políticos compartilhados, isso lhes dará mais uma razão para rejeitar a visão de Korsgaard.

Os argumentos kantianos de Korsgaard iluminaram o conceito de respeitar a dignidade de outra criatura individual, um conceito que achei em imensa falta no Utilitarismo. É aqui que as pessoas preocupadas com os animais podem aprender muito com Kant. Para mim, no entanto, seus argumentos ainda separam os animais humanos do mundo da natureza, de uma forma que não é necessária para a maior parte de seu próprio projeto ético-político. Ela e eu podemos convergir em aceitar o *insight* profundo de que os animais são fins. E creio que, para o propósito de moldar princípios políticos, ela poderia desenfatizar suas afirmações sobre a especialidade moral humana. Nesse ponto, nos sobreporíamos quase completamente. É hora, então, de voltar-nos à Abordagem das Capacidades.

5

A ABORDAGEM DAS CAPACIDADES

Formas de vida e o respeito pelas criaturas que as vivem

O que as pessoas realmente são capazes de fazer e ser? Essa pergunta muito básica é o ponto de partida da minha própria abordagem, a Abordagem das Capacidades (AC).

Esta abordagem argumenta que uma sociedade é minimamente justa somente se ela assegura a cada cidadão individual um limiar ou nível mínimo de uma lista de Capacidades Centrais, que são definidas como *liberdades substantivas*, ou oportunidades para escolher e agir em áreas da vida que as pessoas em geral têm razão para valorizar. As capacidades são direitos prestacionais básicos [*core entitlements*], quase comparáveis a uma lista de direitos fundamentais [*fundamental rights*]. Mas a Abordagem das Capacidades enfatiza que o objetivo não é simplesmente colocar palavras retumbantes no papel. O objetivo é tornar as pessoas realmente capazes de selecionar essas atividades, se quiserem. Assim, ela enfatiza o *empoderamento material* mais do que muitas abordagens baseadas em direitos. No entanto, assim como as abordagens baseadas em direitos, ela também deixa espaços para a liberdade individual: de alguém que tenha todas as oportunidades ou direitos prestacionais detalhados na lista de capacidades, não se exige que aja a partir deles. A escolha de agir fica a seu critério.

Embora a AC seja uma teoria da justiça política e use uma linguagem teórica, seu foco é aproximar-se do esforço real das pessoas, vendo os cidadãos como seres que se esforçam ativamente na busca de uma vida próspera que eles próprios criam.

Essencialmente, então, a AC diz respeito a dar uma chance de florescer às criaturas que se esforçam. Para o teórico das capacidades, uma chance de florescer significa não apenas evitar a dor, mas uma lista de oportunidades positivas, que encontraremos mais adiante na Lista de Capacidades: ser capaz de gozar de boa saúde, de proteger sua integridade física, de desenvolver seus sentidos e sua imaginação e desfrutar do seus usos, de ter a oportunidade de planejar uma vida, de ter uma variedade de afiliações, de brincar e ter prazer, de relacionar-se com outras espécies e o mundo da natureza, e de controlar, de forma decisiva, o seu próprio meio ambiente. Essa ênfase no florescimento e em uma ampla pluralidade de oportunidades-chave é o que a torna tão adequada como base para uma teoria da justiça animal, assim como da justiça humana.

Nesta teoria, tal como na teoria kantiana de Korsgaard, cada criatura individual é vista como tendo uma dignidade que o direito e a política devem respeitar, tratando esse indivíduo como um fim, não simplesmente como um meio. No entanto, ao contrário da teoria de Korsgaard, a AC não destaca os poderes morais humanos como mais cruciais para a escolha política do que outros aspectos da vida animal, e vê todos os poderes humanos como parte do equipamento de um animal mortal e vulnerável que merece um tratamento justo na vida – assim como todos os animais sencientes. (O capítulo 6 lida com a questão-chave do que é a senciência e quais animais a possuem.)

O trabalho deste capítulo é dar corpo a esse breve resumo em cápsulas, mostrando como a AC pode ser estendida para cobrir as questões de justiça que vemos na vida dos animais[1]. Vou tentar persuadi-los de que ela vai além de suas rivais no tratamento da diversidade e da complexidade do mundo animal, bem como no fornecimento de uma sólida base ética para as políticas e as leis na área da justiça para os animais. Como a abordagem já foi previamente elaborada dentro do mundo da vida humana, como uma ferramenta teórica para a economia do desenvolvimento e, além disso, como base para uma explicação da justiça mínima e dos direitos prestacionais constitucionais [*constitutional entitlements*], preciso começar com o pano de fundo humano, antes de mostrar o que ela oferece quando pensamos sobre a justiça para todos os animais sencientes e como ela precisa ser reformulada para tornar-se adequada a essa tarefa.

A Abordagem das Capacidades no mundo humano

Por muitos anos, trabalhei com um grupo internacional de economistas e filósofos para refinar e promover a AC[2]. Seu arquiteto original é o economista e filósofo ganhador do Prêmio Nobel, Amartya Sen, um cidadão da Índia que vive e leciona nos Estados Unidos. Em 1985, comecei a colaborar com Sen, terminando por levar a abordagem em uma direção um tanto diferente[3]. Uma organização internacional, a Human Development and Capability Association[4], lançada em 2004, reúne estudiosos e formuladores de políticas de todo o mundo para levar adiante as várias versões da abordagem, por meio de reuniões anuais, seminários e um periódico. Temos muitas diferenças e discussões; as ideias de Sen, por exemplo, são sutilmente diferentes das minhas. Nesta seção, apresentarei a abordagem em termos gerais; depois, passarei para a minha própria versão.

A economia é sobre a vida das pessoas, e a economia do desenvolvimento é supostamente sobre como melhorar essas vidas. É isso que a palavra "desenvolvimento" significa. Contudo, por muitos anos as abordagens dominantes das políticas na economia do desenvolvimento foram obtusas em termos humanos. Elas mediram o sucesso de uma nação ou região em termos do Produto Interno Bruto (PIB) per capita, sem investigar mais profundamente para ver como o crescimento melhora ou não as vidas individuais das pessoas, em áreas de importância humana central. Como o falecido Mahbub ul Haq – o economista paquistanês que inaugurou os *Relatórios de Desenvolvimento Humano* do Programa das Nações Unidas para o Desenvolvimento – escreveu no primeiro desses relatórios, em 1990: "A verdadeira riqueza de uma nação é seu povo. E o propósito do desenvolvimento é criar um ambiente favorável para que as pessoas tenham uma vida longa, saudável e criativa. Essa simples mas poderosa verdade é muitas vezes esquecida na busca da riqueza material e financeira."[5]

O que há de errado em medir o progresso de uma nação pela média do PIB para a população? É claro que é bom promover o crescimento. Mas esse número é uma média. Não nos diz nada sobre a distribuição e pode ocultar grandes desigualdades nas chances básicas de vida entre indivíduos e grupos. Cada pessoa tem apenas uma vida para viver, e as pessoas provavelmente não se sentirão conformadas por terem uma vida cheia de impedimentos e privações quando informadas de que sua nação (ou Estado) está se saindo muito bem em média. Em todo o mundo, os seres humanos – como os outros animais – estão se esforçando para viver, e viver bem, para alcançar uma vida merecedora da sua dignidade humana inata. Cada um é um indivíduo e cada um deve ser considerado como um fim, nenhum apenas como um meio para os fins dos outros. (Aqui a AC converge com Kant.)

A abordagem do PIB também negligencia a pluralidade e a heterogeneidade qualitativa das diferentes partes de uma vida humana. Saúde, integridade física, educação, acesso à participação política, tempo de lazer, relações de respeito e não de humilhação – esses e outros elementos da vida são importantes, e uma quantidade maior de um deles não compensa a ausência de outro. As pessoas lutam por uma vida plural e diversificada, e os governos precisam prestar atenção aos diferentes fins que as pessoas têm razão para valorizar, que não são redutíveis a uma única métrica. O crescimento às vezes melhora todas essas coisas importantes, mas de modo algum sempre e uniformemente.

Um passo à frente em termos de adequação, encontramos outra abordagem econômica do desenvolvimento, baseada no Utilitarismo econômico. O Utilitarismo econômico normalmente se empenha para maximizar a satisfação das preferências das pessoas (geralmente a satisfação média, em vez da total). Essa abordagem tem quatro defeitos, quando a comparamos com os esforços reais das pessoas. Esses defeitos podem ser mencionados brevemente, uma vez que já os abordamos no capítulo 3.

Em primeiro lugar, tal como a abordagem do PIB, ela usa uma média, negligenciando as desigualdades na distribuição. Portanto, pode dar notas altas a nações que toleram enormes desigualdades.

Em segundo, novamente como a abordagem do PIB, ela negligencia as atividades plurais que as pessoas se esforçam para realizar, tratando as atividades como fontes de um estado homogêneo de satisfação.

Em terceiro, a abordagem utilitarista mascara a desigualdade ainda de uma forma adicional. Sob condições de privação, as pessoas muitas vezes desenvolvem "preferências adaptativas", preferências moldadas ao que pessoas humildes acreditam que podem alcançar (ver o capítulo 3). Essa dinâmica perniciosa pode fazer com que as pessoas se sintam satisfeitas com a subordinação, uma vez que se torna habitual: assim, a abordagem utilitarista pode ser aliada de um *status quo* injusto. Este problema é particularmente agudo quando as mulheres são criadas para sentir que o ensino superior, ou a participação política, não são "para" elas. Separadas dessas coisas, elas podem relatar satisfação com a sua situação. Às vezes, como a pesquisa de Sen mostrou, elas ainda relatam satisfação com um estado de saúde envolvendo fraqueza e desnutrição, acreditando que as mulheres são naturalmente mais fracas e que elas estão fazendo tudo certo "apesar de ser mulher"[6].

Finalmente, o cálculo utilitarista valoriza um *estado* de prazer ou satisfação, e não, em última instância, as atividades que o produzem. Como vimos, essa desvalorização de atividades (capturadas no experimento mental da "máquina de experiências" de Robert Nozick, que conhecemos no capítulo 3) rebaixa erroneamente o valor que realmente *fazer* algo tem para as pessoas. A máquina de experiências é infalível, removendo o acaso, enquanto a atividade humana está cheia de reversos do acaso e possibilidades de frustração. No entanto, as pessoas querem ser realizadoras e se esforçar – obtendo satisfação, se a obtiverem, como resultado de uma atividade que é delas. Políticas de desenvolvimento míopes muitas vezes visam fazer as pessoas se sentirem bem, em vez de empoderá-las. Tais políticas geralmente mostram um respeito inadequado pelos pobres, tratando-os apenas como recipientes de satisfação, em vez de seres humanos completos que moldam ativamente as suas vidas.

No mundo altamente burocratizado das políticas de desenvolvimento humano, é útil focar algumas pessoas da vida real lutando para florescer para que possamos perguntar o que elas estão tentando ser e fazer, e o que está impedindo que floresçam. Em um trabalho anterior, concentrei-me na vida de uma mulher pobre chamada Vasanti, que conheci em 1998 na Associação de Mulheres Autônomas (SEWA, na sigla em inglês) em Ahmedabad, no estado de Gujarat, no oeste da Índia. Vasanti, vítima de violência doméstica, deixou o marido e voltou para a família biológica, e, com o trabalho de costura, foi conseguindo uma minúscula renda. Dormia no chão do que era a loja de seu pai. Ela foi então assistida pela SEWA, ensinada a ler, incentivada a se envolver na política e recebeu um empréstimo para conseguir uma máquina de costura melhor, e poder aumentar sua renda.

Os proponentes da abordagem dominante do desenvolvimento diriam que Vasanti está vivendo muito bem, porque Gujarat é um estado rico, com um PIB per capita relativamente alto. O que a média desse PIB, ainda que gloriosa, significa para Vasanti? Não impacta a vida dela e não resolve os seus problemas. Em algum lugar em Gujarat, há aumento de riqueza derivado do investimento estrangeiro, mas ela não participa dele. Para ela, ouvir que o PIB per capita aumentou muito é como ouvir que, em algum lugar em Gujarat, há uma bela pintura – só que ela não pode olhá-la; ou que há uma mesa posta com comida deliciosa, só que ela não pode comê-la. O fato de ela estar melhor quando a conheci não se devia ao governo de Gujarat, mas apenas ao trabalho da SEWA, uma organização não governamental.

Em seu romance de 1854, *Tempos difíceis*, Charles Dickens, crítico perspicaz da economia do desenvolvimento de sua época, retratou uma sala de aula na qual as crianças aprendiam a abordagem do desenvolvimento econômico baseada no crescimento, que ainda é dominante atualmente. À garota do circo Sissy Jupe – que apenas recentemente ingressara na turma – é dito que ela deve imaginar que a sala de aula é uma nação, e nessa nação existem "cinquenta milhões em dinheiro". Diz o professor: "Garota número vinte" (seguindo a ênfase na agregação, os alunos têm números em vez de nomes), "esta não é uma nação próspera, e você não está em um estado de prosperidade?". Sissy começa a chorar e sai correndo da sala. Ela diz a sua amiga Louisa Gradgrind que não poderia responder à pergunta, "a menos que eu soubesse quem tinha conseguido o dinheiro e se alguma parte dele era minha. Mas isso não tinha nada a ver com aquilo. Nada disso estava nos números"[7].

Dickens tinha razão: o que precisamos nas políticas de desenvolvimento é de uma abordagem que faça a pergunta de Sissy Jupe, uma abordagem que defina a realização em termos das oportunidades de cada pessoa, considerando cada uma como um fim. É melhor essa abordagem começar perto do chão, olhando para as histórias de vida e o significado humano, para as pessoas reais, das mudanças em políticas. Desenvolver políticas que são verdadeiramente pertinentes a uma ampla gama de situações humanas significa estudar muitas histórias – como a de Vasanti – junto com dados econômicos, legais e científicos, adquirindo uma sensibilidade treinada para diversos fatores que afetam a qualidade da vida humana – perguntando, em cada área, "o que as pessoas (e o que cada pessoa) realmente são capazes de fazer e ser?".

A Abordagem das Capacidades faz e responde essa pergunta muito básica e muito prática. A palavra "capacidade" [*capability*] não significa habilidade ou capacitação [*skill*]. Ela significa uma liberdade real e substantiva, ou oportunidade de escolher agir, em alguma determinada área da vida considerada valiosa. Para entrar um pouco mais em detalhes terminológicos, identifico três tipos diferentes de capacidades que figuram na minha teoria. Em primeiro lugar, estão as *capacidades básicas* [*basic capabilities*]: o equipamento inato das pessoas que as capacita a buscar seus fins. Em segundo lugar, estão as *capacidades internas* [*internal capabilities*], e estas se assemelham a habilidades: traços desenvolvidos, que geralmente requerem ajuda da família e da sociedade, e que estão maduros para as atividades, em circunstâncias propícias. Saber ler é uma capacidade interna[8]. Contudo, as circunstâncias nem sempre são propícias: muitas pessoas têm a capacidade interna de falar o que pensam sobre questões importantes, mas são incapazes de fazê-lo por medo de repressão política. A maioria das pessoas são capazes de crença e atividade religiosa, mas muitas, em todo o mundo, são incapazes de exercer sua religião. Portanto, o terceiro e mais importante tipo de capacidades são aquelas que chamo de *capacidades combinadas* [*combined capabilities*], ou seja, capacidades internas mais as circunstâncias adequadas para a escolha real da atividade associada.

Na AC (humana), cada ser humano individual é um fim, significando que o objetivo das políticas deve ser proteger e aumentar as capacidades de todos e de cada um, não tratando nenhum como simplesmente um meio para os fins de outros. A abordagem é uma teoria geral, mas é sempre responsiva a histórias como a de Vasanti, às vidas e aos esforços reais das pessoas. Ao agregar os dados (pois, em qualquer teoria do desenvolvimento, é preciso agregar de alguma forma, embora a agregação sempre crie riscos de usar indivíduos como meios para algum fim desejado), uma atenção especial é dedicada aos que estão em pior situação, assegurando-se de que eles sejam alçados a um nível adequado. Cada capacidade é tratada como separada de todas as outras, sem ser usada como meio para alcançar as outras. (Então, o objetivo não é maximizar a totalidade das capacidades das pessoas.) As pessoas podem se sair bem em uma capacidade enquanto se saem mal em outras. Todas são pertinentes para a questão da justiça. A abordagem tampouco procura maximizar a capacidade dentro de cada área de capacidades. Visa, em vez disso, um limiar alto, mas razoável, em cada área.

Com frequência, existem alguns pontos de intervenção particularmente bons, capacidades com consequências frutíferas para outras capacidades. Um bom formulador de políticas as focará primeiro, a fim de aumentar o nível de capacidade em todo o quadro. Em seu excelente livro *Disadvantage* [Desvantagem][9], Jonathan Wolff e Avner de-Shalit as chamam de *funcionamentos férteis* [*fertile functionings*][10]. Dessa forma, a educação é muitas vezes uma potencializadora de capacidades, promovendo oportunidades de emprego, participação, saúde, respeito próprio e muito mais. A má situação correlativa é o que Wolff e de-Shalit chamam de *desvantagem corrosiva* [*corrosive disadvantage*]: uma falha de capacidade que tem efeitos secundários ruins em todo o quadro. Na história de Vasanti, a violência doméstica era uma desvantagem corrosiva. Ela prejudicou a integridade, a saúde e a constância emocional; por causa destas, também prejudicou as opções de emprego, a participação política e as afiliações com outras pessoas. Esses conceitos são valiosos para pensar sobre as vidas dos animais também, e voltarei a eles. Agora podemos ver de quanta informação os usuários dessa abordagem precisam para fazer as perguntas certas e as recomendações pertinentes para a legislação e as políticas.

Para resumir onde estamos: a AC é uma teoria normativa do desenvolvimento – uma teoria destinada a mostrar como melhorar as coisas – que se concentra em se aproximar dos esforços de pessoas reais, e os impedimentos a esses esforços, vendo as pessoas como seres ativos em busca de uma vida florescente que eles mesmos criam.

Da comparação por rankings a um mapa da justiça básica

Quando a AC foi desenvolvida pela primeira vez, seu objetivo era fornecer um novo modelo para comparar uma nação ou região com outras, um modelo que fosse sensível à situação das pessoas, em vez de distante dos problemas da vida real. Em seu uso nos *Relatórios de Desenvolvimento Humano*, já selecionava algumas oportunidades em vez de outras, por causa de sua importância nas vidas das pessoas. A educação e a saúde, por exemplo, foram destacadas, e os escritos de Sen enfatizaram continuamente a importância da liberdade de expressão e da liberdade de imprensa. Mas não havia uma lista real das metas mais importantes. Não havia realmente necessidade de uma, desde que a abordagem fosse usada apenas comparativamente.

No entanto, no momento em que começamos a perguntar o que uma sociedade decentemente justa pode prover a todos os seus membros, precisamos definir o conteúdo de uma forma humilde e flexível, mas ainda fazendo reivindicações que poderiam ser consagradas na constituição de uma nação, se ela tiver uma constituição escrita ou, caso não a tenha, se tais reivindicações seriam passíveis de ser legalmente expressas de outras maneiras. Por uma questão de justiça básica e mínima, o que cada pessoa e todas as pessoas têm o direito de exigir?

Minha formulação desse modelo para os direitos prestacionais fundamentais [*fundamental entitlements*] assume a forma de uma lista de Capacidades Centrais, que, na linguagem da teoria, são chamadas de *capacidades combinadas*[11].

AS CAPACIDADES CENTRAIS

1. **Vida.** Ser capaz de viver até o fim de uma vida humana de duração normal; não morrendo prematuramente, ou antes que a vida seja tão limitada que não valha a pena viver.
2. **Saúde física.** Ser capaz de ter boa saúde, inclusive saúde reprodutiva; alimentar-se adequadamente; ter abrigo adequado.
3. **Integridade física.** Ser capaz de mover-se livremente de um lugar para outro; estar seguro contra agressões violentas, incluindo a agressão sexual e a violência doméstica; ter oportunidades de satisfação sexual e de escolha em matéria de reprodução.
4. **Sentidos, Imaginação e Pensamento.** Ser capaz de usar os sentidos, imaginar, pensar e raciocinar – e fazer essas coisas de uma maneira "verdadeiramente humana", uma maneira informada e cultivada por uma educação adequada, incluindo – mas não se limitando a – alfabetização e formação matemática e científica básicas. Ser capaz de usar a imaginação e o pensamento em conexão com a experiência e produzir obras e eventos de sua própria escolha, religiosos, literários, musicais, e assim por diante. Ser capaz de usar a mente de modos protegidos por garantias de liberdade de expressão no que diz respeito a falas políticas e artísticas, e de liberdade de práticas religiosas. Poder desfrutar de experiências prazerosas e evitar dores não benéficas.
5. **Emoções.** Ser capaz de criar vínculos com coisas e pessoas fora de nós mesmos; de amar aqueles que nos amam e cuidam de nós, e lamentar sua ausência; em geral, de amar, lamentar, sentir saudade, gratidão e raiva justificada. Não ter o desenvolvimento emocional prejudicado

pelo medo e pela ansiedade. (Apoiar essa capacidade significa apoiar formas de associação humana que são, como é possível mostrar, cruciais no desenvolvimento desses vínculos.)

6. **Razão Prática**. Ser capaz de formar uma concepção do bem e envolver-se na reflexão crítica sobre o planejamento da própria vida. (Isto envolve proteção da liberdade de consciência e de observância religiosa.)

7. **Afiliação**.
   a. Ser capaz de viver com e para os outros, reconhecer e mostrar consideração pelos outros seres humanos, envolver-se em várias formas de interação social; ser capaz de imaginar a situação do outro. (Proteger essa capacidade significa proteger as instituições que constituem e nutrem tais formas de afiliação, como também proteger a liberdade de reunião e discurso político.)
   b. Ter as bases sociais do autorrespeito e da não humilhação; ser capaz de ser tratado como um ser digno cujo valor é igual ao dos outros. Isso implica providências para evitar a discriminação com base na raça, sexo, orientação sexual, etnia, casta, religião, nacionalidade.

8. **Outras espécies**. Ser capaz de viver com consideração pelos animais, plantas e o mundo da natureza, estabelecendo relações com eles.

9. **Brincadeiras**. Poder rir, brincar, desfrutar de atividades recreativas.

10. **Controle sobre o ambiente**.
    a. **Político**. Ser capaz de participar efetivamente de escolhas políticas que governam as nossas vidas; ter o direito de participação política, proteções de liberdade de expressão e associação.

b. **Material**. Ser capaz de ter propriedade (tanto bens imóveis como móveis), e ter direitos de propriedade em igualdade de condições com os outros; ter o direito de procurar emprego em igualdade de condições com os demais; estar livre da busca e apreensão injustificadas. No trabalho, poder trabalhar como ser humano, exercendo a razão prática e estabelecendo relações significativas de reconhecimento mútuo com outros trabalhadores.

A ideia é que essas capacidades possam ser especificadas de acordo com as necessidades particulares e a situação de cada nação, pois a lista elabora um conjunto de referências da justiça mínima, que podemos realmente esperar que sejam realizadas, se não imediatamente, então em um tempo razoável. Para tanto, a constituição do país deve fornecer um *limiar* para cada uma delas, seja em um texto escrito, seja por meio da interpretação judicial incremental. Se a nação não entregar uma quantidade mínima de cada uma delas a cada cidadão, então ficará aquém da justiça mínima, não importando quão amplas sejam suas provisões em outras áreas. Como acontece com todas as listas constitucionais de direitos prestacionais fundamentais, os itens são vistos como qualitativamente distintos e não substituíveis uns pelos outros. Assim, se alguém reclamar que sua liberdade de expressão está comprometida, não é uma boa resposta dizer: "Mas veja a ampla educação que nós provemos!" (Algumas nações dão esta resposta, mas é uma desculpa muito fraca para a tirania.)

Por que esta lista é de capacidades, em vez de funções reais [*actual functions*]? O ponto principal é que as pessoas devem estar capacitadas a agir! No entanto, as pessoas são totalmente diferentes em suas escolhas. Algumas não vão querer se valer de todas as oportunidades da lista. Algumas não têm interesse em religião, e não se envolvem em atividades religiosas. Elas se oporiam vigorosamente a uma constituição que sugerisse que todas as pessoas devem se engajar em alguma religião. Mas é improvável que elas se oponham à *oportunidade*, porque é uma que muitas outras pessoas realmente desejam usar. Algumas pessoas não querem tempo de lazer, e optam por levar uma vida de *workaholic*. Mais uma vez, elas não querem ser forçadas a relaxar por aí. Mas elas não se opõem ao reconhecimento de que, para a maioria das pessoas, o tempo de lazer é valioso. Que a lista seja de capacidades mostra respeito pela heterogeneidade das escolhas de vida das pessoas e pela liberdade de escolha de diferentes caminhos. (Ocasionalmente, como acontece com a educação obrigatória para as crianças, temos o direito de exigir um funcionamento com base na imaturidade e com vista a uma escolha madura.)

O número 8 da lista reconhece os animais como participantes importantes nas relações com os humanos, mas não os torna um fim em si mesmos. Este foi um passo que muitas pessoas no movimento não estavam prontas para dar naquela época, e ainda hoje poucos querem dar os passos que dei até agora. Portanto, o número 8 deve ser visto como uma medida intermediária que obteve amplo consenso na época em que formulei a lista (uns trinta anos atrás). Nós podemos e devemos fazer melhor!

Mas como poderíamos medir as capacidades? A dificuldade desta tarefa é uma das razões pelas quais a economia do desenvolvimento tem frequentemente preferido o critério inadequado do PIB per capita, que pode pelo menos ser medido. Mas não devemos começar com o que podemos medir agora e transformar isso na coisa mais importante. Devemos, em vez disso, começar com as coisas mais importantes e descobrir como medi-las.

Muitos livros e muitas reuniões da Human Development and Capability Association têm se dedicado a questões de medição de cada capacidade. E as nações encontraram maneiras de usar o direito para estabelecer métricas em muitas das áreas que parecem menos tratáveis. Pense na liberdade de expressão e na liberdade de religião. A maneira como podemos avaliar como essas liberdades estão se saindo em uma nação é olhar para os desafios trazidos a esses fundamentos constitucionais e observar os resultados desses desafios ao longo dos anos. Os Estados Unidos, por exemplo, têm uma compreensão crescente dessas liberdades, que foi se desenrolando caso a caso, demarcando gradativamente as fronteiras do direito.

Uma maneira de pensar sobre o que todos os itens da lista têm em comum é que todos parecem ser inerentes à ideia intuitiva que formamos de uma vida *merecedora da dignidade humana*. A pressuposição da lista é que todas as pessoas têm uma dignidade inerente, e o que queremos é que essa dignidade seja respeitada: as pessoas devem obter o que precisam para viver vidas merecedoras da sua dignidade. A ideia de dignidade é vaga, e é muito semelhante à ideia de merecer tratamento como um fim, não como um meio. Não podemos dar mais conteúdo a ela sem conectá-la a uma rede de princípios políticos. Mas aqui, assim como no movimento internacional dos direitos humanos, isso se mostra intuitivamente útil: imaginar pessoas sem uma dada oportunidade, percebemos que sua dignidade foi violada e que elas foram usadas simplesmente como meios[12]. Essa ênfase na dignidade é um elo com a abordagem kantiana[13], também ligando a teoria à forma nuançada de Utilitarismo de Mill.

Essa visão faz de cada pessoa um fim e, dessa forma, está ligada ao liberalismo clássico. Mas o liberalismo desse tipo não é exclusivamente ocidental: a dignidade inerente a cada pessoa individual está na base das constituições indiana e sul-africana, para citar apenas duas. Essas duas nações abraçaram a dignidade do indivíduo ao removerem tiranias injustas que aviltavam povos e grupos. Elas disseram: todos e cada um de nós temos importância, e não seremos subordinados. A visão é antimonárquica e anti-imperialista, opondo-se também às hierarquias baseadas em gênero e raça.

Kant pensava que apenas os seres humanos têm dignidade. Mill e eu (junto com Korsgaard) discordamos: todos os animais sencientes têm uma dignidade própria, que merece respeito. Eles não devem ser tratados como meios, e a questão central deste livro é o que esse *insight* exige das leis e das políticas.

Frequentemente, as pessoas podem ser capazes de atingir o limiar de capacidade por seus próprios esforços, ou pelos esforços de grupos informais, mesmo quando a nação ou Estado em que vivem pouco ou nada faz para atender seus esforços. As elites geralmente podem providenciar cuidados de saúde adequados ou boa educação, por exemplo, mesmo na ausência de qualquer provisão pública. Até Vasanti, uma mulher pobre, se saiu muito bem devido à sorte de ter uma das melhores

ONGs femininas do mundo bem no seu quintal. Mas isso obviamente não é suficiente para tornar a nação ou o Estado justo. A nação ignorou as necessidades de seu povo, e as elites atingiram seus objetivos por sorte, enquanto outros sofrem. Garantir as capacidades para todos é uma tarefa do governo, e minha lista, como uma constituição virtual, é uma lista de tarefas fundamentais do governo. Os governos podem muitas vezes empregar organizações privadas para atingir seus fins, mas a responsabilidade final cabe ao governo: se não elevar as pessoas acima do limiar, o governo deve assumir a culpa. Isso não significa que as pessoas sempre devam confiar no governo para resolver seus problemas. Às vezes, elas simplesmente não podem – quando, por exemplo, o governo é corrupto ou irremediavelmente ineficiente. Mas isso significa que a questão toda da justiça depende da obtenção de uma estrutura política estável que seja capaz, na maior parte do tempo, de entregar as capacidades para a escolha das pessoas e de empoderá-las.

"Liberalismo político": uma importante restrição

Os princípios políticos construídos em torno da Lista de Capacidades são parte de um conjunto de princípios políticos centrais de uma nação. Mas estes devem obedecer a algumas restrições, a fim de respeitar adequadamente a diversidade e a liberdade humanas. Em seu livro *Liberalismo político*, John Rawls apresentou um argumento importante com o qual concordo plenamente e incorporo na minha abordagem da justiça para os animais, bem como para os humanos[14]. Sob condições de liberdade, ele argumenta, as pessoas se ligam a uma ampla gama de "doutrinas abrangentes" que fornecem instruções normativas sobre como se deve viver. Catolicismo, Protestantismo, Marxismo, Utilitarismo, Budismo – estas são apenas algumas das doutrinas abrangentes de valor que existem na maioria das sociedades. Qualquer doutrina compatível com a ideia básica de justiça – com (como ele a vê) a proposição e a aceitação dos termos de cooperação – deve ser respeitada. Mas não é respeitoso impor politicamente alguma doutrina geral da boa vida para pessoas que têm suas próprias ideias e estão comprometidas com elas. Mesmo quando uma nação não restringe a liberdade das pessoas que pensam de forma diferente – como quando uma nação tem uma igreja oficial, mas permite uma ampla liberdade de crença e prática religiosas –, a nação ainda está fazendo uma declaração de que sua própria visão é a melhor, e subordinando outros pontos de vista. Mas é claro que um conjunto de princípios políticos tem que ter algum conteúdo ético definido. Então, o que pode ser feito?

A solução para o problema, adverte Rawls (e eu há muito concordo com ele), é propor princípios políticos que são, primeiro, de *alcance restrito*, não abrangendo todas as áreas de interesse humano (sem falar, por exemplo, sobre a possibilidade da vida após a morte) e, segundo, *sem densidade* [thin]*, expressos em uma linguagem ética neutra e não na linguagem metafísica de um grupo em vez de outro. (Assim, por exemplo, a linguagem ética da *dignidade humana* seria preferível à noção sectária de *alma*.[15]) Se conseguimos essa restrição, os princípios

▼
---
* Nesses contextos teóricos, mesmo que implicitamente, "thin" é contraposto a "thick" [*densos*]; por isso, a escolha dessa tradução para o adjetivo "thin". [N. do T.]

políticos podem formar o que Rawls chamou de um "módulo" que todos os cidadãos, que detêm diferentes doutrinas abrangentes razoáveis ("razoáveis" significa dispostas a propor e aceitar termos justos de cooperação), podem acrescentar às suas próprias doutrinas, sejam elas quais forem. No final, espera-se, os princípios políticos se tornarão objeto de um "consenso sobreposto" [*overlapping consensus*] entre os partidários de todas essas doutrinas[16]. Isso pode levar muito tempo, mas o proponente da AC deve ser capaz de esboçar um caminho pelo qual pessoas com diferentes visões podem, no final das contas, vir a concordar com esses princípios fundamentais.

Nem todos os proponentes da AC concordam com essa restrição, por isso é importante estar ciente de que é uma parte central da minha própria visão, não de todos os tipos de AC. Sem a restrição, uma visão política baseada na AC poderia não ser, a meu ver, suficientemente respeitosa com a diferença e a liberdade humanas.

Agora, a objeção a Korsgaard que adiei no capítulo 4 pode ficar mais clara. Ela não se posiciona sobre os argumentos de Rawls, de uma forma ou de outra – algo um tanto estranho para uma aluna de Rawls, que está plenamente consciente do seu livro e sua importância. Ela não anuncia se a sua própria visão aspira a ser uma visão política, mas, ainda assim, deve ser uma visão política, uma vez que ela quer que consequências políticas práticas fluam da sua visão e que ela eloquentemente defende o ponto de vista de que os animais têm direitos que devem ser reivindicados pelas leis. E como ela não refuta os argumentos muito convincentes de Rawls contra o uso de uma metafísica abrangente na moldagem de princípios políticos, parece justo criticá-la por fundamentar sua visão em uma polêmica doutrina metafísica (ver capítulo 4).

O defensor de uma doutrina política baseada na AC precisa rejeitar algumas visões metafísicas – a saber, as visões que rebaixam os animais e anunciam que o valor das espécies é organizado de acordo com a *scala naturae*. Tais visões não poderiam aderir ao "consenso sobreposto" sem grande modificação de suas afirmações. (Aqueles que sustentam tais visões ainda têm liberdade para expressá-las; mas como a constituição da nação as contraria, não poderiam submeter suas propostas a um simples voto majoritário; eles precisariam emendar a constituição.) Mas não há necessidade de decidir entre a visão de Korsgaard de que todo valor é interno a um ponto de vista e a posição de que os animais têm valor intrínseco (uma visão que sustento). Ambas as visões são totalmente compatíveis com bons princípios políticos que protejam direitos animais[17].

A AC, então, é uma doutrina política (não abrangentemente ética) parcial (não abrangente). Assim como a visão de Mill, é uma perspectiva que visa um conjunto de fins plurais e distintos, fins vistos não apenas como bons, mas também obrigatórios para uma sociedade que deseja estabelecer reivindicações até mesmo para uma justiça mínima. As atividades e as oportunidades para alcançá-los são vistas como partes do objetivo, não como meios para um estado final, tal como a satisfação.

Como os fins da sociedade são plurais, a AC deixa espaço para o conflito. E como esses fins são obrigatórios, não apenas opcionais, quaisquer *trade-offs* [trocas compensatórias] que tiverem de ser feitos em uma situação difícil não são apenas lamentáveis, mas também, com frequência, trágicos: se eles empurrarem alguns cidadãos abaixo do limiar mínimo da justiça, eles envolverão uma violação grave. A sociedade deve, portanto, pensar e trabalhar à frente para minimizar esses conflitos trágicos. O capítulo 8 abordará esta questão na área ainda mais conflituosa da justiça animal.

A Abordagem das Capacidades como base da justiça para os animais

Os seres humanos são animais sencientes vulneráveis, cada um tentando alcançar uma boa vida em meio a perigos e obstáculos. Justiça é promover a oportunidade de cada um para florescer de acordo com a escolha da própria pessoa, por meio do uso de leis que permitem e restringem. As pessoas são frequentemente usadas como ferramentas, mas a AC sustenta que uma nação é minimamente justa apenas quando cada pessoa é tratada como um fim em algumas áreas muito importantes da vida, tendo sua dignidade respeitada. Ao pensar sobre o que colocar na lista, inevitavelmente pensei nas oportunidades que, podemos supor, um grande número de pessoas preza, e sugeri que nos concentrássemos naquelas que parecem ser intuitivamente inerentes à ideia de uma vida merecedora da dignidade humana. Mas como os fins são oportunidades, as pessoas com escolhas minoritárias também são protegidas em áreas de importância central: assim, o livre exercício da religião protege tanto os católicos romanos, que são numerosos, como os membros de pequenas religiões, assim como ateus e pessoas que são indiferentes à religião.

Por razões semelhantes, por que cargas d'água tal abordagem não seria apropriada para as vidas de outros animais? Eles também são animais sensíveis e vulneráveis. Eles também vivem em meio a um número impressionante e crescente de perigos e obstáculos, muitos deles de nossa autoria. Eles também têm uma dignidade inerente que inspira respeito e admiração. O fato de a dignidade de um golfinho ou de um elefante não ser exatamente a mesma que a de um ser humano – e de a dignidade de um elefante ser diferente da de um golfinho – não quer dizer que aí não haja dignidade, aquela vaga propriedade que significa, basicamente, merecer um tratamento como um fim em vez de um uso como um meio. Korsgaard estava certa em seu argumento de que a busca de objetivos valorizados por um animal, por si só, concede ao animal que se esforça o direito prestacional de ser tratado como um fim: ele tem uma dignidade, não apenas um preço. Vemos essa dignidade intuitivamente quando observamos golfinhos nadando livremente na água em grupos sociais, ecolocalizando seu caminho entre obstáculos e saltando por causa da alegria; quando vemos um grupo de elefantes cuidando comunitariamente de seus filhotes e tentando criá-los em segurança, apesar da onipresença de ameaças criadas pelos humanos. Nosso senso de admiração é uma faculdade epistêmica orientada para a dignidade. Ele nos diz: "Isso não é apenas lixo, algo que posso usar como bem entender. É um ser que deve ser tratado como um fim". Por que, então, deveríamos pensar que somos mais importantes do que eles, mais merecedores de uma proteção legal básica?

Em breve, apresentarei um argumento para a ideia de que os animais têm direitos legalmente exequíveis, mas por enquanto quero expor as ideias básicas da AC.

Uma forma característica de vida

Os animais, assim como os humanos, possuem, cada um deles, uma forma de vida que envolve um conjunto de objetivos importantes pelos quais eles se esforçam. Por enquanto, vamos pensar nessa forma de vida como a da espécie, embora eu vá complicar isso mais tarde. Ao pensarmos nos seres humanos, pensamos em algumas coisas que são especialmente importantes para eles tentarem viver. Nós podemos fazer a mesma coisa para cada tipo de animal, se aprendermos o suficiente e olharmos com atenção. Cada animal é um sistema teleológico direcionado para um conjunto de bons fins centrados na sobrevivência, na reprodução e, na maioria dos casos, na interação social. O que a AC pensa, no caso humano, é que esses esforços não devem ser frustrados. E (concordando com Korsgaard) que é arrogante, presunçoso, infundado e simplesmente egoísta dizer que importamos mais do que os animais. Cada forma de vida é diferente. Mas cada uma é a certa para esse tipo de ser. Se uma pega-rabuda florescer, será da forma característica de vida dessa espécie de ave. Ser mais parecida com um humano não seria bom ou pertinente para uma pega. Nós, humanos, somos semelhantes a pegas, golfinhos e elefantes ao tatearmos em busca da sobrevivência e do florescer em um mundo em geral hostil; diferimos na natureza específica dos bens que procuramos.

A AC é basicamente sobre dar aos seres que se esforçam uma chance decente de florescer. É assim que ela vê o papel do direito e do governo. Os humanos terão que tomar a iniciativa de fazer as leis e estabelecer as instituições do governo, mas não há razão para que os humanos façam isso apenas *para* e *sobre* outros humanos. Não há nenhuma boa razão para dizer que apenas algumas criaturas sencientes importam. Cada uma importa à sua maneira. A métrica da semelhança com os humanos não faz sentido do ponto de vista de um cavalo ou de uma baleia. Tampouco é útil para um legislador imparcial, tentando ajudar as criaturas sencientes a terem uma chance de viver vidas decentes do tipo que procuram. (No capítulo 6, argumentarei que a senciência – a capacidade de sentir, de ter uma perspectiva subjetiva do mundo – é uma base necessária para ser um sujeito de justiça, e apresentarei a minha visão sobre quais criaturas têm essa capacidade.)

Tampouco há alguma razão, como eu disse no capítulo 4, criticando Korsgaard, pela qual apenas os seres humanos devam participar ativamente da legislação e da construção de instituições. Os animais não falam a linguagem humana, mas têm uma ampla gama de formas de comunicação para expressar sobre sua situação (tal como veremos mais detalhadamente no capítulo 6), e se nós humanos por acaso ocupamos, politicamente, o banco do motorista, deve ser nossa responsabilidade prestar atenção a essas vozes, para descobrirmos como os animais estão e quais obstáculos eles enfrentam. Já fazemos isso para seres humanos com deficiências que os impedem de participar da vida política *da maneira usual*: nós lhes concedemos tutores ou "colaboradores"[18] a quem exponham a sua situação e que se tornam leitores peritos das suas necessidades. Nunca devemos dizer que as crianças não verbais são *cidadãos passivos* ou não participantes da vida política: elas se expressam ativamente de várias formas, e é nossa responsabilidade traduzir isso em ação política. Além disso, a maioria dos cidadãos comuns não entende seus direitos legais e não podem se autorrepresentar em um tribunal ou realizar muitas das outras tarefas da cidadania sem representação. Isso também acontece, eu sustento, com os animais não humanos.

Neste ponto, devemos perguntar se a participação direta e não representativa na política é intrinsecamente valiosa, ou apenas instrumentalmente valiosa. Trata-se de um ponto debatido pelos usuários da AC. Eu mesma penso que ela é instrumentalmente valiosa: o importante é poder influenciar as condições que governam a própria vida agindo por sua própria conta. Mas isso não significa que todo cidadão humano tenha que ir a um tribunal, ou organizar projetos políticos ou, até mesmo, votar – desde que haja alguém que represente as demandas da pessoa em tribunais e legislaturas, e vote em nome dessa pessoa (como eu exortei para o caso das pessoas com deficiências cognitivas graves). Com os animais, penso que a solução não precisa e não deve envolver um voto por procuração para cada animal em todas as eleições. Isso rapidamente se tornaria absurdo. Em vez disso, "colaboradores" animais devidamente qualificados devem ser encarregados de criar políticas em nome dos animais, e contestar acordos injustos nos tribunais. Os capítulos 9 e 10 darão muitos exemplos de como isso pode ser feito.

Ao atentarmos para as vozes dos animais como quase guardiões e ouvintes, não focaremos apenas o prazer e a dor. Assim como, ao pensar em Vasanti, a AC considerou não apenas como e se ela sentiu dor ou prazer, mas também as suas muitas outras oportunidades (ou falta de oportunidades) para tipos de atividades valiosas, a maneira benthamista reducionista de pensar o bem de uma coisa viva parece igualmente errada para o caso das criaturas não humanas. Ela tem inegável poder porque atualmente os humanos causam tanta dor desnecessária às criaturas não humanas que simplesmente eliminar isso seria um grande progresso. Mas precisamos de um mapa da meta que seja adequado à complexidade das vidas dos animais. Para outros animais, como para nós, evitar a dor não é tudo o que importa. Relacionamentos sociais, parentesco, reprodução, movimentos livres, brincadeiras e diversão, tudo isso é importante para a maioria dos animais, e conforme entendermos mais adequadamente cada forma específica de vida, poderemos tornar a lista mais completa.

Para colocar as questões pertinentes na mesa, precisamos ouvir muitas histórias de vidas de animais, contadas por especialistas que conviveram de perto com um certo tipo de animal e estudaram esses animais durante longos períodos – olhando para os objetivos compartilhados, a diversidade interna e os problemas e obstáculos prevalentes. Consideraríamos as histórias sobre companheiros animais abusados e negligenciados (por exemplo, a história de Lupa na minha introdução). Essas histórias, que têm muitos pontos em comum com a de Vasanti, nos dão ideias de como as leis precisam promover o florescimento dos animais de companhia, prevenir a crueldade, promover a nutrição e, de forma mais geral, transmitir modelos de reciprocidade, respeito e amizade. Nós consideraríamos as histórias que os cientistas que viveram com animais selvagens contam sobre os animais com quem trabalham, e sobre os obstáculos ao seu florescimento, buscando expertise e diversidade em nossas fontes, e prestando atenção às formas com que diferentes especialistas enfatizam pontos diversos. Esta tarefa, tão emocionante e tão urgente, é potencialmente interminável, pois novos conhecimentos surgem e os problemas e as circunstâncias mudam. Isso, afinal, também é verdade para o nosso estudo da situação dos seres humanos em diferentes partes do mundo. A tarefa é longa, mas com os animais de companhia já trabalhamos assim há muito tempo, realizando audiências públicas e construindo leis humanas. Então nós sabemos o que pode ser feito.

Uma constituição virtual

No caso humano, a AC fornece um modelo para a elaboração da constituição. A lista tem um conteúdo e um limiar provisório para cada item. Uma nação que visa uma justiça mínima pode consultá-la, pesquisando também seu ambiente e história específicos, e moldar sua própria lista usando considerações mais localmente específicas de cada uma das principais capacidades da lista. Por duas razões, não é possível, no momento, estender esta abordagem para os outros animais. Primeiro, os outros animais frequentemente atravessam as fronteiras nacionais ou ocupam regiões de ar e mar que não são propriedade de uma única nação; então, uma constituição nacional não é suficiente para proteger as espécies migratórias. Em segundo lugar, não parece haver vontade política suficiente na maioria das nações do mundo para, em curto prazo, promulgar tais proteções.

Para todas as nações do mundo (que ouvissem astutamente às demandas dos animais e àqueles que mais sabiamente os representam), o resultado ideal seria que concordassem com uma constituição legalmente exequível para as várias espécies animais, cada uma com sua própria lista de capacidades a serem protegidas, e cada uma provida com um limiar abaixo do qual a falta de proteção torna-se injustiça. Os animais seriam então protegidos, não importando onde eles estivessem, assim como as baleias são (inadequadamente) protegidas em todo o mundo pela Comissão Baleeira Internacional (a ser discutida no capítulo 12). Essa constituição poderia então ser complementada por leis nacionais mais específicas para animais que vivem dentro de uma determinada jurisdição nacional, de alguma forma adaptadas a esses contextos específicos. No entanto, sabemos que os passos vacilantes da humanidade em direção à responsabilização internacional pela injustiça humana não tiveram muito sucesso. Mesmo no caso humano, nossa máxima esperança está nas leis de cada nação. Se assim se dá para os humanos, muito mais para os animais. Posteriormente, discutirei o papel dos tratados e convenções internacionais, mas, no futuro próximo, na maioria das vezes os animais devem ser protegidos pelas leis das nações, estados e localidades. Isso não significa, porém, que não adianta ter um mapa internacional de um destino.

Neste momento, portanto, a AC pretende fornecer uma *constituição virtual* para a qual nações, estados e regiões podem olhar na tentativa de melhorar (ou moldar novamente) suas leis de proteção animal. Minha esperança é que, com o tempo, essa constituição virtual possa tornar-se, cada vez mais, objeto de um "consenso sobreposto" político de tipo rawlsiano, tanto dentro de cada nação como a partir de suas fronteiras. Isso custará tempo e trabalho, assim como a tarefa de moldar e proteger os direitos humanos. Ainda assim, essa abordagem flexível permite que as nações avancem corajosamente sem esperar para chegar a um consenso global. (Mais adiante, apresentarei um argumento legal sobre a base desses direitos prestacionais para os animais.) O objetivo básico é que todos os animais tenham a oportunidade de viver uma vida compatível com sua dignidade e esforço, à altura de um limiar razoável de proteção.

Essa constituição virtual, como a versão humana da AC, é política e não metafísica. Em razão de seu objetivo ser garantir, ao longo do tempo, um consenso sobreposto entre todas as doutrinas abrangentes e justas do valor, ela não fará reivindicações metafísicas controversas e não abarcará todos os problemas. As capacidades animais [*animal capabilities*] não são consideradas com valor intrínseco, mas as reivindicações de valor intrínseco não são negadas. Minha esperança é que o apoio às capacidades animais possa vir de várias direções: de visões religiosas que acreditam na superioridade humana por razões religiosas e metafísicas, mas ainda assim dispostas a estender termos justos de cooperação aos animais e apoiar suas capacidades; de visões ecocêntricas, que realmente acreditam que os ecossistemas, e não os indivíduos, devem ser o foco principal da consideração, mas se dispõem, politicamente, a apoiar as capacidades animais como um elemento crucial para ajudar os ecossistemas a florescer; de visões budistas, que igualmente negam a importância do indivíduo, mas ainda recomendam um tratamento justo das vidas animais; de visões como a de Korsgaard, que permanecem céticas a respeito de reivindicações de valor intrínseco; e de visões como a minha, que (eticamente, embora não em minha teoria política) concebem as vidas dos animais como tendo valor intrínseco.

Listas e vidas

Idealmente, devemos aprender o suficiente para fazer uma lista separada para cada tipo de criatura, colocando na lista as coisas que mais importam quando se trata de sobreviver e florescer. A lista é realmente feita pelos próprios animais ao expressarem suas preocupações mais profundas enquanto tentam viver. As pessoas a quem podemos confiar o registro das vozes não ouvidas dos animais são pessoas que convivem com determinado tipo de animal há anos, com amor e sensibilidade; por exemplo, Barbara Smuts, com babuínos; Joyce Poole e Cynthia Moss, com elefantes; Luke Rendell e Hal Whitehead, com baleias; Peter Godfrey-Smith, com polvos; Frans de Waal, com chimpanzés e bonobos; Janet Mann e Thomas White, com golfinhos. Idealmente, deveria haver um grupo de tais pessoas para cada espécie, porque qualquer indivíduo é falível. Esses "colaboradores" e ouvintes devem conhecer animais individuais dentro da espécie em toda a sua variedade, e devem ser capazes de contar muitas histórias como as dos animais individuais mencionados na introdução, e sobre quais obstáculos cada criatura enfrenta e quais intervenções são úteis.

Um exemplo notável da base para tal lista é o Etograma de Elefantes, compilado recentemente por Joyce Poole e seus colegas de trabalho para o elefante africano da savana. Esta notável base de dados incorpora todos os nossos conhecimentos até o momento sobre a forma de vida para essa espécie de elefante:

comunicação, movimento e todas as atividades características[19]. Estudando o etograma, os amigos dos elefantes podem então sugerir as capacidades que lhes parecem mais centrais, mais importantes para receberem proteção.

Minha ideia significa um grande número de listas diferentes, baseadas em muitos etogramas. No entanto, creio que se nos concentrarmos nas grandes rubricas gerais da lista da AC para humanos, elas oferecem uma boa orientação como ponto de partida em praticamente todos os casos. Isso não deveria ser nenhuma surpresa, já que a lista da AC captura, com efeito, o terreno compartilhado da animalidade esforçada e vulnerável que cada espécie habita à sua maneira. Todos se esforçam pela *vida*; pela *saúde*; pela *integridade física*; pela oportunidade de usar os *sentidos*, a *imaginação* e o *pensamento* característicos de um tipo de criatura. A *razão prática* parece, a princípio, humana demais para ser um bom guia, mas na verdade não é. Todas as criaturas querem a oportunidade de fazer algumas escolhas importantes sobre como serão as suas vidas, para serem os fazedores de planos e escolhas. A *afiliação* é crucial para todos os animais, embora seus tipos variem muito. Todos procuram se relacionar bem com o mundo da natureza ao seu redor, e isso geralmente inclui membros de outras espécies. *Brincar* e *se divertir* não são peculiares aos humanos, como os pesquisadores entendem cada vez mais, mas aspectos-chave da sociabilidade. E todos os animais buscam tipos de controle sobre seu ambiente material e social. Se houver outras grandes rubricas pertinentes às vidas animais que a lista humana omite, não consigo pensar nelas agora, mas estou totalmente aberta a expandir as grandes rubricas da lista, se alguma puder ser apresentada de forma convincente.

As pessoas podem se preocupar com o fato de tal lista ser antropomórfica, beirando alguns dos erros da abordagem "Tão Semelhantes a Nós". Eu entendo esta acusação, mas a considero um erro. A lista foi feita não pensando no que é distintamente humano, mas pensando em termos muito gerais sobre a animalidade, permitindo variações significativas no nível específico, mas insistindo que, em um nível geral, podemos encontrar um padrão comum. No entanto, devemos estar sempre em guarda contra a obtusidade ou a percepção do autoprivilégio.

Às vezes, as listas que moldamos incluirão itens dentro das rubricas mais detalhadas da lista humana, que à primeira vista parecem não importar para as vidas dos animais. Considere a "liberdade de associação" e a "liberdade de opinião". O que são a maioria dos zoológicos senão meios de negar a liberdade de associação aos animais? Quanto à opinião, os animais expressam do que precisam e o que querem às suas próprias maneiras – com frequência, muito sofisticadas. Mesmo na legislação formal dos Estados Unidos, a liberdade de opinião diz respeito a muitas formas de atividade expressiva, não apenas a palavras no papel. Por que, então, essa categoria legal não deveria incluir as formas como os animais falam? Certamente poderia, se ao menos os animais primeiramente tivessem legitimidade processual[20]. Não é que os animais não falem, é que nós humanos geralmente não os ouvimos. Contudo, os animais não são livres para falar, quando suas queixas são ignoradas, quando as informações sobre as condições na pecuária industrial são sistematicamente protegidas da vista do público, quando até mesmo aliados humanos dos porcos e galinhas afetados são impedidos, por meio de leis "ag-gag" (leis que restringem as denúncias)*, de descrever essas condições. A liberdade de opinião é extremamente pertinente para os animais, e é importante exatamente pelas razões que John Stuart Mill, um defensor dos direitos animais, ofereceu ao defender a liberdade de opinião em *Sobre a liberdade*: a liberdade de opinião fornece as informações de que precisamos para melhorar a nossa sociedade; desafia a complacência e a presunção; traz à tona posições fora de moda que merecem, de fato requerem, uma audiência.

E quanto à "liberdade de imprensa" e à "participação política"? Os animais não escrevem artigos de jornal, mas a livre circulação da informação sobre sua situação é uma parte crucial de seu bem, neste mundo onde os humanos dominam todas as vidas animais. Em *Poverty and Famines* [Pobreza e fomes coletivas], Amartya Sen argumentou que uma imprensa livre é um ingrediente essencial para evitar a fome coletiva (humana), porque é preciso haver informações circulando para incitar as pessoas à ação política[21]. Eu estenderia o argumento de Sen: informações corretas sobre todas as terríveis dificuldades dos animais atualmente – perda de hábitat, tortura na indústria da carne, caça clandestina, mares repletos de plásticos – toda esta informação precisa vir a público se quisermos ter realmente ações preventivas contra os terríveis sofrimentos dos animais. Certamente, os artigos, livros e filmes terão que ser feitos por humanos. Mas eles são importantes *para* e *na* vida dos animais,

▼

* As leis "ag-gag" ("antidenúncias") procuram "amordaçar" (to gag) os possíveis denunciantes e ativistas, criminalizando-os e punindo-os por gravar imagens do que acontece nas criações industriais. Elas visavam originalmente impedir que o público conhecesse as crueldades praticadas contra os animais nas fazendas industriais. [N. do T.]

cujas vozes queixosas eles registram e cujas intoleráveis condições de vida eles expõem.

Isso também se aplica à participação política. A maioria dos animais, embora seja política o suficiente dentro do próprio grupo da sua espécie, tem pouco interesse na participação política no mundo dominado pelos humanos, e não sabem de eleições, assembleias e cargos. Apesar disso, o que acontece nessas esferas é muito importante para eles. No mundo dominado pelos humanos, a política determina os direitos e privilégios de todos os habitantes de um determinado lugar, e toma decisões cruciais sobre questões de bem-estar, hábitat e assim por diante. Então, é importante que os animais tenham voz política, o que significa, creio, terem legitimidade processual (o direito de ir a um tribunal como autor de uma ação) e algum tipo de representação legal. No momento, permitimos a representação substituta para humanos com deficiências cognitivas, então a proposta não envolve nada terrivelmente surpreendente. As criaturas que vivem em um lugar devem ter voz a respeito de como vivem.

Pode parecer que é apenas por nós, humanos, dominarmos o mundo e criarmos muitos problemas para os animais que a liberdade de imprensa e a participação política sejam importantes para eles. Poderíamos entender assim se pensássemos que o mundo da natureza sem interferência humana é idílico, ou maravilhoso, ou pacífico, ou de alguma forma bom para os animais. Eu não penso assim, como o capítulo 10 argumentará mais adiante. Mesmo sem a nossa interferência prejudicial, ainda haveria fome, inundações e outras formas de desastres climáticos. Portanto, penso que, mesmo sem nosso próprio mau comportamento, temos razões fortes para garantir que as notícias de suas dificuldades sejam divulgadas e que suas vozes tenham poder de decisão sobre como eles vivem.

No nível das rubricas concretas da lista, no entanto, também haverá muita divergência, e devemos estar sempre abertos a surpresas e aprendizados; assim, cada tipo de animal tem sua própria forma de organização social, e mesmo de percepção sensorial. Somente um estudo meticuloso e amoroso mostrará o que deve ser dito.

Funcionamentos férteis, desvantagens corrosivas

Como a abordagem que eu imagino é específica para cada tipo de vida animal, suas demandas são muitas e heterogêneas. Mas dentro de cada caso, e mesmo entre muitos casos, é provável que existam capacidades particularmente férteis, promovendo uma boa vida em todo o quadro, e falhas de capacidades que são especialmente prejudiciais. Para todos os animais, a sujeição à violência humana arbitrária é uma desvantagem corrosiva, seja na forma da vulnerabilidade das baleias ao arpoamento, da vulnerabilidade dos elefantes à caça clandestina, da vulnerabilidade das porcas ao confinamento em "gaiolas de gestação" ou da vulnerabilidade de um cão à crueldade e negligência de um "dono". Outra desvantagem corrosiva em todo o quadro é a poluição ambiental, que causa condições letais, do ar ou das águas, para muitas espécies e esgota os seus hábitats. Então, o que se opõe a esses males – proibições de práticas cruéis e uma dedicação à limpeza do meio ambiente – se mostrará fértil, aprimorando as capacidades em todo o quadro para muitos animais.

Membros da espécie são indivíduos

Até agora, falei de uma lista para cada espécie de animal. Mas para os animais, como para os humanos, cada criatura individual deve ser tratada como um fim. E animais são indivíduos não apenas numericamente (cada um importa), mas também qualitativamente: cada membro da espécie é sutilmente diferente, cada um de todos os outros. As pessoas que convivem com animais de companhia sabem que as personalidades e as preferências de seus companheiros são altamente individuais, e o que é bom para um cão ou um gato não é necessariamente bom para todos. Nós geralmente não percebemos essa variedade no caso de animais com os quais não vivemos, mas as pessoas que convivem com um determinado tipo de animal reconhecem e enfatizam essas diferenças. Cada babuíno, cada elefante, é um membro da sociedade dos babuínos ou dos elefantes, mas cada indivíduo tem uma forma única de habitar esse mundo. Assim também acontece com todo tipo de animal que conseguimos estudar cuidadosamente[22]. Para os biólogos, a noção de espécie é grosseira; eles realmente trabalham com populações, compostas de criaturas individuais.

Mas se cada indivíduo é separado dos outros (tendo sua própria vida para viver, não a de mais ninguém) e qualitativamente diferente em alguns aspectos dos outros, não é um erro moldar as listas como centradas na forma de vida de uma espécie? Isso não é negar a singularidade de cada animal? Não é obtuso, até mesmo objetificante, falar do "golfinho" e da "forma de vida do golfinho", em vez de criar uma história separada e uma lista para cada golfinho – por exemplo, para Fungie, o adorado golfinho de Dingle Bay, na Irlanda, cujo desaparecimento em outubro de 2020 causou angústia generalizada[23]? Ao longo de décadas, os habitantes de Dingle conheceram Fungie como um golfinho com uma personalidade única – peculiar, estranhamente solitário para um golfinho, atipicamente social em relação aos humanos. Por que a singularidade de Fungie não seria obliterada por uma abordagem baseada na espécie?

Contudo, pense novamente em Vasanti. A partir da compreensão da sua história única (e muitas outras histórias semelhantes), os fundadores da AC construíram uma abordagem geral da qualidade de vida e da justiça política, um conjunto de direitos prestacionais que parecem adequados à forma de vida humana, e que podem ser legalizados, com um refinamento contextual, em cada nação e região. Conhecer muitas particularidades nos ajuda a construir em direção ao geral, a um conjunto de direitos prestacionais constitucionais.

Mas essa generalidade não é injusta com as particularidades das vidas reais? Não é injusto ou desrespeitoso com Vasanti, aquela mulher em particular, usá-la como *input* em uma lista de direitos prestacionais constitucionais? Não, por três razões. Primeiro, a lista é uma lista de capacidades, não de funções obrigatórias. As oportunidades que ela cria podem ser usadas por pessoas diferentes de maneiras diferentes, ou nem sequer usadas, se a pessoa não quiser usá-las. Capacidades são direitos prestacionais[24], um tipo de direito*. As pessoas normalmente não pensam que os direitos humanos reduzem todos os humanos a um modelo padronizado: eles são espaços dentro dos

▼

---

* Afirmação-chave, inclusive para a inteligibilidade e coerência das escolhas feitas pelo tradutor. No original: "Capabilities are entitlements, a type of rights". [N. do T.]

quais indivíduos variados são livres para escolher. Em segundo lugar, no processo em curso da interpretação judicial dos direitos, litigantes individuais, com todas as particularidades de suas histórias, se apresentarão para serem ouvidos. Qualquer registro de interpretação judicial de nossa Bill of Rights [Declaração de Direitos] mostra um vaivém contínuo entre o individual e o geral, à medida que o individual testa os limites do texto geral, e uma nova decisão especifica ainda mais o texto geral para todos. Terceiro, se realmente existir algo pelo qual um indivíduo se esforça profundamente e para o qual a lista não abre espaço, mesmo no nível das oportunidades gerais, mudar a lista de direitos prestacionais é sempre possível.

Penso que é a mesma história com cada tipo de animal. Nós estudamos comunidades pertencentes a uma determinada espécie (e "espécie", como bem nos lembramos, é um termo aproximado para o que é comum a várias populações, não uma entidade metafísica). Nós moldamos uma lista. Depois, os membros de espécies qualitativamente diferentes podem usar direitos prestacionais, cada um à sua maneira. Fungie é diferente de todos os outros golfinhos, mas as capacidades que protegem os golfinhos em geral também o protegerão e serão usadas por ele de maneira única. Ele não tem que se socializar com um grupo grande se não quiser, e ele é perfeitamente livre para passear pela costa. E se um dia ele resolver sair em busca de um grupo maior, essa escolha também está protegida. (É possível que isso lhe tenha acontecido, embora, dada a sua idade relativamente avançada, a morte seja outra possibilidade. Um aparente avistamento, em 2021, encorajou aqueles que se preocupam com ele.) É assim que a abordagem respeita as criaturas individuais: criando espaços protegidos para que elas busquem o florescimento, cada uma à sua maneira. Por meio de futuras especificações judiciais, a lista será refinada. E se as pessoas que convivem com esse tipo de animal, e dele cuidam, protestarem que a lista está incompleta ou errada, ela sempre pode ser alterada.

Parte do bem pode ser interespécies

A Lista de Capacidades humanas incluiu, entre suas rubricas, as "relações com os outros animais e o mundo da natureza": em outras palavras, uma sociedade decente deve disponibilizar boas relações interespécies. Há alguns animais cujas vidas normais estão praticamente envolvidas nas vidas de seus grupos. Golfinhos e elefantes não parecem depender de relacionamentos robustos com outras espécies como um elemento crucial para o seu bem (embora isso não signifique dizer que uma amizade além da barreira das espécies não possa surgir sob condições adequadas). Mas há outros animais cuja forma de vida envolve muito mais relações através da barreira das espécies: cães, gatos, muitos cavalos e animais de fazenda. Esses animais cultivam relacionamentos uns com os outros e todos eles parecem buscar e precisar de relacionamentos com humanos. O capítulo 9 vai estudar toda essa questão. Então, isso simplesmente será incorporado, como um desiderato, à lista que fizermos para cada tipo de criatura. A dependência de uma norma da espécie não aprisiona uma criatura dentro da sua própria espécie. Como esses relacionamentos se desenvolvem ainda mais ao longo do tempo, as listas podem mudar para refletir isso.

As quatro visões comparadas

A AC não ranqueia as espécies segundo qualquer tipo de "escada" ou concede prêmios pela semelhança conosco. Em vez disso, segue a admiração e a curiosidade, descobrindo as maneiras variadas e notáveis de os animais se esforçarem para florescer. Ela vê algumas semelhanças nas formas como os animais se movem e vivem: todos têm algum tipo de percepção sensorial, todos têm faculdades para fornecer informações sobre o meio ambiente, todos se alimentam, todos se reproduzem e todos são sociais, embora de muitas maneiras diferentes. Ao contrário da abordagem "Tão Semelhantes a Nós", a AC não deposita uma ênfase especial na habilidade de uma criatura para comunicar-se usando um tipo humano de linguagem (por exemplo, linguagem gestual). Em vez disso, estuda as muitas maneiras pelas quais as criaturas de fato se comunicam, algumas mais "semelhantes à linguagem" do que outras, mas todas adequadas ao contexto, ao corpo e à forma de vida específicos da criatura. A própria ideia de que uma baleia ficaria melhor com a linguagem humana parece muito estranha. Sua fisiologia, seu ambiente e suas necessidades são completamente diferentes. É muito mais interessante ver quais os tipos de comunicação estão realmente em jogo por aí.

É desnecessário dizer que a AC se preocupa muito com a dor, um grande mal para todas as criaturas sencientes. Mas há coisas ruins além da dor. As criaturas podem ser privadas da liberdade de movimento, da sociedade normal da espécie, da oportunidade de brincar e usar suas faculdades de forma descontraída – tudo isso sem serem submetidas às dores corporais. Olhando para as capacidades em vez de seguir Bentham, nós vemos muitos eixos de privação na vida animal, assim como na vida humana de Vasanti. E a AC trata os animais como agentes, não como recipientes de prazer e dor, respeitando-os dessa forma.

A AC está próxima da visão kantiana de Korsgaard em muitos aspectos. Insiste que todos os animais merecem respeito pela sua dignidade, que não podemos ranquear um tipo de criatura como mais importante do que outros, e que cada criatura merece uma chance de florescer à sua maneira. Mas a AC vê os animais como agentes e cidadãos potencialmente ativos, não "passivos", comunicando as suas necessidades àqueles dispostos a ouvir. E a AC também insiste que a natureza não nos mostra a nítida divisão de Korsgaard entre seguir o instinto e seguir a seleção e a escolha eticamente flexionada. Muitos, se não a maioria, dos animais têm cultura, às vezes seguindo o instinto, mas às vezes seguindo um comportamento aprendido e fazendo suas próprias seleções. Tampouco as faculdades éticas são descontínuas por natureza. Criaturas de muitos tipos seguem regras de conduta, regras que com frequência consideram os outros indivíduos, e as ensinam para seus filhos. As regras humanas podem ser mais elaboradas e mais filosóficas, mas eles não são totalmente diferentes em tipo, e elas evoluíram, como as regras animais, para se adequar ao contexto da vida humana. Cães, elefantes, chitas, e muitos outros animais optam por colocar o bem dos outros acima de seu próprio bem, e isso não é apenas instinto, é parcialmente cultura. Apesar da minha admiração pelo livro de Korsgaard, e apesar de sermos aliadas em um amplo terreno, sugiro que a AC é um pouco mais adequada ao nosso mundo e aos animais que o habitam, assim como à nossa própria animalidade. E ao moldar princípios políticos de forma não metafísica, mostra um respeito superior pela pluralidade e diferença.

Embora eu acredite que a AC é mais adequada ao nosso mundo do que as outras visões, é importante ver que todas as quatro convergem em sua oposição a algumas das piores práticas na relação homem-animal. Embora Steven Wise não comente sobre as fazendas industriais, limitando seus esforços ao tratamento cruel de primatas e elefantes mantidos em cativeiro, ele deixa intencionalmente a porta aberta para uma extensão a outras espécies no momento oportuno; enquanto isso, fico feliz em apoiar seus esforços jurídicos práticos[25]. Os utilitaristas fizeram críticas poderosas à pecuária industrial, à tortura de animais em laboratórios, e a todas as indignidades documentadas por Peter Singer em *Libertação animal*. Singer e eu somos aliados políticos, embora tenhamos diferenças filosóficas. O mesmo vale para Korsgaard: sua visão e a minha são aliadas práticas, diferindo mais em argumentos éticos específicos do que em princípios políticos. O que essa convergência significa é que estamos bem a caminho de um "consenso sobreposto" das diferentes visões, no que diz respeito aos princípios políticos. Mesmo que eu considere a AC a melhor fonte de princípios políticos, as outras teorias podem, no devido tempo, aceitá-la e embuti-la em uma versão revisada de suas próprias visões.

Indivíduos e espécies em perigo

A AC se concentra em cada animal individual e torna o indivíduo, humano ou não humano, o foco do seu interesse. A ideia geral por trás disso é que nenhum indivíduo ou grupo de indivíduos deve ser usado como propriedade de outros ou como meio para os fins de outros. Cada indivíduo é um fim.

Mas e quanto às espécies? Algumas das legislações de proteção animal que vemos atualmente são leis que protegem as espécies ameaçadas de extinção. Defender a AC exige definir sua relação com esse movimento. Então a AC apoia a proteção de espécies ameaçadas? Minha resposta é complicada.

Em primeiro lugar, como disse anteriormente, a própria noção de espécie é problemática[26]. Os limites na natureza não são tão fixos e definidos como muitos biólogos costumavam pensar, e os cientistas agora trabalham, na maioria das vezes, com a noção mais vaga de "populações". O cruzamento não marca uma divisão nítida. Ainda assim, a tradicional noção de espécie é um recorte grosseiro, por assim dizer, que pode ser útil se nos lembrarmos de suas limitações.

Mas se mantivermos uma noção funcional de espécie, ainda precisamos insistir que uma espécie não tem, como tal, um bem. Os membros individuais das espécies percebem um bem e buscam por ele, e devem ser tratados como fins. Seria tão errado tratar criaturas individuais como meros meios para o florescimento de suas espécies quanto tratá-las como meios para os fins de outras criaturas. Uma espécie não tem um ponto de vista sobre o mundo. Não sente, sofre ou percebe. "A baleia" não morre por ingerir plástico, "o elefante" não é morto por caçadores clandestinos. São baleias individuais e elefantes individuais que sofrem e morrem. Se uma espécie fosse repentinamente extinta, apenas agitando-se uma varinha, nenhuma criatura individual sofreria, ao que parece, e nenhum ser senciente seria prejudicado. Esta observação sugere que, embora a preservação de espécies possa ter valor científico ou estético, ela não conta, como tal, como um fim para os propósitos da justiça política.

No entanto, a preservação de espécies tem grande valor instrumental para as criaturas individuais que são fins em si mesmas. A biodiversidade é normalmente boa para as criaturas, e embora a ideia de que a natureza é um belo e harmonioso sistema seja um mito, que irei criticar no capítulo 10, sabemos que o desaparecimento de uma espécie, mesmo de criaturas não sencientes, pode infligir danos a muitas criaturas sencientes, que precisam dessas espécies para uma variedade de propósitos (como alimento, auxiliares de polinização, criaturas que matam parasitas perigosos, mantenedores de um hábitat diverso e saudável, e assim por diante). Normalmente, também somos muito ignorantes sobre essas interconexões para podermos dizer: "Esta aqui pode desaparecer sem prejudicar as criaturas individuais que permanecem". Além disso, as criaturas necessitam da diversidade no *pool* genético de sua própria espécie, para que seus filhotes não sofram de doenças decorrentes da endogamia.

Além disso, a forma como uma espécie se extingue envolve grande sofrimento para muitos de seus membros remanescentes. Pensem nos ursos polares incapazes de se acasalar ou de sair em busca de alimento, presos em blocos de gelo à medida que o gelo polar derrete. Pense no perigo que correm os elefantes e rinocerontes ameaçados por caçadores clandestinos, forçados a assistir membros de seu grupo serem massacrados por causa de suas presas. Aqueles que sobrevivem muitas vezes levam uma existência traumatizada, ao mesmo tempo em que a perda do hábitat também os ameaça com a fome. Pense nas baleias (com muitas espécies agora em perigo) encalhadas, dando seu último suspiro, porque seus corpos estão cheios de plásticos que cada vez mais enchem os oceanos.

De forma mais geral, a perda de hábitats (em grande parte relacionada ao aquecimento global) e a deterioração da natureza (por exemplo, deterioração dos oceanos por plásticos) são os principais mecanismos de extinção de espécies em nosso mundo, e eles normalmente infligem grande sofrimento aos indivíduos. Se nos preocupamos com a vida de criaturas individuais, temos razões poderosas para trabalhar contra esses modos de destruição de espécies.

Finalmente, nenhuma criatura é uma ilha. O bem de cada uma delas é, em todos os casos, algum tipo de bem social, exercido com e para os outros[27]. Algumas criaturas precisam mais de um grupo maior para a vida social normal. Os golfinhos são mais sociais do que muitas aves. Ainda assim, mesmo os menos sociais (aves que podem formar pares com um companheiro para toda a vida e raramente interagem com outros), dependem da existência de uma comunidade de reprodução que é grande o suficiente para que a população não sofra, no final, os defeitos de saúde decorrentes da endogamia. Mesmo para os papagaios, o bem de cada indivíduo requer a saúde e a diversidade de uma comunidade de espécie ao redor e, em alguns casos, de uma comunidade interespécies.

Em suma: é a criatura individual que é o fim de nossos esforços e a preocupação central de uma teoria da justiça. Mas as espécies têm papéis cruciais a desempenhar na vida dos indivíduos, dando-nos razões para nos preocuparmos muito com os perigos atuais que muitas espécies enfrentam.

Uma visão sobre a base dos direitos

Ao tornar obrigatória a realização das Capacidades Centrais para a justiça, a AC sustenta que os animais têm direito ao apoio para as capacidades centrais de suas várias formas de vida, até algum limiar razoável, e de formas limitadas pelas reivindicações razoáveis de outros. (Como o capítulo 7 vai deixar claro, esses limites incluem um princípio de legítima defesa.) Os direitos são reivindicações inerentes à dignidade de cada animal individual. Eles exigem realização. Assim como reivindicamos uns aos outros uma chance de viver, falar, gozar de boa saúde, e assim por diante, o mesmo acontece com todos os animais. Mas um direito só é real se puder, em princípio, ser legalmente aplicado. E mesmo que, neste momento da história mundial, os humanos sejam os legisladores e os executores das leis, não há razão para que devam fazer valer apenas os direitos humanos e não os direitos de outros seres sencientes.

Mas um leitor pode achar a AC interessante e até relevante na definição das metas e aspirações, sem ainda estar convencido de que os animais realmente têm *direitos* às coisas da Lista de Capacidades, ou que sua carência é sinal de *injustiça* e *violação de direitos*. Portanto, neste ponto, precisamos dizer mais.

Parte da nossa tarefa é pensar bem sobre os deveres. Os direitos geralmente são pensados como correlacionados a deveres. Então, se todo animal tem um pacote de direitos, quem tem os deveres associados? As pessoas que negam que os animais tenham direitos frequentemente o fazem porque não conseguem conceber uma resposta razoável a essa pergunta. O problema é ainda mais espinhoso: os direitos estão correlacionados não apenas a deveres, mas às leis. Os direitos, como

Korsgaard argumenta de forma convincente (com base em Kant), e como eu mesma creio, são conceitualmente relacionados às leis. Portanto, dizer que uma criatura tem direito a algo significa também dizer que deve haver leis que protegem esse direito. Mas podemos imaginar pessoas que pensam que a própria ideia de leis protegendo os direitos animais é demasiadamente utópica. Essas pessoas resistirão à ideia de que os animais têm direitos. O que podemos dizer a elas? A quem cabe os deveres de reivindicar esses direitos, mais cedo ou mais tarde, usando a lei para fazer isso?

Aqui Kant, conforme ampliado por Korsgaard, tem a resposta certa: os direitos animais são "direitos imperfeitos" – significando direitos não em face de uma determinada pessoa ou animal, mas, sim, em face de todos os seres humanos, em face da humanidade imaginada como capaz de ação coletiva[28]. (No capítulo 10, vou considerar se os animais têm quaisquer direitos em face dos outros animais, tais como o direito de não ser comido, que deveria ser aplicado de alguma forma, em uma sociedade justa.) Os direitos imperfeitos são direitos dos indivíduos contra um tratamento injusto, quando ainda não temos certeza de como organizar uma ação efetiva. Em tais casos, nosso dever mais imediato como indivíduos será tentar organizar o grupo de forma que todos os direitos sejam protegidos.

Mas, afinal, por que devemos admitir que os animais tenham algum direito? A maioria das visões éticas sugere algo muito mais fraco: que devemos tratar os animais humanamente por beneficência ou compaixão. No entanto, isso não é forte o suficiente: sempre que criaturas sencientes individuais estão sendo prejudicadas, uma injustiça está sendo feita.

A AC detalha uma imagem atraente da dignidade e do esforço dos animais como exigindo, por si só, uma sensível proteção por parte das leis e instituições. Podemos dizer algo mais sobre a base desses direitos? Se não podemos, então a AC pode parecer um ideal atraente para muitos leitores, mas um ideal sem implicações diretas para o que devemos fazer.

Aqui, novamente, o Kant de Korsgaard nos ajuda. Kant acreditava que, para os seres humanos, os direitos são baluartes contra a dominação. Todos nós nos encontramos no mundo extremamente vulneráveis à dominação dos outros. Sem direitos (entendidos como reivindicações éticas legalmente exigíveis), nós não seríamos capazes de usar recursos para atender às nossas necessidades sem sermos continuamente ameaçados pela dominação dos outros. Na base dos nossos direitos, está uma ideia muito simples: todo ser humano tem o direito de estar onde ele ou ela está. Antes de possuir ou usar qualquer coisa, você tem o direito de simplesmente estar onde você está. Portanto, há injustiça se as coisas são divididas de tal forma que alguns são incapazes de viver. Dessa forma, Kant fundamenta não apenas os direitos de propriedade, mas também o direito à participação democrática, a ter uma parte do controle sobre o que acontece no mundo.

No entanto, os seres humanos não são as únicas criaturas sencientes que são jogadas no mundo e que precisam evitar a dominação se quiserem viver decentemente. O próprio Kant pensava que os animais eram simplesmente propriedade, e que seu argumento autorizava os seres humanos a usá-los. Mas Korsgaard objeta: outros animais estão em uma situação igual à nossa, jogados no mundo, lutando para viver, vulneráveis à dominação. Agora mesmo todos os outros animais são dominados por humanos. Isso parece ser uma injustiça, pelo próprio argumento de Kant: os outros animais também precisam ter o direito de estar onde estão e, como nós ter uma aposta no que acontece. Eles têm seus próprios fins, e não podem ser submetidos à nossa dominação sem injustiça[29].

Essa ideia intuitiva de um direito de estar onde você está é profunda, e não surpreende que já seja reconhecida em algumas de nossas leis e instituições. Em seu livro *Wildlife as Property Owners: A New Conception of Animal Rights* [Animais selvagens como proprietários: uma nova concepção dos direitos dos animais][30], a jurista acadêmica Karen Bradshaw estuda as várias maneiras pelas quais as leis já concederam aos animais direitos a um hábitat e a alguns tipos de propriedade. Obviamente, como todas as nossas leis relativas aos animais, essas leis são remendadas e incompletas, mas mostram que as pessoas que convivem com animais na "natureza selvagem" são sensíveis ao argumento kantiano sem adotá-lo formalmente. Esses animais estão aí, eles têm o direito de estar aí, nós não temos direito algum de jogá-los fora.

Esta é uma ideia que pode e deve ser concretizada pelas leis, como vou elaborar no capítulo 12. Mas essa ideia de lei interespécies não é inteiramente unidirecional, dando aos humanos todos os deveres e aos animais, apenas os direitos. Os animais também podem ser legalmente obrigados, e seus direitos podem ter limites legais para que o mundo multiespécies seja capaz do convívio. Nós já estamos familiarizados com essa ideia quando pensamos nos animais de companhia, que, conforme o capítulo 9 vai elaborar, são proibidos de prejudicar pessoas e outros animais de maneiras especificadas. Normalmente, é previsto que o "proprietário" tem deveres, entre os quais não permitir que "seu" cão morda crianças, não permitir que "seu" gato coma a ave do vizinho. Mas podemos, sem dificuldade, reformular esses deveres como deveres do animal em questão – que devem ser exercidos por meio da colaboração e do ensino. Da mesma forma, os deveres legais das crianças pequenas e pessoas com deficiências cognitivas graves são realmente deles, embora eles sejam exercidos por meio das ações vigilantes de "colaboradores".

A nova abordagem em ação

A AC mapeia um destino. Não nos diz como chegar lá. Como eu disse, ela é como uma constituição virtual para os animais do mundo. Mas não há nação em que os animais são cidadãos, embora devam ser vistos como cidadãos com direitos cujo não atendimento envolve uma injustiça. Por estarmos apenas no início de uma jornada política em direção à justiça para os animais, qualquer implementação das ideias da AC vai ser fragmentada, incluindo o trabalho em direção a melhores tratados e acordos internacionais, melhores estatutos federais em cada nação, e a melhoria de muitas leis estaduais e locais, tarefa que, dentro do futuro previsível, permanecerá uma desconcertante e descoordenada colcha de retalhos. O capítulo 12 explorará mais essa colcha de retalhos.

Neste ponto, no entanto, ajuda ter uma amostra de para onde estamos indo em termos práticos e legais. Um desses exemplos pode ajudar a levar adiante a nossa discussão: um feliz prenúncio do que pode ser uma nova era na lei, na forma de um notável voto judicial de 2016 da 9ª Corte de Apelação dos Estados Unidos. No processo *Natural Resources Defense Council, Inc. v. Pritzker*[31], a 9ª Corte decidiu que a Marinha dos EUA violou a lei ao dar continuidade a um programa de sonar que impactou o comportamento das baleias[32]. Em alguma medida, o voto é um exercício técnico de interpretação judicial da Lei de Proteção de Mamíferos Marinhos[33]: o tribunal afirma que o fato de um programa ter "impacto insignificante" sobre mamíferos marinhos não o isenta de um requisito legal separado, a saber, que estabeleça meios de "efetuar o menor impacto adverso possível sobre" espécies de mamíferos marinhos[34]. O que é significativo e fascinante é que o argumento se baseia fortemente em uma consideração das capacidades das baleias que foram perturbadas pelo programa:

> Efeitos de exposições abaixo de 180 dB podem causar, no curto prazo, perturbações ou abandono de padrões naturais de comportamento. Essas perturbações comportamentais podem fazer com que os mamíferos marinhos afetados parem de se comunicar uns com os outros, fujam ou evitem uma área ensonificada, parem de procurar comida, se separarem de seus filhotes e interrompam o acasalamento. O sonar LFA pode também causar respostas intensificadas de estresse nos mamíferos marinhos. Tais perturbações do comportamento podem forçar os mamíferos marinhos a fazer concessões, como atrasar a migração, atrasar a reprodução, reduzir o crescimento ou migrar com reservas de energia reduzidas.[35]

O voto não concede às baleias legitimidade processual (direito de trazer uma demanda ao tribunal, uma noção que discutirei detalhadamente no capítulo 12); nenhum movimento legal radical como esse é necessário para alcançar o resultado claro de que o programa é inaceitável. Como as baleias não tinham legitimidade processual, elas tinham que depender da sorte de ter a proteção por meio da Lei de Proteção de Mamíferos Marinhos, uma lei feita por legisladores humanos, mas com alguma consideração pelos interesses das baleias.

As baleias também tinham que depender de uma admiração influenciada eticamente – de juízes que leem a lei com imaginação, levando muito a sério um conjunto de obstruções à forma de vida das baleias que não envolviam a imposição de dor. O voto – escrito (expressando uma decisão unânime de um colegiado de três juízes) pelo juiz Ronald Gould, que mora há muito tempo no estado de Washington, onde a observação de baleias é um passatempo comum – concluiu que obstruir uma forma característica de atividade vital, mesmo sem dor, é um "impacto adverso"[36]. Imagino esse juiz como alguém que realmente olhou para as baleias, com curiosidade e admiração. Se ele ou seus funcionários realmente foram observar baleias ou não, o fato é que o voto exibe uma sintonização ética e imaginativa de um tipo cada vez mais visto nas áreas costeiras dos Estados Unidos, talvez na área de Seattle acima de tudo. Ele vê as baleias como seres complexos, com uma forma ativa de vida que inclui o bem-estar emocional, a afiliação e a livre circulação: em suma, uma variedade de formas de agir específicas da espécie. O voto vai muito além de Bentham, evitando também a abordagem "Tão Semelhantes a Nós". Tampouco vê, como faz o kantiano, as baleias como meras "cidadãs passivas". É um prenúncio, espera-se, de uma nova era nas leis de bem-estar animal e na justiça para os animais.

6

SENCIÊNCIA E ESFORÇO

Uma fronteira em construção

> É assim que os animais começam a se mover e agir: a causa mais imediata de seu movimento é o desejo, e isso ocorre através da percepção ou através da imaginação e do pensamento[1].
>
> – ARISTÓTELES, *Sobre o movimento dos animais*

Até agora vimos a AC em ação, uma abordagem baseada nas formas de vida dos animais sencientes. Como uma teoria da justiça básica, ela visa apoiar seus esforços em áreas centrais, focando não apenas a dor, mas os diversos objetivos que cada tipo de criatura visa alcançar (com muita largueza para a diversidade e a escolha individual dentro de uma espécie).

Mas quem são essas criaturas sencientes? São aquelas a quem minha teoria julga terem o direito prestacional a um tratamento justo. A AC é uma teoria mínima da justiça, que pode servir como uma "constituição virtual" ideal para guiar nossos diversos esforços na legislação local, nacional e internacional. Compreendendo a injustiça como o impedimento ilícito de atividades características da vida de um animal senciente, imaginei a justiça mínima como a proteção de Capacidades Animais Centrais [*Central Animal Capabilities*] até um limiar (nível mínimo) razoável.

Mas quais criaturas devem ser tratadas como fins? Dado o meu entendimento de justiça e injustiça, isso se resume à questão: quais criaturas são capazes de esforço significativo? De não apenas sofrerem danos, mas de serem frustradas ilicitamente em seus esforços? A própria AC fornece respostas a esta questão por intermédio de sua ênfase no esforço significativo. Mas precisamos agora ser específicos sobre o que a teoria nos diz.

As criaturas discutidas na AC, as criaturas cujos esforços a teoria exige que protejamos, precisam, ao que parece, ser capazes de perceber e desejar, e de se mover em resposta a essa combinação. Por percepção, quero dizer (por mais difícil que seja chegar a isso em termos práticos) a capacidade de focar objetos no mundo, de uma forma que não é apenas uma colisão causal, que tem direcionamento real ou o que os filósofos chamam de intencionalidade. O mundo *parece algo* para essas criaturas. Elas têm algum tipo de experiência subjetiva. Com o desejo, é semelhante: as criaturas que estamos procurando, saltam para longe do perigo ou se movem em direção à comida não apenas mecanicamente; elas têm uma orientação sentida em direção ao que é visto como bom e uma aversão sentida pelo que é visto como ruim. Isso é o que torna seus esforços significativos. Elas não são apenas autômatos.

Em outras palavras, elas possuem aquela propriedade esquiva conhecida como *senciência*. O mundo parece algo para elas, e eles se esforçam pelo bem tal como o percebem. Às vezes, a senciência é reduzida à capacidade de sentir dor; mas é realmente uma noção muito mais ampla, a noção de ter um ponto subjetivo de vista sobre o mundo. Creio que é útil ampliar a ideia de senciência dessa forma, antes de chegarmos aos difíceis debates científicos sobre como mostrar que um determinado animal é senciente, que geralmente se concentram, de forma bastante restrita, na dor. O que estou dizendo é que minha noção central de injustiça pode se aplicar apenas a criaturas que são capazes de esforço significativo, e isso envolve não apenas sentir dor e prazer, mas também uma consciência perceptiva e, na maioria dos casos, a capacidade de se aproximar ou se afastar de objetos de acordo com a visão do animal. Frequentemente, isso envolverá não apenas desejos, mas também emoções, já que as emoções evoluíram como formas de as criaturas vivas acolherem notícias sobre como estão seus objetivos e projetos mais importantes.

Até agora, depois de muito trabalho fascinante, os cientistas estão de acordo que a maioria dos animais – incluindo todos os mamíferos, todas as aves e peixes teleósteos (com ossos duros) – são criaturas assim, apesar das dificuldades dos debates científicos. Outros casos (insetos, crustáceos, cefalópodes, peixes cartilaginosos) são mais obscuros. E depois há o caso das plantas, que alguns cientistas querem mover para o campo da justiça, por assim dizer. Vou apresentar esses debates, mas o importante é a teoria, pois estamos fazendo novas descobertas o tempo todo, e se tivermos a teoria como modelo, poderemos reagrupar as criaturas facilmente, classificando-as de forma diferente.

Minha conclusão é, em certo sentido, neoaristotélica: os animais são criaturas complexas que se esforçam por seus fins característicos, com a ajuda da percepção/imaginação/pensamento e de desejos e emoções de muitos tipos. Todas essas habilidades não são nem um pouco misteriosas: elas têm valor evolutivo/explicativo.

Quanto à aplicação da intuição ética, tudo neste capítulo é humilde e discutível; novos conhecimentos podem mudar minhas considerações atuais.

As evidências e as armadilhas

Uma armadilha contra a qual precisamos nos precaver é uma espécie de complacência antropocêntrica: os pesquisadores humanos acham que é tão claro quanto o dia que os seres humanos têm consciência (seja qual for a definição desse item esquivo), emoções, imaginação, percepções subjetivamente sentidas e cognições de muitos tipos. (Os cientistas normalmente definem a cognição, de forma ampla, como qualquer processo por meio do qual uma criatura adquire, processa, usa ou armazena informações; portanto, há uma considerável sobreposição entre essas categorias: percepção e imaginação são formas de cognição, as emoções normalmente têm funções cognitivas ou elementos portadores de informações.) Resumidamente, durante o apogeu do behaviorismo, alguns psicólogos sugeriram que os seres humanos não tinham nenhuma dessas coisas, mas eram apenas mecanismos de estímulo-resposta. No entanto, essa ideia se chocou tanto com a experiência da vida que nunca penetrou muito longe no mundo da pesquisa em biologia, e agora foi abandonada.

Apesar do retorno geral da biologia a uma concepção mais humanística dos seres humanos, envolvendo ricas formas de intencionalidade (foco interno em objetos externos) e o que chamei de *esforço significativo*, esforço imbuído de significado pessoal, as dificuldades epistêmicas dessa concepção precisam ser enfrentadas diretamente, como normalmente são por filósofos discutindo o "problema das outras mentes", mas não tão frequentemente por cientistas fazendo pesquisas sobre a inteligência animal. Pois o fato é que as nossas evidências para a imagem humanística dos seres humanos são complicadas e incertas. Temos acesso à nossa própria experiência subjetiva, mas mesmo isso é movediço. Nem sempre sabemos o que estamos fazendo, ou quais são realmente as nossas emoções e intenções. Quanto aos outros humanos, o que nos leva a dar o salto de si para o outro? As mesmas coisas, realmente, nas quais nos basearemos (com muita cautela) quando falarmos de outros animais: a biologia, o comportamento, a inferência da melhor explicação e a imaginação interpretativa. Sabemos que outros humanos têm uma neuroanatomia como a nossa, e raciocinamos que suas deliberações provavelmente serão semelhantes: se temos consciência subjetiva através das operações do nosso mecanismo neural, assim também terão, muito provavelmente, outros com neuroanatomia semelhante. Essa é a explicação mais simples e altamente plausível. Nós vemos os outros se comportarem de maneiras que sugerem os tipos de ações que, quando as empreendemos, são acompanhados por consciência subjetiva de muitos tipos – então raciocinamos que a melhor explicação para essa semelhança de comportamento seria postular uma semelhança de fundamentos experienciais. Mas o que realmente justifica darmos esses saltos imaginativos de nós mesmos para os outros? Como nós realmente sabemos que esse suposto amigo, conversando e rindo, não é uma máquina engenhosa?

Não quero dizer que não temos razão para atribuir vida mental a outros humanos. Em vez disso, quero dizer que sim; mas não o tipo de provas decisivas que normalmente são exigidas no caso dos animais não humanos. A falha em reconhecer a dificuldade do nosso próprio caso leva os pesquisadores a definir um padrão impossivelmente alto para os animais. Em ambos os casos, as evidências e as dificuldades são aproximadamente semelhantes.

A primeira fonte de evidências que os cientistas usam para lidar com a questão da consciência é a *neuroanatomia*. Se for suficientemente semelhante à nossa, então a parcimônia explicativa sugere que suas funções são muito provavelmente semelhantes: ela desempenha o mesmo papel evolutivo. Se em nós ela produz experiências perceptivas, sentimentos e emoções, é altamente provável que o faça em outras criaturas igualmente equipadas – incluindo outros seres humanos. Até aqui, tudo razoavelmente bem. Qualquer hipótese em contrário provavelmente será desnecessariamente barroca, tratando casos semelhantes de maneira diferente. A recíproca, entretanto, não é verdadeira. Ou seja, se vemos uma neuroanatomia muito distante da nossa (sem neocórtex, talvez nem mesmo um cérebro), não podemos inferir corretamente que as funções de qualquer sistema que ocupe o seu lugar tenham que ser extremamente diferentes. Por muito tempo, erros foram cometidos desta forma: sem neocórtex, diziam os cientistas, então não há cognição, dores ou emoções. Mas já aprendemos que a evolução é tortuosa, e segue, muitas vezes, caminhos convergentes para um objetivo semelhante. Assim, conforme veremos, humanos e aves divergiram tão longe na árvore evolutiva que têm muitas e grandes dissimilaridades neuroanatômicas. Contudo, as aves habitam o mesmo mundo da natureza que os humanos e enfrentam uma série de desafios não muito diferentes daqueles que enfrentamos. Acontece que as aves se adaptaram para enfrentar esses desafios, mas com estruturas notavelmente diferentes. A semelhança de estrutura é uma boa evidência, então, de uma função similar (incluindo suas propriedades subjetivas); mas a diferença de estrutura não é uma boa evidência de diferença de função, quando podemos estudar independentemente a forma como a criatura funciona e tentar descobrir como isso acontece.

Neste ponto, precisamos ter em mente que a experiência subjetiva não é um enfeite ocioso: desempenha muitos papéis explicativos cruciais. Para pegar o caso mais simples, a sensação de dor é útil para manter os animais vivos, e sem dúvida evoluiu para desempenhar um papel vital na sinalização da presença de substâncias danosas. Portanto, a dor está ligada de forma útil ao comportamento animal e evoluiu devido ao seu valor de sobrevivência.

A segunda e, de muitas maneiras, a mais importante fonte de evidências é, consequentemente, *o comportamento*, sob uma variedade de condições experimentais e observacionais. O comportamento é crucial, mas não é fácil de interpretar. Algumas criaturas em movimento podem ser mecanismos de prevenção de danos sem consciência subjetiva. Veremos que os cientistas descobriram maneiras de distingui-las de criaturas que têm consciência genuína. Aqui, a dor desempenha um papel útil, uma vez que é uma experiência subjetiva aguda que normalmente tem consequências comportamentais. Mas esses experimentos são eles próprios controversos e interpretados de múltiplas maneiras.

Os cientistas e também muitos filósofos usam neste ponto a *inferência da melhor explicação*, assim como nós mesmos fazemos quando atribuímos estados mentais a outros humanos na vida cotidiana[2]. A inferência desse tipo está repleta de incertezas (realmente derrotamos as explicações concorrentes?), e é, no melhor dos casos, imprecisa. Usada em conjunto com outras pistas, no entanto, como os cientistas normalmente a usam, ela nos leva a uma conclusão razoavelmente segura. O filósofo Michael Tye avança bastante usando essa estratégia. Sobre a dor, por exemplo, ele escreve:

> A hipótese de que existe uma qualidade fenomenal em mim que causa gemidos, tensão corporal, comportamento de retraimento etc., e uma qualidade fenomenal diferente em você que tem esses efeitos é mais complexa, e é *ad hoc*. Uma diferença é postulada sem qualquer evidência, sem qualquer razão para supor que há uma diferença... Minha conclusão final, então, é que é racional para mim aceitar que você sente dor quando eu o vejo ensanguentado ao lado da sua bicicleta quebrada, pois isso fornece a melhor explicação disponível do seu comportamento. O que vale para a dor vale para o medo e a consciência visual do vermelho. Na verdade, vale para sentimentos e experiências em geral.[3]

Às vezes, essas inferências promissoras são bloqueadas por uma ênfase excessiva em uma diferença ou diferenças entre humanos e outros animais. Particularmente comum é o que chamarei de *falsa sedução da linguagem*. Os cientistas frequentemente tendem a pensar que a consciência humana é linguística em sua estrutura, e que uma criatura sem linguagem deve ter um tipo totalmente diferente de consciência, se tiver alguma. Mas é claro que a experiência perceptiva e emocional humana nem sempre é linguística na forma. Acostumamo-nos a relatar nossa experiência usando a linguagem, mas isso é um jogo de tradução. Não é como se as frases passassem pela nossa cabeça à medida que temos a experiência, ou pelo menos não é muito frequentemente isso. Estamos acostumados a ler romances que fornecem relatos linguísticos detalhados da experiência humana, mas isso é uma representação artística de algo que ocorre em nossas próprias mentes com grande compressão e pouca elaboração. Os romancistas até mesmo retratam em linguagem elaborada a vida interior das crianças; mas eles reconhecem que estão tentando interpretar artisticamente algo que ocorre de forma muito diferente dentro da criança. Como Henry James escreveu no prefácio de *What Maisie Knew* [*Pelos olhos de Maisie*, na edição brasileira]: "Crianças pequenas têm muito mais percepções do que termos para traduzi-las; a visão delas é, a qualquer momento, muito mais rica, sua apreensão cada vez mais forte do que o seu... vocabulário.[4]" Mas isso não é verdade apenas para as crianças: provavelmente somente os romancistas dominam o vocabulário dos romancistas, e isso, sem dúvida, não completamente, enquanto eles se movem rapidamente através das suas próprias vidas. Por essa razão, Proust afirmou corajosamente que a única vida plenamente realizada é a Literatura, significando que a rica linguagem do romancista vai além da lacuna, do embotamento e do empobrecimento da experiência diária. Não devemos acreditar em

Proust quando ele afirma que a linguagem do romancista é *superior* às experiências diárias da maioria das pessoas. Devemos sempre lembrar que ela é muito *diferente*.

A experiência humana, em suma, está longe de ser novelística, e geralmente não é nem mesmo particularmente verbal: muitas vezes usa representações pictóricas e sonoras. Mesmo quando é, em certo grau, verbal, não é nítida e precisa como uma frase que a descreve aspira ser. E, nas raras ocasiões em que nossa experiência é altamente delineada em padrões sofisticados, nem todos serão linguísticos; alguns serão pictóricos e até musicais. Nós todos começamos a vida sem saber como usar a linguagem, nem mesmo sabemos como traçar uma divisão entre os nossos próprios corpos e os dos outros. Nesta fase inicial, nós temos percepções e emoções profundas e poderosas, muitas das quais persistem e influenciam a consciência adulta.

Quando os romancistas tentam escrever do ponto de vista de um animal não humano, são acusados de antropomorfismo ilegítimo. Às vezes, algum tipo de crítica é oportuno, se o romancista não se preocupou em investigar o mundo da vida desse tipo de criatura, mas imaginou preguiçosamente o animal como um ser humano em uma fantasia. Os romancistas nem sempre erram desta forma[5]. O que o crítico esquece, porém, é que um romance descrevendo o mundo do ponto de vista de vários personagens humanos também é culpado do antropomorfismo, se assim podemos chamá-lo, de fingir que nossos mundos interiores vazios e confusos são articulados em nítidas e eloquentes frases características da construção literária, um "ser humano".

Ficar longe da falsa sedução da linguagem é muito difícil. Igualmente difícil, de maneiras conectadas, é evitar a *falsa sedução da metacognição*. Muitas pessoas, incluindo alguns cientistas e filósofos, são apaixonadas pela ideia de que o que diferencia os humanos é a autoconsciência reflexiva, consciência dos seus próprios estados mentais. Às vezes, a consciência é definida em termos de tais metacognições, e quando elas estão ausentes, sustenta-se, há falta de consciência. Como Tye e outros argumentaram de forma convincente (e realmente é surpreendente que alguém já tenha tido uma visão diferente), a maior parte da nossa experiência continua sem consciência reflexiva enquanto seguimos nossas vidas no mundo. Vemos, ouvimos, sentimos. Para nós, as coisas são sentidas como algo e se parecem com algo: ainda assim, na maioria das vezes, não colocamos o feixe de laser da reflexão sobre aqueles estados, embora certamente às vezes o façamos. A falsa sedução neste caso é dupla: somos levados a pensar que essa capacidade particular de refletir sobre nossos estados é uma condição necessária para sentirmos dor e termos muitas outras experiências subjetivas. Isso é falso, como sabemos todos os dias. E então, a seguir, erramos ao acreditar que apenas os humanos têm essa característica. Experimentos mostraram, no entanto, que não poucos animais a têm. Nós não temos que procurar por um elevado feixe de luz passando em suas cabeças; podemos inferir essa capacidade do que eles são capazes de fazer. Uma chave é a prática do embuste: para enganar outro animal sobre a localização de algum alimento escolhido, por exemplo, um animal necessita da capacidade de pensar sobre as aparências, como um determinado conjunto de indicadores aparecerá para o animal que está sendo enganado e como ele os lerá. Como veremos mais adiante, animais tão diferentes quanto cães e corvos praticam o embuste, mostrando que eles têm metacognição. A metacognição, então, não é o início nem o fim que alguns pensaram, colocando uma criatura em um pedestal; tampouco é uma propriedade especial reservada apenas aos humanos. É uma habilidade comum e útil para muitas criaturas para a quais esconder e enganar são práticas úteis; e ela é, sem dúvida, de muitas outras maneiras. Para dar apenas mais um exemplo, mais tarde encontraremos aves que provavelmente terão que ser capazes de pensar sobre como a fêmea verá aquele elaborado caramanchão que eles estão fazendo, ou aquela música ensaiada sem parar que eles estão cantando, da mesma forma que quando selecionamos uma nova roupa pensamos no que os outros (talvez outro em particular) vão pensar dela.

A metacognição, embora seja apenas uma pequena parte da percepção consciente, é útil para nós ao revelar a percepção consciente. Se encontrarmos uma criatura que é capaz de enganar outra criatura de uma forma que revela a consciência de como o mundo aparece para essa outra criatura, então certamente aquela criatura tem, *a fortiori*, uma consciência básica: o mundo lhe aparece de uma certa maneira[6]. Às vezes, isso pode ser útil, quando estamos fortemente inclinados a duvidar que haja, para um determinado tipo de criatura, algo ao qual o mundo se parece e como o qual é sentido. Quando tratamos das aves, a análise do embuste pode abrir as mentes. Mas é claro que a metacognição, embora suficiente para a percepção consciente, não é necessária para isso[7].

O que é a senciência e como nós a descobrimos?

Como descobrimos quais criaturas têm o que geralmente é conhecido como senciência? Bem, em primeiro lugar precisamos definir o que estamos procurando.

Primeiro: devemos sempre ter em mente que os animais evoluíram através da seleção natural. Seus principais atributos e habilidades fazem algo por eles, ou muito provavelmente não teriam sido selecionados. Então a senciência é não apenas um traço admirável, como também um traço útil, e precisamos ter isso em mente o tempo todo, para não sermos desviados por uma tendência de exclamar "oh! ah!" sobre a subjetividade. A senciência faz algo pela criatura, ou não estaria lá. Mesmo sem uma teoria da seleção, Aristóteles enfatizou que os animais eram sistemas teleológicos (direcionados para fins) que visavam a sobrevivência e a reprodução, e deveriam ser entendidos como tendo apenas os sistemas e atributos que promovem seu sistema integrado de metas. Aristóteles nada sabia sobre a evolução, mas nós, que sabemos como ela funciona, temos mais razões para acreditar que a maioria das estruturas em animais está lá para algum propósito. É evidente que, ocasionalmente, há algo inútil. (Aristóteles menciona o apêndice.) Mas, no geral, tudo é "por causa de algo", e todas as habilidades são integradas em uma forma de vida bem-sucedida no todo. Agora que sabemos sobre a evolução, temos mais razões para seguir a abordagem de Aristóteles, preferindo explicações que mostrem como as coisas são realmente funcionais e adequadas.

Os cientistas dividem a "senciência" em três elementos:

1. Nocicepção, que significa literalmente "apreender o nocivo";
2. Consciência sensorial subjetiva: o mundo parece/é sentido de uma certa maneira;
3. Um senso de significado ou saliência.

Os cientistas tendem a focar obsessivamente a dor; então, é por isso que a primeira rubrica é a nocicepção, ter consciência do que é prejudicial, uma capacidade necessária para sobreviver, que desencadeia um comportamento aversivo. No entanto, pelo nosso foco mais abrangente na aptidão e no esforço, devemos incluir também a consciência das coisas que são boas para a criatura, estimulando seu movimento em direção a elas. Aristóteles imagina um animal sedento dizendo a si mesmo (com efeito): "Quero uma bebida"; e então, sendo um animal de sorte: "Eis aqui uma bebida."[8] "Eis aqui uma bebida" seria o oposto da nocicepção, uma percepção do bem. Os animais necessitam ter consciência de onde encontrar comida e bebida tanto quanto necessitam da capacidade de evitar a dor e o perigo. Então vamos chamá-las conjuntamente de capacidade de *apreender o bom e o mau*.

Mas uma criatura pode ter essa capacidade e, ainda assim, ser semelhante a um autômato, reagindo a estímulos sem percepção consciente. Os cientistas normalmente usam o termo "nocicepção" para descrever uma operação reflexa do sistema nervoso periférico, que por si só não envolve consciência subjetiva da dor[9]. (Por focarem a dor, eles não têm um termo correspondente para a consciência reflexa de comida ou outras coisas boas.) Ao que parece, algumas criaturas provavelmente são mais ou menos semelhantes a autômatos. (Vou argumentar que não apenas as plantas, mas alguns animais são assim.) Então, a segunda coisa que estamos procurando, além disso, é uma consciência subjetiva: o mundo parece de uma certa maneira para a criatura; ela tem a percepção de um ponto de vista. Novamente, não vamos nos concentrar obsessivamente em sentir dor, mas em ver cores, sentir desejo e prazer, assim como dor e sofrimento. A dor ocupa uma grande parte da pesquisa porque é mais fácil de testar do que outras condições subjetivas; mas devemos pensar na ampla gama de coisas de que uma criatura necessita. Esta é a nossa noção comum de *percepção consciente*.

Para dar um exemplo da consciência comum em funcionamento em uma criatura inteligente, temos que traduzir seus pensamentos para nossa língua, e não devemos buscar floreios poéticos, pois a consciência dos animais mais inteligentes é altamente prática. Deixe-me, então, retornar ao exemplo da Imperatriz de Blandings, já que Wodehouse capta com perspicácia e humor os tipos de pensamentos que essa porca notável poderia ter, depois de ser sequestrada, conduzida por toda parte de Shropshire, e finalmente voltar para seu próprio chiqueiro:

> Ela olhou em volta, feliz por estar de volta ao antigo ambiente familiar. Era agradável sentir-se acomodada mais uma vez. Ela era uma filósofa e podia aceitar as coisas como elas vinham, mas ela gostava de uma vida tranquila. Passar por todo aquele barulho de carros e ser descarregada em cozinhas estranhas não fazia bem algum a uma porca de hábitos regulares.
> Parecia haver substâncias comestíveis no cocho ao lado dela. Ela levantou-se e o inspecionou. Sim, substâncias, total-

mente comestíveis. Já era um pouco tarde, talvez, mas sempre se pode fazer um lanche... Ela abaixou sua nobre cabeça e começou a comer.[10]

A descrição de Wodehouse não está longe do "silogismo prático" animal de Aristóteles, que contém as premissas "Quero uma bebida" e "Eis aqui uma bebida"; e a conclusão é a ação de beber[11]. Ambos os escritores captam a maneira pela qual a percepção e o desejo se combinam em uma vida inteligente que busca diversas coisas boas: comida, sossego, estabilidade. Isso é a senciência cotidiana, e é óbvio que a maioria dos vertebrados a possui.

A consciência subjetiva é útil para as criaturas. A dor é um grande incentivador do movimento aversivo, assim como desejo e prazer são incentivadores do movimento em direção a algo. Sabemos disso observando seres humanos que perderam a capacidade de sentir dor em alguma parte do corpo (por exemplo, por terem todos os nervos de um braço removidos). Esta é uma pessoa com alto risco de se ferir. Ela terá que vigiar aquele braço o tempo todo, caso ele venha a ter contato com algo pontiagudo, ou quente, ou áspero: a dor não estará presente para informá-la que retire o braço rapidamente. Da mesma forma, quando você receber novocaína no dentista, você vai morder e machucar sua língua se tentar comer logo depois. Em suma, a consciência subjetiva é realmente útil, e podemos entender por que a natureza a selecionou. Ela não é apenas uma coisa fantasiosa para receber exclamações como "oh! ah!"; ela é uma parte do equipamento de sobrevivência animal. É lógico que muitas criaturas a tenham.

Mas há algo mais. Eu falei de *esforço significativo*. As criaturas buscam alguns objetivos como vitais para suas vidas e negligenciam outros mais triviais. A experiência sensorial relata tanto o principal como o trivial, mas para fazer escolhas e agir no mundo, as criaturas necessitam de um senso de significado, um "vigor" mais forte para certas experiências, sejam elas aversivas ou propulsivas. Este "vigor" é tipicamente entendido como sendo o papel evolutivo das emoções, e vamos discutir esse papel mais tarde. Por enquanto, vamos apenas nos ater a um caso mais simples, o da dor. Se a dor for pequena, a criatura pode ou não se mover para evitá-la. Se for grande, o movimento aversivo é geralmente esperado. Mas há uma armadilha: às vezes é possível sentir até mesmo uma sensação muito substancial de dor sem que essa dor pareça *ruim*. Isso não acontece sob condições normais de vida, mas sabemos que a forma como alguns opiáceos funcionam é exatamente essa: a sensação está lá, mas você não se importa. Um tipo de dissociação se instalou. Assim, podemos ver que, pelo menos em teoria, a sensação e seu significado podem se separar. Talvez um verdadeiro asceta crente pense que a fome não é problema, talvez seja até boa, porque é um sinal de que ele está caminhando em direção à meta. E muitas pessoas, diversas vezes, tiveram essas experiências dissociativas com seus desejos sexuais: o desejo forte está lá, mas é sentido como um sinal de pecado ou perigo e, portanto, não leva a uma busca por gratificação, mas a esforços aversivos. É provável que esses tipos de dissociação entre a experiência perceptiva e o significado da vida sejam incomuns em animais não humanos quando não são injetados com uma droga indutora de dissociação. Suas culturas não os deformam da maneira que muitas culturas humanas nos deformam. (Foi isso que Walt Whitman quis dizer quando escreveu: "Acho eu que poderia me transformar e viver com os animais... Eles não ficam acordados no escuro chorando por seus pecados.") Ainda assim, precisamos incorporar em nosso quadro a ideia de significância, pois sem ela a seleção de movimento e atividade provavelmente será aleatória, má direcionada para atingir os objetivos da criatura. Imperatriz de Blandings não viu simplesmente substâncias comestíveis, ela lhes atribuiu grande significância.

Pelo fato de que subjetividade e significado geralmente andam juntos e que a subjetividade realmente não seria muito útil a menos que comunicasse objetivos que têm significância para as atividades do animal, a verdadeira questão é se nós estamos autorizados a atribuir consciência subjetiva aos animais. Alguns cientistas são céticos. Marian Stamp Dawkins comenta:

> Os animais são conscientes como nós porque têm muitas estruturas cerebrais em comum conosco, ou não são como nós porque a falta de alguns caminhos os impede de avançar o quilômetro que falta até a experiência consciente?... A fonte esquiva da nossa própria consciência e sua recusa irritante a ser amarrada a estruturas neurais particulares deixa-nos, neste momento, completamente incapazes de perceber a diferença entre essas visões completamente opostas da consciência animal.[12]

Observem que Dawkins está pensando na consciência como uma entidade misteriosa, um tanto oculta. Ela parece não estar pensando naquilo de que eu estou falando: a consciência subjetiva diária comum de objetos. Além disso, como Tye argumenta repetida e eficazmente, seria estranho tratá-la como misteriosa e desconhecida. Explicações do comportamento que apelam para estruturas psicológicas e não as reduzem, em todos os casos, a um mecanismo neural são realmente preferíveis a explicações reducionistas quando estamos lidando com o comportamento que é multiplamente realizável em diferentes estruturas neurais, uma vez que essas explicações são mais simples e têm maior potência preditiva.

É a mesma coisa com a geometria. Por exemplo, para explicar por que uma esfera de bronze de raio r passará por um aro de madeira de raio ligeiramente maior que r, não precisamos invocar tabelas atômicas dando todas as informações das trajetórias específicas dos átomos do bronze e da madeira respectivamente, mesmo se nós os conhecêssemos. Esse nível de especificidade é irrelevante, enchendo a mente com material preditivamente ocioso. As leis da geometria dão uma explicação que vale para este caso e também para um número indefinido de outros casos, com esferas de ouro, de mármore, ou de qualquer outro material sólido; o mesmo vale para argolas. Ninguém está afirmando que as esferas não são feitas de algum material específico; é só que a especificidade do assunto não é útil quando estamos explicando o que estamos tentando explicar[13].

Existem boas razões pelas quais atualmente os cientistas, quase universalmente, atribuem uma experiência subjetiva (e um senso de significância ou saliência) a muitos animais: a dor é uma ótima professora do comportamento que preserva a vida. Ela alerta os animais para os perigos que podem levar a deficiências ou mesmo à perda da vida. E ela treina a memória, motivando as criaturas a evitar um evento que causou dor no passado[14]. (Assim, Imperatriz de Blandings agora aprendeu a preferir ficar em seu próprio chiqueiro e a ter aversão por modos incertos de transporte.) O mesmo acontece com as coisas boas, na outra direção.

Confirmação experimental: o caso dos peixes

Mas mesmo se estivermos prontos para acreditar que um comportamento semelhante requer um tipo semelhante de explicação e que, se a consciência é crucial em nosso caso, há uma presunção em favor dela como crucial no caso dos animais que buscam e evitam objetivos, ainda temos mais trabalho a fazer. Particularmente nos casos em que as estruturas neurais são profundamente diferentes, é importante investigar o comportamento relevante experimentalmente, para ver até que ponto nossa hipótese de trabalho faz sentido. Mais uma vez: estamos procurando a consciência subjetiva. Experimentalmente, quase sempre vamos encontrá-la em áreas que também têm significância ou significado para a criatura, porque a consciência da trivialidade não altera o comportamento.

A maioria dos cientistas experimentais concluiu que os peixes sentem dor[15]. As líderes do campo a favor são as biólogas Victoria Braithwaite, da Universidade Estadual da Pensilvânia, e Lynne Sneddon, da Universidade de Liverpool. Mas há os céticos: em 2013, James Rose, professor emérito da Universidade de Wyoming, publicou um artigo com seis colegas, na revista *Fish and Fisheries*, intitulado "Can Fish Really Feel Pain?" [Os peixes podem realmente sentir dor?], dando uma resposta negativa a essa pergunta[16]. A abordagem dos autores que respondem "não" envolve uma petição de princípio, já que parte da premissa de que apenas criaturas com neocórtex podem sentir dor; como os peixes obviamente carecem de um neocórtex, eles não podem realmente sentir dor, o que quer que os experimentos sugiram. Não é um bom método afirmar uma conclusão nossa como premissa do nosso argumento, e não tenho certeza de que este artigo realmente mereça refutação. Um problema óbvio é que já existe um consenso esmagador de que as aves têm experiências subjetivas de muitos tipos, ainda que as aves não tenham um neocórtex. Ainda assim, é útil perguntar por que Braithwaite e Sneddon concluíram que os peixes sentem dor. Afinal, nós insistimos que a nocicepção não é suficiente para a consciência subjetiva e, como veremos mais tarde, algumas criaturas têm nocicepção e comportamento de evitação sem consciência subjetiva.

Acontece que seus engenhosos experimentos, resumidos no livro *Do Fish Feel Pain?* [Os peixes sentem dor?][17], de Braithwaite, são convincentes. Primeiro, elas examinam cuidadosamente a neuroanatomia dos peixes, encontrando nervos que contêm fibras A-delta e fibras C, os dois tipos associados à dor em humanos e outros mamíferos. As fibras A-delta sinalizam a dor aguda inicial de uma lesão (digamos, ao tocarmos um fogão quente), enquanto as fibras C sinalizam a sensação subsequente do dano, que provavelmente será mais opaca e mais latejante. Os peixes podem não ter um neocórtex, mas têm o tipo certo de equipamento. Em seguida, Braithwaite e Sneddon submeteram a pele de trutas a estímulos dolorosos na área onde o tecido nervoso sensível tinha sido encontrado[18]. Havia quatro grupos de tratamento: um grupo foi injetado com veneno de abelha; um, com vinagre; outro, com solução salina neutra; e um grupo foi manipulado, mas não injetado, para descartar os efeitos comportamentais do mero manuseio. Os peixes dos dois primeiros grupos, mas não do terceiro e quarto, mostraram evidências de sofrimento: batimentos branquiais elevados, esfregação dos lábios contra o tanque, balanço de um lado para o outro. O próximo passo delas se baseou em um fato simples: as criaturas que recebessem uma droga para aliviar a dor, como a morfina, não sentiriam dor. (Sabe-se que os peixes respondem fisicamente à morfina.) A administração de morfina removeu o comportamento de sofrimento.

Tudo isso sugeria fortemente que os peixes estavam *sentindo* dor e não apenas se envolvendo em um comportamento nociceptivo reflexo. A próxima etapa confirmou essa conclusão. Os peixes normalmente são muito cautelosos com um novo objeto introduzido repentinamente em seu ambiente. Os experimentadores construíram uma torre com blocos vermelhos de Lego e a colocaram no tanque. Os peixes que não foram injetados evitaram a torre. Os peixes que foram injetados, no entanto, não conseguiram alterar seu comportamento da maneira usual. Parecia que eles eram incapazes de funcionar corretamente: eles vagaram perto do estranho objeto, aparentemente distraídos. Essa mudança de comportamento sugere que eles estavam realmente sentindo algo que era um sinal suficientemente poderoso para distraí-los e alterar sua consciência de outras partes de seu ambiente. E então o argumento decisivo: quando deram morfina aos peixes dos grupos um e dois, mais uma vez eles retornaram ao seu comportamento vigilante normal[19]. Braithwaite aponta que esta experiência é muito diferente de uma feita com caracóis, na qual a morfina bloqueia um sinal nervoso nociceptivo que estimula uma resposta reflexa: no caso dos peixes, "a evitação de novos objetos não é uma resposta reflexiva porque envolve consciência, que é um processo cognitivo – o processo cognitivo é prejudicado por causa da sensação subjetiva causada pelo ácido acético (vinagre)"[20].

Outras variantes desses experimentos, que não vou desenvolver aqui, foram testadas por um longo período, confirmando ainda mais as conclusões da equipe.

Resumindo: temos a *neuroanatomia*, o *comportamento* para o qual a melhor explicação é uma sensação subjetiva de dor, e a significância da dor para os objetivos (busca e evitação).

Emoções: um mapa da significância

Os animais normalmente têm muitos estados perceptivos subjetivos. Mas agora sabemos que eles têm outro equipamento intimamente relacionado: as emoções. Não apenas *dor*, então, mas também *medo*, e um monte de outras. Dependendo do animal e sua forma de vida e cognição, podem incluir *alegria*, *luto* (se a criatura tiver uma ideia da morte e da perda do que é precioso), *raiva* (se a criatura tiver um raciocínio causal), *compaixão* (se a criatura tiver uma clara distinção entre o eu e os outros e alguma capacidade de *empatia*, isto é, de colocar-se imaginativamente no lugar dos outros), talvez *inveja* e *ciúme*. Como o grande especialista em biologia neste tópico, Frans de Waal, enfatiza em seu livro, esses são nomes para categorias gerais, mas no mundo muitas vezes encontramos emoções misturadas e distinções sutis entre espécies[21].

As emoções estão frequentemente associadas aos sentimentos, mas não são redutíveis a eles, porque envolvem não apenas uma sensação de punhalada (por exemplo), mas uma cognição de um bem ou mal importantes. As emoções são onde passamos definitivamente da subjetividade à *significância*, o terceiro item da minha lista. Partindo de uma época em que os behavioristas pensavam que nenhuma psicologia avançada do comportamento animal (ou humano) aludisse a emoções, nós agora fechamos o círculo com um mundo em que os biólogos veem as emoções como chave para a aptidão evolutiva. Os animais necessitam da consciência de como as coisas se situam no mundo em relação aos seus objetivos e projetos mais importantes. As emoções preenchem essa necessidade: elas são, efetivamente, cognições de saliência, do que o grande psicólogo Richard Lazarus chamou de "temas relacionais centrais"[22]. Como relata Frans de Waal, os neurocientistas, como tantos humanos (filósofos, sobretudo), costumavam depreciar as emoções, contrastando-as fortemente com a "razão". Não mais: "Como resultado dos *insights* de Damásio e de outros estudos desde então, a neurociência moderna abandonou toda a ideia de emoções e racionalidade como forças opostas que, como óleo e água, não se misturam. As emoções são uma parte essencial do nosso intelecto"[23].

Quais foram os *insights* de Damásio[24]? O principal objetivo de António Damásio, em *O erro de Descartes*, é convencer seu leitor de que a distinção emoção/razão é imprecisa e enganosa: as emoções são formas de consciência inteligente. Elas são "tão cognitivas quanto outras percepções"[25] e suprem o organismo com aspectos essenciais da razão prática. Elas servem como "guias internos" sobre a relação entre o sujeito e as circunstâncias[26]. Seu objetivo secundário é mostrar que o funcionamento emocional em humanos está conectado com centros particulares no cérebro.

O caso do qual Damásio parte é a triste história de Phineas Gage, um capataz da construção que, em 1848, sofreu um acidente bizarro: uma explosão enfiou uma barra de ferro em seu cérebro. Gage não morreu; na verdade, ele teve uma recuperação incrível. Seu conhecimento e suas capacidades de percepção não foram alterados. Mas sua vida emocional foi completamente alterada. Gage parecia uma criança, sem um senso estável do que era importante e o que não era. Ele era inconstante, intemperante, obsceno. Era como se ele não se importasse mais com uma coisa do que com outra. Ele parecia estranhamente distante da realidade de sua conduta. Então ele não conseguia fazer boas escolhas, e não conseguia manter bons relacionamentos com as pessoas ao seu redor.

Damásio descobriu um Gage moderno, por acaso, em um paciente chamado Elliot, um ex-empresário de sucesso que tinha um tumor benigno no cérebro. Elliot era estranhamente frio, distante e irônico, indiferente até mesmo a discussões intrusivas sobre assuntos pessoais – como se não fossem realmente sobre ele. Ele não fora anteriormente assim; Elliot tinha sido um marido e um pai afetuoso. Ele manteve muitas funções cognitivas: podia fazer cálculos, tinha uma boa memória para datas e nomes, e a capacidade de discutir tópicos abstratos e assuntos gerais do mundo. Após a cirurgia para retirada do tumor (que levou junto parte do lobo frontal danificado), ele ficou até menos capaz de se preocupar com as coisas ou de classificar por prioridades. Ele podia ficar obsessivamente ligado a uma tarefa e executá-la muito bem; mas, por algum capricho, poderia mudar a sua atenção e fazer algo completamente diferente. "Pode-se dizer que Elliot havia se tornado irracional em relação ao quadro maior de comportamento, que pertencia à sua principal prioridade"[27]. Em testes de inteligência, Elliot não se mostrou enfraquecido. Mesmo as tarefas cognitivas (classificação, e assim por diante) que frequentemente são usadas para testar danos no lobo frontal eram uma barbada para ele. Testes padrões de QI revelaram um intelecto superior. Duas coisas estavam fora de ordem: suas emoções e sua capacidade de estabelecer prioridades e tomar decisões. Emocionalmente, Elliot não tinha noção de que algo estava em jogo para ele em eventos que ele conseguia narrar friamente. "Ele sempre foi controlado, descrevendo cenas como um espectador desapaixonado e não envolvido. Em nenhum lugar havia uma noção de seu próprio sofrimento, mesmo sendo ele o protagonista... Ele parecia abordar a vida com a mesma neutralidade"[28]. A ideia de Damásio era que essa falha – que parecia claramente relacionada com seu dano cerebral (até o próprio Elliot conseguia lembrar que ele era diferente antes) – explicava o seu equívoco na tomada de decisão. Como definir bem as prioridades na vida, se nenhuma coisa parece mais importante do que qualquer outra? Mesmo que Elliot pudesse raciocinar sobre um problema, faltava-lhe o tipo de envolvimento que lhe daria uma noção do que fazer[29].

A pesquisa de Damásio confirma o trabalho de Lazarus e outros psicólogos cognitivos: as emoções fornecem ao animal (neste caso, o humano) um mapa de como o mundo se relaciona com seu próprio conjunto de metas e projetos. Sem esse senso, a tomada de decisão e a ação saem dos trilhos. Damásio sugere ainda que essas operações tenham sede em uma região específica do lobo frontal, a região conhecida por ter sido afetada na operação de Elliot, e que um colega de Damásio reconstruiu como o provável local do dano cerebral de Phineas Gage. Tais conclusões são extremamente interessantes. Elas não sugerem, de forma alguma, que as emoções sejam processos fisiológicos não intencionais: de fato, todo o impulso do argumento de Damásio é fortemente antirreducionista. Todos os processos cognitivos têm suas raízes nas funções cerebrais, mas isso não significa que devemos pensá-los como sentimentos não cognitivos. O ponto de Damásio é que isso vale para as emoções: elas nos ajudam a resolver a relação entre nós mesmos e o mundo. Mas o fato de que o funcionamento saudável de uma determinada área do cérebro seja necessário para esses processos é relevante e muito interessante, embora precisemos nos informar sobre cada espécie, especialmente o que ocorre em criaturas como as aves, que têm uma neuroanatomia muito diferente.

Estas são as conclusões sobre as quais de Waal está falando. Como ele diz com razão, esses estudos, e outros relacionados, reorientaram as atitudes dos cientistas em relação à emoção e à inteligência animal. Com efeito, de Waal acaba por concluir que, embora seja claro que a maioria dos animais tem sentimentos de vários tipos, sabemos muito menos sobre seus sentimentos do que sobre suas emoções, já que emoções, por estarem firmemente amarradas ao mundo e à ação e serem partes do equipamento inteligente do animal para a vida, são tão acessíveis quanto as crenças como parte da explicação do comportamento de um animal, enquanto os sentimentos, embora estejam lá, muitas vezes são mais elusivos: o que é realmente sentir-se como, subjetivamente, sendo este ou aquele tipo de animal, sempre vai permanecer um tanto misterioso, embora a sensação de dor seja muito provavelmente uma exceção. As emoções normalmente são sentidas como algo, mas há pouca constância nesses sentimentos, mesmo dentro de uma espécie. Às vezes, também, as emoções são internalizadas e não são parte da percepção consciente, como o medo da morte que guia nossas ações o tempo todo, mas raramente é notado, e certamente nem sempre acompanhado por tremor ou agitação.

Senciência e esforço

Agora estamos em condições de esboçar a vida do tipo de criatura que nossa teoria de justiça tem em mente: uma vida de *esforço significativo*. Mais dois ingredientes são necessários: *desejo* e *movimento* de um lugar para outro. (Aristóteles já insistia neles.) Percepção e sentimentos subjetivos, incluindo as do prazer e da dor, mais as informações sobre o bem transmitidas nas emoções, informam o animal sobre onde o benefício ou o dano devem ser encontrados. Isso, por sua vez, desencadeia um pró-desejo ou uma aversão, o que, sendo as outras coisas iguais, normalmente desencadeia o movimento em direção a algo ou para longe de algo. Alguns aspectos da senciência, particularmente a dor e o prazer, são geralmente vinculados conceitualmente a desejos e tendências de ação; as emoções são assim vinculadas muito estreitamente. O desejo e a emoção são coextensivos com a percepção sempre que o animal se move de um lugar para outro em busca de seus objetivos. O medo não garante o afastamento, já que outros fatores emocionais (o amor pela prole, por exemplo) podem intervir. E algumas emoções só têm tendências de ação altamente gerais e obscuras: o amor e a compaixão muitas vezes levam a um comportamento de ajuda, mas a conexão com a ação pode ser quebrada pela distância ou pela falta de um caminho claro a seguir. É por isso que o "silogismo prático" de Aristóteles para os animais sempre inclui uma etapa que ele chama de "premissa do possível": como "eis aqui uma bebida (algo para beber)[30]". Em outras palavras, algo que se apresenta como um caminho a seguir na presente circunstância. Na medida em que um animal é capaz de planejar, o passo pode ser apenas o primeiro em um encadeamento que leva ao bom resultado no final. Por exemplo, aqueles corvídeos que escondem sua comida de forma a enganar outros corvídeos, usando sua própria experiência de terem sido roubados como guia, escondem a comida como um passo intermediário para aproveitá-la mais tarde, em um mundo de competição.

Todas essas capacidades andam juntas, mas não sem exceção. Eu disse que existem criaturas que têm nocicepção sem senciência. (Logo retornaremos a isso.) Essas criaturas se movem de um lugar para outro, mas elas não têm percepção subjetiva, emoções ou desejos (uma forma de subjetividade). Depois, há outras criaturas que parecem se mover para longe das coisas sem ter o equipamento físico para a nocicepção (os peixes cartilaginosos). E algumas criaturas (as que Aristóteles chamou de "animais estacionários", esponjas, anêmonas etc.)

possivelmente têm alguma capacidade de evitar o que é prejudicial sem senciência nem o movimento do corpo inteiro de um lugar para outro. Esses casos difíceis nos interessarão mais tarde. Estou sustentando que uma condição necessária e suficiente para ser um sujeito de uma teoria da justiça é possuir o que posso chamar de "pacote animal padrão": senciência, emoção, consciência cognitiva de objetos, movimento em direção ao bem e para longe do mal. Para tais criaturas, o mundo é dotado de significado: as coisas são experimentadas subjetivamente como relevantes para o seu bem-estar. Elas respondem ao bem como bom e repulsam o mal como mau. Aqui voltamos à grande verdade do Utilitarismo: há uma linha divisória na Natureza criada pela senciência, a grande unificadora dos animais. Precisamos, no entanto, expressar esta verdade de uma forma mais ampla: não é apenas a capacidade de sentir dor (e prazer), mas também a capacidade de ter experiências perceptivas subjetivas de muitos tipos, experiências emocionais, e a consciência cognitiva do bem e do mal: tudo o que chamei de "pacote padrão".

Suponhamos que encontramos uma criatura que segue uma forma de vida típica da espécie, movendo-se em direção ao bem e afastando-se do mal, mas que perdeu (ou que nunca teve) a capacidade de sentir dor e prazer (talvez devido a algum dano no seu sistema nervoso simpático). Esta criatura se enquadra ou não em minha teoria da justiça? Estaríamos cometendo injustiça ao fazer a esta criatura algo que normalmente seria doloroso? (Tye descreve um caso real de uma menina que nasceu sem a capacidade de sentir dor[31].) Primeiro, na minha teoria, a dor é um limiar, mas não é a única coisa que importa, e essa criatura mutilada é muito diferente de uma criatura cuja forma inteira de vida envolve movimentos robóticos não sencientes. A dor não é a única forma de senciência (o mundo parecendo de uma certa maneira para a criatura), embora seja uma forma especialmente notável e, por isso, fácil de focar quando fazemos experimentos. A senciência é consciência subjetiva, e esta apresenta muitas variedades, incluindo a consciência subjetiva visual, auditiva e outras formas sensoriais. A criatura imaginada está ferida e, dado que sua forma de vida normalmente inclui sensibilidade à dor, é provável que tenha uma vida muito curta. A dor é útil; na verdade, é crucial para as criaturas que a sentem. Essa criatura precisará estar constantemente em guarda para que não seja cortada, queimada e assim por diante. Mas isso significa que, para viver um dia que seja, ela precisa ter algum tipo de senciência no meu sentido ampliado, mesmo que não seja a capacidade de sentir dor: consciência perceptiva, acima de tudo. Ela precisa observar seus membros, registrando subjetivamente suas percepções, e estar constantemente consciente deles. Mesmo que alguns de seus sentidos estejam danificados – neste caso, o sentido do tato – ela é senciente. Helen Keller não podia ver ou ouvir, mas era muito sensível ao toque, e usava esse sentido para se manter viva e se comunicar. Então essa criatura, mais ou menos um inverso de Helen Keller, é um sujeito de justiça, ainda que infeliz e altamente vulnerável. A teoria é sobre toda a forma de vida, e não, como para Bentham, sobre a dor como a única coisa que importa. Se encontrarmos esforço e consciência subjetiva de algum tipo, por mais deficientes que sejam, então a criatura é senciente. Esses casos atípicos podem ser tratados caso a caso, mas normalmente devemos seguir os traços normais esperados das espécies ao expormos nossa ideia do limiar da teoria da justiça. O objetivo da teoria é proteger os indivíduos, mas, epistemicamente, a espécie é onde estamos mais bem equipados para começar.

Isso nos leva a outra observação importante. Para uma criatura ter uma vida florescente, ela precisa ter, na medida do possível, as habilidades que lhe capacitam a fazer parte da comunidade da sua própria espécie. É aí que terá amizade e comunidade, prole e família, quando possível – embora para algumas criaturas, como os cães, a comunidade relevante também inclua membros de outra espécie. É por isso que é tão importante ensinar crianças humanas com deficiências cognitivas a usar algum tipo de linguagem, frequentemente uma linguagem gestual, mas não é importante ensinar aos chimpanzés uma linguagem gestual. Eles podem aprendê-la, mas ela não desempenha nenhum papel em sua forma de vida compartilhada com outros chimpanzés. Quando, então, encontramos deficiências em outras espécies, é igualmente importante tentar, o máximo que pudermos, colocar a criatura deficiente em contato com as habilidades características da comunidade da sua espécie, seja individualmente ou por algum tipo de assistência extra. Por exemplo, um pastor alemão com displasia coxofemoral pode ter uma boa vida com uma cadeira de rodas especial para os membros posteriores. Existem inúmeros casos semelhantes, em que a vida pode ser relativamente completa com suplementação. (No caso dos cães, cuja comunidade inclui proeminentemente os seres humanos, a suplementação é importante para a participação nessa comunidade maior, não apenas na comunidade de cães.) Então, para a minha criatura hipotética, que não pode sentir dor (aparentemente existem cerca de cem humanos no mundo com essa deficiência), seria importante perguntar que forma de vida pode ser imaginada para remediar a deficiência. Se não houver nenhuma, então as deficiências da criatura terão que ser compensadas por substitutos atentos. Assim: epistemicamente construímos a teoria da justiça em torno da norma da espécie; depois tentamos estender a justiça a todos os membros da espécie.

Ao fazermos isso, devemos sempre ter em mente que uma ampla gama de criaturas aprende suas habilidades por meio do ensino dentro da cultura do grupo da espécie, não apenas por herança (ver capítulo 4). Uma tendência geral pode ser herdada, mas sua realização específica geralmente depende de aprendizado, uma das razões pelas quais a presença de um grupo representativo da espécie é tão essencial para o florescimento animal.

O esforço significativo, então, inclui a percepção subjetiva das coisas que são úteis e prejudiciais (o mundo se parece com isso para o animal), mais uma variedade de atitudes subjetivas, tal como dor e prazer, e, além disso, numerosos outros estados subjetivos que motivam o comportamento: desejos e emoções. Os animais sencientes que estamos descrevendo têm todas essas habilidades. Agora devemos perguntar que diferença isso faz para uma teoria da justiça.

As criaturas e a fronteira em construção

Onde, então, traçamos a linha, no que diz respeito à justiça? Quais criaturas estão incluídas, e quais nossas evidências atuais parecem excluir? Em primeiro lugar, devemos estar sempre com os olhos e a mente abertos, desenhando a linha de forma humilde, ciente de que nosso conhecimento é altamente incompleto. A teoria sobre como uma criatura precisa ser para receber justiça é muito mais segura do que as conclusões específicas sobre quais criaturas estão nesse grupo. Ainda assim, vale a pena aplicar a teoria geral, para dar uma ideia de onde ela nos leva. Deixo os mamíferos de lado, pois é óbvio agora, dado o consenso científico, que minha teoria da justiça inclui todos eles.

Peixes

Como vimos, os peixes são definitivamente criaturas sencientes e, além disso, criaturas de esforço e florescimento, criaturas às quais a minha teoria se aplica. Isso foi demonstrado para a satisfação da grande maioria dos cientistas, e para a minha própria. Há muito mais a dizer sobre os peixes, e os leitores encontrarão muitas coisas recontadas de forma acessível no livro de Balcombe. Eles são capazes de feitos surpreendentes de inteligência, incluindo a inferência transitiva[32]. Eles têm uma variedade de modos sofisticados de sentir o mundo, incluindo visão, audição e olfato aguçados, que também são registrados subjetivamente, como sabemos por experimentos que mostram que os peixes são enganados por ilusões de óptica[33]. Eles até têm um sentido que nos falta: a capacidade de sentir objetos através de ondas elétricas. Eles são capazes de muitas emoções, incluindo o medo e a alegria, e provavelmente algum tipo de amor. Eles têm uma vida social rica, incluindo a ligação entre pares. Em suma, eles têm vidas muito complexas e fascinantes, e parecem merecer nossa consideração e moderação tanto quanto os mamíferos. Como Braithwaite coloca: "Dado tudo isso, não vejo razão para que não devamos estender aos peixes as mesmas considerações de bem-estar que atualmente se estendem às aves e aos mamíferos.[34]" É estimulante aprender muito mais sobre esses notáveis membros do nosso mundo.

Assim como Braithwaite e Balcombe, até agora falei dos peixes "ósseos" ou "teleósteos", que compreendem cerca de 96% das espécies que conhecemos. Uma história muito diferente deve ser contada sobre os peixes cartilaginosos ou "elasmobrânquios", que incluem tubarões e arraias[35]. Essas criaturas historicamente se distanciaram muito dos teleósteos: os dois grupos divergiram nos períodos Devoniano e Cretáceo. Então, embora as pessoas juntem mentalmente os dois grupos e chamem ambos de "peixes", eles são extremamente diferentes em todos os aspectos. Como não há evidências de que os peixes elasmobrânquios tenham uma anatomia suficiente para a nocicepção – eles "carecem totalmente de receptores nociceptivos"[36] – há boas razões para concluir que eles não são sencientes. Uma consequência é que eles se alimentam de espécies que são de fato nocivas: são encontrados com dezenas de farpas de arraia na boca. Eles se contorcem e tentam fugir quando há interferência no movimento, mas, como veremos, isso é verdade para muitas criaturas que não apresentam nenhuma evidência de senciência. E eles continuam imperturbáveis se alimentando, mesmo quando cortados em dois, comportamento que não encontramos em criaturas sencientes. Como Tye conclui, "para os elasmobrânquios, tanto quanto sei, *não existe* comportamento; a melhor explicação para isso é que eles sentem dor"[37].

Aves

A sensibilidade dos peixes continua a ser debatida, embora esteja surgindo um claro consenso. Já a senciência das aves não está mais em dúvida. Mas nem sempre foi assim. Até muito recentemente, o pequeno tamanho dos cérebros das aves e a falta de um neocórtex levou a uma visão generalizada de que as aves eram "adoráveis autômatos capazes apenas de atividades estereotipadas"[38]. Desde a década de 1990, particularmente, o conhecimento sobre as aves cresceu rapidamente, à medida que "[c]omplexos conceitos cognitivos, como o planejamento para o futuro ou a teoria da mente, foram traduzidos em testes cuidadosamente controlados. Os resultados foram surpreendentes e difíceis de serem negados pelos céticos devido ao rigor dos experimentos"[39]. De fato, de Waal continua, é o nosso conhecimento da inteligência altamente sofisticada e flexível das aves que tem, mais do que qualquer outro campo de estudos com animais, revolucionado a visão geral da ciência sobre a inteligência:

> Costumávamos pensar em termos de uma escada linear de inteligência com humanos no topo, mas hoje em dia percebemos que ela é mais como um arbusto com muitos ramos, nos quais cada espécie desenvolve os poderes mentais de que necessita para sobreviver.[40]

Por muito tempo, a compreensão foi impedida por uma visão míope da anatomia: se não há neocórtex, há pouquíssima inteligência, ou nenhuma. Como o cientista William Thorpe já havia resumido em 1963: "Não há dúvida de que essa noção preconcebida, baseada em uma visão equivocada dos mecanismos cerebrais, impediu o desenvolvimento de estudos experimentais do aprendizado em aves"[41]. Atualmente, um olhar mais atento aos cérebros proverbialmente fracos das aves mostra que esses cérebros são realmente ricos em neurônios e que, com a evolução convergente, o cérebro da ave os organiza de maneira diferente, em grupos em vez de camadas; mas as próprias células são "basicamente as mesmas, capazes de disparos rápidos e repetitivos, e a forma como funcionam é igualmente sofisticada, flexível e inventiva"[42].

Derrubando velhos estereótipos, igualmente revolucionário tem sido o estudo do comportamento das aves. Agora sabemos que as aves possuem grande adaptabilidade ao seu ambiente e uma ampla gama de capacidades altamente desenvolvidas. Esse conhecimento é fruto do trabalho de um grande número de cientistas, com cada grupo se especializando, geralmente, em uma espécie ou grupo de espécies. Os papagaios e os corvídeos demonstraram ter inteligência conceitual e flexibilidade excepcionais. Os corvídeos usam e fabricam ferramentas melhores do que qualquer outro animal não humano[43]. Descobriu-se que os papagaios têm mentes amplas e sofisticadas, como foi memoravelmente demonstrado por Irene Pepperberg nos seus experimentos – inicialmente zombados, mas agora anunciados – com Alex, um papagaio cinza[44]. Todas as vezes, os experimentos de Pepperberg foram ridicularizados por pessoas que estavam determinadas a pensar que "somente humanos podem fazer X". Mas agora o rigor de seu trabalho, combinado com trabalhos semelhantes de outros pesquisadores sobre papagaios e corvídeos, silenciou o ceticismo.

No que diz respeito à linguagem e à expressão, não são apenas papagaios que têm talentos linguísticos. Acontece que o canto das aves não é apenas adorável, mas também um sistema de comunicação altamente inteligente. Em muitas espécies, o canto é infinitamente ensaiado – mesmo quando as aves estão sozinhas, elas estão praticando – e as diferenças individuais na fluência são apreciadas por outras aves (especialmente as fêmeas). As aves têm uma anatomia que faria inveja a muitos cantores humanos: a siringe, análoga à nossa laringe, pode emitir duas notas de uma só vez. Assim, o canto das aves envolve capacidades estéticas complicadas, mas também tem poderes combinatórios semelhantes à linguagem, pelo menos em algumas espécies. Os cantos do chapim, por exemplo, foram classificados como "um dos mais sofisticados e precisos sistemas de comunicação de qualquer animal do planeta", completado por uma sintaxe que pode gerar um número sem-fim de tipos de chamados[45].

A linguagem faz parte da interação social, e as aves estão entre os mais sofisticados animais sociais, formando pares duradouros (80% das espécies são monogâmicas) e ensinando uma ampla gama de comportamentos para seus filhotes, um exemplo notável de aprendizagem cultural. Alimentar os filhotes no ninho é exaustivo, exigindo intensa comunicação e atenção dos pais. Igualmente impressionante é a atenção que algumas espécies dedicam às questões estéticas ao construírem suas moradias: o pássaro-jardineiro é um artista extraordinário. As pegas passam no teste do espelho, mostrando uma consciência especialmente aguçada de si mesmas e dos outros, enquanto os corvídeos em geral primam pela reciprocidade acompanhada pelo ato de presentear[46]. No processo, as aves claramente experimentam uma ampla gama de emoções, incluindo o medo, mas também o amor e o pesar. E elas não apenas sentem a sua própria dor, elas são profundamente sensíveis à dor de outros de sua espécie[47].

São admiráveis também as habilidades de difícil comparação com as habilidades humanas, especialmente as maravilhosas capacidades que as aves têm para mapear a sua localização espacial, em parte pela visão (as aves têm o sistema visual mais avançado entre os vertebrados, particularmente sensível a distinções de cores), em parte pelo olfato. As aves encontram assim o seu caminho para e a partir de destinos distantes, uma habilidade na qual superam tanto os humanos, que as operações do sistema de GPS das aves ainda são pouco compreendidas[48].

Dediquei tanto tempo às aves porque o erro da analogia anatômica é tenaz, e muitas pessoas ainda pensam que as aves são burras e possivelmente sem senciência. Mas no que diz respeito ao esforço, essas criaturas frágeis e relativamente fracas estão entre as mais bem-sucedidas em seus esforços, com sentidos aguçados e uma forma de vida flexível que lhes permite florescer, cada tipo em seu próprio ambiente.

Répteis

Os répteis são parentes das aves (as aves descendem dos dinossauros), embora as aves, em algum momento, tenham se tornado animais de sangue quente e os répteis, permanecido de sangue frio. Assim como as aves, eles não têm um neocórtex. Seu comportamento mostra muito menos flexibilidade e sofisticação. Embora tanto seu comportamento como sua neuroanatomia tenham sido menos estudados pelos cientistas, tanto o comportamento quanto a fisiologia sugerem que eles provavelmente são sencientes, experienciando não apenas a dor, mas outras experiências sensoriais (embora suas diferentes modalidades sensoriais pareçam desconectadas umas das outras, o que não é o caso das aves). A hipótese de senciência deve ser provavelmente preferível à hipótese contrária, pelo menos ao explicarmos o comportamento dos répteis[49].

Cefalópodes

Agora voltamo-nos para os invertebrados, entrando em um reino de considerável incerteza e disputa. Entre eles, os cefalópodes (lulas, chocos, polvos) são os candidatos mais fortes para a senciência. Os polvos podem aprender a abrir uma tampa à prova de crianças, projetada para impedir crianças humanas. O estudo detalhado de Peter Godfrey-Smith de todo esse grupo de criaturas apresenta um poderoso argumento de que elas têm uma vida interna senciente, e cientistas convencionais como Braithwaite estão, embora hesitantes, inclinados a concordar com essa conclusão[50]. Filósofo da ciência, Godfrey-Smith conclui que este grupo é "uma ilha de complexidade mental no mar de animais invertebrados... um experimento independente na evolução de cérebros grandes e comportamentos complexos"[51]. Os polvos – que uma vez tiveram conchas protetoras e depois, em algum momento, as perderam – ficaram com uma enorme vulnerabilidade e desenvolveram cérebros muito grandes e complexos para sobreviver. Godfrey-Smith assinala que um cérebro típico do polvo contém um número de neurônios comparáveis aos do cérebro de um cão ou de um bebê humano. Mas esses neurônios estão dispersos por todo o seu corpo, tornando o polvo senciente por toda parte e dando a seus membros um grau notável de ação e independência. E eles não apenas enfrentam os desafios de seu ambiente, como também o manipulam: por exemplo, esguichando água em lâmpadas de laboratório para apagá-las. (Eles não gostam de luz.) Estudar os peixes permitiu aos pesquisadores entender que pode haver senciência sem neocórtex; estudar o polvo os fez perceber que pode haver senciência no mundo dos invertebrados, embora entre os cientistas ainda não exista um juízo formado[52].

Crustáceos

Com os crustáceos (camarões, caranguejos, lagostas), as coisas não são evidentes, embora conhecimentos emergentes levaram a uma reação contra a prática comum de jogar lagostas vivas em água fervente. Experimentos com caranguejos-eremitas, em particular, levaram os cientistas pelo menos a debater se eles sentem dor. Eis o que aconteceu em Belfast nos experimentos do cientista Robert Elwood[53]. Conchas de caranguejos-eremitas foram ligadas a uma fonte de eletricidade que aplicava pequenos choques nos caranguejos. A reação deles foi abandonar as conchas, mesmo que nenhuma concha vazia estivesse disponível no momento – comportamento incomum, sugerindo que a dor era desagradável, pois os próprios caranguejos colocavam-se em uma posição de alta vulnerabilidade. (Os caranguejos-eremitas usam conchas de caracol vazias e frequentemente trocam de concha.) Os caranguejos que levavam choques demonstraram comportamento alterado mesmo quando o choque havia cessado, mostrando, ao que parece, uma memória da experiência desagradável com duração de pelo menos vinte segundos. Elwood concluiu que os caranguejos sentem dor e também se lembram dela, algo de que outros cientistas, e até Tye, que interpretam o comportamento de uma forma generosa, ainda duvidam. Elwood certamente mostrou que caranguejos e camarões têm mais inteligência do que pensávamos anteriormente. E nós estávamos errados sobre a senciência antes. Aqui, no entanto, em parte por razões anatômicas (os crustáceos têm muito menos neurônios do que os cefalópodes e até mesmo que as abelhas), ainda não podemos chegar a uma conclusão definitiva. Nós provavelmente pecaremos por excesso de cautela enquanto tentamos aprender mais.

Insetos

Os cérebros de insetos têm considerável isomorfismo em estrutura com os cérebros de mamíferos, e alguns insetos (abelhas) têm um número impressionantemente grande de neurônios. O cérebro da abelha contém cerca de um milhão de neurônios; dado o seu pequeno tamanho, a densidade neural é dez vezes maior do que a do córtex cerebral de um mamífero. Anatomicamente, então, a senciência não é impossível[54]. Por outro lado, o comportamento dos insetos é, em alguns aspectos importantes, muito diferente do comportamento dos mamíferos. Insetos não protegem partes feridas. Eles continuam a se alimentar mesmo quando gravemente feridos: moscas tsé-tsé, por exemplo, alimentam-se quando desmembradas, e gafanhotos continuam a se alimentar enquanto são comidos por louva-a-deus. Insetos em geral não reagem a estímulos que seriam muito dolorosos para os mamíferos. Então, há razões para duvidar que os insetos sintam dor. As abelhas parecem ser uma exceção a esta regra, exibindo aprendizagem de evitação.

De maneira mais geral, o caso das abelhas sugere que precisamos aprender mais. Parece que experimentos podem induzir nelas um estado que se aproxima da ansiedade ou do medo. As abelhas foram presas a arreios, ficando imobilizadas. Elas então aprenderam a associar um odor com um sabor agradável (açúcar) e outro, com um sabor desagradável (quinino). Uma vez estabelecida essa associação, as abelhas normalmente estendiam suas bocas ao sentirem o cheiro indicativo de coisas boas, e retraiam suas bocas quando sentiam o cheiro "ameaçador". Elas foram então divididas em dois grupos. Um grupo foi sacudido violentamente (da mesma forma que uma colmeia pode ser sacudida por um texugo). O outro, não. Os experimentadores fizeram uso da verdade geral de que as pessoas ansiosas são pessimistas, esperando coisas ruins, enquanto as não ansiosas são mais otimistas. Quando apresentadas a odores intermediários, as abelhas sacudidas eram muito menos propensas a estender suas bocas para prová-los do que as abelhas que não foram sacudidas. Parece que elas interpretaram o ambíguo estímulo de forma mais negativa. Parece que elas estavam em um estado bastante semelhante ao de ansiedade, induzindo um viés cognitivo pessimista. Mas elas realmente sentem isso subjetivamente? Os experimentadores argumentam que isso foi estabelecido de forma tão segura quanto para ratos e outros mamíferos. Mas há espaço para a precaução. Por exemplo, é possível que o tremor simplesmente tenha causado uma diminuição nas capacidades das abelhas sacudidas de discernir odores em geral[55]. Os experimentos, embora altamente sugestivos, parecem menos conclusivos do que os experimentos de Braithwaite e Sneddon com peixes. Mas, dado que a anatomia da abelha pelo menos permite a senciência, e que o comportamento das abelhas em geral não a exclui, provavelmente deveríamos continuar a debater se as abelhas são sencientes.

Os "animais estacionários" de Aristóteles: cnidários (corais, águas-vivas, anêmonas-do-mar) e poríferos (esponjas)

Desde Aristóteles, os cientistas classificaram certas criaturas um tanto parecidas com plantas não como plantas, mas como animais. Por "um tanto parecidas com plantas", quero dizer fixas, não se movendo de um lugar para outro. Aristóteles se referiu a elas como "animais estacionários", um grupo de criaturas que hoje chamaríamos de cnidários (corais, águas-vivas, anêmonas-do-mar) e poríferos (esponjas). Algumas delas (águas-vivas) realmente se movem, mas em geral elas não exibem o tipo de movimento direcionado a um objetivo, em direção a um objeto de desejo, que meu modelo nos incita a buscar. Os cnidários não têm cérebro nem sistema nervoso central, mas têm redes de tecido neural que parecem desempenhar um papel perceptivo. E eles vivem, se reproduzem (sexualmente) e morrem como entidades individuais. Assim, os cientistas atualmente concordam com Aristóteles que eles têm o sentido do tato e não são apenas entidades dotadas de tropismos, como as plantas. Os poríferos são entidades mais simples, e se ramificaram a partir do ancestral comum do reino *Animalia*, antes de todos os outros animais. As esponjas não têm sistemas nervosos, mas têm neurônios; e realmente coordenam suas atividades, se reproduzem, vivem e morrem como indivíduos, o que as torna animais em vez de plantas. No entanto, nenhuma dessas criaturas parece ter senciência.

E quanto às plantas?

No que diz respeito aos animais, estabeleci alguns critérios gerais para ter interesses fundamentados na justiça, e tentei tirar algumas conclusões sobre quais tipos de animais atendem a essas condições. O desenho da linha divisória deve sempre ser experimental, e devemos ser mais precisos sobre os critérios gerais do que sobre aqueles que os atendem, dada a incompletude do nosso conhecimento. Mas falei de animais o tempo inteiro, omitindo implicitamente as plantas da teoria da justiça. Muitas pessoas discordariam. Preciso agora enfrentar esta questão.

As plantas são claramente o que poderíamos chamar de sistemas teleonômicos. Ou seja, elas são formas organizadas de funcionamentos que, na maioria das vezes, funcionam para sustentar a vida e também para se reproduzir. Essas são funções básicas dos seres vivos, e as plantas estão indubitavelmente vivas. Os minerais e outras substâncias obedecem a leis definidas em seus movimentos, mas as plantas nutrem e propagam a si mesmas, coisas que os minerais não fazem. As plantas têm isso em comum com os animais. E seus comportamentos têm a forma de leis: isto é, podemos prever que, em uma variedade de situações, as plantas farão o que for preciso para permanecerem vivas e florescerem, e para reproduzirem suas espécies.

Ao longo da história tem havido debates sobre se as plantas são autoconscientes. Aristóteles negou isso, distinguindo-as até mesmo dos "animais estacionários", esponjas e anêmonas, que lhe pareciam exercer formas rudimentares de percepção, o tato em particular, embora lhes faltassem os sentidos de distância, a audição, a visão e o olfato, que são cruciais para as funções vitais dos animais que se deslocam de um lugar a outro para obter o que precisam. Mas essa fronteira entre plantas e animais estacionários é difícil de defender: uma dioneia não sente sua presa? As plantas todas não sentem calor e frio, luz e escuridão?

Alguns botânicos ilustres sustentam que as plantas não apenas percebem, mas têm o que chamei de senciência. Em sua grande obra sobre ética animal, o platônico grego Porfírio (ver capítulo 2) negou isso: ao contrário dos animais, ele disse, às plantas não se deve a justiça porque elas não sentem dor e medo. Mas alguns eminentes botânicos modernos chegaram à conclusão oposta. O avô de Darwin, Erasmus Darwin, fez experimentos com plantas, por volta de 1800, que o convenceram de que elas sentiam dor e "irritabilidade"[56]. Em meados do século XIX, o biólogo alemão Gustav Fechner argumentou que as plantas têm emoções, pois parecia que falar com elas podia melhorar sua saúde e crescimento. E o botânico indiano Jagadish Chandra Bose (1858-1937) afirmou que as plantas têm algo parecido com um sistema nervoso. Bose desenvolveu um instrumento que chamou de crescógrafo, para registrar os movimentos minuciosos das plantas[57]. Ele estabeleceu que as plantas são minuciosamente sensíveis a muitos estímulos externos, incluindo calor, frio, luz e barulho. Ao mostrar como essas reações eram flexíveis e intensas, ele procurou convencer as pessoas de que as plantas têm sentimentos subjetivos, incluindo a sensação de dor. Bose não era excêntrico; suas realizações lhe garantiram o título de cavaleiro e ele era muito respeitado. Mas ele conseguiu estabelecer a senciência, ou apenas uma conclusão mais fraca? Um outro problema é que os cientistas não foram capazes de replicar suas descobertas[58].

Recentemente, um grupo de cientistas que se autodenominam "neurobiólogos de plantas" estuda redes de informação em plantas, comparando-as a sistemas nervosos de animais[59]. Eles foram fortemente criticados por um grupo de botânicos importantes, coautores de uma carta, em 2007, na qual dizem que suas conclusões são "fundadas em analogias superficiais e extrapolações questionáveis"[60]. Seus experimentos mostram que as plantas transmitem informações sobre a intensidade da luz, e até mesmo sobre sua cor, para outras plantas através de sinais elétricos. Mas essas reações em cascata não constituem evidência suficiente de senciência ou avaliação cognitiva.

Apesar dessas evidências intrigantes de que as plantas são muito mais sensíveis às condições externas do que podemos ter pensado, existem várias razões pelas quais parece implausível atribuir-lhes senciência. Comecemos pela *neuroanatomia*. As plantas não têm cérebro. Elas também não têm algo como um sistema nervoso central, redes especializadas de células que executam a função de sinalização. Devemos ser cautelosos, lembrando que estávamos errados sobre aves e peixes: um neocórtex não é necessário para a senciência. Ainda assim, essas criaturas têm uma reconhecível organização nervosa central, ainda que diferente da dos mamíferos.

E quanto ao *comportamento*? Dada a falta de semelhança estrutural entre plantas e animais, devemos duvidar bastante da *inferência da melhor explicação*, perguntando se há outras maneiras de explicar as reações reconhecidamente responsivas observadas. E parece que existem. As plantas são rígidas e se movimentam por tropismos. Suas raízes crescem na direção da gravidade, apresentando *geotropismo*. Elas também exibem *fototropismo*, voltando-se para a luz. Elas têm ritmos sazonais. Mas estes são fixos e inflexíveis, embutidos na natureza de suas espécies. O tropismo é semelhante ao comportamento animal sob um aspecto: é sustentador da vida e com um comportamento de autonutrição. Mas falta a ele o tipo de flexibilidade situacional que nos faz concluir que os peixes são criaturas sencientes. Não existe para as plantas nenhuma coisa parecida com os experimentos de Braithwaite, que mostram claramente os sentimentos como determinantes-chave do comportamento. Sem isso, é difícil pensar nelas como *tencionando* algo, *esforçando-se* por uma vida boa.

As plantas tampouco exibem o tipo de variação individual nas reações, com ações flexíveis, característico de peixes e aves: podemos ter certeza de que elas se comportarão como sua espécie se comporta.

Além disso, as plantas não são criaturas individuais. Os animais nascem um por um e morrem um por um. Durante a vida, eles se diferenciam uns dos outros. Por mais que eles respondam um ao outro, um animal não sente a dor do outro, e a comida que cada um come não nutre o outro (exceto no período gestacional). O fato evidente de que são, como Aristóteles coloca, "numericamente únicos" é uma parte significativa do que fundamenta nossa forte intuição de que o que acontece com *cada um* importa, que *cada um* deve ser tratado como um fim. Quando os filósofos propõem – e tanto os utilitaristas como os budistas propuseram – que o prazer e a dor formam um único sistema, e que nossa tarefa é maximizar o primeiro e minimizar o último, isso entra em conflito com nossa intuição ética básica de que cada vida é a única vida que uma criatura terá, e que cada vida tem sua própria significação. Já invoquei essa intuição ao argumentar que, para a ética, é a criatura individual que é o fim, não a espécie. Mas as plantas não são indivíduos nesse sentido. É impossível dizer claramente quando uma planta nasce ou morre: estaquia, enxertia, propagação por enraizamento, renascimento sazonal de flores de bulbos, todas essas práticas e eventos normais nos mostram que uma planta é basicamente uma entidade aglomerada, algo como *elas*, em vez de *ela*. Mesmo quando estamos profundamente ligados a uma determinada árvore, não podemos ter certeza do que é sobreviver para a árvore, quando sementes ou uma estaca criam raízes. Para as plantas, parece importante que a espécie seja preservada, mas argumentei que isso não é um imperativo de *justiça*, mas um tipo diferente de preocupação ética, talvez mais parecido com o tipo de preocupação que temos com um ecossistema.

Ainda podemos ter grande preocupação com a preservação de uma árvore, mas parece-me que é diferente do tipo de preocupação que temos por um animal que tem apenas uma vida para viver, e quando termina (muitas vezes com um sofrimento agonizante), isso é tudo.

Concluo que as plantas não têm direitos prestacionais baseados na justiça. Elas podem ser danificadas, mas não podem ser injustiçadas. A preocupação ética de algum tipo ainda parece essencial. O ambiente natural tem importância ética, tanto instrumental (ele dá suporte para as capacidades de uma criatura senciente) como intrínseca; temos deveres éticos de cuidá-lo. (Em geral, evito o termo "*status* moral" neste livro, porque acho que o *status* moral não é uma coisa única, e estou falando de uma coisa muito particular, a justiça.) Mas estes não são os tipos de deveres que temos com uma criatura que nasce, busca viver bem, sofre e morre.

Consequências éticas

Argumentei que criaturas de tipos surpreendentemente variados têm um lugar na teoria da justiça, e que devemos manter a mente aberta sobre os outros, pois nosso conhecimento é incompleto. Isso sugere que nossos deveres são gigantescos, até sufocantes. Como podemos enfrentá-los? Mas lembremos que a filiação à justiça de uma criatura ainda não nos diz *o que* lhe é devido. Não há escada da natureza. As criaturas se esforçam para florescer de múltiplas maneiras, que não se alinham para serem classificadas em uma única escala, e a complexidade da vida não determina a elegibilidade à justiça. O nível e a complexidade da vida, no entanto, determinam precisamente *o que* é um dano a uma criatura elegível à justiça. Os seres humanos não são *melhores* ou *superiores* aos golfinhos; mas há coisas que são sérios danos e injustiças contra um ser humano que não seriam injustiças contra um golfinho: por exemplo, a negação de uma educação que possa conferir alfabetização básica. Por outro lado, a capacidade de nadar sem restrições em grandes extensões de água é uma capacidade-chave nas formas de vida dos peixes e mamíferos marinhos, mas privar os humanos de uma oportunidade de nadar por intermináveis quilômetros não é uma injustiça. E assim por diante.

Quando consideramos a justiça e a injustiça, em suma, precisamos ter em mente a forma de vida de cada criatura. O objetivo é que cada criatura obtenha uma chance decente de florescer à sua maneira. Quando nós, humanos, impedimos esse florescimento – e somos onipresentes nessas vidas, já que controlamos a terra, os mares, até mesmo os céus –, precisamos corrigir nossos modos presunçosos.

Uma coisa que podemos dizer com certeza – a grande verdade no utilitarismo – é que a dor é muito ruim para todos os seres sencientes. Portanto, sua imposição arbitrária (inflição que não favorece o próprio bem do animal) é sempre, na minha teoria, uma injustiça para criaturas sencientes. No meu próximo capítulo, vou argumentar que para a morte indolor ser ou não um dano a uma criatura depende de alguns fatores específicos sobre sua forma de vida. Se a morte não é nem mesmo um dano, é possível que não seja uma injustiça. Nos capítulos 9 e 10 ponderarei, da mesma forma, a questão do confinamento, concluindo que por vezes é uma injustiça e por vezes, não. E no capítulo 8, considerarei casos em que comumente cometemos injustiças por razões humanas de peso –

mas podemos ser capazes de transcender esses dilemas através de novas possibilidades científicas e médicas. Depois de digerirmos esses argumentos, as exigências da minha teoria poderão parecer exigências com as quais seres humanos sérios e sensíveis poderiam conviver, ou pelo menos se esforçar para cumpri-las cada vez mais adequadamente com o passar do tempo.

7
O DANO DA MORTE

O que devemos pensar sobre a morte genuinamente indolor de um animal que viveu uma vida decentemente rica por um tempo razoável? Tal morte é um dano ao animal? E, para nós, é eticamente permissível causá-lo?

Bentham pensava que matar um animal humanitariamente (sem dor) é moralmente aceitável, desde que seja para algum propósito humano "útil" e não meramente "por brutalidade" (sadismo ou diversão). Utilitaristas recentes, tais como R. M. Hare e Peter Singer, basicamente concordam, abrindo espaço então para, pelo menos, alguma matança de animais como eticamente aceitável, embora seus argumentos condenem a maior parte do consumo de carne no mundo de hoje, que é baseado em práticas dolorosas da pecuária industrial. Muitos teóricos em diferentes épocas – de antigos pensadores hindus, budistas e platônicos a filósofos contemporâneos como Christine Korsgaard e Tom Regan – traçaram uma linha mais radical: é sempre errado matar animais para fins humanos. Matar para uso humano só poderia ser justificado se os animais fossem vistos, com razão, como propriedade dos humanos. Contudo, eles não são propriedade; eles são sujeitos de vidas: então, a matança precisa parar. Neste capítulo, vou assumir uma posição muito desconfortável entre esses dois grupos (embora mais próxima do segundo), mostrando onde nos leva a Abordagem das Capacidades, quando combinada com uma investigação filosófica sobre o dano da morte.

Esta questão está entre as mais urgentes e difíceis para qualquer livro sobre ética animal. Com demasiada frequência, no entanto, a questão é enfrentada com insuficiente clareza filosófica. A morte não é um tema fácil. Está longe de ser óbvio por que e em quais circunstâncias a morte é ruim para uma criatura, e se isso não está claro, também não está claro quando encerrar uma vida senciente é prejudicial e até inadmissível. Minha principal objeção ao segundo grupo é que eles não investigam esta questão suficientemente; creio que, quando o fazemos, a resposta é complexa. Vamos dar um passo para trás e pensar bem sobre o dano da morte – com alguma ajuda da história da filosofia. E não vamos nos esquecer de distinguir duas coisas diferentes que podem ser ruins: o processo de morrer e a condição de estar morto. Vamos começar com os humanos, e depois estender nossas reflexões aos animais. Ao longo do caminho, veremos como a Abordagem das Capacidades nos ajuda a focar as questões relevantes.

Os animais matam uns aos outros, e essas mortes também levantam questões éticas para nós, já que em alguns casos podemos intervir. No entanto, não discuto essas questões neste capítulo; elas nos esperam no capítulo 10, depois de discutirmos toda a questão da "natureza selvagem" e nossas responsabilidades como manejadores éticos em vários domínios. Este capítulo, portanto, concentra-se apenas no que nós, humanos, fazemos quando matamos animais.

É importante dizer de início que, no que diz respeito às práticas humanas atuais, este capítulo começa na margem. A maioria das matanças humanas de animais não é indolor. Ainda mais importante, eles tampouco levam uma vida plena e rica. Os animais criados para alimentação na pecuária industrial têm vidas que são, desde o início, deficientes e dolorosas. Na introdução, descrevi a vida das porcas em gaiolas de gestação. No capítulo 9, descreverei as vidas deficientes das galinhas e do gado leiteiro. Volto a essas questões no capítulo 12, perguntando o que a legislação fez e deve fazer a respeito dessas práticas. Aqui, então, estou discutindo a questão dos mamíferos e peixes criados humanitariamente para alimentação, o que constitui uma pequena minoria do que acontece em todo o mundo. Repiso esta questão marginal porque ela é genuinamente complicada do ponto de vista ético, enquanto os horrores da pecuária industrial não são complicados, e devem ser condenados por todas as pessoas eticamente sensíveis.

Outra questão relacionada que discuto em outro momento é a decisão de um tutor de um cão ou gato de acabar com a vida dessa criatura. No capítulo 9, afirmo que se essa escolha é ética é porque o ser humano conhece bem o animal, entende sua forma de vida e responde às indicações, a partir da condição do animal, de que sua atual existência diminuída é intoleravelmente dolorosa ou vergonhosa. Quando os humanos terminam a vida de um animal de companhia para sua própria conveniência, ou porque não querem pagar o tratamento médico, isso é sempre errado, assim como seria errado acabar com a vida de uma criança com deficiência ou de um parente idoso porque é muito inconveniente ou muito caro fornecer cuidados. Aqui, então, discuto apenas casos em que a vida animal é razoavelmente saudável – o que, por razões óbvias, geralmente é o caso de animais que matamos para comer –, embora os animais que serão mortos na indústria da carne dificilmente estão realmente vicejando.

Começo com um problema sobre a morte que há muito atormenta os filósofos que pensam na vida humana. Precisamos ver esse problema tão claramente quanto pudermos no caso humano, antes de abordarmos a vida animal, para a qual as discussões éticas são muito menos desenvolvidas.

"A morte não é nada para nós"

O medo da morte causa muita dor na vida humana – às vezes conscientemente, às vezes por meio de uma sensação de peso e descontentamento. Assim pensava o radical filósofo grego do século IV a.C. Epicuro, e ele está pelo menos parcialmente certo. Mesmo que esse medo não produza todos os males que ele e seu discípulo romano Lucrécio (*circa* 99-c. 55 a.C.) associaram a ele, incluindo inveja, guerra, violência sexual, submissão de rebanho às autoridades religiosas, até suicídio prematuro, de qualquer forma, ele é bastante problemático. Mas Epicuro acreditava que não há uma boa razão para temer a morte: a morte não nos causa danos. Ele expressou sua visão desta maneira concisa: "A morte, o mais terrível dos males, não é nada para nós. Pois quando estamos lá, a morte não está; e quando a morte está lá, nós não estamos"[1].

Epicuro não nega que o processo de morrer muitas vezes é doloroso. Ele deixou uma carta no leito de morte descrevendo sua própria dor excruciante, resultante de disenteria e obstrução urinária. Ele pensava, no entanto, que essa dor poderia ser contrabalançada pelos prazeres da amizade e da memória que continuava exercitando. Assim, mesmo em seu leito de morte, ele alegou ter mais prazer do que dor. Essa, porém, não é a sua grande questão: ele está falando sobre a maldade de ter a vida findada, de estar morto.

Eis como podemos reconstruir seu argumento:

1. Um evento pode ser bom ou ruim para alguém apenas se, quando o evento está presente, essa pessoa existe como sujeito de pelo menos uma experiência possível.
2. O tempo após a morte de uma pessoa é um momento em que essa pessoa não existe como um sujeito de uma experiência possível.
3. Portanto, a condição de estar morto não é ruim para essa pessoa.
4. É irracional temer um evento futuro, a menos que esse evento, quando ocorrer, seja ruim para alguém.
5. É irracional temer a morte.

Observem que o argumento funciona com uma noção de experiência possível, não real. Epicuro não está dizendo: "O que você não sente não pode ser ruim para você", uma afirmação obviamente pouco convincente, já que muitas coisas que acontecem fora do nosso campo de percepção imediata podem ser ruins para nós: mortes de entes queridos, cânceres assintomáticos, um incêndio queimando a casa enquanto alguém dorme feliz sem saber dele. Epicuro está dizendo que se afinal não houver "você" no mundo, então não há nada a que a ideia de maldade ou privação se associe; nem a ideia de benefício, também.

Epicuro e Lucrécio não assumem simplesmente que não há vida após a morte; na verdade, eles defendem essa conclusão longamente, usando sua teoria atômica da pessoa. Isso, no entanto, não precisa nos preocupar. Seu público-alvo temia a morte em grande parte, eles opinavam, por causa do medo da punição póstuma. Então, livrando-se da vida após a morte eliminava-se a maioria das razões para temer a morte, ou assim eles pensavam. Atualmente, as pessoas que acreditam na vida após a morte normalmente pensam que essa possibilidade torna as coisas melhores, não piores; o que eles temem é precisamente que não haja nada após a morte. Consequentemente, argumentar que não há vida após a morte tende apenas a aumentar o medo do nada que a maioria de nós tem de qualquer maneira. (Isto era verdade para muitas pessoas no mundo grego e no romano, como vemos nas críticas aos epicuristas por parte de seus contemporâneos.) E mesmo as pessoas que acreditam em uma vida feliz após a morte ainda temem a morte como fim da vida. Este medo do nada, do fim, deve ser o nosso foco. E como, em última análise, visamos princípios políticos e jurídicos que possam ser amplamente compartilhados em sociedades pluralistas, não devemos construí-los com base em qualquer hipótese controversa sobre uma vida após a morte. Então vamos seguir Epicuro, assumindo que toda experiência individual possível termina na morte, ou pelo menos que a questão da sobrevivência póstuma é algo em que não temos o direito de nos basear ao moldarmos princípios políticos.

O argumento de Epicuro é extremamente poderoso. Existem poucos argumentos da antiguidade greco-romana que os filósofos recentes tenham levado tão a sério, e avidamente debatido. Parece muito contraintuitivo, pois a maioria de nós pensa que, em grande parte das circunstâncias (quando a pessoa ainda está funcionando e não tem alguma dor avassaladora), a morte é ruim e prejudica a pessoa. Mas, diz Epicuro, como pode ser assim, quando não há uma pessoa à qual o dano está associado? Talvez temamos a perda dos prazeres da vida, mas quando a cortina finalmente se fecha, não há perda, porque não há você. Lucrécio retrata vividamente a irracionalidade da maioria das pessoas, que se imaginam vagamente assistindo ao próprio funeral e testemunhando-se privados de todas as coisas boas:

> *Então ele sente pena de si mesmo: ele não consegue*
> *Fazer a distinção real que existe*
> *Entre seu corpo rejeitado e o homem*
> *Que fica ao lado dele, sofrendo, e imputa*
> *Alguns de seus sentimentos emotivos ao corpo.*

Estamos apenas nos contradizendo: imaginamos que ainda estamos lá; no entanto, toda a questão da nossa dor é o fato de que não estamos mais lá. Alguns filósofos tentam derrotar esse poderoso argumento apontando casos em que devemos admitir que coisas que não sabemos, e talvez até nunca possamos saber, são reconhecidamente ruins para nós[2]. Desta forma, uma pessoa que foi traída, e nunca soube desse fato, ainda assim foi prejudicada, ou assim algumas pessoas pensam. Uma pessoa que perdeu todas as funções mentais superiores em um acidente, e não tem consciência disso como uma condição diminuída, ainda assim foi prejudicada (e pode até se recuperar dos danos). Nós podemos até inventar casos em que é impossível para a pessoa ter qualquer conhecimento sobre a coisa danosa, e mesmo nesses casos, muitas vezes ainda pensamos que um dano se abateu sobre a pessoa[3].

Sim, mas todos esses exemplos envolvem um sujeito que persiste e que pelo menos reivindica fortemente ser a pessoa original. A pessoa diminuída pode processar por danos apenas porque há um autor no mundo. (Se o acidente colocou a pessoa em estado vegetativo permanente, então a gente provavelmente deve duvidar que realmente exista uma pessoa no mundo, e talvez nossa noção de que a pessoa foi prejudicada realmente compartilhe o duplipensar lucreciano.) No entanto, retire a pessoa inteiramente, e as coisas ficam muito diferentes: a que sujeito devemos atribuir termos como "mau" e "prejudicado"? Até agora, então, Epicuro e Lucrécio continuam invictos.

O argumento da interrupção: e dois falsos consoladores

Não é surpresa, no entanto, que exista mais a dizer. Agora podemos apresentar o que chamei de "argumento da interrupção", um argumento introduzido pela primeira vez, creio, pelo estudioso clássico David Furley, estendido por mim e elaborado independentemente pelo filósofo Jeff McMahan[4]. Este argumento diz que a morte frequentemente afeta a forma de uma vida, interrompendo projetos que se desdobram ao longo do tempo, tornando-os, no todo ou em parte, vazios e vãos. Nós buscamos muitas coisas como preparação para coisas posteriores: por exemplo, engajar-se em estudos para o LSAT*, mesmo indo para a faculdade de direito, não como atividades dignas de escolha por elas mesmas, mas como preparativos necessários para uma carreira como advogado. Se a morte nos interrompe no estágio preparatório, ela torna essas atividades inúteis. Muito do que os adultos mais jovens fazem é dessa natureza. A morte é ruim porque altera, retrospectivamente, a forma pretendida das atividades que realizamos em vida, tornando muitas de nossas ações vazias e inúteis.

Furley concentrou-se em mortes que são convencionalmente consideradas prematuras, mas em "The Damage of Death" [O dano da morte] estendi esse argumento para qualquer morte que interrompa as atividades que se desenrolam ao longo do tempo. E notei que uma grande proporção das atividades humanas é assim: projetos envolvendo trabalho, vida da família, amizade e muito mais. As pessoas normalmente não têm um plano mestre, mas elas têm uma série de projetos que se desenrolam ao longo do tempo, projetos que podem ser interrompidos. Poderíamos tentar não nos dedicar a projetos prolongados, de forma a evitar o risco de a morte tornar alguns deles infrutíferos. De fato, é isso que Epicuro e Lucrécio recomendam. (Eles acham, por exemplo, que a contemplação da ordem do universo é completa em um instante.) Mas, nesse caso, estaríamos perdendo muitos valores humanos: o desdobramento da forma do amor e da amizade, a dinâmica intergeracional da

▼
* Sigla de Law School Admission Test, exame padronizado de admissão de estudantes para cursos de direito nos Estados Unidos. Destina-se a avaliar a compreensão de leitura, as competências de raciocínio lógico e verbal e os conhecimentos dos candidatos. [N. do T.]

vida familiar e muitas outras atividades mundanas, como plantar um jardim, começar a ler um longo romance etc. Há também o puro prazer de continuar vivendo, vendo adiante o que acontece com seus planos e projetos. Quando o projetor de cinema quebra no meio de um filme, você sente que perdeu alguma coisa. A morte, da mesma forma, interrompe o fluxo agradável dos muitos projetos da vida. Não precisamos ter um grande plano mestre para podermos ter uma gama diversificada de projetos que seguimos ao longo do tempo. Mesmo quando nossas atividades são repetições de atividades já executadas muitas vezes antes, elas retiram densidade e significado da memória, da nossa consciência da repetição e do nosso desejo de repetir novamente. É por isso que os rituais costumam ser tão ricos emocionalmente: eles adquirem mais significado pelo fato de nos lembrarmos, por exemplo, de quando participamos de uma ceia de Páscoa no passado, e como as mesmas pessoas cresceram e mudaram. Somos, em suma, seres temporais nadando em um rio de tempo e, concomitantemente, distanciando-se de cada momento único para observar a sequência. (Marcel Proust capta lindamente esse aspecto do tempo humano.) Da mesma forma, quando não nos repetimos, mas empreendemos uma nova busca, o valor do que é novo deriva significado da consciência do que *é* novo, e isso também é um aspecto de nossa relação com o tempo.

Muitas ou mesmo a maioria das mortes humanas prejudicam a vida da pessoa retroativamente, ao interromperem projetos temporariamente prolongados. Nós conhecemos algumas pessoas que parecem viver de maneira diferente, aproveitando cada momento; mas isso é incomum, e talvez mais comumente encontrado no final de uma longa vida, quando uma pessoa decide que é hora de encerrar as coisas e não empreender atividades que envolvam planejamento e fluxo temporal. Quando minha avó morreu aos 104 anos, depois de uma vida saudável, pareceu menos ruim do que a maioria das mortes humanas – precisamente porque ela procurou, até certo ponto, encerrar as coisas – embora seu amor pelos projetos diários (interagir com sua família, cuidar de seus belos móveis) ainda dava à sua vida uma estrutura temporalmente interrompível. Epicuro, então, constrói seu argumento baseado em um empobrecido retrato da vida e do valor humano. Se aceitarmos um mundo mais rico e uma visão mais realista, muitas ou mesmo a maioria das mortes são ruins para a pessoa que morre, não da maneira ilógica imaginada por Lucrécio, mas de uma forma perfeitamente clara: elas mudam a vida que foi vivida, e para pior.

A visão das capacidades e o argumento da interrupção são aliados. A AC enfatiza a forma como as atividades da vida se desenrolam ao longo do tempo e se recusa a pensar no prazer e na dor como estáticos e momentâneos, como os utilitaristas tipicamente fazem. O argumento da interrupção também não estabelece uma hierarquia, como a abordagem "Tão Semelhantes a Nós" faz: suas alegações sobre interrupção e dano são descritivas, e não afirma que as vidas interrompíveis são mais nobres ou melhores do que outras vidas; aqui, novamente, ele se encaixa com as reivindicações da AC. O argumento não estabelece uma classificação por ranking, mas destaca um traço característico da vida animal que os torna vulneráveis a danos de maneira muito específica. Quando uma vida contém um desdobramento temporal, do qual o sujeito tem consciência e valoriza, a morte pode prejudicá-lo. No entanto, nem todas as criaturas têm vidas assim – embora muitas mais do que Bentham pensou – e, portanto, o argumento não estabelece que a morte é um dano para todas as criaturas. Voltarei a este importante fato.

Alguns filósofos tentaram defender a conclusão de Epicuro, se não seu argumento, apontando maneiras pelas quais a morte pode realmente ser boa para as pessoas, completando uma vida e evitando o tédio e a perda de significado[5]. Bernard Williams argumentou que todos os projetos humanos tendem a se tornar sem sentido e enfadonhos se prolongados indefinidamente. Então, ainda que a morte possa parecer uma interrupção, ela é melhor do que "o tédio da imortalidade", como Williams o chamou. Ele toma como exemplo a ópera de Janáček, *O caso Makropulos*, em que a cantora E. M. finalmente termina deliberadamente sua vida aos 341 anos, ao recusar sua infusão regular da droga da imortalidade[6]. Williams a lê como tendo se cansado de todas as atividades que a vida oferece e argumenta que isso é verdade para o desejo humano em geral. Acho que isso é um exagero, com base em um caso atípico. Como apontei em "The Damage of Death", Elina Makropulos se cansou da viver porque foi repetidamente objetificada e explorada pelos homens em sua vida. Seu suicídio não mostra uma verdade necessária do desejo humano, mas o fato de que as relações entre os sexos precisam mudar, ou pelo menos E. M. precisa conhecer alguns homens novos!

Outro consolador, a quem, em "The Damage of Death", chamei de "a Martha mais jovem", apresentou um argumento diferente para a mesma conclusão. Em *A terapia do desejo*, publicado em 1994, eu dizia que a morte era uma condição necessária para a maioria dos tipos de valor humano, oferecendo uma espécie de limite frente ao qual o esforço, o sacrifício e outras boas atividades humanas têm seu propósito[7]. Tomando como meu slogan o poema "Sunday Morning", de Wallace Stevens, no qual o poeta conclui que "a morte é a mãe da beleza", tentei argumentar que uma vida sem morte careceria necessariamente de amor, amizade, virtudes, e até de excelência atlética, em suas formas humanas usuais. Agora penso que esse argumento estava errado: o que é necessário para que essas atividades tenham seu valor humano usual é algum senso de esforço e resistência, mas não necessariamente a morte. Podemos facilmente imaginar a morte removida, pensando, ao mesmo tempo, que as pessoas continuarão conseguindo exibir coragem, resistência ao sofrimento, capacidade de serem generosas e de fazerem sacrifícios etc. Dado que a dor eterna pode ser considerada pior do que a morte, a possibilidade de sacrifícios pode até aumentar. E como as pessoas gostam de repetição e não insistem em grandes estruturas narrativas, não há razão para supor que um ponto final seja uma condição necessária de maior valor humano.

Os filósofos deram muita importância ao fato de que os humanos com frequência veem suas vidas como tendo uma estrutura narrativa. Jeff McMahan vê esse aspecto da vida humana como algo que nos torna mais valiosos do que outros animais, que, na sua visão, não têm senso de estrutura narrativa. (Ele não considerou as elaboradas práticas de muitas espécies em torno do nascimento e da morte, e ele apenas diz "animais", sem mostrar curiosidade sobre as diferentes espécies.)

Rejeitei totalmente essa abordagem da escada-do-ser; a estrutura narrativa é nossa maneira de fazer as coisas (pelo menos para algumas pessoas), mas outras espécies têm seus próprios caminhos, e os nossos não seriam apropriados para a maioria delas. No entanto, pensar na estrutura narrativa às vezes nos ajuda a pensar sobre quando a morte de um humano ou animal é ruim para a criatura, e nessa medida a Martha mais jovem tem razão: para humanos que se importam muito com a estrutura narrativa, uma morte que encerra a história é preferível, por exemplo, à interrupção, ou a um longo declínio, ou talvez até a uma repetição imortal. Como eu disse, muitas pessoas gostam da repetição e encontram significado de várias maneiras diferentes; penso, então, que a jovem Martha errou ao impor essa norma a todas as vidas. A Martha mais velha pensa que há muitas maneiras de imaginar uma vida imortal que não seria nem um pouco chata. Teria o mesmo personagem principal, por assim dizer, envolvendo-se em muitos episódios diferentes, tentando novas carreiras, e assim por diante. Mas a falta de um único arco narrativo não a torna chata ou sem valor. Seria menos como um romance de Jane Austen e mais como os "monstros soltos e folgados" de Tolstói e Dostoiévski, ou o abraço alegre dos rituais da vida diária que encontramos em James Joyce. Ainda assim, para aqueles que compartilham o desdém de Henry James pelos "soltos e folgados", considerações sobre a unidade narrativa podem ajudar a explicar por que, para essas pessoas, algumas mortes, incluindo mortes mais precoces, são preferíveis a outras. Não posso deixar de sentir que qualquer pessoa com tal estética está fadada a achar a vida humana real insatisfatória, mas como não é esse o meu propósito aqui, não vou desenvolver mais este ponto.

Resumindo: as vidas se desenrolam no tempo, e para uma criatura altamente consciente do tempo e que vive, como os humanos normalmente fazem, no passado e no futuro tanto quanto no presente, a morte pode ser um mal ao interromper o fluxo do tempo – ainda que, como acabamos de dizer, nem sempre, nem para todas as pessoas. A Abordagem das Capacidades nos dá uma maneira de olhar para as atividades características que apoia esses juízos, pedindo-nos em todos os momentos para considerar a forma inteira da vida da criatura, incluindo sua forma temporal. Um foco em maximizar a felicidade momento a momento, em contraste, omite projetos estendidos temporalmente. Até agora, então, nossa teoria se ajusta bem aos juízos que estamos inclinados a fazer. Ela pode dar tanto à temporalidade como à estrutura narrativa o peso que elas têm na vida humana e de muitos animais, e pode também fazer justiça ao fato de que muitas atividades da vida humana e animal não são tão grandiosas, mas, de qualquer maneira, são encantadoras e valiosamente humanas.

Os animais que matamos: argumentos utilitaristas e além

Agora, passemos às mortes de animais. Primeiro devemos, mais uma vez, rejeitar enfaticamente a alegação de alguns filósofos de que a estrutura narrativa, ou suscetibilidade à interrupção significativa pela morte, torna a vida humana melhor do que outras vidas animais. Mas as variações na relação das espécies com o tempo fazem diferença quanto ao que pode ser um dano para uma criatura. O fato de que os humanos retiram relativamente pouca informação sobre o mundo a partir do sentido do olfato significa que a perda do olfato (embora às vezes seja um sintoma de doença) não é em si a enorme perda que seria para a maioria dos outros animais, que dependem muito dele. A perda da audição seria fatal para uma baleia, pois é a sua principal fonte de informação sobre o mundo, enquanto muitos humanos vivem bem sem ouvir. Vamos agora começar a pensar no papel da morte nas vidas dos animais não humanos.

Como já disse, o caso dos animais de companhia é especial, e no capítulo 9 vamos tratar dele. Aqui as comunicações do animal com um companheiro humano sensível transmitem um conjunto de diretrizes avançadas, por assim dizer, indicando quando e se a morte é um dano. Em geral, nossas leis não permitem a um ser humano optar antecipadamente pelo suicídio assistido por médico, quando uma vida florescente não é mais possível, mas penso que provavelmente deveriam. Se um animal se encontra em estado de dor crônica e/ou incapacidade cognitiva, a maioria dos companheiros, lendo os sinais do animal, escolhe a morte, e essa morte, penso, não é um dano. Tais mortes são escolhidas em prol do animal. Se causadas com sensibilidade, e não com segundas intenções (digamos, para se livrar de um fardo caro dos cuidados, ou para herdar uma fortuna), são aceitáveis e não prejudiciais.

Tudo isso está muito distante do que acontece quando comemos animais. (Vou usar o caso dos alimentos como meu exemplo central, mas muita experimentação animal tem o mesmo problema.) Aqui geralmente não estamos fazendo um julgamento por procuração em nome do animal; estamos nos agradando e usando o animal como meio para nossos próprios fins. Eu pedi ao leitor para rejeitar, sem argumento adicional, a pecuária industrial, que impõe a todos os animais envolvidos vidas dolorosas e apertadas sem o exercício de atividades características da vida, como liberdade de movimentos, relações sociais, ar fresco e escolhas de como passar o dia. Vamos considerar os melhores casos das criações que seguem regras humanitárias, nos quais o animal tem uma vida razoavelmente boa: comida de qualidade, ar fresco, a companhia de outros animais etc. – e depois é morto de forma genuinamente indolor.

Alguns animais que matamos para comer são animais muito jovens. Eles não tiveram chance alguma de desenvolver sua forma característica de vida e com funcionamentos maduros. Parece-me que a Abordagem das Capacidades, mesmo quando complementada pelo argumento da interrupção, exige que rejeitemos essas práticas. A AC envolve um sentimento de admiração moralmente flexionada pela variedade de formas de vida na natureza, e essas vidas exercem uma reivindicação moral à permissão para se desenvolverem e se desdobrarem. A transição da infância para a maturidade é evidente em todas as comunidades animais, e faz parte da consciência de criaturas jovens. É razoável supor que as criaturas jovens aprendam a buscar a maturidade como meta central. Quando isso não é alcançado, elas sofrem um tipo grave de interrupção.

Mas há casos em que o animal de fazenda criado humanitariamente viveu uma vida adulta por um razoável período de tempo. A natureza não nomeia qualquer período particular para qualquer um de nós, e morrer antes que a doença e o declínio se instalem não parece obviamente repugnante. No caso humano, argumentei que tais mortes são danos apenas por causa do argumento da interrupção. Então precisamos investigar mais.

Bentham pensava que os animais não humanos, ao contrário dos humanos, não temem antecipadamente a morte. Ele concluiu apressadamente que, por essa razão, a morte não é um dano para os animais não humanos, se for indolor e não precedida por práticas dolorosas. Ele simplesmente afirmou, sem evidência, a posição sobre o medo, e ela não está correta: animais de vários tipos reconhecem ameaças quando elas estão próximas, e temem a morte iminente como resultado. Muitos planejam seus movimentos a fim de evitar ameaças que tenham sofrido ou aprendido com outros animais. Portanto, seu argumento não é convincente, e devemos fazer melhor[8].

Os utilitaristas modernos se saem um pouco melhor. Tanto Peter Singer como Jeff McMahan insistem no valor superior das vidas humanas, alegando que somente os humanos dão uma estrutura narrativa às suas vidas. Eu já rejeitei essa alegação factual, e também rejeitei a ideia de superioridade que eles retiram dela. Mesmo que fosse verdade que vidas humanas e apenas vidas humanas exibem uma "estrutura narrativa", isso não tornaria a vida humana melhor, apenas diferente. Devemos também rejeitar, como fizemos no capítulo 3, a adesão desses utilitaristas a um modelo dos "recipientes", segundo o qual o que é importante em uma vida é a quantidade de prazer ou satisfação que ela contém[9]. Esta imagem, implicando que uma vida pode, em princípio, ser substituída por outra que contenha uma quantidade semelhante de prazer, não faz justiça à vivência integrada das vidas: assim como os outros animais, nós não somos garrafas pelas quais fluem os prazeres, somos agentes buscando objetivos, e cada um é valioso no seu direito. John Stuart Mill entendeu este ponto e modificou o utilitarismo para abrir espaço para a separação e dignidade das vidas. Então, consideremos a partir de agora um tipo de utilitarismo que concorda nesse ponto com Mill.

No entanto, utilitaristas recentes também empregam uma versão do argumento da interrupção, e aqui podemos segui-los cautelosamente. O que este argumento realmente revela sobre a questão de se, e quando, a morte é um dano para uma variedade de animais não humanos? A morte é evidentemente um dano, como eu já disse, se vier muito cedo, interrompendo o desenvolvimento antes que os funcionamentos adultos sejam alcançados, quando uma criatura tem consciência desse desenvolvimento. Ela também é um dano na medida em que o animal segue projetos que se estendem no tempo, ou mesmo projetos repetidos com memória e consciência da repetição. Singer e McMahan parecem pensar que isso é verdade apenas para um pequeno número de espécies (símios, baleias e elefantes). Mas não devemos segui-los: devemos aprender com a pesquisa. Projetos que se estendem no tempo estão claramente presentes na vida de todos os primatas, elefantes, aves, roedores, bovinos, suínos, mamíferos marinhos, cães, gatos e cavalos. Então a morte pode ser um mal para essas criaturas, e seria errado infligir esse dano. Poucos hoje comem cães, gatos, cavalos, elefantes, macacos e roedores, mas muitos comem baleias, aves, porcos e gado.

Lembremos também que o capítulo 6 concluiu que existem alguns animais que parecem não ter senciência alguma, ou que a têm minimamente. Isso é verdade para os animais que Aristóteles chamou de "estacionários", ou seja, esponjas e anêmonas; também a maioria dos insetos ou todos; e possivelmente crustáceos, embora enfaticamente não para os cefalópodes. Não causamos dano a criaturas não sencientes quando as matamos, e como elas não sentem dor, não precisamos nos preocupar muito com a maneira, embora seja sempre uma boa aposta matar sem dor, já que podemos aprender mais e concluir que estávamos errados, como parece que estamos no caso das lagostas.

Outro grupo de animais que interessava a Bentham era o que chamou de "pestes", ou seja, animais que constantemente tentam nos prejudicar. Muitos deles (baratas, mosquitos, moscas) são insetos de qualquer modo, mas nós também devemos incluir os ratos de rua (não os ratos de laboratório) nesta categoria. Aqui Bentham pensou que matar era aceitável por um princípio de autodefesa, e eu basicamente concordo. No entanto, os estatutos de autodefesa mais sensatos exigem que os atacados primeiro recuem, antes de usar uma força letal. O argumento análogo neste caso seria que os humanos, em vez de matar, usassem, onde quer que possam, meios não letais de autodefesa, como a contracepção. Nós já temos tais métodos para os insetos; para os ratos, mostrou-se recentemente que seu uso é ainda mais eficaz do que métodos letais na redução de populações[10].

Chegamos agora ao cerne da questão. Os principais animais para alimentação são bovinos, suínos, aves e peixes. (Cordeiros já foram eliminados da lista, junto com vitelos, pelo princípio da idade adulta.) Antes de usarmos o argumento da interrupção, devemos estudar a vida cognitiva de cada animal. Os porcos são extraordinariamente inteligentes e claramente têm um senso de projetos temporais. As aves são planejadoras maravilhosas e altamente elaboradas, então me parece totalmente implausível que as galinhas não possuam essa capacidade aviária comum. O gado também parece estar claramente acima da linha de "interrupção". Então, mesmo a matança humanitária dessas criaturas lhes inflige um dano sério e é errada por esta razão.

Mas é plausível que existam algumas criaturas, alguns tipos de peixes talvez, às quais o argumento da interrupção não se aplica. Elas vivem em um presente perpétuo, sem projetos prolongados a serem interrompidos, e não se lembram das rotinas que executam repetidamente. A pesquisa não é muito clara neste ponto: se um tipo de peixe vive em um presente perpétuo, então parece errado atribuir-lhe emoções temporais, tal como medo, como o fazem alguns cientistas (ver o capítulo 6). Mas parece provável que o medo tenha sido prematuramente atribuído com base em um comportamento aversivo. Tudo bem. Suponhamos que nos convencemos de que existem criaturas que vivem momento a momento. O filósofo utilitarista R. M. Hare imagina um peixe morto sem dor por uma pistola de atordoamento habilmente empunhada por um peixeiro local[11]. Este peixe nadou livremente, tendo uma boa vida (adulta) até pouco antes desse momento. Jonathan Balcombe, uma autoridade em peixe, descreve pescarias humanitárias em que tais práticas são usadas em larga escala[12]. Balcombe vê a moralidade de comer peixe como uma questão complicada, acredita que é melhor deixar para o julgamento de cada indivíduo, mas ele mesmo diz que come peixe. Hare julga que comer um peixe morto dessa maneira é moralmente aceitável. Em uma resposta ao artigo de Hare, Peter Singer concorda, embora diga que ele mesmo não come peixes abatidos humanitariamente porque uma figura pública precisa de uma política muito mais simples.

Se meu argumento estiver correto, a morte não é um dano para essas criaturas. Embora intuitivamente pensemos na morte como a frustração final de todo esforço, neste caso não frustra os projetos do animal, pois não existe qualquer projeto estendido no tempo para ser frustrado. Epicuro está certo sobre essas criaturas, embora ele estivesse errado sobre os humanos e a maioria dos animais. Os peixes são sujeitos de justiça na medida em que podem sofrer danos pela imposição de dor, fome, mortes dolorosas. Mas, se meu argumento estiver correto, eles não sofrem danos devido a uma morte indolor no meio de uma vida que viceja. Ainda precisamos esperar até que os peixes atinjam a idade adulta? Eles têm alguma consciência da maturidade como meta? Parece que não, se realmente vivem no momento presente. Ainda assim, pode-se imaginar que um peixe muito jovem tenha uma consciência fugaz de ser pequeno enquanto outros peixes são grandes; então, o caso é obscuro. Portanto, é sempre bom errar por excesso de cautela, evitando matar peixes filhotes.

Por alguns anos, comi peixe cerca de quatro vezes por semana, embora nosso crescente conhecimento de suas vidas cognitivas me faça ter muitos escrúpulos e dúvidas. As altas necessidades de proteínas das mulheres idosas, especialmente aquelas como eu, com um alto nível de exercício físico, combinadas com minha dificuldade em digerir lentilhas e feijões, tornam difícil para mim a transição para uma dieta totalmente vegana. Pelos cálculos atuais, uma mulher de 74 anos, pesando 52 kg e com alto índice de atividade física, precisa entre 70 e 100 gramas de proteína por dia. No decorrer do processo de escrever este livro, fiz uma tentativa séria de fazer a transição para uma dieta predominantemente vegetariana, comendo peixe apenas uma ou no máximo duas vezes por semana. Claramente, isso não é moralmente melhor, pois a indústria de laticínios (eu estava comendo muito iogurte) é menos humanitária do que uma indústria pesqueira com boas práticas. Continuei tentando a transição para lentilhas, mas com más reações digestivas. E descobri, por puro acaso, que a mudança na dieta me deixou mais fraca. Eu vinha atribuindo meu declínio atlético ao "envelhecimento, apenas". Mas, em maio de 2021, as sobras de uma refeição servida após a cerimônia fúnebre da minha filha, incluindo uma grande quantidade de linguado, uma excelente fonte de proteína, ficaram comigo. Depois de comer linguado todos os dias durante uma semana, descobri uma melhora repentina na função muscular, e agora estou de volta ao consumo maior de peixe[13].

O que devo pensar eticamente sobre isso? O argumento da interrupção me oferece algo para dizer a mim mesma, mas não estou à vontade. O argumento pode estar errado. Ou pode estar certo, mas estar errado quanto aos peixes. Não ajuda o fato de a alternativa de uma dieta vegetariana rica em laticínios parecer moralmente pior, dado o sofrimento dos animais na indústria de laticínios.

A favor da dificuldade moral

Atualmente, parece provável que a morte indolor não seja um dano para os peixes da forma que é para animais com diferentes tipos de vida e projetos cognitivos. Os peixes geralmente são mortos quando adultos e, se estiverem nadando alegremente e forem mortos realmente sem dor, pode-se sustentar que a morte não é de forma alguma um dano para os peixes, embora devamos estar abertos a novos aprendizados.

Estou, portanto, inclinada a dizer que pessoas como eu não estão usando peixes apenas como meios para os próprios fins, porque não estão causando danos. Nem sempre é errado usar uma pessoa ou criatura como meio: usei meus assistentes de pesquisa como meios de melhorar meu manuscrito; uso médicos como meios de manter minha saúde boa. O problema surge quando usamos uma pessoa como *mero* meio, significando que não respeitamos a dignidade da pessoa e a exploramos prejudicialmente de várias maneiras. Eu estaria explorando meus assistentes de pesquisa, por exemplo, se os intimidasse ou assediasse, ou falhasse em pagar o salário prometido. Mas se houver respeito e nenhum mal for infligido, penso que devemos concluir que a pessoa não está sendo usada como *mero* meio. No capítulo 9, argumentarei que tosquiar ovelhas por sua lã é um uso, mas não *mero* uso: as ovelhas não são prejudicadas e geralmente são até beneficiadas. Então, a questão é se matar peixes para comê-los é esse tipo de uso inofensivo, ou uma forma perniciosa e nociva de *mero* uso.

No caso da tosquia de ovelhas, podemos imaginar um tipo de consentimento hipotético, como no caso do cão ou gato submetido a eutanásia. (*Esta lã é pesada e irritante; eu concordo em me livrar dela*.) Mas é difícil imaginar o peixe dando esse tipo de consentimento tácito para ser morto.

Acho que há quatro problemas morais aqui. Primeiro, somos juiz e júri em nosso próprio caso, e a possibilidade de alegação de excepcionalidade está sempre surgindo, como ocorreu ao longo deste capítulo. Por que me concentrei no argumento da interrupção? Por que interpreto as evidências sobre os peixes dessa maneira? Tento fazer considerações de boa-fé, mas por razões consistentes devemos ser céticos quando existe um conflito de interesses tão flagrante.

Em segundo lugar, o uso instrumental de seres sencientes é um tipo de hábito que pode se espalhar para casos em que o argumento da interrupção nem mesmo supostamente nos safa. Se vale para os peixes, por que não para todas as carnes procedentes de criação humanitárias? Entorpecemos nosso estado de alerta moral por nossa conta e risco.

Terceiro, e uma questão relacionada: se pescamos para comer, por que não pescamos por esporte? Um propósito útil é muito parecido com outro, e se argumentarmos que não há dano, podemos migrar para a aprovação não apenas da pesca, mas, quem sabe, da caça também. Obviamente, estipulei que a morte deve ser indolor. Este nunca é o caso da pesca com linha e da pesca com rede, mas uma forma revisada destas práticas poderia ser imaginada. A caça, se praticada por atiradores altamente qualificados, pode ser indolor, embora a maioria dos caçadores reais não sejam altamente qualificados.

Quarto, há o simples fato bruto do uso instrumental de outro ser senciente. Mesmo que não prejudique o ser, ainda é uma espécie de dominação sobre aquela outra vida. Reivindica uma autoridade que parece injustificada. Esta é a verdade no veganismo. Quem nos disse que poderíamos fazer isso? Eu rejeito o argumento vegano no caso da tosquia de ovelhas, mas o caso de comer peixes permanece extraordinariamente difícil. As nossas capacidades específicas da espécie para a deliberação moral não significam que devemos ser mais cautelosos neste caso, quando tanto é desconhecido? Se o tipo de vida e as capacidades específicas da espécie afetam o que pode ser prejudicial a uma criatura senciente, também não afetariam o que pode ser errado para uma criatura senciente fazer? Com nossa forma específica de vida vem a responsabilidade.

Alternativas?

O que podemos fazer, o que devemos fazer, enquanto lutamos com essas complexidades? Em primeiro lugar, podemos lidar com elas, o que é um progresso. Mas a angústia não torna correta a conduta atual. E agora enfrentamos uma questão familiar no pensamento político: devemos ser gradualistas ou revolucionários? Em outras palavras, devemos encorajar a nós mesmos e aos outros a fazer muitas mudanças que vão melhorar a vida dos animais enquanto não alcançamos a integridade ética (tal como meu argumento interpretou esse objetivo)? Algumas pessoas concebem este tipo de melhoria gradual como um censurável "revisionismo" liberal: apenas a mudança revolucionária completa parece suficiente. Em cada movimento por justiça, surgiu este debate. E há respostas diferentes em casos diversos. Poucos leitores dos meus trabalhos se surpreenderão que eu seja uma revisionista liberal de coração, mas com uma veia revolucionária.

Alguns males, como a escravidão, parecem tão abomináveis que somente uma completa, total e repentina abolição parece moralmente aceitável. Nesta categoria, eu colocaria a criação industrial de animais para alimentação, o uso de animais como peles e a caça de animais por esporte. Se não conseguirmos fazer a abolição imediatamente, é melhor pelo menos nos recusarmos a participar, agora mesmo e totalmente.

Outros males parecem diferentes: uma vez desperta a consciência da humanidade, podemos trabalhar ao longo do tempo para mudar nossa cultura e, finalmente, para remover os males. O sexismo me parece um desses casos: é tão múltiplo, está tão profundamente emaranhado no tecido da vida diária de cada sociedade, que sua abolição de um só golpe não é viável, e recusar-se a participar de instituições doentes provavelmente vai se provar como pessoalmente difícil e contraproducente, embora nos primeiros dias do feminismo algumas feministas separatistas tenham tentado seguir por esse caminho. Nesta categoria, eu colocaria os abates não prejudiciais de animais (usando o argumento da interrupção) que, mesmo assim, são instâncias do uso instrumental e da dominação, que devemos diminuir. Creio, então, que a criação humanitária, pelo menos para os peixes, é realmente um grande avanço, ainda que não seja o último destino. É um pouco como as pessoas que tentam reduzir sua pegada de carbono: embora não possamos, ainda, passar para o carbono zero, podemos diminuir gradativamente o quanto nossas vidas dependem dessas práticas desagradáveis.

Devemos agora colocar mais uma questão sobre a mesa: o custo. Pelo menos atualmente, o peixe originário de criação humanitária é muito caro, assim como os ovos caipiras. Portanto, ao defendermos uma transição para esse tipo de dieta, estamos ignorando questões de classe e capacidade econômica, o fato de que essa escolha moralmente superior – e, por conseguinte, a transição gradual que recomendo – está disponível apenas com sacrifício às famílias mais pobres. (Isso também pode ser verdade para uma dieta vegana de alta qualidade, embora seja difícil fazer os cálculos necessários.) Se, como se costuma dizer em filosofia, "dever implica poder" – isto é, algo não pode ser obrigatório a menos que seja possível –, não está claro se podemos recomendar a dieta que descrevi (mesmo com dúvidas) como uma norma moral para todos. E ainda mais, o custo não baixará até que seja escolhida por muitos. Vamos nos deparar com essa questão novamente no próximo capítulo, quando considerarmos como este e outros aparentes dilemas trágicos podem ser resolvidos.

Para pensarmos mais e melhor sobre essa transição moral, vamos nos voltar para a questão dos dilemas trágicos.

8

CONFLITOS TRÁGICOS E COMO SUPERÁ-LOS

Os interesses dos seres humanos e de outros animais muitas vezes entram em conflito. Alguns conflitos são sobre terras e recursos: elefantes e aldeões, por exemplo, competindo para usar o mesmo espaço, as mesmas árvores. Muitos experimentos médicos que salvam vidas humanas e animais infligem danos aos animais. Em numerosos casos, populações vulneráveis afirmam que sua própria existência como um povo exige a continuação de práticas cruéis que causam imensa dor aos animais. Esses conflitos são confusos e difíceis de considerar. Alguns, pelo menos, parecem muito graves. Se queremos defender a AC, precisamos discutir essa questão, já que pode parecer que valorizar as capacidades plurais apenas nos coloca em uma confusão. Neste capítulo, defendo que refletir sobre a ideia de dilemas trágicos vai nos ajudar a seguir em frente.

Duas abordagens comuns a esses dilemas trágicos são, creio, perniciosas. A primeira é o que poderíamos chamar de *abordagem de choro e lamentação*: as pessoas torcem as mãos e dizem quão terríveis são as coisas em nosso mundo atual, sem ao menos mostrar curiosidade sobre o que poderia melhorar as coisas. A segunda abordagem, intimamente relacionada, é o que poderíamos chamar de *derrotismo auto-odioso*: é por causa de excessos humanos que chegamos ao lugar ruim onde estamos atualmente, e não há nada a fazer a esse respeito, exceto abandonar muitas de nossas ambições e viver um estilo de vida diminuído e castigado. (Muitas tragédias gregas terminam com esta mensagem.) Ambas as abordagens são comuns atualmente. O termo "Antropoceno" é frequentemente usado de forma descritiva, para apresentar nossa era de dominação humana do mundo, e normativa, para nomear um mal e expressar uma reação fortemente negativa a esse mal.

O que há de errado em ambas é a ausência de movimento para frente. Não podemos desfazer o passado que trouxe a situação ruim, mas podemos descobrir maneiras de ir além disso. E embora a ambição humana tenha causado inúmeros problemas em nosso mundo, também pode ser uma fonte de melhoria.

O que são dilemas trágicos?

Os dilemas trágicos são assim chamados por causa de sua proeminência na tragédia grega antiga. Um caso típico é o rei Agamêmnon, de Ésquilo, a quem os deuses dizem que ele deve matar sua própria filha, Ifigênia, como um sacrifício aos deuses, ou sofrer a destruição de todo o seu exército (incluindo o rei e sua filha). Atingido profundamente, ele clama: "Qual alternativa está livre de males?". É importante ressaltar que nenhuma má ação de Agamêmnon levou à sua difícil situação[1].

O caso de Agamêmnon não é apenas difícil de decidir. De fato, como o descrevi, pode não ser nada complicado, já que a segunda alternativa envolve causar a morte de todos. Ainda assim, ambas as alternativas exigem que ele faça algo moralmente horrível. Ou mata a própria filha, por quem ele tem responsabilidade paterna, ou mata todo o exército, pelo qual ele tem responsabilidade de comandante. (Vamos supor que ele não tenha uma terceira alternativa, como recuar.) E como gostamos de pensar que fazer o que devemos fazer está sempre em nosso poder – "dever implica poder" –, a existência de tais dilemas é uma afronta ao nosso senso de competência e controle. Já é ruim o suficiente quando o universo inflige perda. É pior quando inflige uma mácula moral às pessoas bem-intencionadas.

A vida é cheia de dilemas trágicos, grandes e pequenos. Eles são causados pelo fato de que as pessoas, com boas razões, apreciam valores plurais, mas eventos fora de seu controle tornam impossível satisfazer às exigências morais de todos esses valores. Às vezes, elas são forçadas pelas exigências da guerra. Na guerra civil, os membros de uma família muitas vezes se encontram em lados opostos das linhas de batalha, encontrando dilemas trágicos entre o dever com sua causa e o dever com seus parentes. Não é surpreendente que, em muitas culturas, os aspectos trágicos da guerra civil sejam centrais na literatura trágica.

Os dilemas trágicos não são apenas uma questão de pesar os custos e os benefícios. Devemos sempre buscar fazer isso, a fim de tentar descobrir o que fazer. Mas nesses casos devemos, além disso, notar que há um *tipo* especial de custo, envolvendo o fato de que, qualquer que seja nossa ação, violaremos uma norma importante com a qual nos comprometemos[2].

O que deve resultar disso? Parece que uma reação adequada envolve tanto um reconhecimento de culpa grave pela ação que estamos realizando e, a seguir, uma resolução de expiar de alguma maneira possível no futuro, reafirmando nosso compromisso geral com o valor que se perdeu na situação de crise[3]. Além disso, um bom planejamento pode ser capaz de evitar que tais tragédias possam afligir pessoas decentes no futuro.

Aqui chegamos à abordagem da tragédia do filósofo G. W. F. Hegel, que sigo. Conflitos trágicos entre duas esferas de valor, argumentou ele, estimulam a imaginação a pensar adiante e mudar o mundo. Afinal, seria melhor se alguém pudesse encontrar, em primeiro lugar, uma maneira de evitar que a escolha trágica surja. A má escolha está diante de nós, agora; mas, da próxima vez, vamos tentar descobrir como evitá-la.

Isso nem sempre é possível, mas, como Hegel entendeu, a tragédia estimula a imaginação moral a conceber um mundo que seria livre do dilema que tanto horror causa aos protagonistas, produzindo o que ele chamou de "eliminação" ou "superação" (*Aufhebung*) do dilema. Falando sobre o dilema na *Antígona,* de Sófocles, quando o Estado ordenou que Antígona violasse seu sagrado dever religioso, Hegel disse que o moderno Estado liberal descobriu maneiras de proteger tanto a ordem cívica como o direito das pessoas de honrar suas obrigações religiosas.

Não é tão fácil quanto ele sugeriu, mas é uma boa meta a mirar. George Washington escreveu aos quakers em 1789 que eles não seriam obrigados a cumprir o serviço militar: "Garanto-lhes muito explicitamente que, na minha opinião, as objeções de consciência de todos os homens devem ser tratadas com grande delicadeza e ternura: e é meu anseio e desejo que as leis possam sempre ser, de forma tão extensa, harmonizadas com essas objeções, quanto uma devida consideração pela proteção e os interesses essenciais da nação possam justificar e permitir". Muitos dilemas trágicos, embora não todos, são "superados" por meio dessa ideia, exatamente da maneira que Hegel recomendou.

Uma vez que compreendemos a ideia de Hegel, muitas tragédias diárias parecem simplesmente ultrajantes. Pais preocupados várias vezes se sentem divididos, de forma dolorosa, entre os deveres do local de trabalho e as obrigações dos cuidados com os filhos. Os locais de trabalho, como sabemos, foram originalmente projetados para homens que não cuidavam muito dos filhos. Esses locais de trabalho geralmente careciam da flexibilidade de que os pais necessitavam. Hoje em dia, as pessoas muitas vezes tentam imaginar uma programação que alivie os pais desses dolorosos conflitos. (Muitas vezes, mas não o suficiente.) Por exemplo, tenta-se não exigir que as pessoas estejam no escritório durante os períodos em que as escolas e creches estão fechadas. Ou seja, não suporte fazer escolhas com culpa e em silêncio, mude o mundo.

A mudança hegeliana nem sempre é possível, mas até exercitarmos a imaginação política, quem sabe o que podemos fazer? Os governos dos estados indianos de Kerala e Tamil Nadu notaram que muitos pais pobres mantinham seus filhos fora da escola porque apenas o trabalho infantil permitia que toda a família sobrevivesse. No entanto, manter as crianças fora da escola condenou essas famílias a um padrão de vida de subsistência, em vez de resolver o problema. Os governos estaduais fizeram duas coisas hegelianas: primeiro, foram organizados horários escolares em vários pacotes diferentes, para que os pais pudessem escolher as horas que eram compatíveis com algum trabalho continuado. Em segundo lugar, e mais importante, o governo subsidiou uma refeição nutritiva ao meio-dia para todas as crianças que estavam na escola. O teor calórico e o nível de proteína foram determinados por lei, e isso mais do que compensou os rendimentos perdidos pela criança. Posteriormente, a Suprema Corte indiana ordenou que todas as escolas, de todos os estados, oferecessem o almoço, e continua determinando seu nível de proteína e teor calórico.

O que os governantes fizeram nesse caso está de acordo com a Abordagem das Capacidades. Primeiro, eles identificaram fins plurais que uma sociedade justa deve atingir: saúde e educação. Então, em segundo lugar, eles viram que a atual situação criou um conflito trágico entre duas capacidades fundamentais. Eles as analisaram, convencendo as pessoas de que ambas eram valores genuinamente importantes que precisam ser respeitados. Terceiro, em vez de apenas ignorar ou despriorizar uma das duas capacidades, eles imaginaram uma solução que permitiria que ambas as capacidades fossem realizadas até atingirem um limiar razoável. Todas essas três etapas devem ser cumpridas na aplicação da AC a uma situação que parece um dilema trágico.

A imaginação hegeliana pode nos ajudar com os dilemas que infectam nosso trato dos outros animais? Eu creio que sim, se encararmos de frente a gravidade moral dessas dificuldades. Vejamos quatro áreas de desconforto moral: experimentação médica, consumo de carne, questões levantadas pela prática da caça em culturas tradicionais ameaçadas e, finalmente, conflitos maiores e mais gerais por espaço e recursos. Em cada caso, façamos a pergunta de Hegel: quais mudanças na sociedade e no direito "superariam" ou eliminariam o dilema – se ele de fato for verdadeiramente trágico?

A pesquisa médica que usa animais

A experimentação médica atualmente tem uma forma trágica. Por um lado, está o imperativo de salvar vidas humanas e animais, para o que a pesquisa que usa animais contribuiu muito no passado. Por outro lado, experimentos infligem horríveis tormentos a animais e causam inúmeras mortes prematuras. O tratamento dado aos animais de pesquisa também é altamente insensível às suas complexas formas de vida. O isolamento em gaiolas individuais é a norma, apesar do fato de a pesquisa ter mostrado que mesmo os ratos e os camundongos são criaturas socialmente complexas.

Pouquíssimos defensores dos direitos animais buscam o fim abrupto de todas as pesquisas que usam animais. Há muito a ganhar, inclusive para os próprios animais. Assim, Peter Singer adotou uma posição nuançada, sustentando que, em alguns casos, a experimentação animal é justificada[4]. No entanto, o que precisa ser perguntado, não é simplesmente se os experimentos são, uma vez pesados os prós e os contras, justificados, mas se e quando eles são trágicos, violando uma norma moral. Se forem trágicos, será uma advertência de que devemos nos mover o mais rapidamente possível para "superar" a tragédia por meio de mudanças em nossas práticas.

Vamos dividir isso em três problemas. Um é o dano causado a muitos animais pela incapacitação e pela morte prematura, mesmo que indolor e precedida por uma vida florescente. O segundo é o dano infligido aos animais que são submetidos à dor durante a pesquisa, terminando ou não em morte. O terceiro é a privação infligida aos animais com ou sem morte, devido às condições do experimento. Todos os três, agora, parecem representar dilemas trágicos: os experimentadores devem violar uma norma moral para não renunciar a um bem importante. Sem grandes mudanças na forma como os cientistas fazem seus experimentos, o segundo problema pode ser resolvido de uma forma que remove a tragédia. A mitigação da dor é agora a norma nas diretrizes de pesquisa. O primeiro e o terceiro são mais recalcitrantes, aguardando por novos modos de pesquisa.

Abordemos o terceiro problema. Considere as condições em que os animais de pesquisa normalmente vivem. Tudo o que eles têm é uma jaula vazia e solitária, como se fossem apenas coisas sem formas complexas de vida. Pessoas que se indignam com os ambientes empobrecidos oferecidos a diversos animais em zoológicos frequentemente não se dão conta de que a vida típica de um animal de pesquisa é muito mais empobrecida.

A Abordagem das Capacidades recomenda mapear, da melhor maneira possível, a forma inteira de vida de cada tipo de criatura e visar uma vida digna, atentando não apenas ao prazer e à dor, mas também ao movimento, à estimulação e à amizade. Assim, ela estabelece uma meta muito mais exigente do que a maioria das diretrizes de pesquisa atuais, que se concentram na mitigação da dor. Mas suas demandas devem ser razoavelmente fáceis de atender, se as pessoas realmente pensarem nelas. Tudo isso pressupõe que estamos falando de pesquisas que, em sua natureza intrínseca, não infligem doença e dor. Podemos aprender muito com os animais quando os tratamos bem. Alguns animais não devem ser mantidos em confinamento: discutirei isso no capítulo 10. Mas, para aqueles para quem o confinamento poderia ser eticamente aceitável, esse "confinamento" deve ser um mundo cheio de possibilidades de exploração, união, boa nutrição e movimentação livre. Este objetivo está, obviamente, muito longe de ser alcançado, mas a AC pelo menos focaliza nossos olhos em uma imagem enriquecida e possível do objetivo.

No que diz respeito à pesquisa que inflige incapacitação e morte, a regulamentação e as leis fizeram algum progresso. Os "3Rs", o mantra do Conselho de Bioética de Nuffield, na Grã-Bretanha (2005) – *reduction, refinement, and replacement* [redução, aperfeiçoamento e substituição] –, tornaram-se as palavras de ordem de todos os órgãos reguladores: reduzir os danos, aperfeiçoar as técnicas de modo a produzir menos danos e, sempre que possível, substituir pesquisas envolvendo animais por outros tipos de pesquisa[5]. As diretrizes elaboradas pelo conselho são relativamente fracas, devido a divergências, frequentemente mencionadas, entre os seus membros. Ainda assim, nem tudo que antes era rotina é permitido hoje em dia. O conselho articula como meta distante para os pesquisadores um mundo sem pesquisa com animais; enquanto isso, insiste numa justificação caso a caso para a pesquisa que ainda é feita[6]. Considerando todas as coisas, o conselho observa utilmente que uma cultura de regulamentação, embora altamente desejável, pode isolar as pessoas da reflexão moral. Apesar de não ser um documento legalmente executável, o relatório não deixa de ser um prenúncio de progresso. Uma legislação que implemente essas ideias é o próximo passo para cada país.

Todo o debate sobre limitação e regulamentação, no entanto, é profundamente viciado pelo pensamento da *scala naturae*: assim, mesmo nos escritos dos principais eticistas, o que é permitido frequentemente depende de quão "alto" na escada uma criatura é colocada; ratos, camundongos e peixes são tratados como totalmente desiguais aos grandes vertebrados. Especialmente suspeita é a distinção recebida pelos grandes primatas, com uma proteção especial[7]. Até mesmo a configuração do debate é problemática.

Assim, o Conselho de Bioética de Nuffield reconhece três posições:

1. Há algo de especial nos humanos, e todos os humanos possuem alguma propriedade moralmente vital que falta a todos os animais (*visão da linha nítida*).
2. Existe uma hierarquia de importância moral com os humanos no ápice, seguida por primatas e depois por outras espécies de mamíferos... com os invertebrados e as criaturas unicelulares dispostos na parte inferior (*visão da escala moral deslizante*).
3. Não há distinção categórica entre animais humanos e não humanos, e eles são iguais moralmente (*visão da igualdade moral*).

Apenas as alternativas 1 e 2 são explicitamente fundamentadas na *scala naturae*. Mas o que falta em toda a lista, inclusive na terceira alternativa, é a ideia de que cada tipo de criatura tem uma forma distinta de vida e esta forma de vida dita o que pode e o que não pode ser prejudicial a ela. Podemos e devemos reconhecer diferenças marcantes entre as espécies (com a senciência usada como um limiar mínimo, como recomenda o capítulo 6), quando perguntamos quais danos uma forma proposta de pesquisa causará. Mas isso não significa enfaticamente alinhar todas as criaturas em uma hierarquia.

Além disso, há uma consciência crescente de que nem todos os propósitos humanos são importantes. Bentham já insistia neste ponto (ver capítulos 3 e 7), mas precisamos redescobri-lo. Assim, o teste de cosméticos em coelhos está sob forte investigação e as pessoas atualmente têm alternativas éticas não trágicas na área da beleza. O uso de animais em pesquisas toxicológicas, embora tenha aumentado em resposta à ansiedade do público quanto a riscos químicos, também tem sido alvo de críticas crescentes, com alguns bioeticistas pedindo sua total eliminação.

Um desafio diferente ao pensamento atual, e até mesmo aos esforços graduais de reforma do Conselho de Bioética de Nuffield, vem de evidências crescentes de que os modelos animais não são muito confiáveis. Os argumentos científicos nesta área têm se tornado altamente politizados, e é difícil para o leigo saber em quem confiar. O Conselho de Bioética de Nuffield é cuidadosamente cético quanto às alegações de falta de confiabilidade, provavelmente por causa de divergências entre seus membros. Mais recentemente, Aysha Akhtar trouxe um corpo crescente de literatura científica para lidar com esta questão, argumentando que sabemos com certeza agora que várias pesquisas baseadas em animais não são confiáveis e, dessa forma, impõem grandes custos aos humanos, por meio de tratamentos equivocados e abandono de outros que poderiam ter se mostrado superiores. Ela conclui que, mesmo que foquemos apenas os humanos, os custos da pesquisa com animais superam os benefícios[8]. No mesmo número especial, com foco em testes de toxicidade, Andrew Rowan conclui que o valor preditivo dos testes em animais é, em média, de apenas 50 a 60%, mas que em estudos com roedores cai abaixo de 50%, menos confiável do que a previsão de cara ou coroa[9].

Se esta nova linha de argumentação estiver certa, a pesquisa com animais não representa um dilema trágico, porque nada se ganha com ela. Mas parece improvável que uma conclusão tão abrangente esteja certa. Para as áreas em que estudos em animais não são úteis, devemos simplesmente abandoná-los. E nós deveríamos aplaudir a demanda do conselho por uma justificativa caso a caso com base em evidência sólida. Mas em outras áreas, avanços médicos significativos, tanto para humanos e outros animais, são obtidos por meios imorais[10]. Abandonar a pesquisa potencialmente útil sem substituí-la prejudicaria humanos e outros animais. Então, estamos pelo menos aí realmente presos a um dilema trágico, se acreditarmos, como eu, que existe um imperativo moral para salvarmos vidas.

No entanto, este é um caso em que podemos ver claramente a luz hegeliana no fim do túnel. Simulações em computador e outras tecnologias estão se desenvolvendo rapidamente, prometendo, em vez da mera *mitigação* de danos, uma completa substituição do uso de animais, pelo menos nos casos em que não permitiríamos estratégias de pesquisa semelhantes usando seres humanos. Mesmo o cauteloso Conselho de Bioética de Nuffield recomenda o "terceiro R", a substituição, sempre que possível. Os eticistas vão além, recomendando fortes investimentos em modelos computacionais. Dados os problemas da falta de confiabilidade, essas substituições prometem benefícios em qualidade, bem como evitar custos éticos.

Durante o período de transição, que deve ser o mais curto possível, os animais de pesquisa precisam ter condições decentes de alojamento, e as necessidades físicas, psicológicas e emocionais típicas das suas espécies devem receber atenção. Limites estritos à inflição de dor devem ser aplicados, e a paliação da dor, obrigatória.

Tudo isso, e muito mais, é colocado em forma codificada no importante trabalho recente de Tom L. Beauchamp e David DeGrazia, apresentado em seu livro de 2020, *Principles of Animal Research Ethics* [Princípios da ética em pesquisa animal][11], que em breve deve suplantar a abordagem dos 3Rs como o conjunto normativo de diretrizes nessa área. Esse trabalho faz vários avanços distintos. Primeiro, Beauchamp e DeGrazia insistem que todos os vertebrados e cefalópodes são scientes, têm um ponto de vista sobre o mundo e, portanto, merecem uma séria consideração moral. Eles evitam todos os rankings do tipo *scala naturae*, embora também protejam suas apostas ao não os criticar. Em segundo lugar, eles formulam um conjunto de princípios que fornecem uma orientação que é tanto mais definida como mais abrangente que a dos 3Rs, abraçando, com efeito, uma Abordagem das Capacidades para a proteção da forma de vida de uma espécie.

Beauchamp e DeGrazia recomendam três princípios básicos:

1. *O Princípio de Nenhum Dano Desnecessário.* Sujeitos animais não devem sofrer danos, a menos que um determinado dano seja necessário para – e moralmente justificado por – fins científicos.
2. *O Princípio das Necessidades Básicas.* As necessidades básicas dos sujeitos animais devem ser atendidas durante a condução dos estudos, a menos que seja necessário não atender a necessidades básicas específicas para – e moralmente justificados por – fins científicos.
3. *O Princípio dos Limites Superiores para os Danos.* A sujeitos animais não se deve causar sofrimento por um longo período de tempo. Em casos raros e extraordinários, exceções podem ser feitas se a pesquisa for necessária para – e moralmente justificada por – fins sociais e científicos criticamente importantes.

Eles têm muito mais a dizer sobre cada princípio. Seus princípios são certamente mais fortes do que a abordagem dos 3Rs, embora existam algumas lacunas óbvias, como o ceticismo dos autores sobre se o dano da morte prematura pode ser justificado – mas pelo menos eles reconhecem a natureza trágica da escolha: é um dano. E eles reconhecem que uma abordagem hegeliana é superior a todas as abordagens da causação de danos, ao insistir que, se houver qualquer alternativa inofensiva, ela deve ser preferida a qualquer outra que prejudique os animais.

Especialmente significativa é sua exposição das necessidades básicas, que se encaixa em grande parte com o que a AC recomenda. Seu catálogo inclui as seguintes:

Alimentos nutritivos e água limpa;
Abrigo seguro;
Estimulação adequada, exercícios e oportunidades para os funcionamentos típicos da espécie;
Descanso suficiente para manter a saúde física e (quando aplicável) a saúde mental;
Atendimento veterinário;
Para espécies sociais, acesso a membros compatíveis da mesma espécie ou do grupo social;
Estar livre de danos experimentais significativos, como dor, angústia e sofrimento;
Estar livre de doenças, lesões e incapacidades;
Liberdade de movimentos, com espaço adequado[12];
Eles então acrescentam que é controverso se o seguinte item é uma necessidade básica:
Estar livre da morte prematura.

Eu insistiria que esta última liberdade é uma necessidade básica (sujeita às qualificações expressas no capítulo 7); e eu riscaria o qualificativo "quando aplicável" do quarto item, já que todas as criaturas sencientes têm uma vida mental. Isso que é a senciência. Mas, no todo, a lista é boa. Escrevendo como comentador, Frans de Waal aponta que nunca há qualquer razão para manter um macaco separado de um grupo de outros macacos, mesmo por um curto período de tempo. Se o experimentador precisar isolar um indivíduo por um período, isso pode ser feito atraindo o macaco desde sua colônia através de uma porta ou portal[13]. Ele observa que permitir que os primatas mantenham suas vidas típicas da espécie produziria melhor ciência, e também seria mais humanitário. Podemos estender seu argumento a todos os animais sencientes.

Ainda não atingimos a meta hegeliana, um mundo livre de tragédias – medida, de acordo com minha abordagem, pelos limiares estabelecidos nas Listas de Capacidades para as criaturas do mundo. A definição desses limiares é, como sempre, um assunto controverso, sobre o qual pode continuar a haver um desacordo razoável. E mesmo no mundo onde os limiares sejam alcançados, haverá pesquisas permitidas a serem feitas, com a necessidade de cuidadosa regulamentação. Portanto, Beauchamp e DeGrazia fizeram uma valiosa contribuição para o nosso progresso em direção à justiça mínima.

O consumo da carne, de novo

Voltemos agora brevemente ao consumo de carne. Existem dilemas realmente trágicos aqui. Quão comuns eles são? Os veganos dirão que a maioria das pessoas, se não todas, pode fazer uma transição rápida e saudável para uma dieta baseada em vegetais, sem causarem, eles mesmos, danos no processo, realizando boas coisas. Lancei pelo menos certa dúvida sobre isso, citando as necessidades de proteína de pessoas idosas (e, podemos acrescentar, crianças) e mencionando que nem todo sistema digestivo pode lidar com grandes quantidades de feijões, lentilhas etc. Portanto, nesse caso, pode haver um dilema trágico para tal indivíduo, uma vez que temos o dever de manter nossa saúde. O custo também é um problema para famílias não pertencentes à elite. Esses dilemas são mitigados até certo ponto pela alternativa do capítulo 7 da criação humanitária de animais (especialmente a morte indolor de um peixe, que tem poucos planos e projetos que se estendem no tempo). Mas a dificuldade não é totalmente removida.

Outro problema potencial é o dano que pode ser causado aos hábitats de animais pela mudança nos cultivos que seria necessária se todos realmente fizessem a transição para uma dieta vegana. Esta questão não está clara no momento, mas deve ser seriamente estudada.

Mas aqui também há uma solução hegeliana à vista: a carne artificial. Praticamente desconhecida quando comecei a planejar este livro, agora é uma enorme indústria em crescimento, com muitos tipos diferentes de "carne" feita de ingredientes vegetais. A razão pela qual esses substitutos da carne são populares é apenas parcialmente ética; as pessoas também querem os benefícios para a saúde do baixo teor de gordura saturada e, muitas vezes, teor de sódio. Esta ciência ainda está em sua infância, pois alguns dizem que os alimentos substitutos da carne carecem de variedade de sabor e textura. E não há peixe artificial, que eu saiba, para aqueles de nós que amam peixe. Ainda assim, este é o futuro. Podemos vê-lo e trabalhar para isso. Quando até estádios de beisebol oferecem cachorros-quentes e hambúrgueres vegetarianos[14], o futuro de *Aufhebung* está à mão. A carne cultivada em laboratório, que é carne "real", criada a partir de células-tronco animais, mas produzidas sem matá-los, já está disponível no mercado, pelo menos em Cingapura. Mais uma vez, o investimento em tais desenvolvimentos parece amplamente justificado, e agora há bastantes chefs amigos dos animais, de tal modo que podemos esperar que essas pessoas imaginativas levem adiante o que está começando.

Preservação cultural?

Práticas cruéis adquiriram recentemente uma elegância cultural/política, na forma de um apelo aos direitos culturais dos povos indígenas há muito subordinados. Consideremos três exemplos[15].

Em 2009, a secretaria de agricultura da província de KwaZulu-Natal defendeu publicamente a matança de touros realizada pelos zulus em um festival anual por se tratar de uma "cerimônia cultural" protegida pela Seção 31 da Constituição Sul-Africana, que "consagra o direito de todo ser humano de praticar sua religião, cultura e linguagem"[16]. Os touros são abatidos usando uma prática lenta e torturante, que envolve "arrancar seus olhos, suas línguas e caudas, amarrar seus testículos dando um nó e enfiar areia e lama em suas gargantas"[17]. Os zulus defendem a prática como um rito de passagem fundamental, necessário para sustentar suas tradições.

O povo Chippewa caça veados de cauda branca como parte necessária da sua sobrevivência material e integridade cultural. Eles afirmam que a carne de veado não só fornece nutrição essencial, mas também promove laços de comunidade, e, pelo compartilhamento ritual com membros do povo fisicamente menos aptos, promove um senso de igual dignidade de todos os membros da comunidade. A caça em si é estruturada por orações e regras que são centrais para o sistema de crenças do povo Chippewa[18].

A Convenção Internacional para a Regulamentação da Caça à Baleia (ICRW, na sigla em inglês) contém uma "exceção cultural": os regulamentos que limitam o arpoamento não se aplicam "aos aborígenes residentes nas costas dos territórios" dos países participantes da convenção, desde que utilizem embarcações de pesca tradicionais, não portem armas e se dediquem a caçar baleias apenas para consumo local. Esta última disposição é rotineiramente desrespeitada, e grande parte da carne de baleia é vendida para uso comercial em restaurantes e mercados, particularmente na Groenlândia (ver também o capítulo 12). Ainda assim, a Dinamarca defendeu com tanta energia a exceção cultural que afirmou publicamente que não se importava se os indígenas vendiam a carne de baleia para turistas, e que os baleeiros poderiam até usar tacos de beisebol para matar baleias se quisessem[19].

Se as pessoas estão de fato interessadas em defender os impotentes dos abusos de poder, não há grupo de seres inteligentes e sencientes mais dominado e menos respeitado no mundo de hoje do que o dos animais não humanos, que também possuem culturas. Portanto, esta forma de defender a cultura parece seriamente errada: longe de empoderar os impotentes, enfraquece ainda mais os totalmente impotentes.

Mas há muito mais a dizer. Os apelos à cultura têm dois problemas praticamente insuperáveis de lógica e definição. Podemos chamar o primeiro de problema "quem está dentro, quem está fora". Quem são os "inuítes"? Todas as pessoas de origem inuíte que vivem em qualquer parte do mundo? Apenas um determinado grupo geograficamente delimitado (os da Groenlândia, por exemplo)? Como de forma alguma todos os inuítes praticam a caça às baleias, esta pergunta deve ser respondida por alguém que queira endossar a afirmação de que a "cultura inuíte" requer a caça às baleias. Além disso, deve-se oferecer uma definição da própria noção de "cultura", uma vez que existem muitas definições concorrentes[20].

Associado a esta questão, está o problema de "as vozes de quem contam". A maioria dos apelos aos valores de uma cultura atende às vozes dos poderosos líderes desse grupo, geralmente do sexo masculino. Eles ignoram mulheres, vozes críticas, vozes alienadas, e assim por diante[21]. Nesse caso, os jovens caçadores estão sendo ouvidos, enquanto todos os outros grupos com credenciais inuítes não: as mulheres, aquelas pessoas que se afastaram por insatisfação com a tradição, aquelas que criticam a tradição, e assim por diante. Culturas não são monolíticas nem estáticas: são cenários de debate e contestação, e estão em movimento[22]. Conceder supremacia a um subgrupo restrito que defende práticas arcaicas, rejeitando outras vozes dissonantes, é fazer uma escolha. Mas qual poderia ser a base normativa para essa escolha[23]?

Todos esses problemas afligem o apelo à cultura, quando usado para defender a caça às baleias dos aborígenes. O livro *Domínio*, de Matthew Scully, mostra que o povo Makah foi inspirado por forças pró-caça japonesas a abraçar uma tradição que não praticava por muitos anos. Aqueles cujas vozes foram ouvidas foram os que seguiram essa influência japonesa[24]. Scully admite que os caçadores inuítes do Alasca alegam serem "realmente" baleeiros aborígenes. E, no entanto, seu estudo mostra que "a maioria dos esquimós que caçam baleias hoje em dia não se constitui de primitivos lutando para subsistir na dura periferia da civilização. São jovens para quem a caça às baleias é uma paixão e, como nos dizem, um ato de autoafirmação cultural. Eles praticam essa caça não porque precisam, mas porque querem"[25]. Scully conclui que a prática não é tão diferente da caça de troféus, especialmente porque o estilo de vida dos nativos do Alasca depende em grande parte da indústria petrolífera. Seu suposto respeito pelos "costumes" também é seletivo, uma vez que os métodos usados para retirar as baleias das águas geralmente estão longe de serem tradicionais[26].

Em suma, os apelos à cultura desfilam como se tivessem força normativa, mas eles nunca nos dizem de onde vem essa força. Todos os tipos de más práticas são altamente tradicionais: por exemplo, violência doméstica, racismo, abuso sexual e, claro, a tortura de animais. O fato de essas práticas existirem há muito tempo não é um ponto a seu favor[27]. Se a tradição tem força normativa, seus defensores devem se esforçar mais para dizer que força é essa.

O argumento não pode ser simplesmente que as culturas entram em colapso se rejeitarem algum valor proeminente que eles já tiveram. Ainda que seja provável que os valores envolvidos no nazismo estivessem profundamente arraigados nas tradições culturais alemãs, a cultura alemã de um tipo reconhecível sobreviveu à rejeição total do nazismo. Todas as culturas começaram a rejeitar a discriminação de gênero, com luta, mas sem colapso cultural total. As culturas cristãs eram outrora profundamente hostis aos judeus, muçulmanos e hindus; agora elas são muito menos hostis; suas culturas foram reinventadas para mostrar respeito pelos compromissos religiosos dos não cristãos. E embora Lorde Devlin tenha previsto, em 1958, que a cultura britânica não sobreviveria sem proibições legais de relações sexuais entre pessoas do mesmo sexo, a história mostrou que ele estava errado[28].

E quanto à cultura das próprias baleias? Embora os proponentes dos direitos culturais aborígenes frequentemente falem do respeito desses grupos pela natureza, é impossível ver a caça às baleias como um sinal de respeito pela vida e cultura das baleias. Como Anthony D'Amato e Sudhir Chopra com razão comentam: "[N]inguém perguntou às baleias-da-groenlândia se os bandos de homens que as espancavam e arpoavam demonstravam respeito"[29].

Em um excelente artigo, as filósofas Breena Holland e Amy Linch assinalaram que ver os povos nativos como meros escravos do passado é algo que os diminui[30]. A cultura é, ela mesma, um "kit de ferramentas", e aqui elas recorrem ao trabalho da socióloga Ann Swidler, com o qual as pessoas continuam a construir suas próprias histórias. Existem muitos grupos que praticaram crueldades contra os animais no passado, mas alguns se adaptaram, como resultado de argumentações éticas. Elas argumentam que é mais respeitoso com sociedades tradicionais esperar que elas deliberem e avancem. De fato, como o filósofo Jonathan Lear mostrou em *Radical Hope* [Esperança radical], seu comovente estudo sobre os crows, um grupo pode encontrar maneiras totalmente imprevisíveis de seguir em frente, mesmo quando aparentemente enfrentam uma devastação cultural total[31]. Portanto, concluo que não há dilema verdadeiramente trágico aqui, porque é possível repensar um dos fins para que ele ainda possa ser respeitado, enquanto se respeita, ao mesmo tempo, a vida dos animais.

Linch e Holland parecem satisfeitas com a matança humanitária. Eu iria mais adiante, voltando à pergunta de Hegel e à AC: o que seria imaginar um mundo em que o dilema trágico entre causar a destruição de uma cultura ou povo e causar dor e danos aos animais não existisse mais? Aqui a fonte original de inspiração de Hegel, o teatro grego, nos leva à resposta: um grupo pode reter o valor de uma prática que mantém o grupo unido, teatralizando-a e removendo completamente seu significado letal. O drama trágico grego foi muito provavelmente uma modificação cultural, em que o teatro ocupou o lugar do sacrifício humano. Não mais uma pessoa jovem seria morta no altar; em vez disso, o sacrifício de Ifigênia acontece como teatro, relembrando ao grupo sua história e também comemorando seu progresso além de tais entendimentos da tradição cultural[32]. Da mesma forma, o esporte pode ser visto como um substituto teatral para o combate (embora, no caso do futebol, se possa perguntar se as possibilidades letais foram totalmente removidas).

As soluções precisam vir dos próprios grupos, mas, dada a crescente popularidade do turismo cultural, não é difícil imaginar os próprios grupos entendendo o potencial do teatro ritual para sua sobrevivência cultural. O sucesso de longa data do drama histórico cherokee *Unto These Hills* [Até estas colinas], que tem sido uma das maiores atrações culturais da Carolina do Norte desde 1950, é uma evidência do que o futuro pode trazer para os zulus, os chippewas e os inuítes[33].

Concluo que não devemos tolerar a matança de animais como forma de expressão, assim como não toleramos agora a violência contra as mulheres como expressão cultural da masculinidade. Todos os grupos são capazes de mudar, e a mudança deve ser exigida de todos, por respeito às suas próprias capacidades éticas e por respeito, antes de tudo, aos animais. Todos os seres humanos têm a obrigação coletiva de trabalhar por melhores leis e instituições.

Conflitos por espaço e recursos

Até agora, nossas tragédias cederam à imaginação e ao trabalho. Muito mais tenazes são os dilemas trágicos generalizados causados por conflitos humanos-animais por espaço e recursos. Na África, apesar dos esforços generalizados para proteger e preservar os elefantes, sua presença muitas vezes inflige uma enorme privação aos aldeões, que precisam das árvores que os elefantes estão descascando para seu próprio alimento. Esse tipo de conflito é comum, envolvendo várias espécies de animais. O próprio ressurgimento e sucesso de uma espécie é frequentemente o prelúdio de conflitos, como disputas por espaço entre humanos e leões da montanha nos estados do Oeste americano. Esses conflitos são muito básicos: de um lado, a capacidade dos animais de viver a sua forma inteira de vida, envolvendo inúmeras capacidades na lista; por outro, as necessidades dos humanos empobrecidos de capacidades para levarem vidas saudáveis.

O primeiro passo para pensar bem nesses casos é analisar com clareza o conflito. Os dois lados realmente envolvem empurrar as pessoas para baixo do limiar de uma capacidade genuinamente importante? Nem todos os interesses têm o mesmo peso. Os humanos, por exemplo, podem se adaptar a um espaço menor com mais facilidade do que a maioria dos animais grandes, como nos ensinou o sucesso das cidades; então, não devemos pensar que quando se solicita aos humanos que façam tal coisa para apoiar o florescimento de um grupo animal, isso seja necessariamente trágico. Tampouco os interesses financeiros humanos por si só geram tragédia. Assim, os esforços dos fazendeiros no Wyoming para abater rebanhos de cavalos selvagens – e impedir corredores de reprodução que fortaleceriam a saúde dos membros das espécies – envolvem interesses econômicos que não são essenciais para a saúde e a sobrevivência. Resultados melhores para todas as partes podem ser obtidos por uma maior compreensão científica do papel dos cavalos selvagens no ecossistema mais amplo[34].

Contudo, frequentemente os interesses são mais importantes – saúde e sobrevivência em ambos os lados. Então muito depende dos números. Com os coiotes nas cidades, considerando que seus números são relativamente pequenos e que sua ameaça aos seres humanos e animais domesticados pode ser contida, os padrões do tipo "viva e deixe viver" já estão evoluindo[35]. No caso dos leões da montanha, mais perigosos – embora um alpinista intrépido recentemente tenha precisado estrangular um leão para se defender[36], e outros casos semelhantes ocorrerão sem dúvida –, é possível capturar leões de uma forma humanitária e despachá-los para uma instalação de reabilitação da vida selvagem, com a possibilidade de soltura posterior na natureza, como aconteceu com os irmãos do leão morto[37].

Os elefantes por si mesmos não ameaçam os humanos. Mas eles precisam de muito espaço e consomem uma quantidade expressiva de casca de árvores e plantas. Os humanos também ocupam muito espaço e têm usos urgentes para árvores e plantas. Esse tipo de competição pode ser atenuado pela criação de refúgios de vida selvagem com regras claras, muitas vezes generosamente sustentados pelo ecoturismo. Mas enquanto os animais entrarem livremente em áreas habitadas por humanos, haverá cenários verdadeiramente trágicos.

Esses cenários são agravados pela pobreza rural, o que torna mais desesperadora a competição por recursos com animais de grande porte, podendo até levar os humanos a ficar do lado dos caçadores clandestinos, em busca de ganhos financeiros. Uma solução hegeliana terá, portanto, de ser complexa: terá de promover refúgios da vida selvagem claramente demarcados e seguros, mas também ajudar as comunidades a aproveitar ao máximo as terras comunitárias[38]. Intervenções que fortalecem o estado de direito na África também são cruciais para acabar com a caça clandestina, assim como intervenções do lado da demanda.

Devemos agora discutir o controle populacional. O crescimento da população humana é parte do problema, e controles sensatos devem ser parte da solução. A imposição draconiana de números fixos tem alguns grandes inconvenientes éticos, como Amartya Sen argumentou em seu influente artigo "Fertility and Coercion" ["Fertilidade e coerção"][39]. Felizmente, o dilema entre liberdade e controle populacional é apenas aparente, porque as evidências mostram que a maneira mais eficaz de limitar a população é educar as mulheres, uma intervenção que promove a liberdade em vez de limitá-la. Mas mulheres e homens escolherão limitar suas famílias somente quando o saneamento público e os cuidados de saúde disponíveis lhes derem razões para acreditar que duas crianças podem sobreviver até a idade adulta.

A contracepção animal também deve ser discutida? Muitos animais grandes, incluindo elefantes, rinocerontes, girafas, tigres e leões estão tão ameaçados que limitar suas populações seria irracional, e o que precisamos fazer é preservar e aumentar os números. Mas há outros casos de conflito nos quais os contraceptivos animais podem ser investigados com cautela, desde que a pesquisa seja feita com cuidado e nenhum dano seja causado ao animal. Para animais selvagens, não sabemos o suficiente sobre os danos potenciais no momento. Os contraceptivos propostos para cavalos selvagens parecem ter efeitos colaterais prejudiciais. Mas isso não significa que mais pesquisas não devam ser feitas. Tal como acontece com os anticoncepcionais humanos, a pesquisa deve continuar até que uma opção segura seja encontrada.

Ao focar casos específicos de conflitos humanos-animais, eu evitei, dir-se-á, o maior conflito de todos. Em um mundo onde os humanos estão morrendo de fome e morrendo por falta de cuidados médicos, é possível justificar gastarmos uma quantidade substancial de tempo e dinheiro cuidando de outros animais? Essa foi, grosso modo, a resposta chocada de alguns jovens pensadores do desenvolvimento em nossa Human Development and Capability Association quando apresentei partes deste trabalho. Eu realmente creio que nós não devemos dar nenhuma prioridade absoluta aos interesses humanos, como esses objetores parecem querer que eu faça. Sustento que todas as criaturas contam igualmente. Mas também insisto que o dilema é falsamente colocado: a maioria das ameaças atuais à vida humana pela pobreza e a doença vêm da ausência de instituições governamentais, não dos limites "naturais" das capacidades da terra. Podemos e devemos imaginar e trabalhar por um mundo multiespécies em que todos têm oportunidades para florescer. E nós devemos, penso, ir ainda mais longe, insistindo que uma sintonia ética com a vida dos animais e um sentimento de admiração por sua complexidade e dignidade fazem parte de nossa humanidade, sem os quais a própria vida humana empobrece.

Em geral, sempre que pensarmos que devemos infligir privações aos animais a fim de preservar uma comunidade humana saudável, devemos recuar, perguntando como chegamos a essa situação ruim e o que podemos fazer para produzir um mundo futuro em que essa escolha sombria não surja. O choro e o lamento são autoindulgentes quando temos trabalho a fazer. Os dilemas são genuinamente difíceis, e não há garantia de que não haverá pelo menos alguma perda irreparável. Mas vejamos o que pode ser feito. O otimismo hegeliano não satisfará as pessoas que sentem prazer em pensar quão tudo é inexoravelmente ruim, e que adoram acreditar que o Antropoceno é um apocalipse por causa da nossa transgressão pecaminosa. Eu simplesmente não creio nisso. Penso que podemos deliberar bem e criar um mundo multiespécies viável. A única pergunta é: vamos?

9

OS ANIMAIS QUE VIVEM CONOSCO

Companheiros animais vivem na maioria dos lares humanos nos Estados Unidos: 67%, segundo uma conta recente[1]. As pessoas valorizam seus companheiros cães e gatos e frequentemente têm laços emocionais muito fortes com eles (como também fazem com cavalos e alguns outros animais que vivem perto das casas). As normas de mutualidade e consideração estão em ascensão. De acordo com pesquisas recentes, entre 89 e 99% das pessoas que vivem com um cão ou gato acreditam que o animal é um membro da família[2].

Na Antiguidade, a reciprocidade e o respeito genuínos não eram incomuns entre os humanos e os animais que conviviam com eles. Quando Odisseu retorna a Ítaca após uma ausência de vinte anos, ele encontra seu amado cão de caça, Argos, negligenciado, deitado em um monte de estrume, seu pelo infestado com carrapatos[3]. No entanto, apesar da idade avançada e do abandono, Argos é a única criatura senciente em Ítaca (incluindo a esposa de Ulisses, Penélope, e seu amigo Eumaio, o cuidador de porcos), que reconhece Odisseu sob seu disfarce de mendigo. O respeito mútuo e a consideração entre os dois é evidente: Argos tenta se levantar e ir até Odisseu, mas está muito doente para fazer isso, e simplesmente abana o rabo. Sem poder reconhecê-lo em público, por causa de seu disfarce, Ulisses se refere a ele como um "cão nobre", e lágrimas correm dos seus olhos. Argos, aparentemente satisfeito por ter visto seu amado humano novamente, deita-se e morre[4].

A mesma história que nos mostra a profundidade da lealdade e consideração que pode existir entre humanos e animais de companhia também mostra, no entanto, o lado obscuro das relações humanas com seus companheiros animais; a negligência e o abuso, especialmente quando um cão é muito velho para ser instrumentalmente útil, também tem sido o quinhão comum de cães e gatos, e Argos foi vergonhosamente abusado pelos pretendentes. De fato, Odisseu sabe que alguns cães são maltratados ao longo da vida: ele contrasta a aparência nobre de Argos (apesar da miséria de sua difícil situação atual) com a situação de outros cães que "mendigam à volta das mesas e são mantidos apenas para serem exibidos"[5].

No mundo grego antigo, os cães normalmente trabalhavam ao lado dos humanos, faziam bastante exercício e eram geralmente respeitados por sua atividade. A simbiose mutuamente respeitosa de Odisseu e Argos persistiu, onde quer que humanos e cães sejam parceiros em objetivos compartilhados. Em Rousham House, uma propriedade rural em Steeple Aston, nos arredores de Oxford, um visitante pode ver o túmulo de Ringwood, um "otterhound de extraordinária sagacidade", cujo epitáfio foi composto por ninguém menos que Alexander Pope, um visitante da propriedade e famoso amante dos cães.

(Ele escreveu muita coisa elogiando seu próprio companheiro favorito, um dogue alemão chamado Bounce.) Hoje em dia, porém, quando os cães trabalham menos e costumam viver em lugares mais apertados, há uma involução na relação, como a palavra "pet"* indica, e muitos cães são tratados como brinquedos e enfeites. Quando as pessoas notam melhorias recentes quanto ao respeito e à consideração, é por contraste com um declínio anterior.

Ainda assim, com muita frequência cães e gatos são considerados propriedades, pertencentes a um humano e, consequentemente, vivendo sob a tolerância humana – não fins em si mesmos, mas apêndices: úteis às vezes para proteção, às vezes para apoio emocional, às vezes como brinquedos fofos para recreação, às vezes como troféus valiosos que exibem o *status* do humano.

Hoje em dia muitas pessoas contestam essa visão, acreditando que cães e gatos não são propriedades, mas companheiros, membros da casa, tão preciosos quanto outros membros. Elas exigem maior acesso para seus companheiros animais – a parques, hotéis, aviões. Esta mudança é cambaleante e inconstante, e coexiste com muitos comportamentos abusivos e negligentes. Com muita frequência, as pessoas que querem viajar com seus cães e gatos em aviões são as mesmas que os negligenciam com falta de exercícios e apoio inconsistente ou deficiente na aprendizagem de limites sociais. Elas não veem mais esses animais como propriedades, mas também não os respeitam e

▼

---

* Neste contexto, fazendo uma tradução mais explicativa, um "pet" significa um animal de estimação *para ser mimado*, como um tipo de bibelô. "To pet", em inglês, significa *mimar*. [N. do T.]

atendem integralmente. E frequentemente essas mesmas pessoas compram cães de fábricas de filhotes, que os criaram de forma abusiva e negligente, infectando-os com inúmeras doenças. Mesmo quando uma família humana de alguma forma adquire um animal saudável, seus membros humanos muitas vezes escolhem o animal porque gostaram de sua aparência ou o viram em um filme, sem saber nada sobre as necessidades específicas desse tipo de animal em termos de exercício e companhia. Assim, o animal inicialmente saudável muitas vezes se torna ansioso e antissocial, como uma criança negligenciada. Em suma, muitas das mesmas pessoas que acreditam que amam um animal de companhia são frequentemente as únicas que abusam dele[6].

Nosso relacionamento com os animais de companhia continua defeituoso, na melhor das hipóteses ainda em construção, um tipo de relacionamento que, em muitos casos, seria considerado moralmente hediondo e legalmente acionável se a criatura em questão fosse uma criança humana.

Este capítulo perguntará o que a Abordagem das Capacidades tem a dizer sobre nossas obrigações morais/políticas com os animais que vivem conosco e sobre como podemos promover melhor suas capacidades – em parceria com eles. Vou me concentrar em cães e gatos, mas depois estendo a análise a cavalos e outros animais de companhia ou de trabalho. No processo, explorarei a ideia, concordando em grande parte com ela, de que os animais de companhia devem ser concebidos como concidadãos, ideia desenvolvida em um importante livro, *Zoopolis*, coescrito pelos filósofos Sue Donaldson e Will Kymlicka[7]. No capítulo 5, já anunciei que a AC considera os animais como cidadãos ativos. Neste capítulo, começaremos a ver o que isso significa na prática.

Florescimento simbiótico

A Abordagem das Capacidades nos pede para respeitar a forma característica de vida de uma espécie animal. Embora cada animal senciente deva ser tratado como um fim, uma boa maneira de começar a formular diretrizes políticas para o tratamento de membros de uma espécie é considerar a forma de vida da espécie, incluindo a amplitude das variações individuais que são normalmente encontradas dentro dela. E, embora possamos certamente conceber que os elefantes e até as baleias podem, em certas circunstâncias, desenvolver relacionamentos significativos com membros de outras espécies, incluindo humanos, existe tal coisa como o florescimento desimpedido de um elefante ou uma baleia que levam uma vida de elefante ou de baleia. Não creio que esta observação signifique que "a natureza selvagem" é um lugar propício ao florescimento de animais selvagens, como argumento no próximo capítulo. Também não creio que a maneira correta de nos comportarmos em relação aos animais selvagens, em um mundo onde dominamos todos os lugares, seja deixá-los sozinhos – como se isso fosse concebível. Ainda assim, é pelo menos possível imaginar uma forma de vida de elefantes sem humanos, e é possível imaginar tal vida indo bem.

Com os animais de companhia, as coisas são diferentes. Ao longo de milênios, esses animais foram criados por humanos para serem úteis para propósitos humanos. Eles desenvolveram traços psicológicos, como docilidade e capacidade de resposta, e até traços físicos, como "neotenia" (a retenção de características juvenis, como uma cabeça grande e grandes olhos redondos, no animal adulto), que os fazem parecer atraentes e não ameaçadores para os humanos. Acima de tudo, desenvolveram vulnerabilidade e dependência.

Isso significa mais duas coisas: primeiro, não podemos descrever as formas de vida das suas espécies sem colocar o relacionamento com os humanos em seu cerne. E essa relação simbiótica é assimétrica. É possível encontrar humanos que não têm relacionamentos profundos com outros animais – na verdade, encontramos esses humanos o tempo todo. Minha Lista de Capacidades menciona a *oportunidade* de ter relações gratificantes com outros animais como capacidade humana valiosa, mas nem todo mundo vai querer usá-la.

Para os animais de companhia, ao contrário, não há possibilidade real de florescimento, exceto em uma relação de dependência assimétrica com humanos. Cães e gatos ferais vivem mal e morrem logo. E se uma estirpe evolui conseguindo viver à parte, como aconteceu com os cavalos selvagens, trata-se de uma espécie substancialmente diferente, cujo tempo evolutivo se estendeu por muitas eras. Se cães e gatos domesticados (e não algumas novas estirpes caninas ou felinas) estão florescendo, isso acontece dentro de uma forma de dependência assimétrica.

Às vezes, animais domesticados são comparados a escravos. A comparação confunde a profundidade e, de certa forma, a iniquidade do que temos feito. Os escravos eram oprimidos, mas eram perfeitamente capazes de buscar liberdade e autodireção, e quando as conseguiram, agarraram-nas com entusiasmo.

Os danos causados pela escravidão foram profundos, mas eram reversíveis. Nenhum filho de escravo é biologicamente marcado pela escravidão (embora os danos sociais da escravidão continuem e ainda não foram desfeitos). Mas se assinássemos uma Proclamação de Emancipação para todos os cães, gatos e cavalos não selvagens, isso não significaria felicidade para essas criaturas ou seus descendentes. Muito pelo contrário: significaria miséria e morte. Os humanos criaram criaturas tais como os hipotéticos "escravos naturais" de Aristóteles, cuja própria natureza biológica os destina a uma relação assimetricamente simbiótica.

Abolicionismo?

Podemos debater a moralidade pela qual, na remota pré-história, os humanos (sem dúvida por muitas tentativas e erros, ao longo de milênios) criaram cães domésticos a partir de caninos selvagens, e gatos domésticos a partir de felinos selvagens. Alguém pode até ver algo de bom nisso, argumentando que as espécies domésticas são mais protegidas que seus ancestrais selvagens dos perigos da natureza. No entanto, é perfeitamente claro que o objetivo daqueles humanos remotos não era proteger, era usar. Para uma variedade de propósitos humanos, incluindo a caça, o pastoreio e o companheirismo, os caninos selvagens não eram confiáveis, assim como não seriam confiáveis hoje em dia. E embora eu tenha dito que alguns dos relacionamentos surgidos no pastoreio e na caça eram recíprocos e afetuosos, os humanos primevos que terminaram criando um Argos não visavam o respeito ou o amor; eles queriam que o trabalho fosse feito de forma confiável e por uma criatura não ameaçadora. A domesticação seria análoga, então, não à escravidão, mas à criação deliberada, por meio da procriação, de uma raça de "escravos naturais" que poderiam viver e florescer apenas em uma relação de dependência assimétrica.

O que devemos pensar desse passado desagradável? Certamente devemos insistir que a vulnerabilidade e a dependência, mesmo quando assimétricas, não são ruins *per se*. Certas fases do ciclo da vida humana – infância, velhice e incapacidade temporária – envolvem vulnerabilidade e dependência assimétricas, e não há nada baixo ou indigno nisso. Muitos humanos que vivem conosco são assimetricamente dependentes ao longo de suas vidas: pessoas com deficiências genéticas graves, especialmente deficiências cognitivas. Nós amamos essas pessoas, ou deveríamos, e não pensamos que haja algo moralmente errado em apreciá-las como elas são e ajudá-las a florescer à sua maneira. Com efeito, pelo menos hoje em dia, pensamos que existe algo terrivelmente errado em não fazer isso[8].

O caso dos animais de companhia, porém, não é o mesmo. Pessoas com deficiência não são criadas deliberadamente para serem assimetricamente dependentes. São acidentes da loteria genética e, embora atualmente a tendência seja levar tais gestações a termo e ajudar as crianças geradas a florescer, em vez de abortar o feto, essas crianças não são criadas deliberadamente. Mesmo defensores de pessoas com síndrome de Down ou outras deficiências geneticamente enraizadas considerariam antiético providenciar deliberadamente o nascimento de uma criança com síndrome de Down, dados os problemas médicos e as dificuldades sociais com as quais essa pessoa viverá — mesmo que fosse para dar um companheiro a um filho com síndrome de Down já na família.

E imaginem o horror moral de criar deliberadamente um subtipo inteiro humano com deficiências cognitivas, geneticamente distintos de outros humanos, para ter uma ajuda doméstica pouco exigente e dócil. Provavelmente essa ideia terrível teria ocorrido a alguns humanos se não fosse pelo fato de que a maioria dos humanos adultos com deficiências cognitivas é fisicamente robusta, mas tem outros problemas físicos que tornariam o experimento hediondo um fracasso; ou então, como acontece com os humanos no espectro do autismo, eles poderiam ser fisicamente robustos, mas não dóceis e obedientes.

Podemos ver que os humanos morais, vendo os maus frutos dessa experiência, exigiriam o fim da criação deliberada desse tipo de humano. Em meu experimento mental, isso seria fácil, porque até agora o tipo subserviente não era uma espécie separada, mas tinha sido especialmente criado em cada caso individual, pela implantação de óvulos contendo os respectivos genes etc.

Alguns defensores dos animais, que se autodenominam "abolicionistas", são a favor exatamente desse caminho, no que diz respeito a cães e gatos domésticos. Gary Francione, o líder deste movimento, escreve que a única maneira de desfazer o terrível mal que nós, humanos, fazemos a essas criaturas outrora selvagens é proibir sistematicamente a reprodução, até que finalmente elas se extingam[9].

Pode-se ver o fascínio desse argumento. Mas ele tem uma série de problemas. Primeiro, como outros argumentos relativos a reparações por males passados, ele é vago sobre quem carrega a responsabilidade e a culpa. A melhor maneira de conceber uma reparação é com um pedido simbólico de desculpas, mas mesmo isso é enlouquecedoramente inespecífico: quem está se desculpando em nome de quem e com que procuração? E isso é, na melhor das hipóteses, uma espécie de inútil torcer das mãos, quando o que é necessário são passos ousados voltados para o futuro visando melhorar a vida de animais que estão vivos atualmente. Por que nos dias de hoje as pessoas, que podem amar intensamente cães e gatos, ou que podem respeitá-los mesmo que não os amem, expiariam sua própria criação por humanos tão remotos no tempo que não podemos sequer imaginá-los?

Em segundo lugar, a proposta de Francione inflige à força um enorme trauma nos mesmos seres que o abolicionista afirma respeitar. Não se pode fazer espécies desaparecerem com uma varinha mágica. A extinção, como eu disse no capítulo 5, sempre ocorre por meio de danos causados a membros de espécies existentes: no caso de Francione, por meio de um movimento mundial involuntário de esterilização em massa que envolveria algum ministério centralizado reunindo todos os cães e gatos existentes, tirando-os de suas casas e castrando-os – algo parecido com a forma que na Índia, durante o estado de sítio, Sanjay Gandhi providenciou que membros das castas inferiores fossem presos e esterilizados à força como forma de lidar com uma população crescente. Mesmo aqueles de nós que rejeitam a ideia de que os animais sejam propriedades poderia vir a valorizar os direitos de propriedade como um baluarte contra o exército invasor de ativistas, indiferentes aos desejos dos próprios animais e daqueles que convivem com eles. A esterilização forçada em massa também não seria indolor para cães e gatos. A esterilização pode ser aceitável e até mesmo, em muitos casos, aconselhável, como vou argumentar mais tarde. Mas a esterilização de Francione romperia os relacionamentos existentes. A esterilização que aprovo é feita por companheiros humanos com o objetivo de prevenir ninhadas que não conseguiriam bons lares, ou, quando praticada em animais de rua, é feita para prevenir a fome e a miséria em massa de futuros animais de rua.

Um argumento abolicionista mais plausível, que não se baseie na ideia de desfazer erros do passado, pode ser que a relação simbiótica entre humanos e animais de companhia é uma injustiça constante. Mas este argumento não pode ter sucesso sem primeiro abordarmos a questão do florescimento: cães e gatos podem, em suas relações simbióticas com humanos, levar vidas florescentes ou não?

A única justificativa possível para causar deliberadamente a extinção de uma espécie é que seus membros individuais não podem ter uma vida digna de ser vivida. Mas cães e gatos podem ter uma vida próspera e saudável, se os humanos os tratarem como deveriam – um grande "se", a ser explicado mais tarde, mas factível. Se foram criados para a simbiose, eles também foram criados para terem uma saúde robusta, exceto nos casos que discutirei em breve. Nem são estigmatizados em comunidades de suas próprias espécies, como crianças com deficiências graves. Eles têm muitas amizades disponíveis para eles – com outros membros de sua própria espécie, com animais de diferentes espécies, e com os humanos com quem convivem. Eles são assimetricamente dependentes, mas normalmente não é uma dependência dolorosa, marcada pelo isolamento e pela doença.

Pode ser verdade que, se pudéssemos voltar à pré-história humana, não deveríamos domesticar animais. Isso permanecerá obscuro, porque nós não sabemos o suficiente sobre a pré-história da domesticação. Mas a culpa pelo passado remoto não sugere uma política útil para o presente. Cães e gatos estão aqui. Eles podem viver vidas prósperas e alegres, embora vidas simbióticas de dependência assimétrica. Mas por que deveríamos considerar isso como tão ruim? A dependência pode ser digna. Em vez de, como Francione, arruinar o passado e tentar desfazê-lo, devemos enfrentar o presente – a existência dessas espécies simbióticas – e cocriar um futuro. Expliquemos agora os termos desse futuro.

Mas, creio eu, primeiro há um lugar na vida dos cães e gatos onde um tipo de abolição é necessário. Como mostrou Bernard Rollin, um filósofo especialista em ética veterinária, as raças de cães mais populares são muitas vezes as mais afetadas por doenças genéticas. Criados seguindo um exigente padrão de raça, eles sofrem o destino de todas as populações consanguíneas: eles não são saudáveis. O labrador, a raça número um (em popularidade) atualmente, tem risco para mais de sessenta doenças genéticas. Isso vale para outras raças populares, como o pastor alemão, o buldogue inglês e francês, o pug, e muitos outras. A endogamia é ditada pelos padrões do American Kennel Club (AKC), mas é uma medicina veterinária ruim. E é ruim para os animais individuais criados dessa maneira.

Como diz Rollin: as pessoas ficariam horrorizadas se os humanos criassem seus filhos assim, selecionando características que os agradassem esteticamente, ao mesmo tempo sobrecarregando a criança com uma existência arriscada e muito provavelmente dolorosa. Eu gosto do National Dog Show, e fico espantada com as belezas caninas lá exibidas. Mas chegou a hora da abolição da endogamia estética. Ela é desumana. É uma criação para a vaidade humana e, frequentemente, para o lucro dos criadores, não para a simbiose mutuamente respeitosa.

Existem algumas boas razões para criar cães. Uma é o trabalho: certas raças podem realizar tarefas (pastorear ovelhas, ser cães-guias) que outras não podem. Já que defenderei o trabalho quando as condições forem humanitárias, temos uma razão para tolerar um tipo de cruzamento, mas não com os exigentes padrões estéticos do AKC, se uma raça existente tiver defeitos genéticos. Alguma hibridização é compatível com a retenção das qualidades úteis de uma raça. Em segundo lugar, as pessoas diferem em sua capacidade de fornecer lares para cães de variados tamanhos e requisitos atléticos. Embora a atual regulamentação na minha cidade, onde apenas cães de resgate ou abrigo podem ser adquiridos legalmente por pet shops, seja uma boa resposta aos horrores das fábricas de filhotes (ver o capítulo 12), esta prática humanitária é compatível com a legalidade continuada de criadores legítimos, que, tal como eu os concebo, criariam animais para se adequar a diferentes estilos de vida e acomodações, mas sem os padrões extremos de endogamia do AKC. Resumindo: o objetivo de uma boa vida canina requer a abolição da maioria das criações que existem atualmente, mas justifica que algumas continuem a criar cães que se adaptem a diferentes situações e contextos. Um companheiro pode então selecionar um cão de companhia sabendo aproximadamente que tamanho terá, de quanto exercício precisará, se será uma companhia adequada para crianças, e assim por diante.

É muito intrusivo proibir criações do tipo AKC com um único golpe. Mas a combinação de uma política pró-adoção com uma forte campanha ética contra raças "puras" muito endogâmicas deve funcionar em pouco tempo. As pessoas já preferem híbridos saudáveis a buldogues ingleses, que mal conseguem respirar.

Esse tipo de abolição não faz mal aos animais, muito pelo contrário. E está facilmente ao nosso alcance, ao contrário de um retorno a uma pré-história quando cães e gatos não existiam.

Da propriedade à cidadania

Ao longo da história das relações humanas com os animais de companhia, eles foram considerados como propriedade. Foram comprados e vendidos, e considerados como totalmente controlados pelo "proprietário". Mulheres e escravos também costumavam ser considerados propriedade. Os escravos sempre foram comprados e vendidos; em muitas sociedades, as mulheres foram literalmente compradas e vendidas também, embora outras sociedades usassem como substituto a ficção mais polida do cortejo seguido de "cobertura", a perda total dos direitos legais de uma mulher no casamento. Para os escravos, o *status* de propriedade significava nenhuma proteção legal, mesmo contra o assassinato. As mulheres se saíram um pouco melhor: assim, o assassinato da esposa geralmente era um crime, embora o estupro e o espancamento da esposa fossem vistos como um exercício normal de privilégio do proprietário.

De forma semelhante, cães e gatos costumavam ser considerados, e até certo ponto ainda são, como coisas, para serem compradas e vendidas. A lei os protegia contra alguns abusos, mas não contra muitos outros. Hoje em dia, embora o termo "companheiro animal" tenha se tornado mais atual, o termo "dono" persiste, e cães e gatos ainda são comprados e vendidos legalmente na maioria dos lugares, embora a adoção de animais de abrigo venha ganhando espaço.

O *status* de propriedade significava o tratamento simplesmente como um objeto do interesse do proprietário. Itens de propriedade não são fins; eles são meios para os fins de outrem. A grande verdade na visão kantiana é que um ser não pode ganhar respeito como um fim a menos que deixe de ser considerado como propriedade[10].

Para escravos e mulheres, o remédio era a emancipação – a plena autonomia adulta. Pelas razões que explorei, este remédio não é totalmente apropriado para cães e gatos, que precisam de parceria humana e cuidado assimétrico. Mas há duas outras analogias que precisamos considerar agora: as crianças e os adultos com deficiências graves. As crianças também costumavam contar como propriedade: elas podiam ser usadas em trabalhos forçados por seus pais, e nenhuma lei impedia os pais de abusar física ou sexualmente delas. Pessoas com deficiências também careciam de proteção; serem tratadas de forma gentil ou cruel era uma questão de ter sorte ou não. Hoje, ao contrário, crianças e pessoas com deficiência são consideradas cidadãs com direitos próprios, como fins em si mesmos, embora elas precisem de parceria com humanos "colaboradores", temporários ou permanentes, para o exercício de seus direitos, e embora o colaborador, como responsável legal, tenha certos poderes decisórios sobre as escolhas que lhes dizem respeito[11]. O que significaria, então, tratar cães e gatos da mesma forma que atualmente tratamos (devemos tratar) crianças e adultos com deficiências cognitivas?

Significa, antes de tudo, que eles devem ser tratados como fins, não meios, e que tanto as políticas como as leis devem levar em consideração seus interesses, protegendo-os contra o abuso e a negligência. Embora a companhia humana tenha uma natureza jurídica (geralmente constituída por meio da adoção) que dá certos direitos ao companheiro humano, ela também dá ao humano muitos deveres. Mas esse *status* é revogável se os deveres não forem cumpridos. Assim como as crianças podem ser retiradas de um lar abusivo ou negligente e colocadas para adoção, os cães e gatos também podem. Como membro do corpo docente, recentemente fui solicitada a concluir um treinamento on-line sobre como reconhecer o abuso e a negligência infantil, e fiquei impressionada com o fato de que os cenários descritos como "preocupantes" e/ou "relatáveis" são o quinhão comum de uma grande proporção de cães e gatos: por exemplo, ficar sozinho sem companhia por horas a fio, receber pouca ou insuficiente comida e água, não ter acesso adequado a ar fresco e exercícios. Mas, no caso deles, a lei intervém apenas nos extremos da crueldade.

A analogia também sugere que os animais de companhia são cidadãos iguais, cujos interesses devem ser levados em conta quando as decisões públicas são feitas. Suas vozes devem ser ouvidas. O caso das crianças é peculiar, porque elas normalmente têm o direito de voto negado por serem imaturas e virem a ser emancipadas mais tarde. Então, consideremos os adultos com graves deficiências cognitivas. Essas pessoas têm plenos direitos legais, incluindo o direito de votar, ainda que precisem contar com um "colaborador" para exercer muitos desses direitos. Caso seus direitos sejam infringidos, o "colaborador" pode provocar a Justiça em nome delas.

Ao contrário, os animais de companhia atualmente carecem inteiramente de legitimidade processual nos Estados Unidos, o que significa que eles não podem provocar a Justiça como autores de uma ação, sendo representados por um advogado. Suas vozes são, consequentemente, muito raramente ouvidas quando as políticas são feitas. Vou desafiar esta situação legal no capítulo 12. O que significaria considerar os animais de companhia como companheiros cidadãos? Sue Donaldson e Will Kymlicka fizeram essa excelente proposta, mas precisamos dizer mais sobre o que isso significa. Há muitas teorias da cidadania, seus direitos e seus deveres. Donaldson e Kymlicka fazem sugestões valiosas, especialmente a sua proposta, a partir dos direitos da deficiência, de que os cidadãos possam agir como agentes políticos, sendo, ao mesmo tempo, dependentes de colaboradores que procuram entender suas preferências. Mas quero me deter, primeiro, no significado de cidadania, tal como a AC o articula.

De acordo com a AC, a cidadania para os animais de companhia significa, acima de tudo, que esses animais são fins cujas capacidades específicas da espécie devem ser fomentadas por políticas públicas, até um limiar adequado, conforme explicitado em uma lei básica de algum tipo.

E a cidadania também significa que aos animais de companhia devem ser concedidos *inputs* para a decisão em políticas que afetam suas vidas – algo que a capacidade da "razão prática" significa em um contexto político. Isso é um tipo de agência política [*political agency*], seja ela exercida por formas tradicionais de ação ou não. Que formas pode assumir o cumprimento dessa capacidade quando os animais estão em questão?

Enquanto meu amigo Cass Sunstein esperava ser confirmado como chefe do Escritório de Informação e Assuntos Regulatórios no governo Obama, seus escritos foram lidos por seus adversários políticos, entre eles seu belo artigo "Standing for Animals" ["Representando animais"], que documenta os absurdos resultantes da falta de legitimidade processual para os animais e defende uma reforma[12]. Glenn Beck, um conservador famoso da internet, escreveu repetidamente a alegação de que Sunstein era "o homem mais perigoso da América"[13], porque "ele acha que seu cão deveria ter a capacidade de processar você"[14]. Eis a teoria da conspiração da internet de uma era mais simples. Esta tinha a vantagem de ser verdadeira.

Sim, de fato. Para mim, assim como para Sunstein (tal como desenvolverei no capítulo 12), um cão deve ser capaz de processar (por exemplo, entrar com uma ação para exigir a aplicação de leis mal aplicadas contra a crueldade) e exercer, por meio de um representante humano, qualquer um dos direitos legais fundamentais de um cidadão. Claro, isso será feito por um "colaborador" humano, exatamente da forma como os seres humanos com deficiências graves são representados em tribunais por um colaborador. Portanto, esta proposta não é mais absurda do que a ideia de que um pai ou mãe idosos, sofrendo de deficiência mental, ainda devem poder processar uma casa de repouso por cuidados deficientes, sendo representados, mais uma vez, por um "colaborador" humano (E não vamos esquecer que você e eu também precisamos contratar um advogado para mover um processo para proteger nossos direitos legais.) Mas e quanto ao voto? Tenho certeza de que Beck consideraria a ideia de animais votando um pesadelo ainda maior do que animais processando. Imagine um local de votação onde um grupo de cães e gatos se reuniram para registrar suas preferências, na companhia de seus donos frequentemente negligentes – de modo que os animais pouco exercitados vão latir e morder, criando o caos. Este é o pesadelo de Beck.

Mas a ideia de cada animal individual ir às urnas e depositar um voto para candidatos à eleição é uma maneira totalmente errada de conceber a representação para cães e gatos. Minha ideia básica, semelhante à de Donaldson e Kymlicka, é que as preferências e demandas que eles expressam em suas vidas diárias serão traduzidas em políticas por meio do uso adequado de companheirismo, colaboração e representação. Uma ideia seria ter em cada cidade e estado um órgão de defesa do bem-estar de animais domésticos, cujos membros humanos seriam encarregados de examinar sistematicamente o bem-estar de cães e gatos e promover esse bem-estar (essas capacidades) através de uma variedade de políticas, mais ou menos da maneira que um departamento de bem-estar infantil opera em uma cidade ou estado em bom funcionamento. Isso envolveria muito aprendizado, inclusive a observação de como cães e gatos de tipos diferentes vivem, conversas com seus companheiros humanos, e simplesmente prestar atenção aos sinais que os próprios animais enviam sobre seu bem-estar. Assim como a verdadeira atenção às capacidades das pessoas com deficiência revelou que elas são impedidas pela falta de acesso a prédios e transporte público, sendo prédios e ônibus consequentemente redesenhados para promover maior acessibilidade, também a devida atenção às preferências dos animais de companhia pode produzir políticas de proteção de seus acessos, com um estímulo da lei federal quando necessário, conforme se mostrou crucial no caso de deficiências. Cidades pequenas e grandes seriam então obrigadas a disponibilizar espaços adequados aos animais de companhia, promovendo sua capacidade de se mover livremente e se exercitar, assim como elas são atualmente obrigadas a disponibilizar a cadeirantes espaços em ônibus e rampas em edifícios.

Como veremos na próxima seção, a ideia de cidadania ainda imporia a companheiros humanos deveres específicos de promover as capacidades dos animais que convivem com eles. E, como a cidadania é recíproca, imporia deveres também aos animais: não morder pessoas ou outros animais, não urinar e defecar em locais inapropriados, não ser um incômodo nos aeroportos. Se os animais forem citados por violações, seus companheiros humanos devem arcar com o custo, mas parece correto citar o animal, já que poder ser responsabilizado é um sinal de respeito. O processo de criação que resultou na domesticação significa que esses deveres geralmente podem ser confiavelmente cumpridos, considerando uma educação apropriada, ao passo que não podemos esperar que um tigre ou mesmo um chimpanzé cumpram deveres semelhantes. É por isso que esses animais não devem ser mantidos como animais de companhia.

Obviamente, esses deveres devem ser exercidos pelo companheiro humano e o animal agindo em conjunto. Animais bem-cuidados aprendem a não ser um incômodo quando por eles se demonstra respeito suficiente por suas habilidades de aprendizado e quando seus companheiros humanos se preocupam o suficiente para passar um tempo com eles. E quando as cidades pequenas e grandes disponibilizarem espaços de exercício para os animais, eles serão mais propensos a se comportar bem em espaços mais confinados.

Os humanos também devem ceder: não esperar que os cães nunca ladrem, por exemplo. E eles devem ser educados para entender a linguagem corporal do cão, lendo sinais de que um cão não está gostando de determinado tipo de comportamento, aprendendo a não o abraçar de repente, nem colocar a mão diretamente na cara dele. Se uma interação corre mal, nem sempre o cão é o culpado!

Obrigações gerais e específicas

Todos os humanos têm a obrigação coletiva de assegurar e proteger as capacidades animais. Isso é tão verdadeiro para animais selvagens quanto para animais de companhia, como vou argumentar no próximo capítulo. Mas o caso dos animais de companhia é um pouco mais simples, porque eles têm uma residência fixa dentro de uma cidade e um estado, cujas instituições devem ser responsáveis, em última análise, por fazer e aplicar leis que protejam seu bem-estar. Todas as pessoas em uma determinada área são responsáveis por apoiar políticas e leis que protejam as capacidades dos animais domésticos, quer elas vivam com um companheiro animal, quer não.

No entanto, também existem algumas obrigações específicas que pertencem às pessoas que decidem trazer um animal de companhia para sua casa. Como Keith Burgess-Jackson argumenta em um excelente artigo, esta decisão é análoga à decisão de ter um filho: envolve (ou deveria) assumir responsabilidades pelo bem-estar de um ser vulnerável que vem morar com você[15]. Pais que têm um filho tornam-se responsáveis por sua alimentação e cuidados de saúde, pela prevenção da crueldade e do abuso, por garantir que a criança tenha oportunidades de aprendizagem e estimulação, de exercícios e brincadeiras, e, acima de tudo, de receber amor acolhedor. Isso vale para a decisão de adotar um companheiro cão ou gato. Esta decisão, no entanto, é com frequência tomada com espantoso desembaraço, enquanto a grande população de cães e gatos em abrigos – e nas ruas – mostra que as pessoas muitas vezes consideram um animal um capricho e acham perfeitamente certo abandonar o animal quando elas se mudam, ou simplesmente não sentem mais vontade de cuidar dele. (Isso vem acontecendo de modo escandalosamente frequente à medida que a sociedade retoma suas atividades após a covid-19.) Pais que tratassem uma criança humana desta forma seriam acusados de crimes. E mesmo quando as pessoas pensam que amam seu animal de companhia, ainda há muita ignorância sobre o que a responsabilidade específica da adoção implica. Muitos animais estão malnutridos. Muitos, senão a maioria dos cães, são pouco exercitados. E muitos companheiros humanos pensam que um animal de companhia está à sua disposição, o que significa que é divertido brincar com ele quando quiserem, mas não há problema em deixá-lo sozinho quando estiverem muito ocupados ou sem vontade. (Isso é o que muitas pessoas pensam sobre o que significa ter um "pet": ter um brinquedo vivo.) Os gatos costumam ficar bem quando negligenciados, mas os cães precisam de interação e afeto, e muitas vezes não recebem o suficiente. As pessoas também pesquisam muito pouco sobre o tipo específico de cão ou gato que adotam, e escolhem um tipo que pareça bonito ou seja popular, sem perguntar se seu estilo de vida se encaixa com as necessidades do animal. Alguns tipos de cães nunca devem ser mantidos em pequenos apartamentos urbanos, e se tornam inquietos e até agressivos quando confinados a maior parte do dia. Outros são mais adaptáveis. Mas todos os cães precisam de exercícios, estimulação sensorial e muito amor e carinho.

Finalmente, já que estamos falando de uma sociedade multiespécies, os cães precisam de educação para serem bons cidadãos, assim como as crianças, e isso também é uma responsabilidade do companheiro humano. A higiene é fácil para os cães, mas eles precisam ser domesticados. Eles também precisam aprender a não morder nem pular em estranhos. Os gatos devem aprender a não perseguir as aves locais – ou devem ser impedidos de fazê-lo se não puderem aprender. O comportamento pró-social pode e deve ser ensinado gentilmente, através de reforço positivo, como acontece com as crianças. Uma criança que não foi treinada a usar o vaso sanitário, nem ensinada a se lavar ou a não morder, sofreu uma negligência criminosa; isso vale para os cães, creio. A guarda de um animal é um privilégio que deve ser revogado em casos de negligência grave ou repetida. Os dois conjuntos de responsabilidades se complementam e se reforçam. Responsabilidades éticas específicas realmente não protegem os animais, a menos que haja imposição institucional e legal. É onde as responsabilidades coletivas entram em ação.

A principal diferença entre animais de companhia e selvagens, como veremos mais adiante, é que no caso do último, as responsabilidades específicas pertencem a pessoas com um papel institucional (por exemplo, funcionários de uma reserva de vida selvagem), que oficialmente lhes atribui tal responsabilidade como parte de seu emprego. As pessoas não devem adotar um animal selvagem e trazê-lo para suas casas.

Promovendo capacidades simbióticas

Consideraremos agora as grandes rubricas da Lista de Capacidades, perguntando qual versão de cada uma devemos proteger para os animais que vivem em famílias humanas – lembrando que todas as capacidades desses animais são, em algum sentido, simbióticas.

Vida e Saúde

No momento, a maioria das jurisdições oferece algumas proteções aos animais de companhia. Eles são obrigados a ser vacinados contra a raiva e algumas outras doenças. Cada vez mais, os humanos são obrigados a adotar e a não comprar de uma fábrica de filhotes, coibindo-se assim muitas outras doenças. A negligência severa pode levar a citações por crueldade animal. Mas as proteções são fracas e incompletas. Às vezes, os abrigos impõem requisitos adicionais às pessoas que adotam. Ainda assim, não há exigência de cuidados veterinários regulares, exercícios ou nutrição de alta qualidade. Temos apenas que considerar a diferença entre crianças e animais de companhia para ver o quanto mais poderia, e acho que deveria, ser feito. As crianças agora são observadas por um vasta gama de funcionários públicos.

Como mencionei, todos os professores e administradores da minha universidade, por exemplo, são obrigados a denunciar eventuais casos de abuso infantil e negligência, simplesmente porque nossa universidade tem alguns programas envolvendo jovens menores de dezoito anos. Existem instruções detalhadas para relatórios obrigatórios sobre negligência. Assim, se eu observar uma criança bem-vestida e aparentemente bem alimentada, parada diante da porta trancada da escola, antes de ser aberta pela manhã, sou obrigada a denunciar os pais por negligência, pois a porta de uma escola é considerada um local inseguro.

Não é assim para os animais de companhia. Falta de higiene, aparentes ausências de nutrição adequada e de exercício regular simplesmente não são notadas, e se forem, não há ninguém a quem isso deva ou possa ser relatado. Apenas em algum caso muito extremo, em que os vizinhos percebessem a negligência, a denúncia aconteceria. Minha visão é que os animais de companhia e as crianças devem ser tratados da mesma forma: um órgão que supervisiona o bem-estar animal deve receber essas reclamações, e os vizinhos precisam receber treinamento quanto aos seus deveres como denunciantes compulsórios. Infelizmente, isso não é suficiente, seja para as crianças, seja para os animais: ninguém pode dizer quão boa ou ruim é a nutrição em casa, por exemplo. As crianças recebem pelo menos uma alimentação nutritiva na merenda escolar, mas cães e gatos podem receber comida muito inferior o tempo todo. Aqui a informação pública e a persuasão são os nossos melhores aliados. Mas como a comida genuinamente nutritiva para cães é cara, um programa público deveria ajudar as famílias não abastadas.

É um triste fato que milhões de crianças nos Estados Unidos careçam de seguro-saúde, então não é nenhuma surpresa que um número maior de animais de companhia também não tenha acesso ao seguro-saúde veterinário. Quando não há plano, os cuidados são frequentemente inadequados. Famílias ricas compram assistência médica para seus filhos, ou são segurados por causa do emprego. E famílias ricas muitas vezes adquirem seguros-saúde privados para seus animais de companhia, que são relativamente baratos e muito bons. Então o problema é como garantir que os animais de companhia em famílias não abastadas – e em famílias abastadas, mas negligentes – tenham seguros-saúde cobrindo os cuidados de que precisam. Eu sou a favor de exigir-se, na adoção de um animal de abrigo, que o humano adquira um seguro-saúde para o animal, da mesma forma que, de uma pessoa que se torna proprietário de um carro, é exigido o seguro automóvel. Pelo fato de os seguros-saúde para animais atualmente não serem muito caros, tal exigência não diminuiria muito o número de adoções. Isso tornaria a situação dos animais temporariamente melhor do que a das crianças nos Estados Unidos, já que é abominável para os americanos restringirem a liberdade de alguém de ter filhos, condicionando essa escolha à aquisição de um seguro-saúde, e não existe um seguro-saúde abrangente e subsidiado para protegê-las assim que chegam ao mundo. Mas este problema, uma injustiça flagrante, também precisa ser resolvido com urgência. E para ambos deve haver um acordo público que torne o seguro-saúde acessível para famílias não abastadas.

As pessoas às vezes dizem que é imoral dar a um animal de companhia cuidados médicos caros, quando tantos humanos pobres estão sofrendo. Esta objeção é bastante confusa. É como dizer que as pessoas não devem cuidar das necessidades médicas de seus próprios filhos só porque nem todas as crianças têm seguro-saúde. Quem assim objeta confunde responsabilidades específicas com gerais. Tendo adotado um animal de companhia (tendo decidido ter um filho), humanos adultos têm responsabilidades específicas de assistir esse animal com cuidados médicos adequados. Mas também todos nós temos uma responsabilidade geral de possibilitar que pessoas não abastadas tenham condições de atender a suas responsabilidades específicas e, de fato, fazer com que sejam atendidas quando as pessoas forem negligentes.

As pessoas geralmente tratam membros de sua família de maneira diferente, sem justificativa, garantindo tratamento de um câncer disseminado e agressivo para um parente idoso, ainda que, quando seu cão tem câncer, optem pela eutanásia. Essa assimetria, que me parece totalmente imoral, é um vestígio da mentalidade "pet": essas criaturas são brinquedos opcionais, que podemos descartar quando as coisas ficam difíceis. Companheiros responsáveis não se comportam assim. Há de fato um lugar para a eutanásia na vida dos cães e gatos. Creio que haja um lugar semelhante para o suicídio assistido por médico nas vidas dos humanos, mas os leitores podem duvidar do segundo, ao mesmo tempo que concordam comigo sobre o primeiro. Esse lugar é: quando o animal manda sinais de que a vida simplesmente não vale mais a pena, por causa de uma dor intolerável ou por um sentimento de vergonha e degradação. Um maravilhoso pastor alemão que conheci, Bear, que morava com um amigo meu, tinha displasia coxofemoral, o destino de tantos como ele, resultado da consanguinidade. Com uma cadeira de rodas apoiando suas patas traseiras, Bear foi capaz de aproveitar a vida, andando por aí, e dependendo de seu companheiro humano apenas para carregá-lo escada acima. Mas quando se tornou incontinente, ficou tão envergonhado e tão infeliz que seus sinais sugeriam que sua vida não valia mais a pena ser vivida. Esses sinais foram respeitados.

Integridade Física

A lei já proíbe algumas formas óbvias de crueldade contra os corpos de animais: espancamento, agressão sexual, treinamento do animal para uso em brigas com outros animais. Mas existem algumas formas que ainda são populares. Vamos considerar apenas duas: amputação das garras (gatos) e amputação da cauda (cães). Esses exemplos mostrarão o que pode ser oferecido pela AC e não pela abordagem utilitarista. A AC proíbe todas as alterações corporais, mesmo as indolores, que removem um elemento central da forma característica de vida daquela criatura, apenas por conveniência ou considerações estéticas.

As pessoas querem amputar as garras dos gatos porque se preocupam com móveis, cortinas etc. Elas duvidam da eficácia do treinamento e não querem investir tempo nele. A amputação das garras [onicectomia], como qualquer outro procedimento médico, pode ser feito sem dor, como quando se extrai um dente. Portanto, a objeção a ela não pode ter fundamentos utilitaristas. Aqui a AC prova sua superioridade mais uma vez.

O problema com a amputação das garras é que ela impede que os gatos exerçam uma parte importante de sua forma de vida, que envolve o uso das garras para escalar e para ganhar tração. Se um gato sem garras sair de casa, não conseguirá escalar árvores e será incapaz de se defender. Amputar as garras de um gato que vive ao ar livre é uma verdadeira crueldade. Mas mesmo para um gato de interior, a amputação torna as suas patas praticamente inúteis para tração, para escalar, para arranhar. Esse é obviamente todo o ponto: transformar um gato em um conveniente não gato. A resposta para a pessoa que pergunta sobre a amputação deve ser: se você não quer viver com um gato, não adote um. Abrigos que oferecem adoção de gatos frequentemente, e com razão, solicitam a possíveis adotantes que assinem um documento prometendo não amputar as garras, impondo-lhes penalidades financeiras caso seja descoberta sua violação do acordo[16]. Os companheiros, por sua vez, devem proporcionar um ambiente doméstico com amplas oportunidades para arranhar: se os lugares para arranhar forem atraentes o suficiente, é provável que os móveis sobrevivam.

A amputação da cauda [caudectomia] em certas raças de cães é menos discutida, mas igualmente significativa. Mais uma vez, o problema é colocar a estética e a conveniência contra a forma de vida de um animal. As caudas costumavam ser cortadas para atender a preocupações equivocadas com a saúde: pensava-se que os boxers sem cauda, e outras raças relacionadas de cães, eram mais propensos à raiva. Hoje em dia, como escreve F. Barbara Orlans, as pessoas citam uma variedade de razões: "Não querer romper com a tradição, melhorar aparência, evitar que os cães se machuquem enquanto estiverem envolvidos em caça e tiro, melhorar a higiene e ampliar a coabitação harmoniosa com humanos em condições de vida confinada"[17]. Cinquenta raças são normalmente amputadas.

Como a amputação da cauda geralmente é realizada em filhotes recém-nascidos sem anestesia, a dor é um problema, mas talvez não insuperável, pois algum anestésico pode ser aplicado. Os principais proponentes da amputação são criadores que vendem cães para feiras e acham que, por razões econômicas, devem acatar uma estética tradicional. Os principais oponentes são veterinários (cujas associações profissionais no Reino Unido e na Europa proíbem a amputação), e o Conselho Europeu, cuja Convenção Multilateral para a Proteção de Animais de Estimação proíbe a amputação da cauda, juntamente com atrocidades como corte de orelhas, remoção de dentes e o procedimento especialmente medonho de remoção das cordas vocais (chamada "desvocalização").

Duas razões plausíveis oferecidas a favor da amputação são a prevenção de ferimentos e a higiene da cauda. Os dados sobre a primeira são, na melhor das hipóteses, inconclusivos, e é tentador dizer que você pode prevenir todos os ferimentos em um cão amputando as partes de seu corpo que podem ser feridas, mas isso não é uma razão convincente para a amputação. A objeção da higiene pode ser respondida por melhores cuidados e aparência, mas ela parece falaciosa de qualquer modo, porque muitas raças com pelos compridos não têm suas caudas amputadas. A amputação é, em primeiro lugar, uma preferência estética e, em segundo, uma escolha por conveniência em vez de cuidado. Não se deve permitir que tais razões interferiram na integridade estrutural e funcional de um animal.

A cauda é um órgão de equilíbrio, um grande órgão senciente composto de vértebras e músculos. Ela é usada não apenas para movimento, mas também para comunicação (de amizade, jovialidade, defensividade, agressividade etc.). Ela também carrega uma glândula de cheiro usada para marcar território. Não deveria haver dúvida, então, de que mesmo que a dor da cirurgia inicial fosse removida, uma objeção baseada nas capacidades do animal proibiria decisivamente a prática.

Mobilidade e Espaço Público

A Lista de Capacidades fala da liberdade de movimento como uma capacidade humana-chave. Para os humanos, é claramente exigido que tenham mobilidade *suficiente*. Ninguém argumentaria que cada pessoa deveria ser capaz de andar ou dirigir em qualquer lugar. Não poderia haver direitos de propriedade ou proteções para a privacidade pessoal sem leis contra invasão, busca e apreensão injustificadas, e assim por diante. Meus direitos de movimento também são restritos pelas leis de trânsito, por leis que regem a propriedade e uso de veículos motorizados, e muito mais – e, acima de tudo, pelos direitos dos outros. Não me é permitido assaltar e agredir, como também não tenho permissão para perseguir alguém ou assediá-lo, o que normalmente também significa não adentrar seu espaço pessoal livremente, mesmo que não seja sua propriedade.

Tudo isto também se aplica aos animais de companhia: os seus direitos de mobilidade são justificadamente limitados de maneiras semelhantes. Normalmente, porém, eles são limitados adicionalmente de muitas maneiras. Muitos gatos não têm permissão alguma para sair de casa. Os cães são restritos por leis que exigem o uso de coleiras e pela escassez de parques onde possam correr soltos. Mesmo as pessoas muito conscienciosas de suas obrigações frequentemente têm dificuldade em proporcionar exercícios suficientes para seus cães, dado o design padrão do espaço público.

Falemos primeiro sobre os gatos. Donaldson e Kymlicka argumentam que é eticamente errado manter um gato inteiramente dentro de casa, e eles parecem estar fortemente embasados em capacidades quando assim argumentam. Gatos adoram escalar, correr na grama etc. No entanto, em ambientes urbanos, e até mesmo em muitos subúrbios, está claro que os riscos corridos fora de casa retiram anos da vida média de um gato. Existem bons dados sobre isso, que convenceram a maioria dos preocupados amantes americanos de gatos. (Donaldson e Kymlicka moram no Canadá.) Veículos motorizados, vírus de animais, animais predadores, como cães maiores ou mesmo coiotes, esses são os riscos inevitáveis de ambientes externos; além disso, os gatos não podem ser treinados para evitá-los. Os gatos, ao contrário dos cães, são mais parecidos com os humanos, adaptando-se bem a uma vida mais dentro de casa e com um pouco menos de exercício. Portanto, muitos amantes de gatos argumentam que é antiético não manter um gato dentro de casa, a menos que você esteja em um ambiente rural seguro sem predadores. Eu me alinho ao segundo grupo. Os humanos podem viver bem em ambientes fechados, e nas cidades todos nós vivemos assim. Os gatos são igualmente adaptáveis.

Os cães são diferentes. A necessidade de exercício depende da raça, mas todos precisam de muito exercício, e raramente conseguem o suficiente. Um quintal cercado é ideal, mas não é algo disponível para todos. E até o cão com quintal quer uma mudança de cenário. Infelizmente, nas cidades, as pessoas nem sempre conseguem encontrar bons lugares para correr com um cão na coleira, muito menos deixar um cão brincar, explorar, socializar com outros cães em um ambiente livre e sem exigência de uso de coleira. Assim como o design do espaço público passou por uma revolução para tornar o espaço acessível a pessoas com deficiências, também o espaço precisa ser redesenhado para acessibilidade aos cães. Mas também é preciso ter cuidado, pois, infelizmente, muitos cães são mal treinados e podem morder crianças, adultos e outros cães. Essa é a razão das leis que exigem uso de coleiras. Há também pessoas que são alérgicas a cães e que, portanto, não querem ser acariciadas nem mesmo por um cão muito legal.

Ao contrário de Donaldson e Kymlicka, não sou hostil a leis que exigem o uso de coleiras; elas têm a sua função. Mas concordo plenamente que precisamos criar mais espaços, especialmente em ambientes urbanos, onde cães (e humanos) possam brincar e se divertir. (É preciso haver muitos playgrounds para crianças humanas também.) Os parques para cães precisam ser mais fáceis de acessar e maiores, e com oportunidades mais envolventes para escalar e pular. Assim como o acesso para deficientes exigiu a adaptação do espaço existente, o mesmo acontece neste caso: os parques existentes precisam ser configurados de forma diferente, e isso deve fazer parte do planejamento, não uma preocupação de um nicho pressionado apenas pela voz de uma minoria.

Sexualidade e Reprodução

Ao contrário dos humanos, cães e gatos não podem orientar suas próprias vidas sexuais por planejamento e consentimento modernos. Eles não podem optar por usar métodos contraceptivos, mesmo quando sobrecarregados por muitos nascimentos. Os humanos devem limitar o acesso dos seus animais de companhia, mantendo-os dentro de casa durante seu período fértil ou, pelo menos, considerando esterilizá-los ou castrá-los se entenderem que limitar os nascimentos é do interesse do animal e/ou dos potenciais novos animais que nasceriam.

A AC sugere que em um mundo bem-comportado, cada animal, macho ou fêmea, teria pelo menos uma ou duas chances de sexo e reprodução: parece um limiar razoável, ainda que baixo, dada a importância das capacidades e das experiências de vida resultantes. Existem várias razões para esterilizar ou castrar após esta experiência inicial de sexualidade/gravidez/nascimento: prevenir o esgotamento da fêmea por gestações repetidas; a dificuldade de manter gatos machos não castrados como companheiros (agressão, marcação de território); e, acima de tudo, os danos às muitas ninhadas de cachorrinhos e gatinhos que não encontrassem lares adequados e provavelmente fossem abandonados ou aumentassem a população já sobrecarregada dos abrigos. Se pensarmos no próprio consentimento hipotético dos pais do animal, podemos facilmente imaginar, dado o forte apego das fêmeas aos seus filhotes, que eles não gostariam que os filhos vivessem uma vida miserável, e, portanto, consentiriam com a operação.

Infelizmente, o nosso mundo está longe de ser perfeito. Há tantos gatos ferais vivendo vidas miseráveis (e se reproduzindo o tempo todo), e tantos filhotes indesejados, que a solução ideal é, por enquanto, muito permissiva. Uma boa política provavelmente dita a esterilização ou castração de todos os animais de rua (muitos países já praticam isso como uma questão de política pública), e pelo menos incita companheiros humanos a castrar seus animais de companhia antes da reprodução, a menos que se comprometam a manter a prole ou encontrar lares verdadeiramente adequados para os filhotes. Isso pode ser, e muitas vezes é, uma condição da adoção. ONGs pró-animais, como a Friends of Animals, operam programas ativos de castração/esterilização como uma contribuição importante para o bem-estar animal. Quanto menos animais acabarem em abrigos, maior a probabilidade de os animais de abrigos encontrarem lares adequados[18].

Em alguns países, existem razões adicionais para esterilizar/castrar: os danos causados por gatos ferais a aves e mamíferos nativos. A Austrália adotou um programa medonho de extermínio de gatos[19]. Uma política mais sadia, usada em muitos lugares, é esterilizar gatos ferais. Espera-se que essa política, se buscada com inteligência, leve a bons resultados. Creio que um princípio de autodefesa nos permite matar animais (por exemplo, ratos) que ameaçam a vida e a segurança de humanos e outros animais, mas a matança (que necessita ser humanitária, condição que o programa australiano não obedece) deve ser um último recurso, depois de ter-se tentado a contracepção.

Educação e Treinamento

Eu já disse que uma sociedade multiespécies exige que todos aceitem responsabilidades com o bem-estar dos outros, e isso significa que um companheiro humano responsável educará seu animal de companhia para ter um bom comportamento social: não morder, não sujar o tapete, e assim por diante. Mas a educação não é apenas controle: é um desenvolvimento da maturidade social do animal, e os cães, assim como as crianças, estão cheios de entusiasmo para aprender e sentem prazer em dominar um hábito social. Então, o aprendizado não é uma atividade monótona, a menos que os humanos a façam assim.

Trabalho

A Lista de Capacidades Humanas nem mesmo inclui o trabalho como uma categoria: apenas como um lugar onde a discriminação não pode estar presente e no qual a afiliação pode ser promovida. Esta omissão não reflete a falta de importância, mas a onipresença do trabalho. As pessoas podem não amar o trabalho que fazem, e algumas pessoas, por riqueza ou aposentadoria, podem não trabalhar, mas essas pessoas são raras. Para os animais de companhia, ao contrário, o trabalho não é onipresente. Gatos raramente trabalham. Cães trabalham se pertencerem a raças que podem ser treinadas para funções especializadas: pastoreio, caça, resgate, guia e uma variedade de ocupações como detetive olfativo (farejar explosivos, drogas, até mesmo covid-19). Donaldson e Kymlicka são extremamente críticos quanto a colocar animais para trabalhar, e chegam à conclusão de que os animais devem trabalhar apenas quando desejarem, e apenas tanto quanto desejarem.

Os cães de trabalho costumam ser treinados com reforço negativo; frequentemente passam horas com poucas oportunidades de brincadeiras e afeto. Também é verdade que algumas das coisas que os cães foram criados para fazer, como a caça à raposa, são desumanas. Mas reformar as práticas de trabalho não significa aboli-las. E tanto para cães como para humanos, um trabalho bem-feito pode ser uma grande fonte de satisfação. Pensem novamente em Argos: ele vivia apático, deitado na pilha de esterco, porque estava muito velho para trabalhar, e tinha um senso de *status* perdido e de inutilidade. Isso é o que eu sentiria se fosse forçada a me aposentar. E penso que muitos cães das raças relevantes levariam vidas mais ricas e gratificantes se fossem empregados em vez de ficarem ociosos na casa de alguém. Isso se aplica aos cavalos, do tipo criado para atividades de caça e salto: eles têm a alegria de um bom atleta em executar bem seus saltos, e colocá-los para pastar antes que a idade o exija significa remover uma grande fonte de significado. Resumindo: se, no cômputo geral, o trabalho agrega sentido e riqueza para a vida do animal, então, como todos nós, o animal deve aceitar as horas regulares que um local de trabalho decente exige (ou seja, horas que permitem bastante tempo para brincadeiras e companheirismo). Isso significa que às vezes eles vão trabalhar mesmo não querendo, mas isso é verdade para todos nós.

Em certo sentido, todos os animais de trabalho, incluindo os humanos, são usados como meios para os fins do local de trabalho. Mas o que as sociedades decentes se esforçam para alcançar é o tratamento do trabalhador como um fim acima de tudo, mesmo no contexto de servir para várias funções úteis.

Estimulação e Brincadeiras

Correspondente às capacidades dos sentidos, da imaginação e do pensamento e à capacidade de brincar, está a necessidade de todos os animais de companhia terem ambientes que estimulem os seus sentidos e a sua curiosidade e que os convidem a gostar de brincar, junto com outros animais e com humanos. Uma grande proporção de cães de companhia está especialmente entediada. Se os humanos os levam para apenas uma ou duas caminhadas curtas e os deixam sozinhos em casa o resto do tempo – o comportamento comum de humanos ocupados com o trabalho –, eles ficam apáticos, frequentemente engordam e adquirem doenças como diabetes e, em geral, simplesmente não aproveitam a vida. Adotar um cão significa assumir a responsabilidade de dar a ele uma vida cognitivamente diversificada e interessante: exercícios apropriados em uma variedade de ambientes, comida saborosa e com os nutrientes necessários e oportunidades para brincar com outros animais, bem como tempo para brincar com um humano não entediado e afetuosamente engajado. A especialista em comportamento animal Barbara Smuts, cujo posicionamento discutirei no capítulo 11, assinala um outro ponto importante: o cão precisa ser capaz de dar as ordens, pelo menos algumas vezes. Assim, ao passear com seu cão de companhia, Safi, ela permite que Safi decida a rota por cerca da metade do tempo, seguindo um cheiro ou rastro interessante. A maioria dos humanos não faz isso: eles têm seus percursos fixos de corrida ou caminhada, e o cão tem que acompanhar. A curiosidade se extingue e, mais uma vez, o cão leva uma vida chata. Muitos humanos arrastam seus filhos junto com eles de maneira semelhante, mas isso é uma parentalidade ruim. Uma boa parentalidade envolve levar a criança, com frequência, aonde a criança quiser ir.

Filiação e Razão Prática

Estas são as capacidades-chave na lista humana, pois organizam todas as outras e as impregnam, colorindo todo o resto. Para cães e gatos, a *razão prática* está intimamente associada a serem tratados como fins. Para animais simbióticos, ter uma vida de razão prática não é realizar-se por conta própria: isso não pode ser uma boa vida para um cão ou gato. Ao contrário, significa ter, dentro da relação mais ampla com um humano, seus interesses respeitados; ter escolhas suficientes, em suma, em todas as capacidades centrais de cães ou gatos; ser capaz de viver uma vida boa que é própria da criatura, não uma vida ditada apenas pelos interesses dos humanos. E já que essa boa vida nunca será uma vida solitária, mas estará sempre entrelaçada com humanos (e frequentemente com outros animais), é fundamental que a relação com os humanos seja uma relação mutuamente afetuosa e respeitosa. Se carinho e respeito estiverem presentes, e se o humano realmente aprender a pensar no animal de companhia como um ser independente com seus próprios fins, não apenas um brinquedo ou instrumento, todo o resto se seguirá.

Animais de companhia fora de casa: cavalos, gado, ovelhas, galinhas

Concentrei-me longamente em cães e gatos, mas eles oferecem um bom paradigma para casos relacionados. Penso que os cavalos (de espécies não selvagens) são um caso muito semelhante, embora não vivam dentro de casa. Eles são altamente interativos, obtêm prazer e significado de um bom relacionamento com os seres humanos, e podem se alegrar com sua própria excelência e com a parceria que ela envolve. Tampouco teriam uma vida boa se fossem soltos para seguir seu caminho pelo mundo por conta própria. Isso não quer dizer que o mundo dos cavalos usados para cavalgar não seja repleto de crueldade e corrupção, mas, dado o que eu disse até agora, deve ser possível reconhecê-las e enfrentá-las.

No entanto, há uma coisa a acrescentar, relacionada ao meu argumento sobre a abolição da criação especializada de cães, ligada a doenças: todas as criações de cavalos puro-sangue de corrida devem ser abolidas. Os cavalos são criados para ter pernas tão finas que muitas vezes quebram pela menor causa, condenando o animal a uma morte prematura. Eles têm corações anormalmente pequenos e uma infinidade de outros problemas de saúde. Tudo isso gira em torno do dinheiro, e não diz respeito aos animais. Penso que a criação desses animais deve tornar-se ilegal o mais cedo possível. A corrida de obstáculos gera problemas de saúde semelhantes. Um cavalo de corrida de obstáculos deve ter maior força e resistência do que um puro-sangue que corre em pistas; mas, ao que parece, os problemas de saúde são semelhantes ou até maiores[20]. Os cavalos de caça ou que saltam obstáculos são diferentes e podem levar uma vida simbiótica saudável com seus companheiros humanos, assim como os cavalos de hipismo.

Quanto ao gado, os bois são animais de trabalho que, se bem tratados, florescem em seu trabalho. E o gado leiteiro?

Como Donaldson e Kymlicka discutem, a indústria de laticínios atualmente é um horror moral[21]. Criadas para produzirem leite abundantemente, as vacas leiteiras têm ossos fracos devido à depleção de cálcio. Além disso, as vacas são separadas de seus bezerros no nascimento (para maximizar a parte de seu leite que vai para os humanos), e mantidas continuamente grávidas, o que resulta em muitos problemas de saúde. Concordo com Donaldson e Kymlicka que é possível imaginar uma indústria de laticínios reformada. Mas ela não seria comercialmente rentável, pois os bezerros usariam muito do leite materno, e a mãe não estaria continuamente grávida. Eles imaginam que o leite de vaca poderia então se tornar um bem de luxo, "resultando em uma comunidade limitada de vacas, mas estável"[22].

A situação das ovelhas é muito melhor. Ovelhas reais frequentemente não são tratadas muito bem, mas, ao contrário de alguns veganos como Donaldson e Kymlicka, não tenho nenhuma objeção de princípio ao uso humano de produtos de origem animal, contanto que o animal seja capaz de levar adiante sua vida animal característica. O uso não precisa ser explorador, e as ovelhas domésticas precisam ser tosquiadas, pois não perdem a lã automaticamente. A tosquia é boa para elas, aliviando-as de um fardo. De fato, não as tosquiar seria um abuso. Então podemos facilmente imaginar as condições éticas para os humanos tosquiarem ovelhas e usarem sua lã. Além disso, os humanos podem eticamente coletar excrementos de ovelhas e usá-los como fertilizante. Como dizem Donaldson e Kymlicka, "esses usos parecem ser totalmente benignos – as ovelhas estão apenas fazendo o que ovelhas fazem, e os humanos estão se beneficiando dessa atividade não coagida"[23]. De fato, eles acrescentam, ao vermos as ovelhas como cidadãs, notamos que essa atividade é uma grande oportunidade para elas contribuírem para o bem comum[24].

E quanto às galinhas (aquelas que são criadas para pôr ovos, não para o abate)? Novamente, o atual sistema comercial de produção de ovos é inaceitável, envolvendo confinamento abusivo, morte de pintos machos e a matança de galinhas quando a produção de ovos diminui. Mas aqui podemos facilmente imaginar uma reforma ética que seria sustentável, que já foi implantada em algumas criações. Galinhas domesticadas caipiras, criadas em liberdade, produzem um grande número de ovos. Pode-se permitir a incubação de alguns e a criação dos pintos, e ainda sobrarão muitos. Não parece haver nada de errado com o uso humano desses ovos excedentes, desde que as galinhas tenham bastante espaço para viver uma boa vida de galinha, vagando por aí, formando relacionamentos, tendo bastante tempo para explorar e brincar[25].

Os veganos, como os abolicionistas, negam a possibilidade de uma simbiose mutuamente benéfica. Precisamos olhar bem para cada caso, mas creio que a simbiose, no caso de animais dentro e fora de casa, seja possível.

Outros animais de curral são criados para abate, e deixo esse tópico para o meu capítulo sobre direito. Existem outros animais que são quase companheiros? A maioria dos animais mantida em lares sob esta descrição – hamsters, gerbils, periquitos, peixinhos-dourados, tartarugas, canários – não são realmente animais simbióticos: são animais silvestres cativos, mesmo que estejam em casa, não em um zoológico. Meu próximo capítulo abordará esse tópico.

Para resumir: numerosas espécies animais, geralmente por meio de reprodução na pré-história, são completamente simbióticas com os humanos. Eles vivem em nossas casas ou ao lado delas. Não precisa haver nada de errado com isso, desde que sejam tratados não como "pets" ou propriedade, mas como cidadãos dependentes ativos, com suas próprias vidas para viver. Eles não seriam capazes de viver bem se estivessem simplesmente soltos. Mudar nossos velhos hábitos, com base no paradigma da propriedade, não será fácil, mas é uma revolução já em curso com cães, gatos e cavalos, existindo até mesmo exemplos isolados de comportamento humano reformado com relação a galinhas, ovelhas e gado leiteiro. O abolicionismo não é nada bom para esses animais, que florescerão apenas em parceria com os humanos. Tampouco a ideia vegana de não uso é um guia sólido para o comportamento ético. A AC é um guia muito melhor, ao usar o modo característico de vida do próprio animal como referência.

10

A "NATUREZA SELVAGEM" E A RESPONSABILIDADE HUMANA

> Sê tu o meu ser, impetuoso espírito!
> Dirige meus pensamentos mortos através do universo
> Como as folhas murchas, para apressar um novo nascimento!
>
> Percy Bysshe Shelley, "Ode ao Vento Oeste"

> Matar, o ato mais criminoso reconhecido pelas leis humanas, a Natureza faz uma vez para cada ser que vive; e, em grande número de casos, após torturas prolongadas, como apenas os maiores monstros, sobre os quais lemos, infligiram propositalmente a suas companheiras criaturas vivas.
>
> J. S. Mill, "A Natureza"

Devemos tentar deixar os animais não domesticados sozinhos na "natureza selvagem", seu hábitat evolutivo, mas também um lugar cheio de crueldade, escassez e morte, ou devemos intervir ativamente para proteger os animais selvagens? Se devemos intervir, como fazê-lo? E o que é a "natureza selvagem"? Ela existe mesmo? Aos interesses de quem esse conceito serve?

Neste capítulo, enfrento questões difíceis levantadas pela ideia de "vida selvagem" e "natureza selvagem", envolvendo perguntas como: temos responsabilidade de proteger os animais "selvagens" da escassez e das doenças? Como podemos e devemos fazer isso, sem violar a forma de vida desses animais? Considerando que os zoológicos historicamente têm sido cruéis com os animais selvagens e servido aos interesses humanos em vez de aos interesses dos animais que eles aprisionam, podemos legitimamente manter pelo menos alguns animais selvagens em zoológicos de algum tipo e, em caso afirmativo, quais animais e que tipo de zoológicos? Podemos imaginar algo como uma sociedade multiespécies cooperativa, no que diz respeito aos animais "selvagens"? E quanto à predação de animais vulneráveis por outros animais? Poderia ser nossa responsabilidade limitá-la?

Minhas respostas a essas perguntas serão, em alguns casos, controversas; em outros, pode-se aceitar as linhas gerais da Abordagem das Capacidades e diferir quanto a essas aplicações. De fato, em termos de comunidade dos amantes dos animais, este é provavelmente o capítulo mais controverso do livro[1]. Contudo, minhas conclusões, embora provocativas, também são provisórias, já que buscamos novas formas de pensar e agir em um mundo dominado, em todos os lugares, pelo poder e pela atividade humana.

Começando com um exame cético das credenciais românticas de uma ideia ocidental comum da "natureza selvagem" e da "Natureza", argumento que a ideia é criada por humanos, para propósitos humanos, e não serve muito aos interesses de outros animais – ou nem sequer os considera o suficiente. Além disso, de todo modo não existe algo como uma "natureza selvagem", quer dizer, não há espaço algum que não seja controlado pelos humanos: a pretensão de que a "natureza selvagem" exista é uma forma de fugir da responsabilidade.

A seguir, depois de ter considerado a situação dos animais com os quais os humanos vivem diariamente e que evoluíram para serem simbióticos com os humanos, e ter então defendido uma versão da ideia de uma "sociedade multiespécies" e dos animais como nossos concidadãos, passo a perguntar: como e até onde essa ideia pode e deve ser estendida aos "animais selvagens"? Quais são as nossas responsabilidades como guardiões de fato na proteção das vidas de animais "selvagens"?

"A natureza selvagem" como um sonho romântico

O fascínio de uma ideia de Natureza "selvagem" está no fundo do pensamento do movimento ambientalista moderno. A ideia é fascinante, mas também, creio, profundamente confusa. Antes de conseguirmos progredir, temos de entender suas origens culturais e o trabalho que ela visava fazer para aqueles que a empregaram.

Esta é, em poucas palavras, a ideia romântica da Natureza: a sociedade humana é obsoleta, previsível, estéril. Faltam fontes poderosas de energia e renovação. As pessoas estão alienadas umas das outras e de si mesmas. A Revolução Industrial transformou as cidades em lugares sujos onde o espírito humano é frequentemente esmagado (como nos "moinhos satânicos sombrios", de Blake). Em contraste, desde lá fora, de algum lugar – nas montanhas, nos oceanos, até mesmo no vento oeste selvagem – acena algo mais verdadeiro, mais profundo, algo incorrupto e sublime, um tipo de energia vital que pode nos restaurar, pois é análoga a nossas próprias profundezas. Os outros animais são uma parte desta "natureza selvagem", da misteriosa e vital energia da Natureza. (Pensem no "Tigre, tigre, que flamejas", de Blake) O típico cenário romântico é o de uma caminhada solitária na natureza selvagem: Chateaubriand visitando as Cataratas do Niágara (embora ele nunca tenha realmente ido lá); *Os devaneios do caminhante solitário*, de Rousseau; *Werther*, de Goethe, lançando-se no abraço dos ventos; Shelley sentindo inclusive que ele próprio *é* o vento; a peregrinação solitária de Wordsworth, terminando em uma epifania mais tranquila de narcisos dourados; Henry David Thoreau indo para a floresta nos arredores do lago Walden. A Natureza "selvagem" evoca em nós emoções profundas de admiração e espanto, e através dessas emoções, somos renovados.

Esta constelação de emoções é útil para pensar sobre se devemos nos aproximar de outros animais? Creio que não. A ideia romântica da "natureza selvagem" nasce das ansiedades humanas, particularmente com a vida urbana e industrial. Nesta concepção, a Natureza deve fazer algo por nós; a ideia tem pouco a ver com o que devemos fazer pela Natureza e outros animais. O narcisismo do conceito costuma ser explícito, como no constante "eu" de Shelley, ou nas linhas finais de Wordsworth: "Frequentemente, quando em meu sofá me deito, / com um humor vago ou pensativo, / Eles brilham sobre aquele olho interior / Que é a bem-aventurança da solidão; / E então meu coração se enche de prazer, / E dança com os narcisos". O "Tigre" de Blake, da mesma forma, é claramente um emblema de algo na psique humana, e o poema não nos diz nada sobre como Blake gostaria que tratássemos tigres de verdade.

Muitos românticos do século XIX chegaram a pensar que os camponeses e outros pobres faziam parte da Natureza ou estavam mais próximos dela, e, portanto, deveriam permanecer na pobreza rural em vez de se aventurar na cidade e buscar por educação. O personagem Levin, de Tolstói, encontra paz quando abandona sua sofisticação urbana e se junta à vida natural de trabalho dos camponeses. (E o que os camponeses reais teriam pensado dessa pretensão?) Thomas Hardy alfinetou a ficção em *Judas, o obscuro*, mostrando suas terríveis consequências para os pobres reais que tivessem inteligência e ambição; mas a ficção resistiu. E. M. Forster ainda acredita nisso quando representa Leonard Bast, em *Howards End*, como abastado no campo: seu erro foi se mudar para Londres e tentar educar a si mesmo. No lugar dos camponeses, considerem os animais e vocês perceberão para onde estou indo. Oh, esses animais, tão abaixo de nós, quão vivos, quão robustos eles são! Se apenas por um breve safári de cinco dias pudéssemos compartilhar (desde uma distância segura) seu mundo de violência e escassez! Claro, nunca sonharíamos viver essa vida, mas sentimos um frisson causado por um breve contato, e nos sentimos mais vivos. (Muitas pessoas em ecosafáris pensam e falam exatamente dessa maneira.)

Tampouco a ficção romântica é uma propriedade peculiar da Europa e América do Norte recém-industrializadas. Outras sociedades possuem variantes da ideia de pureza, energia e virtude "naturais". Nós a vemos nas obsessões da Roma antiga com a vida do campo e a agricultura como fontes renovadoras; em Gandhi, a ideia de que a virtude do povo da Índia será restaurada pela pobreza rural, tecendo sua própria roupa, e assim por diante. Pessoas em muitos lugares parecem precisar acreditar que sua sofisticação urbana é ruim e que eles se tornarão mais felizes e melhores se, de alguma forma, se misturarem com a Natureza "selvagem". Geralmente a "mistura" é bastante falsa, como na descrição de Chateaubriand de um lugar que não se preocupou em visitar, como também na imensa sofisticação com que os poetas românticos reivindicam a simplicidade rural. Tudo bem, ainda é boa poesia. Meu ponto é que esta é uma ideia *de* e *sobre* humanos, não sobre a Natureza ou animais ou o que eles exigem de nós. E a admiração envolvida no sublime romântico é igualmente egocêntrica. Não é o tipo de imaginação do qual venho falando desde o capítulo 1, a admiração que realmente nos faz olhar para fora.

Algo de bom adveio da ideia romântica da Natureza. Por quererem um certo tipo de experiência, as pessoas preservavam lugares que pareciam oferecê-lo. O Sierra Club e muito do conservacionismo americano tinham essa origem, assim como os movimentos preservacionistas em outros lugares. Com frequência, hoje em dia, as pessoas encontram refrigério físico e espiritual em lugares "selvagens" e países que os preservaram oferecem às pessoas um bem genuíno que desapareceu em outros lugares. Mas o bem é muito frequentemente acidental: diz respeito a nós, não a eles. E há muitos males: a glorificação da caça às baleias e da pesca, e o medonho teatro atual do que poderia ser chamado de sadoturismo, no qual as pessoas gastam muito dinheiro para ver animais rasgando outros animais membro por membro, mais ou menos como os escravos e leões cativos naqueles antigos jogos de gladiadores.

A "natureza selvagem" não é boa e, de qualquer modo, não existe

Se por Natureza e "natureza selvagem" entendemos como as coisas são quando os humanos não interferem, esse caminho não é tão bom para os animais não humanos[2]. Por milênios, a Natureza significou fome, dor excruciante; frequentemente, a extinção de grupos inteiros. Quando comparamos a "natureza selvagem" com a criação industrial de animais, ou com formas eticamente menos sensíveis de cativeiro em zoológicos, ela parece um pouco mais benigna; mas, usada como uma fonte de pensamento normativo por si mesma, a ideia de Natureza não oferece orientação útil. Como John Stuart Mill diz corretamente, a natureza é cruel e impensada.

Mesmo a ideia, consagrada pelo tempo, de "equilíbrio da natureza" já foi decisivamente refutada pelo pensamento ecológico moderno. Quando os humanos não intervêm, a Natureza não atinge uma condição estável ou equilibrada, nem atinge a condição que é melhor para outras criaturas ou para o meio ambiente[3]. Na verdade, os ecossistemas naturais se sustentam de forma estável apenas por conta de várias formas de intervenção humana. A ideia de "equilíbrio da natureza" parece diferente da ideia romântica, mas é realmente uma forma desta: nossas vidas (urbanas) são marcadas pela ansiedade competitiva e pela inveja, mas a Natureza é pacífica e equilibrada. Essa ideia tem suas raízes na necessidade e fantasia humanas e não é apoiada por evidências.

Existem certamente algumas boas razões para não intervirmos nas vidas de animais "selvagens". Duas dessas razões são: (1) somos ignorantes e cometemos muitos erros; e (2) essa intervenção é, com frequência, questionavelmente paternalista, quando o que devemos fazer é respeitar a escolha pelos animais do seu modo da vida. Estas, no entanto, são apenas razões *prima facie*. A ignorância pode ser substituída pelo conhecimento, tal como nossa ignorância do que é bom para as crianças e os animais de companhia que vivem conosco foi, em sua maior parte, substituída pelo conhecimento. Quando permanecemos ignorantes em tais assuntos, a sociedade acredita que essa ignorância não é desculpável: assim, um pai que se recusa a vacinar seus filhos (ou mesmo seus animais de companhia) é (na maioria das situações) censurável pela ignorância subjacente a essa escolha. Quanto à autonomia, normalmente não acusamos os governos de agir com paternalismo censurável quando adotam políticas abrangentes de seguridade social ou medidas garantindo seguro-saúde – ou, de fato, quando adotam leis que definem o assassinato, o estupro e o roubo como crimes e fazem cumprir essas leis. Quando os recursos básicos da vida estão em questão, achamos que as pessoas têm o direito de ser protegidas (embora os antipaternalistas insistam, com razão, que quando se trata de adultos, as escolhas sobre a saúde permanecem pessoais até certo ponto). Se damos de ombros enquanto os animais morrem de fome, não estamos dizendo que eles não importam? E se defendêssemos nossa política de "não intromissão" alegando ignorância do que é bom para eles, quão plausível seria esse argumento quando aplicado a questões de sobrevivência básica?

Contudo, por mais interessante que seja, essa discussão pressupõe que existe algo no mundo como uma Natureza "selvagem": espaços que não estão sob controle e supervisão humanos. Pressupõe que é possível, para os humanos, deixar os animais em paz. Essa pressuposição é falsa. Por maiores que as extensões de terra possam ser, toda a terra em nosso mundo está completamente sob controle humano. Assim, os "animais selvagens" na África vivem em refúgios de animais mantidos pelos governos de várias nações, que controlam o acesso, defendem esses animais de caçadores clandestinos (apenas às vezes com sucesso) e dão apoio às vidas desses animais através de uma série de estratégias (incluindo a pulverização de inseticidas contra moscas tsé-tsé e muitas outras providências). Não restariam rinocerontes ou elefantes no mundo se os humanos não interviessem. Nos Estados Unidos, os "cavalos selvagens" e outras criaturas "selvagens" vivem sob a jurisdição de nossa nação e seus estados. Eles possuem direitos limitados de não intervenção, livre circulação, e até mesmo um tipo de direito de propriedade graças às leis humanas que acharam por bem dar-lhes esses direitos[4]. Os humanos estão no controle em todos os lugares. Os humanos decidem quais hábitats proteger para os animais, e deixam para os animais apenas os que decidem não usar.

O ar e os oceanos podem parecer mais genuinamente "selvagens", mas o que pode acontecer neles é controlado de muitas maneiras pelas nações e pelo direito internacional, e moldado amplamente pela atividade humana. Como a história de Hal na introdução e a discussão do programa de sonar da Marinha dos EUA no capítulo 5 nos mostram, as vidas das baleias e de outras espécies de animais marinhos sofrem constantemente interferências pelo uso humano dos oceanos – por perturbação sônica, caça comercial de baleias, poluição por plásticos e muito mais. O capítulo 12 discutirá o que o direito fez até agora para proteger a vida, e quão pouco, realmente, as leis foram capazes de fazer para controlar a ganância humana. Quanto ao ar, como nos recorda a história de Jean-Pierre na introdução, os humanos o poluem de maneiras que interferem muito na vida das aves. A arquitetura humana e a iluminação urbana causam inúmeras mortes de aves todos os anos: a luz atrai as aves, interrompe seus ritmos circadianos e altera os padrões de migração[5]. A atividade humana também altera, e frequentemente destrói, os hábitats das aves.

Um livro como este poderia admitir que o *status quo* atual é o da dominação humana em toda parte, mas, ainda assim, poderia recomendar que os humanos simplesmente recuassem e deixassem que todos os animais "selvagens", em todos esses espaços, fizessem o melhor que podem para si mesmos. Mesmo essa proposta exigiria uma ativa intervenção humana para acabar com as práticas humanas que interferem nas vidas desses animais: caça clandestina, caça legalizada, caça às baleias. E seria, ao que parece, uma renúncia grosseira da responsabilidade: nós causamos todos esses problemas e damos as costas para eles, dizendo: "Bem, vocês são animais selvagens, então vivam com isso o melhor que puderem". Não está claro o que seria realizado por tal pretensa política de não intervenção. Não seria realmente uma ausência de intervenção, seria simplesmente uma decisão de não tentar remediar os problemas que nossa onipresente atividade causou aos animais. Independentemente da questão da proteção das espécies, que, como no capítulo 5, deixo um pouco de lado, parece uma política muito insensível.

Também não está claro que possamos, de forma ética, ficar distantes, mesmo nos casos em que não causamos o problema. Se estamos ali olhando, controlando e monitorando os hábitats dos animais, parece um manejo de fato insensível permitir a fome em massa, doenças e outros tipos de dor e tormento completamente "naturais". Estaríamos assistindo a essas calamidades, mas recusando-nos a cessá-las. Abordaremos a predação mais tarde, e essa questão é verdadeiramente difícil. Mas e quanto à fome e às doenças evitáveis, coisas que os refúgios de animais selvagens existentes rotineiramente tentam evitar, e que muito provavelmente têm causas humanas?

Um exemplo é instrutivo: no Quirguistão, um parque nacional chamado Ala-Archa criou espaços controlados por animais selvagens. Assim, o parque é dividido em três zonas: uma onde os humanos podem caminhar e fazer piqueniques, outra onde os animais vivem sem interferência humana, e outra onde os mesmos animais procriam e nutrem os filhotes, novamente sem interferência – por assim dizer. A justificativa é que espécies raras, como o leopardo-das-neves, precisam de proteção se quiserem se sustentar e se reproduzir, e que todas as espécies funcionam melhor, em um mundo multiespécies, se as atividades reprodutivas forem segregadas, até certo ponto, de outras atividades da vida. Assim, em uma recente visita, vi apenas esquilos e pegas. Claro que tudo isso é totalmente artificial e requer intervenção constante. Cada hábitat é configurado e mantido de forma que os animais possam desfrutar de vidas florescentes específicas das espécies. Embora eu não pudesse chegar perto das outras duas zonas, sei que internamente há muito manejo lá também, promovendo alimentação e reprodução bem-sucedidas. Este arranjo é muito melhor para os animais do que aquele que existiria se todas as criaturas se encontrassem juntas. Poderíamos até levantar a hipótese de que é aquilo que os animais escolheriam se falassem, pois é o que promove a saúde e o florescimento da melhor forma. Mas, ao dizer isso, estamos apontado que os animais, assim como os humanos, não escolhem ser abandonados sem protetores: sua escolha hipotética é por um mundo com manejo decente promovendo seu florescimento. Um mundo não "selvagem".

Eis outro exemplo, apresentado só para o caso de vocês ainda insistirem que os céus são a última fronteira da verdadeira liberdade animal. Ao contrário da Austrália, a Nova Zelândia não possui mamíferos de médio porte não domesticados. Mas tem uma variedade de roedores, introduzidos principalmente pelos colonos brancos: coelhos, esquilos, camundongos, ratos. É claro, tem animais domesticados, cães e gatos, muitos dos quais vagam livremente. Mas as ilhas contêm uma incrível variedade de aves – não aves predadoras, que podem ter uma vantagem na competição com os roedores, mas muitas espécies de pequenas aves canoras e vários tipos de papagaios. Como você pode facilmente imaginar, as pequenas aves, e, em certa medida, os papagaios correm perigo por causa de roedores e gatos. E, se o "curso da natureza" houvesse prevalecido, muitas espécies de aves já estariam extintas e, o que é mais pertinente para o meu argumento, muitas aves pequenas teriam sido dilaceradas e morrido em agonia. Nos arredores de Wellington, visitei um santuário de aves que é na verdade um grande "semizoo" aviário. Humanos podem entrar e caminhar, embora tenham que passar por inspeção para não alimentar as aves nem carregar qualquer roedor, cão ou gato. Roedores, cães e gatos são mantidos afastados por uma rede grande e muito alta. Ela tem três lados, o que significa que as aves podem sair se assim o desejarem, procurando comida fora. Tudo é cuidadosamente calculado para ser uma barreira muito alta para qualquer um dos roedores usuais suspeitos de atravessá-la: de fato, uma exibição na entrada mostra quão alto os coelhos podem saltar, quão alto os gatos saltam e que tipo de obstáculos às habilidades de escalada de cada um foi colocado em prática. As aves são livres precisamente porque o espaço é cuidado.

Esses dois casos mostram que a liberdade e a autonomia dos animais não são incompatíveis com o manejo humano inteligente. De fato, eles normalmente exigem manejo, porque a Natureza não é um local glorioso de liberdade.

Se os humanos tentarem renunciar ao manejo, em um mundo onde estão sempre em cena, moldando cada hábitat em que cada animal vive, não farão uma escolha eticamente defensável ou que promova boas vidas animais. As únicas opções diante de nós, no mundo como ele é, são tipos e graus de manejo. Precisamos encarar esse fato de frente, caso contrário não teremos um bom debate sobre como exercer o poder que indubitavelmente temos.

Princípios do manejo ético: animais selvagens e seus hábitats

Em primeiro lugar, eis então alguns princípios gerais para nos servir de guia enquanto seguimos nosso percurso em um mundo que dominamos, para melhor ou para pior. (E agora exatamente, é principalmente para pior.)

Princípio 1. Todo hábitat de animal selvagem é um espaço dominado pelo homem.

Os animais precisam de bons hábitats para terem vidas florescentes. Mas os humanos controlam todos os hábitats, na terra, no mar e no ar. Muitas vezes, esse "controle" é difuso e caótico, e há poder sem autoridade. Esta situação permite que inúmeros danos sejam causados aos animais "selvagens", desde a caça clandestina até a asfixia pela poluição. Aceitar o Princípio 1 como ponto de partida é o início da responsabilização [*accountability*] e da verdadeira deliberação sobre como as capacidades animais podem ser protegidas.

Princípio 2. A responsabilidade causal humana por hábitats ruins é frequentemente oculta, mas raramente, ou nunca, pode ser descartada.

É tentador pensar que os humanos são responsáveis por danos óbvios, tais como os causados pela caça clandestina, caça legalizada e caça às baleias, e talvez até mesmo por danos que, embora menos óbvios, são claramente de origem humana (plásticos nos oceanos, perturbação sônica causada por sonares, transporte marítimo e plataformas de petróleo)[6], mas não por outros danos, que parecem vir da "Natureza", tais como a seca, a fome e a perda de um espaço típico para procurar por comida (como blocos de gelo, sobre os quais os ursos devem navegar pelos oceanos para encontrar sustento). Mas um pouco de reflexão mostrará que esta linha não pode ser traçada com clareza, se é que pode ser traçada. A atividade humana é central na mudança climática, que é a chave para entender os danos aos hábitats de muitas espécies, causando secas, fome, inundações e incêndios. A atividade humana polui o ar. A população humana se espalha por áreas anteriormente ocupadas por animais, reduzindo seu espaço e sua alimentação. Mill certamente estava certo ao dizer que a "Natureza" nunca foi um ambiente propício para a vida dos animais. Atualmente, no entanto, os maiores problemas "naturais" enfrentados pelos animais são de origem humana. Devemos proceder como se nada fosse "apenas a Natureza" e todos os grandes males fossem principalmente obra nossa. Em suma, nunca devemos nos safar.

Princípio 3. Manejo não é companheirismo, e os animais selvagens não são animais de companhia.

O que resta de uma noção de "natureza selvagem", na minha abordagem, é um alerta para não tratarmos os animais selvagens como se fossem animais de companhia. Eles não evoluíram para serem simbióticos com os humanos, e sua forma de vida é apenas incidentalmente entrelaçada com o nossa. Às vezes pode haver amizades entre humanos e animais selvagens (ver capítulo 11), mas essa possibilidade requer grande humildade e deferência à forma de vida do animal selvagem.

Haverá linhas delicadas a serem traçadas: quando prestar assistência médica a um animal ferido, até onde recuar. A seção a seguir investigará algumas delas. O parâmetro deve ser sempre uma imagem do florescimento ideal desse tipo de criatura, e devemos interferir nessa imagem, normalmente, apenas nas margens do quadro, sustentando hábitats, removendo perigos e, às vezes, enfrentando doenças, mas não tratando as criaturas selvagens, sejam filhotes de aves ou elefantes órfãos, como se fossem nossos pets. Isso enfaticamente não significa deixar os animais sozinhos, como se não tivéssemos nenhuma responsabilidade por sua situação. Significa encontrar soluções que respeitem o que o animal precisa para viver como ele mesmo.

Manejo e capacidades

Agora, como no capítulo 9, vamos considerar as grandes rubricas da Lista de Capacidades, dando exemplos de maneiras pelas quais os humanos podem – e com frequência, eticamente, devem – proteger as capacidades animais. Há tantas espécies a considerar que posso oferecer apenas um esboço do que a AC recomendaria.

Vida, Saúde, Integridade Física

Em primeiro lugar, e mais urgente, os humanos devem *acabar com as práticas humanas que violam diretamente a vida animal selvagem, a saúde e a integridade física*. A caça clandestina é um caso óbvio, e uma cooperação global mais eficaz é urgentemente necessária para interromper o comércio criminoso, tanto policiando-o em sua fonte como proibindo a venda do marfim em todo o mundo. A caça comercial de baleias e outras formas de caça de animais selvagens para lucro ou diversão também devem ser banidas e efetivamente policiadas. Deve-se proibir que partes de animais (troféus de caça) sejam exportadas desde o país onde ocorreu a matança e importadas pela nação do caçador. Algumas nações e estados começaram a fazer isto. Também é importante acabar com a importação de animais selvagens jovens por zoológicos de países ricos, como no caso dos Dezoito da Suazilândia, que discuto na próxima

seção, e no caso das orcas retiradas de seus "casulos" [*pods*]*
para divertir visitantes em parques temáticos marinhos. Essas
práticas não matam o animal, mas violam sua saúde e integridade física, arrancando-o de seu contexto grupal e colocando-o
em um contexto que não pode sustentar a saúde física nem a
saúde mental.

Em segundo lugar, os humanos precisam *parar com as
práticas que causam descuidadamente a morte e o sofrimento de
animais*, mesmo que os humanos não tenham a intenção de
prejudicá-los: eles simplesmente não pensaram bem o suficiente para prever o dano. Os itens de plástico de uso único e
seu descarte, em última instância, nos oceanos é uma prática
desse tipo, e devemos não apenas interrompê-la, mas também
limpar o que já existe o melhor que pudermos, já que o plástico dura mais ou menos para sempre. Outra prática desse
tipo é a iluminação brilhante em prédios urbanos, que atrai
milhares de aves migratórias para sua destruição. Cerca de um
bilhão de mortes de aves são causadas dessa forma anualmente,
apenas nos Estados Unidos[7]. É possível diminuir a iluminação
no pico da migração, sem prejudicar a atividade humana, ou
usar vidro à prova de aves. Cidades como a minha, que são
peças-chave dos padrões de migração, carregam uma grande responsabilidade por essas mortes (ver a Conclusão). Nessa

▼

* Os casulos são grupos de fêmeas chefiadas pela mais velha. Eles têm tamanho bem variável, podendo incluir de três até mais de cem membros e agrupar até cinco gerações de orcas: as mais jovens, suas mães, avós, bisavós e trisavós. Os membros de um casulo viajam, caçam e dormem juntos. Eles se comunicam uns com os outros e ajudam uns aos outros em momentos de dificuldade. Há estudos sugerindo que as orcas são capazes de se conectar emocionalmente; por exemplo, lamentando a morte de um membro do casulo. [N. do T.]

mesma categoria eu colocaria o uso de sonares no mar e o uso de canhões de ar comprimido, na prospecção de petróleo, para tentar mapear o fundo do oceano, que causam distúrbios sônicos muito prejudiciais aos mamíferos marinhos (ver capítulo 12).

Esses dois primeiros passos podem e devem ser dados imediatamente. O terceiro é muito mais difícil: os humanos precisam *proteger os hábitats dos animais selvagens contra danos devido às mudanças climáticas e outros fatores ambientais que provavelmente têm origem humana*. Eu disse que o princípio é que você não se safe facilmente, e é eticamente responsável assumir que secas, fomes, inundações, encolhimento das geleiras e tantas outras condições ambientais que ameaçam as vidas de animais selvagens são, em última instância, de origem humana. De qualquer forma, devemos ser proativos, assumindo nossa própria responsabilidade. No entanto, é muito difícil saber exatamente o que fazer. Deter as mudanças climáticas requer uma vontade global que ainda não está estabelecida, e mesmo que esteja, ela não reverterá as mudanças que já ocorreram. E o que dizer dos animais que estão sofrendo agora? Quanto à fome e à seca, precisamos dar passos já conhecidos por serem eficazes para as populações humanas, que beneficiam tanto os seres humanos como os animais. Os casos mais difíceis são aqueles em que as mudanças climáticas ameaçam tornar uma forma de vida inviável no futuro. Não se pode substituir o gelo sobre o qual os ursos polares costumavam caminhar para encontrar sua comida. Portanto, temos que nos concentrar em evitar mais perdas.

O quarto passo se segue naturalmente: precisamos *limitar nosso próprio uso de recursos escassos dos hábitats para deixar espaço para os animais*. Discuti esses conflitos no capítulo 8, e eles claramente envolvem limitar o crescimento da população humana e proteger muitos espaços para que permaneçam livres da habitação humana.

Como quinto passo, eu argumentaria que precisamos *usar nosso conhecimento – sábia e deliberadamente – para proteger as vidas dos animais selvagens*. As grandes reservas de animais selvagens protegem os animais com pulverização contra moscas tsé-tsé e outras ameaças mortais. É aqui que a atividade humana cruza uma fronteira entre a reparação de danos humanos e a proteção proativa. Mas parece impensável não cruzar essa linha, já que os humanos estão gerenciando essas reservas de vida selvagem, presumivelmente para o bem dos seus animais, não apenas em benefício dos turistas humanos e por causa do dinheiro eles trazem. E quanto aos *cuidados veterinários*? Aqui corremos um grave risco de perturbar a forma de vida do animal, se a intervenção for demasiadamente frequente e perturbadora. No entanto, considerando que sempre estamos próximos a animais selvagens, a intervenção médica é cada vez mais vista como um imperativo moral que pode ser cumprido com respeito e compreensão. Em áreas de habitação humana, as autoridades locais aconselham os habitantes sobre o que fazer – e o que não fazer – caso encontrem uma pequena ave, um pequeno coelho ou veado aparentemente abandonados[8]. Muitas vidas animais são salvas dessa maneira sem transformar o animal selvagem em um "pet": eles recebem atendimento de emergência e são devolvidos às suas famílias. Em um zoológico decente, os animais rotineiramente passam por cirurgias veterinárias para problemas que ameaçam vidas. Apenas um dos exemplos recentes foi a ousada substituição do quadril realizada em um tigre no Brookfield Zoo, em Chicago[9]. Será que esse tipo de intervenção para a preservação de capacidades também deveria ser tentado em reservas de vida selvagem, que são, na verdade, grandes zoológicos não cercados? Este é um campo de especialização em medicina veterinária que está evoluindo, e tais especialistas serão treinados para estar completamente familiarizados com hábitats de animais e formas de vida. Com o passar do tempo, eles farão muitos julgamentos difíceis nesta área[10]. Parece ser intolerável que um tigre consiga voltar a andar porque por acaso está em um zoológico em Chicago, enquanto um tigre em uma grande reserva animal na Ásia não receba o mesmo cuidado só porque a reserva é maior que o zoológico! (E que outra diferença relevante existe, além do fato de a reserva ser um hábitat melhor?)

Há muitas questões difíceis que os especialistas humanos precisarão explorar com o passar do tempo, e à medida que a interpenetração entre as vidas humanas e animais se tornar cada vez maior. A Abordagem das Capacidades oferece uma boa orientação a respeito de onde as abordagens utilitaristas falham: o objetivo deve ser sempre que o animal seja protegido em sua capacidade de viver plenamente a forma de vida característica de sua espécie (ou afastar-se da norma da espécie, se assim o desejar). Os conflitos entre o bem de uma espécie e o de outras permanecerão, sendo a predação o principal caso. Mas normalmente as medidas que em geral protegem os hábitats são boas para todos os animais nesses hábitats.

Sentidos, Imaginação, Pensamento; Emoções; Razão Prática; Afiliação; Outras Espécies; Brincadeiras; Controle sobre o Ambiente

As capacidades restantes da lista tomam conta de si mesmas, assim que a vida, a saúde e a integridade física estejam protegidas. (Como fiz antes, deixo a predação para ser tratada especialmente mais tarde.) Se o hábitat de um animal estiver livre de graves invasões e perigos, se lhe é oferecido espaço suficiente para realizar movimentos saudáveis e atividades em grupo, se recebe suficiente nutrição de qualidade, então as vidas dos animais não serão mortificadas pela monotonia (como acontece em zoológicos ruins), sufocadas pelo medo ou carentes de oportunidades de autodirecionamento, incluindo a afiliação e as brincadeiras, ambas com um grupo das suas espécies, e as boas relações com outras espécies.

Os zoológicos são eticamente permissíveis?

Uma coisa útil que a ideia de "natureza selvagem" fez por nós foi lançar dúvidas sobre a permissibilidade ética de zoológicos e parques temáticos marinhos. Mas vou argumentar que, como sempre, a ideia de "natureza selvagem" nos dá uma orientação grosseira e imprecisa.

"Zoo", nesta discussão, é um termo relativo. Significa um espaço no qual os animais vivem, que é (a) muito menor e (b) consideravelmente mais confinado que as grandes reservas animais, que são, em sua maioria, o que resta da ideia de "natureza selvagem" em terra. Obviamente, existem animais selvagens fora dessas zonas protegidas, mas eles vivem cada vez mais de forma não selvagem, em contato regular com seres humanos e habitações humanas. Deveríamos lembrar que grandes reservas de animais também são um pouco confinadas: os tratadores rastreiam todos os movimentos de praticamente todos os animais, e são capazes de realocá-los se necessário (por razões ambientais ou de saúde). Os zoológicos também alimentam e cuidam dos seus animais, embora frequentemente cuidem mal, ao passo que os tratadores das reservas de animais o fazem apenas nas margens, atendendo os casos extremos de fome e seca. Mas há um *continuum*. A colônia de macacos de Arnhem, uma instalação de pesquisa (ver capítulo 11), não é muito confinada – toda a ilha é habitada pelos macacos. Então ela é considerada aqui como um zoológico, mas avança vários passos na direção de uma grande reserva, e não admite turistas. O tamanho de um "zoo" é ditado, geralmente, por sua clientela turística: conforme a área aumenta, providências mais complexas precisam ser tomadas para que as pessoas possam ver os animais – em San Diego, principalmente o uso de um bonde que trafega acima dos animais. Então, esse zoológico se move na direção de uma grande reserva animal; tais reservas também têm uma clientela turística (economicamente crucial para as nações que as mantêm) e organizam a movimentação de pessoas, geralmente por jipe, para que possam ver os animais.

O zoológico típico de cinquenta anos atrás era, muito frequentemente, um lugar de tortura para os animais, um pouco melhor que um circo. Os animais eram mantidos em recintos monótonos apertados, sem nada da flora de seu hábitat típico. Com frequência, via-se, por exemplo, um único elefante em pé no concreto (ruim para as suas patas) em um recinto vazio, sem árvores ou grama. Os animais de zoológicos eram alimentados de forma inapropriada; pior ainda, o público era muitas vezes encorajado a alimentá-los e, frequentemente, a tocá-los. Eles geralmente tinham pouca ou nenhuma vida social com membros de sua própria espécie. Às vezes, eles eram conduzidos usando-se crueldade física em vez de reforço positivo. Frequentemente (particularmente em parques temáticos marinhos), eles eram forçados a realizar truques de que os humanos gostassem, mas que não faziam parte do repertório normal da criatura. A semelhança entre zoológicos e circos é profunda, já que os zoológicos foram concebidos como entretenimento para um público humano, não para proporcionar qualquer benefício para os animais. (Novamente, não devemos romantizar grandes reservas de animais, que, da mesma forma, são mantidas como uma indústria turística.)

Hoje em dia, existe progresso, mas ele é muito desigual, em parte porque os zoológicos são regulamentados de forma desigual. (Os zoológicos sem fins lucrativos enfrentam uma regulamentação mais pesada do que aqueles com fins lucrativos, por exemplo.) Alguns países regulamentam muito; alguns, muito pouco ou nada. Assim, a Índia concedeu direitos constitucionais aos animais de circo (ver capítulo 12), mas, na maioria dos países, os animais não têm nenhuma legitimidade processual. E tanto em zoológicos com fins lucrativos quanto em zoológicos sem fins lucrativos (que precisam obter dinheiro de doadores), há sempre o perigo de exploração e abuso, particularmente de animais como elefantes, que atraem o público. A presença de dinheiro não significa por si só que os zoológicos devem ser ruins. Universidades, organizações artísticas e muitas outras entidades precisam arrecadar dinheiro de doadores, de casas legislativas ou do público. Se eles cumprirem sua missão com integridade, isso é bom, e não ruim. Portanto, nossa pergunta é: pode-se dizer que os zoológicos perseguem com integridade uma missão que é amiga dos animais?

Os circos estão abandonando rapidamente a exploração de grandes mamíferos, como leões e elefantes, e mudando para shows acrobáticos completamente humanos ou que envolvam apenas humanos e animais de companhia simbióticos, como cavalos. Por que esse não seria o futuro certo também para os zoológicos, mesmo que isso significasse, como significaria, que os zoológicos deixariam de existir, exceto como instalações de pesquisa inacessíveis aos turistas? O que, em outras palavras, pode ser dito em nome dos zoológicos, do ponto de vista das pessoas que buscam o florescimento dos animais?

A diferença de grau entre zoológicos e grandes reservas é muito importante do ponto de vista das capacidades: os imensos espaços no Quênia e Botsuana significam que os animais não precisam ser contidos, e que eles conseguem, ainda que com um cuidadoso manejo do hábitat, seguir com suas vidas normais e cultivar suas relações sociais normais. Isso é um bom objetivo: se estivermos lidando com um espaço menor, é isso que devemos procurar.

Um ponto frequentemente apresentado em defesa dos zoológicos é que eles educam o público, especialmente as crianças. Se as crianças crescem sem ver animais "selvagens", elas não se importarão com eles nem apoiarão políticas para melhorar seu bem-estar. O ecoturismo oferece oportunidades maravilhosas, mas apenas, na maioria dos casos, para os abastados. Este ponto é importante, mas o objetivo educacional não pode ser bem servido por zoológicos que oferecem ao animal uma vida miserável, geralmente solitária. Se as crianças devem aprender, elas precisam realmente aprender vendo a típica forma de vida do animal em um hábitat também razoavelmente típico. A este respeito, as abordagens utilitaristas dão uma má orientação, sugerindo que a ausência de dor é a coisa principal. A AC exige muito mais: vida social e livre circulação num espaço típico do grupo.

Nosso mundo disponibiliza tantos novos recursos para o aprendizado – documentários de todos os tipos – que não exigem uma distorção da vida cotidiana dos animais, além da extensão já distorcida pela onipresença e pelo controle dos seres humanos. Filmes maravilhosos de muitos tipos estão disponíveis para estimular a admiração em espectadores mais jovens e mais velhos. Os excelentes documentários *Blackfish* e *Sonic Sea* [Ruídos no oceano: vida marinha ameaçada] expõem os danos causados a mamíferos marinhos quando são arrancados de seu hábitat ou são expostos prejudicialmente ao barulho e ao lixo. *The Ivory Game* [O extermínio do marfim] instrui seus espectadores sobriamente sobre como os elefantes são assassinados pela conspiração criminosa internacional da caça clandestina e venda de marfim. Alguns filmes populares desse tipo parecem-me inferiores: por exemplo, o vencedor do Oscar *My Octopus Teacher* [Professor Polvo], que tem muitos momentos bonitos e inspiradores de admiração, mas também se concentra demais sobre o que uma relação romantizada com um polvo (fêmea) oferece ao ser humano que é o protagonista do filme. Ainda assim, no processo, os espectadores não podem deixar de aprender e se admirar. Resumindo: não precisamos de zoológicos para nos educarmos, dada a extensão e qualidade destes novos recursos. Com o passar do tempo, outros novos recursos serão desenvolvidos: experiências de realidade virtual, vídeos com participação interativa.

Os zoológicos, no entanto, também abrigam pesquisas científicas valiosas que aprimoram o nosso conhecimento das habilidades dos animais e promovem a saúde animal. Algumas dessas pesquisas são muito difíceis de fazer em um espaço aberto. (Obviamente, isso varia muito com a espécie.) A pesquisa feita em confinamento aprimorou bastante nosso conhecimento da inteligência e das emoções dos primatas. Ela mostrou como muitas aves são versáteis e inteligentes. Ela demonstrou que as elefantas asiáticas podem se reconhecer em um espelho. (Embora muitas pesquisas refinadas sobre elefantes tenham sido feitas "na natureza selvagem", esse teste em particular teria sido difícil de realizar, já que as manadas pastam por centenas de quilômetros.) A pesquisa sobre a cognição animal beneficia os animais, aumentando nossa compreensão de sua forma real de vida e garantindo-lhes um renovado respeito, o que leva a um melhor tratamento. Não é possível aplicar bem a Abordagem das Capacidades sem aprender muito mais sobre as habilidades e formas de vida dos animais. Além disso, algumas doenças animais devastadoras foram curadas ou controladas por meio de pesquisas em zoológicos – por exemplo, as infecções por herpes, que muitas vezes condenam pequenos elefantes. A maioria dos zoológicos não realiza pesquisas significativas, mas alguns as realizam.

Aqui temos alguns objetivos verdadeiramente valiosos cujas buscas, em alguns casos, podem exigir um grau de controle do espaço. Contudo, não exigem um confinamento insalubre, emocionalmente estranho ou sensorialmente deficiente. De fato, Frans de Waal afirma que a pesquisa feita em animais que não vivem em suas condições físicas e sociais normais provavelmente obtém resultados enganosos[11]. Ele aponta que não há razão para que a pesquisa sobre primatas precise sempre isolar um animal de sua comunidade social.

Finalmente, os zoológicos podem proteger os animais de uma variedade de ameaças. Quando uma espécie está ameaçada de extinção, a reprodução controlada em um ambiente de zoológico pode ser uma tábua de salvação, pelo menos temporariamente. E quando a caça clandestina não pode ser controlada com sucesso em espaços maiores, os zoológicos podem proteger os animais vulneráveis.

Esses pontos contribuem para uma defesa da continuidade da existência de zoológicos, o que implica espaços relativamente pequenos e confinados, cuidadosamente monitorados e controlados por humanos, um pouco mais do que seria em uma grande reserva animal na África. Mas para quais animais esses argumentos funcionam?

Conforme argumentei, a questão normativa essencial é como podemos apoiar as capacidades dos animais para levar um tipo de vida característico de suas espécies. Do ponto de vista dessa questão, os problemas relevantes serão a quantidade e o tipo de espaço, a flora e outros aspectos do que poderíamos chamar de "ambiente facilitador" – tomando emprestado um termo que o psicanalista Donald Winnicott usa em sua exposição sobre como os seres humanos se desenvolvem bem na infância apenas se tiverem apoio de muitos tipos de outros humanos e do seu ambiente. Isso incluirá a disponibilidade de interações sociais, a disponibilidade de estimulação sensorial, o fornecimento de uma dieta adequada e característica, a ausência de estresse emocional incapacitante, a capacidade de brincar e desenvolver-se. Observem que essas capacidades geralmente estão altamente comprometidas na "natureza selvagem", que, como dissemos, é muitas vezes um lugar de devastação, fome, doença, medo e tortura. Seria grotesco argumentar que, pelo fato de a "natureza selvagem" conter fome, seca e caçadores clandestinos, o bom espaço de confinamento deveria incluir essas coisas. Seria igualmente grotesco, penso, argumentar que, já que pequenos animais são alimento para animais maiores na "natureza selvagem", um bom espaço de confinamento deveria providenciar esse tipo de predação. Mas tratarei desse ponto mais detalhadamente em minha próxima seção. O que devemos buscar são espaços que realmente sejam "ambientes facilitadores" do exercício das capacidades animais. Frequentemente, reservas maiores são tais ambientes, mas de forma instável, devido ao perigo de caça clandestina. Nos casos em que um animal pode realizar em um "zoológico" toda a gama de atividades características, incluindo atividades sociais, isso pode ser vantajoso para o animal.

Felizmente, porém, não precisamos argumentar contra os românticos e em favor de ambientes gerenciados. Repetindo: uma grande reserva natural na África é diferente do zoológico de San Diego em grau, não em tipo. Ambos são espaços altamente gerenciados; ambos também são espaços amigáveis para o espectador. (Os recintos do Quirguistão que descrevi são incomuns, mas escolhidos sabiamente, espaços que não são feitos para espectadores; contudo, também são altamente administrados.) Se pensarmos que o confinamento é em si moralmente inaceitável, então teremos que rejeitar todo o mundo moderno, pois todos os espaços em que os animais vivem são espaços confinados e administrados, embora às vezes o confinamento escape à nossa atenção porque os espaços são muito grandes.

Usando esse *insight* como guia, chego à conclusão geral de que um espaço confinado menor é justificado se e somente se os animais dentro dele tiverem acesso à sua forma característica de vida, espacialmente, sensorialmente, nutricionalmente, socialmente e emocionalmente. Se os zoológicos forem administrados de forma inteligente, este objetivo pode ser alcançado para muitos animais, incluindo macacos, talvez grandes símios, e alguns tipos de aves. Na área marinha, a maioria dos peixes poderia ser incluída em um parque temático, se os tanques forem grandes o suficiente. E praticamente todos os pequenos mamíferos, assim como a maioria dos répteis e anfíbios, podem se dar bem em um espaço confinado do tipo certo.

Agora estreitamos o campo e chegamos aos casos mais difíceis. No caso dos elefantes, dada a sua necessidade de movimento em grandes extensões de terreno e sua imensa necessidade de comida (incluindo casca arrancada de árvores), e dada a sua natureza social, com os jovens sendo criados por pelo menos quatro fêmeas, enquanto os machos maduros saem sozinhos e se encontram com o grupo apenas na época de reprodução, é praticamente impossível mantê-los, de forma ética, mesmo nos melhores zoológicos, como o de San Diego, embora este zoológico entenda a necessidade de espaço e, portanto, restrinja o espectador a distantes vistas aéreas. Manadas selvagens podem percorrer mais de 80km em um único dia. Desta forma, os elefantes precisam de muito mais espaço do que um grande zoológico consegue custear, e eles não têm um bom histórico de saúde ou reprodução em confinamento: há uma ocorrência alarmante de natimortos e de complicações reprodutivas[12]. Além disso, a maioria dos zoológicos está muito longe de ser como o de San Diego. Desde o início da década de 1990, mais de vinte zoológicos americanos encerraram suas exibições de elefantes por motivos éticos, ou anunciaram um plano de encerrá-las. Em 2011, a Associação de Zoológicos e Aquários anunciou duras orientações sobre a extensão dos espaços e outras condições; mas mesmo estas não são suficientes. O diretor do zoológico de Detroit, que encerrou sua exibição de elefantes em 2004, disse o seguinte:

> Percebemos realisticamente que, por mais que tentássemos, nada que fizéssemos poderia proporcionar-lhes uma oportunidade de vicejar. [Ele alude a deficiências tanto no ambiente físico como no social.] Portanto, percebendo que havia tantas coisas que prejudicavam os elefantes, não importando o quanto amemos os elefantes e queiramos estar perto deles para vê-los, assumimos que é fundamentalmente errado deixá-los nessa situação.[13]

Infelizmente, porém, muitos zoológicos não são tão sensíveis eticamente. Eles sabem que os elefantes são uma grande atração para o público. Seja para zoológicos com fins lucrativos, que precisam de receita direta, seja para os sem fins lucrativos, que precisam de doadores, os elefantes são grandes negócios. Este fato, combinado com os problemas da reprodução de elefantes em zoológicos, levou a mecanismos nefastos para trazer elefantes da África para os zoológicos dos Estados Unidos, projetos fraudulentos nos quais os elefantes são retirados de grandes ambientes e colocados em pequenos zoológicos inadequados, usando falsas histórias sobre fome e seca.

Considerem a história dos Dezoito da Suazilândia, que foi contada detalhadamente em "The Swazi 17", de Charles Siebert, na *New York Times Magazine*[14]. Tratava-se de elefantes que foram reunidos e enviados para zoológicos nos Estados Unidos sob o pretexto (comprovadamente falso) de que uma seca ameaçava populações de rinocerontes e elefantes, e que a única maneira de preservar os rinocerontes era matar os elefantes ou realocá-los para os EUA. Apenas dezessete elefantes foram realmente embarcados: acredita-se que o décimo oitavo morreu de uma doença gastrointestinal antes da viagem. A organização Friends of Animals obteve uma liminar de um juiz federal, que agendou uma audiência de emergência naquela mesma noite. Naquele momento, no entanto, os elefantes, transportados secretamente para os aviões sob o manto da noite, já estavam a bordo e sedados; então, o juiz deixou que o avião voasse. O fato de os elefantes terem sido embarcados sem notificação ao juiz e aos advogados não era tecnicamente ilegal, já que a suspensão do embarque não fazia parte da liminar, mas era desleal. Os elefantes foram espalhados por diferentes zoológicos, incluindo Dallas e Wichita. Elefantes significam muito dinheiro para os zoológicos, seja diretamente (no caso de zoológicos com fins lucrativos) ou em termos de doadores e apoio público (no caso de organizações sem fins lucrativos). A Friends of Animals agora está trabalhando em ações para que essas transferências sejam classificadas como "para fins comerciais", que são ilegais de acordo com os tratados internacionais.

Devemos deixar bem claro que a maioria dos zoológicos são empreendimentos comerciais de um tipo ou de outro (com fins lucrativos ou financiados por doadores). Grandes reservas de animais também têm seu lado comercial, mas pelo menos parte de seu papel é proteger os animais para o seu próprio bem.

Para todos os outros grandes mamíferos – rinocerontes, girafas, ursos, ursos polares, chitas, hienas, leões, tigres etc. – devemos perguntar, sobre cada um, o que é um "ambiente facilitador" e se tal ambiente pode ser oferecido por um espaço fechado relativamente pequeno. A favor da permissibilidade dos espaços menores haverá quaisquer riscos e perigos especiais que os animais enfrentam em seus hábitats maiores (para ursos polares, o derretimento de geleiras; para rinocerontes, a caça clandestina agressiva) e o bem que pode ser feito, para os próprios animais, por pesquisas que não podem ser realizadas na natureza. Sempre devemos exigir um resultado que seja bom para os próprios animais, ou, como diria Winnicott, "suficientemente bom", embora também possa haver benefícios colaterais para visitantes humanos. Devemos rejeitar enfaticamente as soluções que tratam animais como "pets" de visitantes humanos, como na história de Knut, um urso polar, que descrevo no capítulo 11. Mas a preferência geral por espaços totalmente sem atendimento é irreal (não há nenhum espaço assim) e ruim para alguns animais (eles não gostariam de ser caçados, passar fome etc.). No entanto, devemos estar atentos a fraudes, como no falso pretexto da seca no caso dos Dezoito da Suazilândia. Acredito que a maioria dos grandes mamíferos terrestres na minha lista não consiga vicejar em zoológicos, embora seja possível que ursos e macacos o consigam, se as condições forem social e fisicamente boas o suficiente, como na colônia de Arnhem. Crucial para todas as espécies que se desenvolvem através da aprendizagem cultural é a presença de um grupo social típico e grande o suficiente. Não basta dizer "Agora temos cinco chimpanzés" ou algo assim: eles formaram um grupo cultural do tipo certo, com todos os tipos e papéis característicos.

Voltemo-nos agora para os mares e os céus: mamíferos marinhos de grande porte, como orcas e baleias, não podem ser mantidos eticamente em um parque temático marinho. O documentário *Blackfish*, de 2013, mostrou como as orcas vivem mal em cativeiro, especialmente quando, como ocorre normalmente, elas são retiradas muito jovens de seus "casulos" e, portanto, ficam impossibilitadas de aprender, com as orcas mais velhas, os comportamentos apropriados da vida de uma orca[15]. O caso de Tilikum mostrou a raiva destrutiva à qual essa privação cruel deu origem. O filme causou uma onda de protestos no público espectador, levando finalmente à decisão correta, por parte do SeaWorld, de não mais criar orcas ou fazer shows[16]. Mais recentemente, a Califórnia aprovou a Orca Welfare and Safety Act [Lei de Bem-Estar e Segurança das Orcas], de 2016, destinada a eliminar gradualmente todos os cativeiros de orcas e garantir o tratamento humanitário daquelas que permanecem em cativeiro. A lei torna ilegal a criação de orcas em cativeiro, bem como o uso de orcas cativas no entretenimento público. Em 2020, o SeaWorld começou a usar suas orcas remanescentes em shows educativos, exibindo seu comportamento natural com narração ao vivo baseada na ciência – embora não esteja claro como elas podem apresentar um comportamento "natural", dada a ausência de um grande grupo típico[17]. As orcas são altamente culturais, aprendendo a maior parte do comportamento com seu grupo de maneiras muito específicas: por exemplo, elas são uma das poucas espécies não humanas que têm menopausa, e as fêmeas, que param de dar à luz aos quarenta e chegam aos oitenta, desempenham um papel fundamental na instrução das jovens e transmissão de normas[18]. Sem essa estrutura, as orcas jovens ficam tão à deriva quanto o Menino Selvagem de Aveyron, que não teve acesso ao aprendizado cultural humano.

Os golfinhos são um caso diferente e complicado, pois são tão sociais e tão interativos que podem, até certo ponto, vicejar em cativeiro. Eles até são conhecidos por retomar na "natureza selvagem" truques aprendidos em cativeiro e ensiná-los aos seus filhotes[19]. Por um lado, parece questionavelmente humilhante ver esses mamíferos maravilhosamente inteligentes sendo usados para diversão. Por outro, a alegria no desempenho atlético qualificado é uma característica proeminente da vida de muitos animais, e o que faz parte do florescimento de cães pastores, labradores, cavalos de caça e de salto não pode ser considerado inautêntico ou fora dos limites simplesmente porque a criatura é "selvagem" e aprendeu o comportamento com humanos. De fato, provavelmente deveríamos rejeitar a ideia de que toda cooperação e reciprocidade humano-animal são impróprias para uma criatura "selvagem". Qual é, então, a linha certa a traçar?

Thomas White explora esta questão com equilíbrio e sensibilidade característicos[20]. Ele se concentra nos traços da vida dos golfinhos já expostos anteriormente em seu livro: sua extrema sociabilidade e sua necessidade de vagar por um espaço muito grande com um grande grupo de outros golfinhos. Mesmo zoológicos sensíveis, que tratam bem os golfinhos, ele argumenta, não fornecem a eles espaço suficiente ou um grupo suficientemente grande. Mas eles os protegem de muitos perigos. Contudo, diz White, isso é uma faca de dois gumes, pois os golfinhos demasiadamente protegidos perdem a capacidade de sobreviver na natureza. Então, no final, ele conclui que o cativeiro é eticamente inaceitável.

São argumentos excelentes e estou inclinada a apoiá-los. Os golfinhos certamente precisam de grandes espaços e de um grupo social representativo, embora também sejam altamente adaptáveis e vicejem em uma variedade de ambientes. Uma solução intermediária poderia ser um cercado muito maior e parcialmente aberto, que permita aos golfinhos ir e vir, e se misturar com os humanos somente o quanto quiserem. O Dolphin Reef em Eilat, Israel, pode ser um desses lugares, embora permaneça controverso[21].

Acima de tudo, os golfinhos devem ser tratados com respeito, como criaturas poderosas e maravilhosas, de alta inteligência, que têm suas próprias ideias sobre o que gostariam de fazer. Isso também significa respeitar sua interatividade, engenhosidade e senso de humor, características que às vezes exercem relacionando-se com humanos e outras espécies, bem como com outros golfinhos.

As aves apresentam-se em muitas variedades. Algumas normalmente não cobrem percursos extensos: papagaios, pegas e corvos. Outras o fazem e parecem indevidamente confinadas quando colocadas em um aviário. Algumas são altamente sociais; outras são solitárias. Observadores de aves adoram ir buscar cada espécie em seu lugar característico, e isso deve ser uma forma preferida de ver aves, embora um espaço manejado e livre como o cercado na Nova Zelândia, com seus lados protetores e o teto aberto, também seja apropriado. À medida que formos entendendo as diferentes espécies de aves melhor do que atualmente conseguimos, seremos capazes de apresentar recomendações específicas para cada espécie.

Todas essas questões são complexas, e bons zoológicos lutam com elas diariamente. A revolução no pensamento que esses zoológicos agora exemplificam tem que ser exigida de todos os zoológicos por meio de uma melhor regulamentação, e todos devemos continuar fazendo as perguntas difíceis, guiadas pela ideia de respeito pelas formas de vida.

Para resumir, a AC nos dá uma boa orientação quando pensamos sobre a ética dos zoológicos. O parâmetro deve ser a forma de vida do animal: zoológicos conseguem fornecer uma oportunidade razoável para essa vida? Quando conseguem isso, penso que os zoológicos são aceitáveis, embora seja necessário sempre ter cautela, dado o papel da dominação e, muitas vezes, da ganância humanas em todos os zoológicos. Quando não o conseguem, devemos exercer o manejo de uma forma diferente, protegendo os animais em grandes reservas e santuários de vida selvagem.

Predação e sofrimento

A "natureza selvagem", como dissemos, é um lugar de escassez e violência. Hoje em dia, muitas pessoas que se preocupam com os animais pensam que devemos inibir a violência humana contra os animais (caça clandestina, caça legalizada, caça às baleias)*, mas não fazem nada para interferir na violência da "Natureza" (fome, seca, predação). Essa atitude comum pode ser defendida?

A abordagem que este livro desenvolveu concentra-se nas oportunidades de vida de criaturas individuais: elas deveriam ter a chance de viver vidas florescentes. O sofrimento e a oportunidade de exercer várias formas de ação são as coisas que importam. Da perspectiva de criaturas que são vítimas da violência da "Natureza", o fato de que tudo é "Natureza" não é um consolo. Como diz Mill, muitas vezes elas sofrem ainda mais horrivelmente: passar fome está entre as formas mais dolorosas de morte, como também é ser dilacerado membro a membro por uma matilha de cães selvagens. Uma bala no cérebro definitivamente seria melhor do que isso, mesmo que as primeiras mortes sejam "naturais" e a última, infligida pelo homem.

Na verdade, tampouco pensamos no modo de "não intervenção" que caracterizei, quando temos consciência de nosso próprio controle e manejo. Ao defender a ação humana para proteger os animais contra inundações, fome e seca, não estou fazendo uma proposta radical, estou apenas relatando o pensamento e as práticas comuns. Da mesma forma que as nações com reservas de animais inibem a caça clandestina, elas igualmente dificultam a influência de desastres "naturais" – *afinal, a*

▼

* No Brasil, ao contrário dos Estados Unidos, a caça esportiva não é legalizada; ela é proibida há mais de cinco décadas; as caças regulamentadas em nosso país incluem as feitas com propósitos científicos, para subsistência ou para o controle de espécies invasoras que porventura ameacem a sobrevivência de espécies nativas. [N. do T.]

maioria dos quais tem causas humanas em segundo plano. Então, sempre que pudermos fazer isso, parece que devemos.

A predação, no entanto, parece diferente. Os manejadores de grandes reservas de animais não só não inibem a predação, como frequentemente a encorajam fortemente. Eles se comportam de maneira bastante diferente dos companheiros de animais domesticados, que normalmente não incentivam seus cães e gatos de companhia a banquetear-se com passarinhos ou caçar raposas, embora esse comportamento faça parte do repertório típico de algumas raças de cães e gatos. Companheiros, aliás, normalmente tratam seus animais de companhia como crianças, ao canalizar a agressão natural na direção de alguma forma de atividade substituta, evitando a frustração dos instintos, mas também evitando danos aos outros. Assim como uma criança é conduzida na direção de esportes competitivos em vez da carnificina humana, um gato é também levado a um poste de arranhar em vez de ir atrás de uma ave. A capacidade do animal de levar sua forma característica de vida não está sendo frustrada? Sim e não. Uma capacidade pode ser descrita de várias maneiras. Poderíamos dizer que o que é típico dos gatos é a capacidade de matar pequenas aves. Poderíamos também dizer que o que é típico e crucial é sua capacidade de exercer habilidades predatórias e evitar a dor da frustração. O que é herdado é uma tendência geral que pode ser expressa de mais de uma maneira. Em um mundo multiespécies, em que todos temos que inibir alguns comportamentos a fim de vivermos juntos em paz, faz sentido focar a última descrição da capacidade, a menos que tenhamos evidências de que essa abordagem não funciona, que gatos sem matança de aves vivem deprimidos e infelizes. Não é isso que as evidências nos mostram. Um gato precisa de algum escape para sua natureza predatória – assim como um humano. Mas não há razão para que esse escape precise ser algum que vai infligir um sofrimento horrível em uma vítima.

Por que não pensamos dessa maneira quando estamos lidando com a predação na "natureza selvagem"? Há uma boa razão para a assimetria. Somos muito ignorantes, e se tentássemos interferir na predação em larga escala, provavelmente causaríamos desastres na mesma proporção. Basicamente não temos ideia de como os números relativos a espécies mudariam, qual seria a escassez criada, e estamos totalmente despreparados para lidar com as consequências prováveis dessas intervenções. A única maneira de proteger criaturas mais fracas da predação é transformando grandes reservas de animais em zoológicos do tipo velho e ruim, com cada criatura ou grupo em seu próprio cercado. Seria a direção errada a tomar. Antes de seguirmos esse caminho, porém, não há uma ideia viável de comportamentos substitutos comparáveis ao papel de tal conceito na vida de cães e gatos de companhia. Em um ambiente típico de zoológico, as pessoas podem tentar organizar um substituto: por exemplo, dando a um tigre uma bola pesada para que ele exerça suas habilidades predatórias, enquanto o alimentam com carne proveniente de abate humanitário[22]. Eis o que o zoológico de San Diego diz sobre a dieta de seus leopardos: "No zoológico de San Diego, nossos leopardos geralmente são alimentados com uma dieta de carne moída comercializada para carnívoros de zoológico; ocasionalmente lhes oferecemos um osso grande, um coelho descongelado ou uma carcaça de ovelha. Para manter suas habilidades de caça afiadas, especialistas em cuidados da vida selvagem ocasionalmente oferecem aos gatos uma almôndega como 'caça': parte de sua comida é enrolada em bolas e escondida em seu hábitat"[23]. Isso substitui a tortura da caça por uma criação industrial que os visitantes não veem. Mas não é uma melhoria. No entanto, carne sintética cultivada em laboratório ou até carne à base de plantas seriam muito melhores. Até mesmo um animal morto em abate humanitário seria mais adequado, uma vez que as mortes na predação geralmente são muito dolorosas. No entanto, sem cercados separados, essas substituições não seriam possíveis.

Em um editorial de jornal, o filósofo Jeff McMahan sugeriu especulativamente que a predação fosse eliminada por meio da engenharia genética[24]. Essa ideia resolveria o problema dos cercados separados, mas simplesmente não mostra respeito pela maioria desses animais, que não deve ser responsabilizada por suas tendências. (Eles não evoluíram para serem educáveis como cães e gatos e, embora muitos deles exibam aprendizado social, este vem da comunidade de uma espécie predadora.) E a eliminação certamente criaria um caos pelo excessivo crescimento de populações, com o qual não estamos preparados para lidar.

Então, essas são as boas razões para, se for o caso, nos movermos com muita cautela contra a predação. Por outro lado, o sofrimento de criaturas vulneráveis e suas mortes prematuras são muito importantes e parecem exigir algum tipo de ação inteligente. Simplesmente não faz parte da forma de vida dessas criaturas serem comidas por predadores. Sua forma de vida é a sua própria, e elas procuram viver sem ser perturbadas, assim como nós, embora às vezes também sejamos presas de agressores. Essas espécies não teriam sobrevivido caso não fossem muito eficientes em fuga. Dizer que é o destino dos antílopes serem destroçados por predadores é como dizer que é o destino das mulheres serem estupradas. Ambas as afirmações estão terrivelmente erradas e menosprezam o sofrimento das vítimas. É um fato infeliz que, na "natureza selvagem", os desejos dos animais por uma vida pacífica encontrem, com tanta frequência, a frustração e a dor. A situação se parece com um dos dilemas trágicos que discutimos no capítulo 8, com a diferença de que o mundo não lhe oferece facilmente uma solução hegeliana.

Há também algumas razões muito ruins para deixarmos de nos mover contra a predação. Parte da ideia romântica de "natureza selvagem" é um desejo de violência. O Tigre de Blake e o Vento Oeste de Shelley são emblemas do que alguns humanos sentem que perderam ao se tornarem hipercivilizados. Um desejo pela agressão perdida está supostamente por trás do fascínio de muitas pessoas pelos grandes animais predadores e, de fato, pelo próprio espetáculo da predação. Pessoas que gerenciam reservas de animais sabem que a predação é uma atração turística garantida. Na minha visita a uma boa reserva no Botsuana, descobri que uma das observações mais ansiosamente procuradas era a de alguma matilha de uma espécie rara de cão selvagem pulando sobre um antílope e rasgando-o membro a membro mesmo antes de ele estar morto. Desde o início da caça, passando pela excruciante cena da morte e a divisão obrigatória dos despojos, até a cena final em que os abutres limparam a carcaça, turistas ricos no meu jipe assistiram com avidez, tendo deixado sua colônia de tendas às 4h da manhã para fazê-lo; um ou dois raros turistas reagiram com horror e aversão. Há pessoas com tendências sádicas desagradáveis, e elas moldam entretenimentos para gratificá-las. Assim como, no passado, os romanos satisfaziam a sede de sangue em parte através da violência envolvendo animais (incluindo elefantes, o que foi fortemente contestado por Cícero e Plínio, embora eles não se opusessem à tortura de humanos), o meu altamente respeitável estabelecimento turístico de Botsuana estava fazendo dinheiro com o sadismo vicário. Além disso, a reserva de animais é voltada como um todo para este exercício: os cães selvagens estão altamente ameaçados, e muito esforço é feito para preservá-los. Sou cética quanto à conveniência de preservar essa espécie, mas acho que aqui o principal interesse estimulando a preservação é ruim: dinheiro do sadoturismo.

Existem algumas intervenções modestas na predação que devemos considerar, enquanto adiamos a questão maior. A primeira é não fazer dinheiro com o sadoturismo. Assim como a caça à raposa, outro esporte humano que tortura animais para satisfazer o sadismo humano, tornou-se ilegal, gostaria de defender que a predação seja restrita a espaços sem humanos, como foi sabiamente feito no Quirguistão. Haveria muito menos carnificina se ela não fosse semiencenada para um público humano. Em uma grande reserva, pode não ser possível manter os humanos totalmente longe de predadores, mas não há necessidade de fazer questão de levar os turistas para ver a predação, grande parte dela ocorrendo ao entardecer e à noite.

Em segundo lugar, onde há casos de crueldade entre animais que estão sob manejo humano, podemos encontrar, cautelosamente, pelo menos algumas maneiras de intervir em favor dos mais fracos: por exemplo, protegendo da destruição os mais fracos ou os membros rejeitados de uma ninhada ou de um ninho, como costuma ser feito. A reserva de aves da Nova Zelândia é um exemplo maravilhoso disso. Elas ficam fora do alcance de coelhos, ratos, camundongos e gatos, que têm muita comida de qualquer maneira, já que essas espécies são muito resistentes. Claro, isso desloca a predação feita por essas criaturas para outras pequenas criaturas fora da reserva; então, minha aprovação é questionável. Mas as aves da Nova Zelândia são extremamente vulneráveis, porque não evoluíram para escapar desse tipo de predador – em sua maioria, as espécies predatórias não são nativas da Nova Zelândia. E as pessoas podem providenciar e providenciam algum alimento substituto para os outros animais que não envolve predação. Os gatos podem ser alimentados com carne abatida humanitariamente ou peixe, o que é pelo menos um pouco melhor, ou carne à base de plantas ou cultivada em laboratório, o que é melhor ainda. Então, penso que, no cômputo geral, a decisão da nação de proteger as aves é defensável.

Quanto mais podemos ir nessa direção? Precisamos pressionar por esta pergunta o tempo todo. Um par de raras batuíras melodiosas, que fez ninho em Montrose Beach, em Chicago, descobriu, para sua consternação, que um gambá havia comido seus dois ovos, que estavam prestes a eclodir. Elas então colocaram outro ovo, e a administração de parques da cidade instalou um novo cercado mais forte ao redor do ninho para protegê-lo. Alguém ousará objetar a essa iniciativa por razões de "antinaturalidade"? No final de julho de 2021, quatro filhotes nasceram e dois foram criados com sucesso até a idade adulta jovem. Depois de saírem dos ovos, os filhotes não ficam mais confinados ao cercado, e dois parecem ter sucumbido à predação, no período vulnerável, antes de aprenderem a voar. Deveria ter havido ainda mais proteção dos filhotinhos? Provavelmente não, já que eles então não teriam aprendido a ser batuíras adultas.

Em terceiro lugar, existem alguns exemplos de predação que são permitidos em qualquer caso, conforme a minha teoria. A predação de insetos não inflige dano do qual a AC tenha ciência. E a predação de ratos e de alguns outros animais danosos pode se abrangida por um princípio de autodefesa. Isso abre fontes de alimento para muitas criaturas.

Em resumo, precisamos de uma discussão séria e contínua sobre o problema da predação e o que fazer a respeito dele, e precisamos continuar procurando por soluções hegelianas, tais como comportamentos animais substitutos. (Os coelhos e gatos no Quirguistão estão adotando comportamentos substitutos quando encontram comida, sem matar aves.) Precisamos acima de tudo convencer as pessoas de que a predação é um problema. Muitas pessoas crescem animadas e fascinadas pela predação, e isso teve um efeito negativo em toda a nossa cultura. É importante continuar assinalando que os antílopes não foram feitos para servirem de comida; foram feitos para viver vidas de antílopes. O fato de que frequentemente eles não conseguem viver essas vidas é um problema e, como estamos no comando em todos os lugares, precisamos descobrir o quanto podemos e devemos fazer a respeito de tal problema.

"Animais liminares"

Alguns animais que costumavam viver longe dos humanos agora se mudaram para áreas de habitação humana. Eles se tornaram membros familiares dos ecossistemas urbanos. Ratos, camundongos, esquilos, guaxinins e aves selvagens, como os pombos e os gansos do Canadá, viveram ao lado dos humanos por muito tempo. Moradores mais recentes incluem coiotes, macacos, veados, pumas e até babuínos e ursos. O problema especial que esses animais apresentam é que frequentemente competem com os humanos e podem se tornar agressivos com animais de companhia e até com crianças. Esta é uma nova área de pesquisa em ética animal, que é muito emocionante, e precisamos saber muito mais sobre esses animais, a fim de evitar uma abordagem de extermínio defensivo. Creio que um princípio de legítima defesa é razoável para pragas, como eu disse no capítulo 7. Mas muitas vezes cometemos o erro de pensar que uma criatura é uma praga simplesmente porque nos assusta. Os coiotes, por exemplo, são muito tímidos e costumam não se aproximar de humanos. As cidades aprenderam cada vez mais isso, e são mais propensas a uma abordagem cautelosa e gentil. Às vezes, também, a culpa é nossa: se os humanos alimentam os coiotes, eles se acostumam a rondar habitações humanas, e isso pode levá-los a se tornarem predadores. Esses casos são fascinantes, mas não levantam nenhum problema teórico especial que outras questões de conflito potencial que discutimos já não tenham levantado. Elas já vêm sendo discutidas, na literatura atual, com apelo à Abordagem das Capacidades[25]. Portanto, trato-as muito brevemente aqui, mas acho que é importante reconhecer que, sob certos aspectos, esta é uma categoria nova e em contínuo crescimento.

Populações e como controlá-las

Uma coisa que costuma acontecer em espaços "selvagens" é o desequilíbrio populacional. Considerem os alces em partes da América do Norte. Quando eles se tornam muito numerosos, não têm comida suficiente e sofrem. As pessoas então sugerem duas coisas: introduzir a caça e introduzir os lobos como predadores "naturais". É claro que a introdução de lobos não é nada "natural": é apenas caça por outros meios, e é muito mais dolorosa para os alces, pelo menos quando os caçadores sabem realmente atirar.

Como devemos pensar sobre tais casos? Primeiro, é melhor reconhecermos rapidamente que é uma questão de escolha e manejo, não da "Natureza". Segundo, devemos perguntar por que o problema existe. Os cavalos selvagens em Wyoming não têm comida suficiente porque os fazendeiros procuram monopolizar todas as terras de pastagem para o seu gado, por razões comerciais. Portanto, alguma linha de base deve ser negociada, em termos de uma distribuição sensata dos direitos de propriedade relevantes das populações animal e humana. A ganância não deve estar no controle. Isso requer muita atividade de protesto e muito processo judicial. Mas, mesmo com uma linha de base razoável, problemas populacionais ocorrerão, como o dos alces. Sugeri no capítulo 8 que o controle da população humana é imperativo, assim como a contenção da ganância humana. Mas também sugeri, de forma mais experimental, que, assim como usamos rotineiramente a contracepção para animais de companhia, da mesma forma devemos, cuidadosa e gradualmente, considerar esta solução hegeliana para os desequilíbrios populacionais de animais na "natureza selvagem", desde que a espécie seja numerosa. Ainda sabemos muito pouco, e a pesquisa está incipiente. Com a contracepção humana, a busca por métodos livres de efeitos colaterais desagradáveis está em andamento. Podemos esperar que a busca por contracepção animal leve muitas décadas, especialmente porque os métodos precisam ser projetados para cada espécie, e a abordagem da pesquisa deve ser mais cautelosa do que no caso de humanos, em que o consentimento informado é possível. Ainda assim, essa alternativa parece preferível às outras que estão em consideração nesse caso particular (morrer de fome, ser caçado por humanos e ser dilacerado por lobos). No mínimo, não devemos ter medo de seguir esse caminho por causa de acusações de que estamos "brincando de ser Deus".

Dada a posição dos humanos no mundo atual, temos todo o poder. Não podemos esconder esse fato, e tentar esconder é em si uma escolha com consequências. Temos apenas a escolha de exercer nosso manejo de forma cruel e estúpida ou exercê-lo com uma consideração inteligente pelo florescimento animal.

Agora podemos ver que a AC oferece uma boa orientação para nossa evolução no tratamento de animais de companhia e selvagens. Neste último caso, suas vantagens sobre abordagens utilitaristas são ainda mais evidentes, porque ela nos oferece razões para rejeitarmos os zoológicos, mesmo quando eles não causam dor. Manter a forma completa de vida do animal em mente leva a políticas mais sadias, que respeitam a sua sociabilidade e o seu esforço.

11

AS CAPACIDADES DA AMIZADE[1]

Uma tarde, quando olhei para dentro da caverna, encontrei-a, pela primeira vez, não escondida na escuridão total, mas agachada a menos de um metro de onde eu me ajoelhei. "Bom, olá", eu disse baixinho, tentando – ah, tão difícil – não a assustar. Eu mal ousava respirar. Queria alcançá-la e tocá-la, mas não podia me arriscar. Ela virou a cabeça e pensei que ela iria rastejar para o fundo da caverna, mas não, ficou no lugar. Em um momento, ela começou a abanar o rabo bem devagar, que batia contra a lateral da caverna. Com aquele movimento suave, todas as minhas defesas foram instantaneamente varridas. "Bem, então", eu disse a mim mesmo enquanto ela de repente parecia borrada para mim, "Eu sou seu para sempre!"[2]

GEORGE PITCHER, *The Dogs Who Came to Stay*

Descansando à sombra de uma árvore, Alex, Daphne e eu preguiçosamente contemplamos a paisagem, pontilhada aqui e ali por manadas de zebras e impalas. Uma brisa sopra, afofando o cabelo da cabeça de Daphne. Brinco com uma pedra brilhantemente colorida e Alex se inclina para examinar meu achado. Depois ele descansa a cabeça contra a árvore e cochila. Olho para Daphne, que está além dele, e nossos olhares se encontram. Ela faz uma cara amigável e se aproxima um pouco mais. Daphne também começa a cochilar, e logo eu também estou adormecendo, embalada pelo som de sua respiração suave e dos pássaros voando sobre a árvore acima. Meu corpo relaxa completamente, seguro na presença dos meus companheiros.[3]

A primatologista Barbara Smuts, descrevendo um cochilo da tarde junto com Alex e Daphne, que são babuínos.

Pode haver amizade entre seres humanos e outros animais? A Lista de Capacidades menciona a *afiliação* como central e insiste que proteger a capacidade de ter relacionamentos de interesse recíproco requer proteger as instituições que nutrem e sustentam essa capacidade. No que diz respeito aos humanos, temos muitas maneiras de proteger as capacidades das pessoas de experienciar formas valiosas de amor e amizade. As leis protegem as famílias de várias formas e proíbem a violência ou o abuso dentro delas. Leis contra o assédio sexual nos locais de trabalho são fundamentais para a construção de locais de trabalho onde possa haver amizade genuína, não simplesmente dominação. Leis disciplinando a saúde e a segurança no trabalho também desempenham um papel, e talvez especialmente as leis que limitam as horas de trabalho, permitindo que as pessoas tenham tempo para a família e os amigos. Boas escolas estimulam as crianças a desenvolverem as capacidades de reciprocidade e afiliação, ao mesmo tempo que as equipam com habilidades e interesses que tornam as amizades sólidas e gratificantes. Leis que protegem as liberdades de expressão, religião e associação e a privacidade pessoal constroem espaços dentro dos quais as amizades podem se formar. De muitas outras maneiras, o objetivo da afiliação pode moldar leis e instituições.

Mas e quanto aos outros animais? Já falei muito sobre as afiliações entre os próprios animais e as estruturas sociais que os sustentam. Mas e quanto às amizades entre humanos e outros animais? É um ideal que vale a pena? É possível? É possível em relação aos animais selvagens ou apenas aos animais de companhia? E o que podemos fazer para promovê-la, se valer a pena e for possível? Este livro pode ser limitado com relação a evitar abusos terríveis. Mas a Abordagem das Capacidades trata de vidas florescentes. E assim como uma comunidade humana bem alimentada, educada e equipada com as liberdades políticas seria oca e incompleta se não abrisse espaço para a amizade e o amor, isso também se aplica à grande comunidade multiespécies que devemos promover.

Neste capítulo, defenderei a possibilidade e o valor de tais amizades. Mas também argumentarei que não podemos alcançá-las sem repensar as relações que a maioria das pessoas tem com animais de companhia e repensar, ainda mais radicalmente, nossa relação com os animais selvagens, dando fim a algumas das formas mais comuns de dominação e exploração em que agora nos envolvemos, incluindo não apenas horrores como os troféus de caça, a caça clandestina e a caça às baleias, mas também formas mais silenciosas de dominação nas quais os animais selvagens são tratados como objetos de diversão humana, em vez de sujeitos com suas próprias vidas para viver.

Este capítulo, então, será um estudo aprofundado de (parte de) uma capacidade e, ao mesmo tempo, a expressão do espírito com o qual, creio, devemos buscar todas as capacidades. Isso nos levará de volta às emoções de envolvimento que discuti no capítulo 1: admiração, compaixão e indignação. Mas agora podemos acrescentar: amizade e amor.

O que é a amizade?

É perigoso modelar um traço geral a partir da experiência humana dessa característica. Mesmo quando nos aproximamos de seres humanos em outros lugares, muitas vezes nos equivocamos ao projetar nossos próprios costumes nos outros. Mas quando nos aproximamos de outra espécie, o problema da projeção sempre se agiganta. Estudar a forma de vida da criatura é um pré-requisito essencial para qualquer reflexão significativa.

Por exemplo, quando pensamos na percepção animal, devemos pensar em formas de visão, audição e olfato muito diferentes das nossas, como também em sentidos que simplesmente nos faltam, como a percepção que usa o campo magnético ou a ecolocalização. Isso vale para a amizade: o que preferimos não é necessariamente o que outra espécie irá preferir. Vimos que espécies de muitos tipos vivem com um grupo razoavelmente grande de outros membros da espécie. Amizade para um elefante será amizade no contexto do grupo liderado por uma fêmea. Mesmo que cada elefante seja um indivíduo distinto, os amigos não se isolam da manada maior, exceto quando os machos maduros partem para sua própria vida comparativamente solitária. Para os golfinhos, de forma semelhante, um grupo extenso é o ponto de referência essencial para todas as afiliações, e se a amizade com um golfinho for possível, será neste contexto.

No entanto, podemos aprender com os ideais de amizade humana, se tivermos cuidado para definir a amizade de forma humilde e aberta, não construindo desde o início uma referência às práticas humanas, mas nos dispondo a aprender.

Uma condição *sine qua non* para a amizade, enfatizada nas discussões sobre o tema desde Aristóteles e Cícero, é que os amigos se tratem como *fins*, não simplesmente como meio de ganho ou diversão. Esta é a característica da abordagem kantiana dos humanos que Korsgaard e eu incorporamos em nossa abordagem dos animais; obviamente, ela está lamentavelmente ausente na maioria das relações humanas com os animais.

Além disso, a amizade é dinâmica: os amigos são ativos, buscando *beneficiar um ao outro pelo bem do outro*, não pelo próprio. Nem todo benefício aos outros trata o outro como um fim. Por exemplo, por milênios os homens tratavam suas esposas como troféus, cuidando delas, mas principalmente visando glorificar o próprio *status* do homem. Essa instrumentalização é onipresente nas relações humanas com os animais, mesmo quando estes são bem cuidados. As pessoas podem se alvoroçar com seus "pets" e dar-lhes comida e cuidados de luxo, sem deixar de vê-los apenas como brinquedos para a sua diversão.

Tratar outra pessoa como um fim sempre envolve *respeito pela forma de vida dessa pessoa*. Isso raramente é comentado em discussões sobre a amizade, uma vez que é dado como certo que os humanos compartilham uma forma básica de vida. No entanto, isso é importante, porque os humanos têm valores e planos de vida diferentes, e fazer amizade com alguém com a condição de que essa pessoa abandone todos os planos dela e aceite os seus valores e escolhas está longe de ser uma amizade verdadeira. (Deixar de pensar nisso prejudicou muitos, senão a maioria, dos relacionamentos entre homens e mulheres ao longo de milênios de história humana.)

O respeito pelas diferentes formas de vida e de atividade é fundamental para que possa haver amizades entre humanos e outros animais. Ele falta na maioria das relações homem-animal. Mesmo no caso de animais de companhia, há uma distinção crucial entre organizar as coisas por conveniência para o humano e respeitar genuinamente a própria forma de vida do animal.

Este tipo de respeito tem faltado particularmente nas relações humanas com os animais "selvagens". Mesmo os humanos que têm intenções benignas podem carecer de respeito real. Os humanos frequentemente vão para a natureza no piloto automático, um pouco como o estereótipo do mau turista americano em um país estrangeiro. Este mau turista tem pouca curiosidade real sobre os habitantes e sua cultura; ele não estuda nem aprende, nem tenta falar a língua local. Ele fala apenas inglês e só come comida americana porque é mais familiar. Mas ele suspira "ohs" e "ahs" sobre os monumentos marcantes que aquelas pessoas estranhas criaram. Infelizmente, isso ainda é um típico comportamento do turista americano, sendo também um comportamento típico nos safáris em relação a animais "selvagens". As pessoas adoram ver criaturas estranhas e se maravilhar com a "natureza vermelha nos dentes e garras", mas com pouquíssima curiosidade genuína sobre a forma de vida do animal, e sem qualquer tentativa de empatia com o ponto de vista do animal. Nenhuma amizade pode criar raízes em um solo tão árido.

Ainda assim, é evidente que esse comportamento turístico, por mais falho que seja, já é muito melhor do que demasiadas vezes observamos. Pelo menos o turista de safári vai para ver o que existe em seu próprio ambiente – muito diferente de vários comportamentos comuns dos humanos em relação aos animais. Mais frequentemente, os animais "selvagens" são observados enquanto executam rotinas coreografadas por humanos em zoológicos e parques temáticos, que são pouco mais do que celas de prisão, e são impedidos de viver o modo de vida de suas espécies em praticamente todos os aspectos. O respeito pelas formas de vida das espécies exige muita humildade e aprendizado.

O respeito pode ser alcançado, embora com dificuldade, por meio de um aprendizado intelectual que venha, por assim dizer, de fora, compreendendo semelhanças e diferenças. Para que a amizade comece a ser possível, porém, é preciso mais *empatia*, ou pelo menos uma tentativa séria de empatia; tentar ver o mundo desde a perspectiva desse animal, para entender como um animal desse tipo caracteristicamente se comunica e escolhe, e para sintonizar-se com o modo de ver do animal. Nunca alcançamos uma visão perspectiva totalmente precisa mesmo de outros humanos, por mais próximos que sejam, e não devemos esperar que algum dia alcancemos plenamente uma visão do mundo desde o ponto vista de um animal não humano. Mas é fundamental tentar, e às vezes podemos ser parcialmente bem-sucedidos.

Todos esses pré-requisitos para a amizade podem estar lá, mas sem a amizade propriamente dita. Até agora, temos apenas uma relação respeitosa, pois a amizade envolve mais coisas: atividades e prazeres compartilhados, um deliciar-se na companhia dos outros. Normalmente, então, a amizade requer uma copresença prolongada em um mesmo lugar.

A amizade também requer confiança, e a confiança leva algum tempo. Então, a copresença deve ser prolongada, não passageira. É interessante que, entre os humanos, o amor tem mais chance de florescer à distância e em um breve intervalo de tempo do que a amizade, com seus requisitos de confiança, compromisso com o bem do outro e um padrão de atividades compartilhadas. Atualmente, esse requisito parece excluir a amizade entre humanos e baleias, porque a copresença prolongada é possível apenas dentro dos limites moralmente inaceitáveis de um parque temático. As aves da maioria das espécies também são um desafio, embora existam espécies de aves que podem ser amigas de um humano que esteja adequadamente sintonizado.

O respeito pela forma de vida da espécie de um animal não nega e, se for a amizade que estamos buscando, não deve negar a *atenção à particularidade*. Entre os humanos, nem é preciso dizer: alguém que trata as pessoas como intercambiáveis é um candidato improvável para a amizade. Em grande parte, isso também se aplica às amizades entre humanos e animais.

Quando um amigo humano respeita a forma de vida de outro animal, ele precisa entender como as capacidades-chave são realizadas de forma diferente na espécie humana e na espécie do animal. Por exemplo: quando pensamos em amizade, pensamos, *inter alia*, em brincadeiras. Todos os animais brincam, mas saber o que conta como brincadeira necessita de um estudo cuidadoso: assim, a brincadeira de morder dos jovens lobos não seria aceitável em uma creche humana! Qualquer possibilidade de amizade deve começar pela investigação dessas diferenças, contra um pano de fundo bastante geral de similaridade. E há diferenças na especificação adicional da capacidade-chave de afiliação. A estrutura de uma família humana varia de acordo com a cultura e o tempo; mas todas as famílias humanas conhecidas são muito diferentes das famílias de elefantes, nas quais os filhotes são criados por um grupo cooperativo de fêmeas, enquanto os machos, após a puberdade, deixam o grupo para vagarem sozinhos, exceto na época de acasalamento.

A amizade humana depende muito da linguagem e de outras formas de comunicação (música, arte, gesticulação). Animais da maioria dos tipos também são comunicadores flexíveis e altamente qualificados, com muitas formas de sinalização das suas experiências, preferências, medos e desejos entre si. O desafio é construir um lugar de encontro entre sistemas de comunicação humanos e animais. Às vezes, a dificuldade é simplesmente de compreensão, e pode ser superada pelo aprendizado. Às vezes, há sérios obstáculos físicos: somos incapazes de ouvir muitos dos sons produzidos por baleias e elefantes, por exemplo, embora equipamentos de gravação sintonizados a sons baixos (na escala de decibéis) possam capturar a comunicação e potencialmente traduzi-la em algo que os humanos possam ouvir.

Uma palavra sobre a amizade e o amor. Às vezes, as pessoas usam o termo "amizade" para indicar um relacionamento que é emocionalmente mais fraco do que o amor. Sigo os gregos e os romanos, cujas noções de *philia* e *amicitia* não têm essa restrição. Algumas das relações que discutirei são emocionalmente muito intensas. Minhas principais razões para falar de amizade e não de amor são para assinalar, em primeiro lugar, que se trata de *philia* e não de *eros*, pois o desejo sexual e a intimidade não são partes integrantes do relacionamento (em casos interespécies, eles estão ausentes); e, em segundo, que a amizade, como a *philia*, envolve reciprocidade de bons desejos, boas emoções e boas ações, enquanto o amor, seja erótico ou não, pode ser unilateral e pode até existir quando você nunca encontra o objeto do seu amor. Muitas pessoas amam profundamente os animais sem conhecer qualquer animal em particular intimamente o suficiente para formar uma amizade. Alguém que ama as baleias, como minha filha amava, tem que se contentar com o amor de longe, não correspondido. Eu mesma não tenho amizade com animais, embora tenha muito amor por eles. Simplesmente não consigo arcar com a responsabilidade de cuidar de um cão, devido às minhas obrigações de viagem, e não posso ir morar com elefantes, embora eu deseje fazer amizade com um grupo de elefantes. Assim, a amizade é, nesse sentido, mais exigente do que o amor, embora possa certamente incluir o amor mútuo.

Paradigmas da amizade humano-animal: animais de companhia

Os animais de companhia, quando não os tratamos como "pets", mas os aceitamos como dignos e capazes de agir, podem frequentemente se tornar amigos dos humanos com quem vivem. Muitos leitores terão participado de tais amizades, e muitos outros saberão delas por meio de relatos de vários tipos. Ainda assim, é útil examinar um caso paradigmático dessa amizade. Por isso, vamos olhar mais de perto a amizade entre o filósofo George Pitcher (1925-2018) e os dois cães, Lupa e Remus, com quem ele e seu parceiro, o compositor e professor de música Ed Cone (1917-2004), moravam na casa em Princeton, Nova Jersey, de 1977 a 1988 (morte de Lupa) e 1991 (morte de Remus)[4]. Conhecemos os dois cães na introdução. A história deles é narrada com extraordinários detalhes e empatia (incluindo autoempatia) por Pitcher, que, não por acaso, é um dos filósofos que retomou o estudo das emoções na filosofia recente, quando se pensava ser um tópico que não valia a pena estudar. E a história tem a vantagem adicional de poder ser atestada por minha experiência pessoal. Como amiga dos dois parceiros, eu frequentemente visitava Princeton e ficava na casa deles no campo de golfe e dava muitas caminhadas com George e os cães. Remus era muito social comigo, embora Lupa, como o livro descreve, sempre manteve seu medo de estranhos, e geralmente se sentava sob o piano de cauda quando eu estava por perto.

Lupa havia sido uma cadela feral por um bom tempo, e seus filhotes provavelmente tinham como pai algum outro membro do bando de cães ferais. Antes disso, parece que ela sofreu abuso. Certos gestos, particularmente uma mão levantada, inspiravam medo nela (ver a introdução); e algo a levava a se encolher quando alguém usava o telefone do andar de baixo (não outros telefones). George a encontrou, com sua ninhada de recém-nascidos, tremendo no espaço escuro sob um galpão de ferramentas em sua propriedade. Inicialmente, seu medo de estranhos a fez recuar de todo contato, e demorou dias até que ela comesse a comida deixada na boca de sua "caverna", semanas antes de ela tentar se aventurar um pouco fora da "caverna" para pegar a comida. Durante todo o tempo, George falou com ela de forma gentil e tranquilizadora, tentando imaginar o que ela suportara para inspirar tanto medo, e "detectando uma… uma enorme vulnerabilidade nela"[5]. Como o livro deixa claro, Pitcher está ao mesmo tempo descobrindo, ou redescobrindo, a sua própria vulnerabilidade, depois de ter isolado muitas emoções após uma infância difícil. O episódio descrito na primeira epígrafe marca a primeira vez que Lupa responde positivamente às aberturas dele, e a partir daquele momento ele está totalmente comprometido. Embora Ed inicialmente se opusesse a ter um cão, ele também foi conquistado, aceitando primeiro manter Lupa e um de seus filhotes do lado de fora e depois recebê-los em sua casa, enquanto encontravam bons lares para os outros filhotes. Quando eles deram nomes aos dois cães (chamando-os pelo nome da loba que amamentou os dois fundadores de Roma e pelo nome de um de seus dois "filhos" humanos), esse ato "foi um reconhecimento de que eles eram, pelo menos para nós, algo semelhante a pessoas, e pessoas, além disso, que agora eram da nossa responsabilidade. Nós estávamos nos comprometendo de maneira séria, como se faz ao fazer votos"[6]. (Pitcher enfatiza que Ed era conhecido por dizer a verdade sem rodeios e com total seriedade, traço que experimentei com gratidão e algum desconforto quando ele ofereceu comentários críticos sobre alguns dos meus escritos sobre música.)

Pitcher reconhece que os cães eram filhos substitutos para eles. (Como dois gays então não assumidos, eles não tiveram chance de se casar ou adotar crianças[7].) Mas ele destaca que os cães também assumiram outros papéis emocionais: Lupa tornou-se uma figura materna e Remus um companheiro intrépido. A ideia da criança substituta poderia ter levado a um tratamento inadequado dos cães, um tratamento que não respeitasse suas vidas caninas; muitas pessoas agem assim, vestindo cães com roupinhas de bebê etc. Não vi indício desse mau comportamento. Em vez disso, houve uma sintonia constante com seus desejos e modos de expressão especificamente caninos e com suas particularidades, as diferenças entre eles e dos outros cães. O que a ausência de crianças humanas realmente significava era que eles não eram distraídos por outras responsabilidades, mas podiam dedicar toda a sua atenção a Lupa e Remus.

Desde o começo, Pitcher é um amigo aristotélico, tratando Lupa e Remus como fins e beneficiando-os para o bem deles mesmos, não para o seu próprio. Ele está sempre atento ao que cada um deseja, com alto grau de sensibilidade para os modos de expressão particulares de cada um: o hábito de Remus de "sentar-se expressivamente" perto de um objeto que ele quisesse, o modo diferente de Lupa de expressar seu desejo "colocando a pata delicadamente em nosso joelho e olhando esperançosamente em nossos olhos, talvez também choramingando suavemente"[8]. Remus é capaz de protestar fortemente: quando a cadela de um amigo, que está sendo cuidada por eles, ousa dormir no quarto de George, Remus suporta essa transgressão pacientemente. Mas quando a mesma cadela chega para uma segunda visita, Remus surpreende Pitcher ao vir até a cadeira dele e fazer xixi em todo o tapete. Embora a princípio Pitcher tenha ficado irritado, ele entendeu que "Remus tinha o que ele considerava uma reclamação legítima e, claro, todo direito de expressá-la... Eu tive que admitir que essa expressão de sua queixa era eloquente, ousada e original"[9]. Pitcher também entende e narra a maestria de Remus em enganar e encenar para conseguir as coisas que deseja.

E os cães retribuem. Eles oferecem a ambos os amigos a sua desqualificada devoção, e mostram a Pitcher o que é expressar amor. (Na época em que ele encontrou Lupa, Pitcher escreve que estava indo a uma psiquiatra em Nova York três vezes por semana, por sua dificuldade em expressar amor, e depois de um tempo, a psiquiatra disse a ele que os cães lhe fizeram mais bem do que ela lhe fez.) Assim como os parceiros estavam sintonizados com as comunicações dos cães, "os cães por sua vez, compreendiam muitas de nossas palavras, ações e até mesmo estados de espírito"[10]. Vendo Pitcher em lágrimas assistindo a um documentário na TV sobre uma criança com defeito cardíaco congênito morrendo durante uma operação salva-vidas, "ambos os cães correram até mim, quase me derrubando para trás, e, com gemidos, lamberam fervorosamente meus olhos, minhas bochechas, em um esforço – que foi totalmente bem-sucedido – para me confortar"[11]. Provavelmente os cães entenderam mais do que a narrativa deixa transparecer. Pitcher olha levemente para a sua infância no livro, mas sei que ela o fez sentir-se indigno de amor e privado de conforto; sem dúvida, ele se identificou com o menininho solitário e doente, e essa foi uma razão para sua resposta forte. A oferta dos cães de amor e conforto incondicionais foi exatamente a melhor resposta ao seu sentimento de indignidade ao longo da vida.

Portanto, há empatia e sintonia de ambos os lados, uma rica comunicação mútua e muito prazer em atividades compartilhadas. Quanto à liberdade, a maioria dos companheiros de cães nunca dá ao cão a opção de ir viver em estado selvagem; para a maioria deles, seria uma opção cruel e arriscada. Mas já que Lupa viveu com sucesso como uma cadela feral, Pitcher acreditava que deveria dar a ela uma chance justa de voltar à vida selvagem. Um dia, enquanto estavam no campo de golfe, Lupa, seguindo o cheiro de um coelho, correu para o bosque. George e Ed intencionalmente não foram atrás dela, mas esperaram para ver o que ela escolheria. Ao se aproximarem de casa, com pessimismo, lá estava ela, cansada da caçada, seguindo lentamente. "Seus lábios estavam retraídos e suas mandíbulas, ligeiramente abertas, de forma que ela parecia estar sorrindo. Eu vi, pela primeira vez, que ela era bonita. Ela olhou para mim como se dissesse: 'Rapaz, foi muito divertido!', mas o que entendi foi que ela era nossa, naquele momento e para sempre"[12].

Para muitos donos de cães esse "nosso" é assimétrico: o cão é um prêmio maior, e eles enfaticamente não se veem como pertencendo ao cão. Para George e Ed, é tão verdade que eles pertenciam aos cães quanto que os cães lhes pertenciam. Lupa tinha um amor particular por sua coleira, que ela via claramente como um "símbolo do vínculo que a unia a nós... Ela a usava, ao que parecia, com orgulho e uma certa alegria tranquila"[13]. Ela ficava ansiosa e apática quando tinham que tirar a coleira para arrumá-la. "Para restaurar sua confiança, bastava colocar a coleira de volta"[14]. George e Ed reconhecem uma assimetria: os cães são totalmente dependentes deles de uma forma que eles não são dos cães. Mas eles entendem essa assimetria como razão para uma imensa responsabilidade, não para sentir orgulho.

Uma triste assimetria da amizade humano-cão é uma diferença inevitável de tempo de vida. Ed viveu até os 97 anos e George até os 93. Seus cães bem-cuidados (e com atendimento médico de primeira) viveram 17 anos, no caso de Remus, e algo em torno disso, no caso de Lupa, cuja data de nascimento eles nunca souberam – vidas muito longas para esses cães relativamente grandes. Então, inevitavelmente, a história termina com o envelhecimento canino e, finalmente, duas mortes – e com Pitcher aprendendo algo mais sobre si mesmo: como chorar no luto.

Muitos leitores terão suas próprias histórias para contar, mas esta, tão habilmente narrada, oferece-nos um paradigma do que a amizade (e o amor) pode ser, transpondo a barreira entre as espécies.

Paradigmas da amizade animal-humano: animais selvagens

Como os animais selvagens não dividem uma habitação com os seres humanos, como fazem os animais de companhia, o primeiro obstáculo à amizade diz respeito à localização: onde as duas partes devem se encontrar e no território de quem? Deixando de lado por enquanto a difícil questão de saber se algum dia poderá haver amizades entre seres humanos e animais em cativeiro, estamos então lidando com casos em que o animal selvagem busca a forma de vida de sua própria espécie em um espaço que é, em um sentido mais amplo, dominado pelos humanos, mas que lhes ofereça amplitude suficiente para se movimentar e continuar como eles mesmos, junto com grupos da sua própria espécie. Como, então, uma amizade poderia começar? A amizade requer convivência, e mesmo que os seres humanos às vezes façam amizades on-line, os relacionamentos interespécies requerem presença corporal. Então o ser humano deve ir ao local onde vivem os animais selvagens em questão, ficar lá por um longo período, conseguir ser bem-vindo e, finalmente, por assim dizer, ser convidado para um relacionamento, apesar de ser visto como estranho e, inicialmente, como ameaçador. Para algumas espécies, como as baleias, esse espaço compartilhado não pode ser encontrado. Mesmo que agora seja possível fazer pesquisas debaixo d'água, que antes eram impossíveis, as restrições ao humano que se aventura nesse ambiente impedem o compartilhamento de atividades prazerosas. Talvez isso mude. As narrativas de Peter Godfrey-Smith sobre seus mergulhos em busca do polvo recluso mostram grande entusiasmo e prazer. Talvez um dia os intrépidos cientistas das baleias possam viver com elas, de alguma forma, por longos períodos. Para muitas outras espécies, entretanto, determinação, experiência em pesquisa, concessão de verbas e um profundo amor pela espécie do animal já poderiam impulsionar os pesquisadores para uma forma de vida em que um mundo pudesse ser genuinamente cocriado.

Um exemplo paradigmático é o relato da etologista Barbara Smuts sobre suas relações com babuínos na África Oriental, com quem ela viveu por muitos anos[15]. Smuts foi levada a seu trabalho, ela registra, por profunda curiosidade. Ela acredita que essa curiosidade sobre outros animais é herança evolutiva de nossos ancestrais humanos, embora ela seja comumente anulada pela vida moderna. "Cada um de nós herdou a capacidade de aproximar-se intuitivamente do ser dos outros, mas nosso acelerado estilo de vida urbano raramente nos encoraja a fazê-lo"[16]. Smuts foi para o hábitat dos babuínos e viveu lá sem companhia humana. Ela enfatiza que, por longos períodos, não viu nem conversou com outro ser humano, o que se mostrou muito útil para aprender a "aproximar-se intuitivamente" da vida dos babuínos[17]. (A analogia do turismo é outra vez útil aqui: aprender a falar francês fluentemente é muito mais fácil com a imersão total, sem oportunidades de fazer uso do inglês.)

Seu primeiro desafio foi convencer os babuínos de que ela não era uma ameaça. Tendo se preparado bem para este desafio, ela os abordou gradativamente, com muita sensibilidade para suas reações, "sintonizando" os sutis sinais de medo que eles enviavam uns aos outros quando ela se movia muito rapidamente ou para muito perto. A princípio, as mães chamavam seus bebês e davam-lhes olhares severos de advertência. Com o passar do tempo, no entanto, quando perceberam que Smuts respondia aos seus sinais, seu comportamento mudou: se achassem que ela estava perto demais, lançavam "olhares feios" para ela – deixando, como ela observa, de tratá-la como um objeto para tratá-la como um sujeito com quem eles poderiam se comunicar. No processo de ganhar sua confiança, Smuts "mudou quase tudo nela, incluindo o jeito que eu andava e me sentava, o jeito que eu sustentava meu corpo e a maneira como usava meus olhos e minha voz. Eu estava aprendendo uma forma totalmente nova de estar no mundo – a maneira dos babuínos"[18]. Ela obviamente não era um babuíno, com seu corpo humano e maneira humana de se mover; mas ela entrou no mundo deles por meio de uma resposta atenta aos seus sinais, até que eles a aceitaram como um ser social a quem poderiam tratar como um membro do seu grupo. O respeito pelo espaço pessoal, imensamente importante no mundo dos babuínos, foi essencial para a familiaridade e confiança que finalmente o grupo e Smuts cocriaram. Ela aprendeu, por exemplo, a não os ignorar quando eles se aproximavam, como os cientistas costumam ser ensinados a fazer, mas a comunicar respeito do modo babuíno, fazendo um breve contato visual e grunhindo. Por fim, o bando e ela conseguiam relaxar na companhia um do outro, como no exemplo de Alex e Daphne, citado na epígrafe deste capítulo. No final do período, Smuts percebeu que todo o seu senso da própria identidade mudou, tornou-se mais corporal, menos intelectual.

A amizade de Smuts é com todo o bando, não com um ou dois indivíduos. Ela passou a conhecê-los como indivíduos particulares, inclusive como "indivíduos altamente idiossincráticos, tão distintos uns dos outros quanto nós, humanos, uns dos outros"[19]. Ela enfatiza que poderia ter formado relacionamentos individuais mais íntimos, e às vezes era encorajada por um ou outro babuíno a fazê-lo, mas os objetivos de sua pesquisa fizeram com que ela não desejasse alterar o comportamento dos babuínos a esse ponto. Assim, a aparente unilateralidade da amizade – ela estava aprendendo seus modos e eles a estavam simplesmente incluindo em um modo de vida em andamento – foi escolhida por ela e poderia ter sido diferente, levando a uma maior intimidade em particular. Às vezes, essa intimidade surgiu de forma breve. Ela menciona um incidente em que teve um resfriado forte e adormeceu enquanto o bando se afastava e, quando acordou, percebeu que um babuíno chamado Platão estava ao seu lado. Ela perguntou a ele para onde os outros tinham ido, e ele partiu confiante e a passos largos, com ela ao seu lado. "Eu me senti como se fôssemos amigos, juntos para um passeio à tarde"[20]. No entanto, essa relação é baseada no fato de ela ser um bom membro do grupo. E, em outro momento, quando os babuínos lhe ofereceram ajuda, é todo o grupo que a assiste: durante uma tempestade, todos eles se moveram para dar espaço para ela se sentar em um abrigo que haviam escolhido.

Ao se tornar amiga, ela segue as regras deles, não o contrário, mas eles mudam, simplesmente no ato de incluí-la. Ela tinha vindo para o mundo deles, não o contrário, e como uma boa hóspede em um país estrangeiro, ela observava os costumes que estavam em vigor. Com base nisso, eles a trataram como sujeito e membro do grupo, e a protegeram quando ela precisou de proteção. Smuts conclui: "Desenvolver relacionamentos com aves ou outros animais, quando entramos em seu espaço, é surpreendentemente fácil, se nos aproximamos da experiência com sensibilidade e humildade"[21].

Outra narrativa semelhante de intimidade de grupo e inclusão ao final são as memórias de Joyce Poole da sua vida com elefantes no Parque Nacional Amboseli, no Quênia, em seu livro *Coming of Age with Elephants*[22]. Poole é menos autoconsciente do que Smuts em relação aos aspectos de formação de relacionamento de sua pesquisa, mas aparece evidenciado que ela foi capaz de ganhar a confiança não só do grupo matriarcal de fêmeas adultas que lideram a manada, mas também de elefantes machos, os principais objetos de sua pesquisa, que são tipicamente solitários e resistem ao relacionamento. Ela cocriou um mundo com os elefantes, e eles aprenderam a responder até mesmo às suas falas altamente humanas, como quando – em um momento que capturei na introdução – ela cantou "Amazing Grace" para Virginia, uma matriarca, e seu grupo feminino. "Era um ritual que tínhamos... Virginia ficava em silêncio, lentamente abrindo e fechando seus olhos cor de âmbar e movendo a ponta de sua tromba. Eu cantei por cinco ou dez minutos, ou pelo tempo que elas ouviriam"[23]. (Aqui vemos contribuições de ambos os lados, com as elefantas aprendendo um novo prazer na música humana.)

Ao contrário de Smuts, Poole não estava longe dos humanos. Ela morava com um grupo de pesquisadores e interagiu com muitos quenianos de diferentes tipos. O que o livro deixa claro é que criar e manter relacionamentos afetuosos era muito difícil no mundo humano de Poole. Ela se deparou com sexismo generalizado e um incidente traumatizante de agressão sexual. Um relacionamento amoroso íntimo com um queniano se desfez dolorosamente porque relacionamentos inter-raciais não eram tolerados por sua comunidade de pesquisadores brancos. Ela terminou ficando profundamente solitária no lado humano, mas feliz e envolvida no lado dos elefantes, lembrando-nos que se os humanos às vezes formam amizades, também as estragam com infeliz frequência e por meio de alguns vícios desconhecidos no mundo dos elefantes. Poole tinha fortes incentivos para conceber-se inserida no mundo mental dos elefantes, em meio à obtusidade e aspereza da humanidade, como ela passou a vê-la.

Por fim, percebendo que não teria um filho da maneira usual, a partir de um relacionamento amoroso, Poole foi embora, teve um filho (provavelmente através de inseminação artificial, embora ela seja reticente neste ponto), e claramente pensou em si mesma como um elefante: "Eu passei pelo trabalho de parto e o nascimento do meu bebê como uma elefanta faria, cercada e assistida por minhas companheiras femininas... E quando finalmente minha filha veio ao mundo, ela chegou como um bebê elefante, em meio a uma grande comoção e cerimônia"[24]. Para Poole, apoio mútuo e comunidade são traços dos elefantes, que ela prefere aos traços usuais da sociedade humana tal como ela a conhece: divisão, sexismo e egoísmo. Depois de uma ausência de dois anos, ela voltaria a conviver com os elefantes do parque Amboseli. Ao chegar, eles cercaram o carro dela, "e, com suas trombas estendidas, nos ensurdeceram com uma cacofonia de estrondos, trombetas e gritos até nossos corpos vibrarem com o som. Eles se prensavam uns contra os outros, urinando e defecando, enquanto seus rostos transbordavam com o frescor de manchas escuras de secreções da glândula temporal"[25]. Como Poole sabe, esta é uma cerimônia que os elefantes normalmente reservam para familiares e membros do grupo que estão separados há muito tempo. Também está associado ao nascimento de um novo bebê elefante. Poole percebeu que eles a haviam reconhecido e estavam comemorando não apenas seu retorno, mas também a criança que ela trouxe consigo, "minha filhinha, estendida para eles em meus braços"[26].

As matriarcas dos elefantes teriam visto Poole como infeliz por que ela não tinha filhos? É bem possível que elas tenham respondido intuitivamente à profunda depressão e solidão que ela descreve como seu estado de espírito por muitos anos. Smuts nos mostra que Safi, seu cão de companhia, intuitivamente percebeu um humor deprimido nela antes que ela mesma tivesse plena consciência da sua aflição. Os elefantes são pelo menos tão emocionalmente inteligentes quanto os cães, e são famosos pela sutileza de sua percepção empática. Então, não é fantasioso pensar que eles tenham percebido em Poole uma mudança da depressão para a alegria. No mínimo, eles a receberam como membro do grupo e celebrando uma nova vida. Mas quem é que sabe: no fundo de seus sábios e compreensivos corações, eles poderiam estar torcendo pela transição da mulher solitária para mãe elefanta realizada. Não é por acaso que ela intitula seu livro de memórias como *Amadurecendo junto aos elefantes*. Os humanos não a entenderam nem a ajudaram a "amadurecer"; eles impediram, de muitas maneiras, seu desejo de florescer como mulher.

Estes são casos de amizade, mas eles se baseiam em imersões no mundo dos animais por longos períodos, o que raramente é possível para a maioria de nós. Smuts insiste, no entanto, que tais relacionamentos estão por toda parte se nós os procurarmos. Ela dá um breve exemplo de um camundongo, embora o relacionamento seja curto. Cynthia Townley descreve sua amizade com aves selvagens[27]. Nenhum desses casos oferece, no entanto, a cocriação, de longo prazo e confiável, de um mundo compartilhado, que é evidente nas experiências de Smuts e Poole. Smuts traz isso à tona justapondo a narrativa dos babuínos com um relato comovente de seu relacionamento de longo prazo com um companheiro cão, Safi. Como os cães conseguem compartilhar uma habitação com humanos, eles conseguem tornar-se amigos, de forma profunda e significativa, dos humanos que habitam o mundo humano normal e não viajam para estações de pesquisa na África. (Safi conhece Smuts, ela conclui, melhor do que qualquer humano que ela já conheceu, e está profundamente ciente das nuances de seu humor, assim como Smuts está ciente das nuances de humor de Safi.) Para a maioria de nós, essa vida compartilhada com animais selvagens não é realmente possível, se respeitarmos seu modo de vida em grupo e sua necessidade de um hábitat grande e relativamente livre de humanos. Os escritos desses pesquisadores nos fornecem, no entanto, um paradigma imaginativo de como essa amizade pode ser. Todos nós podemos cultivar o tipo de curiosidade, empatia e responsividade em relação a formas de vida animal que esses pesquisadores aprenderam em seu trabalho. E se a amizade ainda nos escapar, podemos ter um amor não correspondido.

Pode existir amizade com animais em cativeiro?

Agora precisamos enfrentar uma questão difícil: pode haver amizades entre humanos e animais selvagens que vivem em cativeiro? Dissemos que, em certo sentido, a "natureza selvagem" significa completa dominação humana e, em um sentido mais amplo, cativeiro; mas agora precisamos pensar sobre o que geralmente significa "cativeiro": não enormes parques de caça, mas zoológicos, onde humanos e outros animais encontram-se próximos. Aqui sempre há espaço para o ceticismo sobre o contexto de dominação, seja o potencial amigo humano, um funcionário do zoológico (portanto parte da dominação), ou apenas um visitante, que parece menos envolvido. Vejamos até que ponto esta preocupação pode ser atendida.

A amizade é baseada, dissemos, no respeito pelos modos de vida das espécies. Portanto, ela não é compatível com práticas que violentam esses modos de vida. Particularmente óbvia é a prática comum de levar um elefante jovem ou uma orca para longe de seu grupo e explorar o animal em um zoológico ou parque temático para a diversão dos humanos, como discuti no capítulo 10. Às vezes, o público é levado a pagar para ver uma farsa de amizade, com animais cativos cujas formas de vida foram destruídas. O documentário *Blackfish*, por exemplo, mostrou a forma como o SeaWorld teatralizou aparentemente relações afetuosas entre treinadores e orcas em cativeiro, como meio para conseguir que os espectadores pagassem para ver as acrobacias que as orcas aprenderam dolorosamente a executar. Às vezes, os próprios treinadores pareciam ter sido enganados: alguns dos entrevistados filmados obviamente amavam os animais com quem trabalhavam; ou eles sinceramente ignoravam a violência feita contra o modo de vida dos animais ou eram manipulados para fechar os olhos.

Um perigo onipresente para espectadores e treinadores é o narcisismo e a falta de curiosidade genuína: tão facilmente imaginamos o animal como semelhante a nós ou projetamos nele sentimentos semelhantes aos humanos que provavelmente as próprias reações do animal não serão as esperadas. Desta forma, os humanos podem se enganar, acreditando que são participantes ou espectadores de uma amizade, em vez de facilitadores de uma cruel violação de capacidade. A empatia genuína deve ser baseada no conhecimento, mas zoológicos e parques temáticos têm um forte interesse em manter espectadores e treinadores ignorantes da forma completa de vida do animal, para que possam se entregar a fantasias de amizade sem reconhecer quão empobrecido e carente é o ambiente do zoológico.

Uma armadilha relacionada é a de incitar o animal a realizar atividades que não são características, porque isso diverte os visitantes humanos, ou combina com suas fantasias de amizade. Mais uma vez, isso pode ser feito mediante uma cínica exploração ou graças à obtusidade da boa-fé. Eu já discuti a linguagem gestual dos macacos. Outros truques que os chimpanzés são ensinados a realizar são ainda piores. Até bem pouco tempo atrás, era comum ver, no cinema e na TV, chimpanzés vestidos com roupas humanas andando de triciclo ou enrolados em fraldas como bebês[28]. Essas performances costumavam divertir os humanos, alimentando a fantasia de que o chimpanzé é semelhante a uma criança humana. Isso não é amizade, mas uma paródia dela, obra de humanos que carecem de humildade e curiosidade genuínas.

Os golfinhos são um caso complicado, como discuti no capítulo 10. Eles são muito curiosos sobre os humanos e interagem alegremente com eles. Nas suas vidas não confinadas, os golfinhos frequentemente procuram humanos e integram atividades cooperativas com eles. Hal Whitehead e Luke Rendell descrevem a forma que um grupo de golfinhos costeiros trabalhou em conjunto com pescadores costeiros, ajudando-os a atrair moluscos para suas redes[29]. Essas cooperações são, pelo menos, precursoras da amizade. Whitehead e Rendell também mostram que os golfinhos que aprendem truques em um parque temático, e depois são soltos em um hábitat marinho não confinado, às vezes levam esses truques junto e os ensinam aos seus filhos. Podemos questionar, então, a inadequação do ensino de truques: se feito usando apenas reforço positivo, pode ser uma parte alegre de uma interação cooperativa e um estímulo para esses mamíferos altamente inteligentes – pelo menos às vezes. Em um espaço semifechado, mas não confinado, tal como a Shark Bay na Austrália, talvez possa haver começos de amizades do tipo vivenciado por Smuts e Poole.

E quanto aos animais que parecem viver bem em hábitats menores? Eles podem fazer amizades em cativeiro? Uma história triste e controversa foi a de Knut (2006-2011), o urso polar órfão do zoológico de Berlim, que se tornou preferido dos fãs e certamente tinha supostas amizades com vários dos tratadores[30]. Este caso é difícil porque Knut foi rejeitado por sua mãe, e teria morrido se não estivesse em um zoológico com tratadores amigáveis, particularmente Thomas Dörflein, que amava o ursinho, dormia ao lado dele, e o alimentou com papinha de bebê. As matriarcas elefantas criam os filhotes em comunidade; por isso, um bebê cuja mãe morreu não seria abandonado. Isso parece não ser verdade para os ursos polares, e no hábitat usual deles, esse filhote provavelmente não teria a chance de viver a forma de vida de sua espécie. Alguns ativistas defensores dos animais disseram que o zoológico deveria ter tido a coragem de deixar o ursinho morrer[31]. Mas o público, que já havia se apaixonado por Knut, protestou fora do zoológico. Acredito que as ações iniciais dos tratadores do zoológico eram defensáveis, até louváveis. E ainda não está claro se lhes restava alguma alternativa de dar a Knut uma vida normal com outros ursos polares, ainda que fosse com os outros ursos polares do zoológico. Dessa forma, não está evidenciado se o tratamento que deram a Knut mostrou alguma falta de respeito pela forma de vida da espécie de Knut. Pode ter sido o melhor possível nas circunstâncias.

No entanto, o que esse caso certamente mostra é a falta de conhecimento e curiosidade do público a respeito da forma característica de vida dos ursos polares. O público queria que Knut se comportasse como um brinquedo fofo e não gostou de seu comportamento característico de urso polar. Houve um alvoroço quando Knut matou um peixe, e as pessoas falavam de uma violação das leis da Alemanha contra a crueldade com animais. O zoológico fez pouco esforço para educar o público sobre o que os ursos polares realmente são e fazem, e, por razões óbvias, já que eles precisavam que Knut fosse fofo e "inofensivo", mas os ursos polares não são assim. Knut foi uma bonança financeira para o zoológico, que registrou seu nome, vendeu todos os tipos de produtos Knut, e até exibiu seus restos mortais. Zoológicos sempre precisam de dinheiro, e suas motivações devem, consequentemente, ser sempre cuidadosamente examinadas. Existem melhores candidatos para amizades "de cativeiro". Alguns ambientes de pesquisa oferecem aos animais confinados algo como a forma de vida da espécie e, ao mesmo tempo, interação com os humanos. Os macacos são os candidatos lógicos para tais amizades potenciais, porque as exigências de sua espécie frequentemente podem ser atendidas dentro de uma instalação de pesquisa. Zoológicos com frequência não se importam com a vida social dos macacos, ou se importam apenas de forma antropocêntrica, preferindo vê-los se comportar "como nós". Mas hoje existem zoológicos com uma postura mais respeitosa na sua atitude voltada para a pesquisa. Um cientista trabalhando em tal instalação pode formar amizades do "tipo Smuts". Um exemplo parece ser a relação do biólogo Jan van Hooff com a chimpanzé Mama, a heroína do livro *Mama's Last Hug* [O último abraço da mamãe], de Frans de Waal[32]. O professor e a chimpanzé se conheciam há quarenta anos. (Van Hooff foi o orientador da tese do etólogo holandês, então de Waal também conhecia Mama há muito tempo e tinha uma amizade com ela.) O ponto principal da pesquisa era estudar a estrutura social e as interações entre chimpanzés. Assim, Mama viveu toda a sua vida com um considerável grupo de parentes, característico de grupos de chimpanzés não cativos, do qual ela acabou se tornando a líder matriarcal. Van Hooff tinha presenciado tentativas frustradas de abrigar grupos de macacos quando ele trabalhava, em sua juventude, para uma instalação da NASA que preparava chimpanzés para serem enviados ao espaço. As deficiências da instalação da agência espacial dos Estados Unidos em termos de habitação, alimentação e oportunidades sociais inspiraram Van Hooff a criar a colônia Arnhem, uma ilha de dois acres com cerca de vinte e cinco chimpanzés, que permitia agrupamentos maiores e retiros familiares mais íntimos, preferidos pelos chimpanzés na "natureza selvagem". "Então, embora Mama fosse cativa, ela desfrutou de uma longa vida em seu próprio universo social, rico em nascimentos, morte, sexo, dramas de poder, amizades, laços familiares e todos os outros aspectos da sociedade primata"[33]. Foi a primeira grande colônia de chimpanzés, embora tenha se tornado um modelo para muitas ao redor do mundo.

"Um mês antes de Mama completar cinquenta e nove anos, e dois meses antes do aniversário de oitenta anos de Jan van Hooff, esses dois hominídeos idosos tiveram um reencontro emocionante"[34]. De Waal descreve o abraço de Mama no leito de morte, de uma forma que deixa claro seu vínculo profundo. Mama o acolheu com um sorriso enorme, e deu um tapinha em seu pescoço, um gesto de conforto comum entre macacos (e humanos também). Alcançando a cabeça de Jan, ela gentilmente acariciou seu cabelo e o abraçou com seus longos braços, tentando puxá-lo para mais perto. Ela continuou acariciando sua cabeça e pescoço ritmicamente, do jeito que os chimpanzés confortam uma criança. Parece haver pouca dúvida de que Mama, fraca e emaciada, estava ciente de sua própria condição minguante, e ciente, também, do medo e da dor de Jan. A qualidade desta despedida dá-nos um pequeno vislumbre dos anos de amizade que a precederam. E de Waal relembra da sua própria amizade com Mama no contexto do papel dela no grupo inteiro de chimpanzés.

Esses relacionamentos são amizades. E se eles têm limites – os animais ainda são cativos –, precisamos lembrar que a "natureza selvagem" também é, para os chimpanzés, uma zona cativa, onde os humanos (especialmente os caçadores clandestinos) frequentemente exercem uma tirania muito mais funesta. Não vejo razão para que um ambiente respeitoso assim (de Waal passa a descrever extensamente o grupo, suas inter-relações e atividades) não possa render amizades, embora talvez isso fosse impossível se a colônia tivesse sido aberta ao público.

Uma relação muito diferente com um animal de pesquisa é a famosa amizade entre a psicóloga Irene Pepperberg e Alex (1976-2007), um papagaio-cinzento africano com quem ela interagiu por trinta anos. Este relacionamento, que parece mutuamente afetuoso e profundamente respeitoso, é descrito detalhadamente no livro de Pepperberg, *Alex & Me*, cujo título, apropriadamente, coloca Alex em primeiro lugar[35]. A interação de Pepperberg com Alex, como a de Van Hooff com Mama, estava no contexto da pesquisa. A pesquisa poderia inicialmente parecer questionavelmente antropocêntrica, uma vez que testava a capacidade de papagaios para dominar a linguagem humana e raciocinar de maneiras mediadas pela linguagem. No entanto, foi impulsionada pelo respeito por uma criatura por quem a maioria dos cientistas não tinha respeito. Seu objetivo era convencer a comunidade científica da alta inteligência dos papagaios, já que se pensava que uma ave não poderia realizar proezas complexas de raciocínio. Além disso, na forma de vida dos papagaios (ao contrário dos chimpanzés) o mimetismo de quaisquer sons comunicativos que estejam ao redor desempenha um papel central. Assim, a linguagem não parece uma imposição alheia, mas sim um meio usado para suscitar exibições características da racionalidade do papagaio. Alex não escolheu livremente entrar no laboratório – Pepperberg o comprou em um pet shop –, mas uma vez no laboratório, ele exercia um controle quase cômico. Ele se via como livre para executar as tarefas ou recusá-las, e ele encontrou muitas formas de indicar tédio e até desprezo; então, o relacionamento estava cheio do que é difícil não chamar de brincadeira bem-humorada. Os papagaios, os cientistas geralmente concordam, estão entre as espécies mais espirituosas[36]. E parece não haver dúvida quanto à afeição mútua da dupla, embora Alex não tivesse braços para abraçar Pepperberg tal como Mama abraçava Van Hooff. Sua morte chegou muito de repente, à noite, então Pepperberg não teve oportunidade de se despedir dele, mas essa perda a devastou, como ela conta. Suas últimas palavras para ela – palavras que ele dizia todas as noites quando ela saía para ir para casa – eram: "Fica bem. Eu te amo. Te vejo amanhã." Obviamente, ele estava repetindo o que ouvira Pepperberg dizer. Mas esta troca de despedidas tornou-se, ao longo dos anos, genuinamente mútua.

Uma preocupação séria a respeito de Alex e Irene Pepperberg como candidatos à amizade é que Alex não se relacionou com outros papagaios, além das interações casuais, às vezes bastante desdenhosas, que ele tinha com outros papagaios no laboratório. Mas os papagaios-cinzentos africanos, ao contrário dos chimpanzés, elefantes e golfinhos, não são altamente sociais e não vivem em grupos. Pouco se sabe sobre seu comportamento na natureza, mas é claro que, por serem presas potenciais para muitas espécies, eles evoluíram para serem solitários e reservados. Eles praticam a mímica como uma habilidade fundamental de sobrevivência: na natureza, eles evitam ser detectados aprendendo a imitar sons de outros animais e aves. Alex, então, não foi exilado de uma rica vida comunitária. Realmente lhe faltou uma companheira: os papagaios, como muitas aves, são monogâmicos e criam seus filhotes conjuntamente. Portanto, seu mundo não tinha a vida de Mama, "rica em nascimentos" e "sexo". Mas papagaios não são chimpanzés; um grupo certamente não é necessário para seu florescimento. Se uma companheira ou companheiro são necessários, ou se alguns papagaios são simplesmente solitários, é algo que não se sabe. Certamente, ele não parecia deprimido ou solitário, e é possível que para os papagaios, assim como para os humanos, o florescimento venha sob diferentes formas, como solitários ou como casais.

As amizades entre espécies são possíveis em cativeiro sempre que houver respeito pela forma de vida do animal, e por suas Capacidades Centrais dentro dessa forma de vida, como bases essenciais de interação e afeto. Tais amizades nem sempre estão disponíveis para pessoas sem treinamento especializado e oportunidades, mas, como diz Smuts, há casos ao nosso redor que deveríamos investigar mais, com curiosidade e humildade: papagaios, com certeza; talvez corvídeos e outras aves; talvez roedores de muitos tipos diferentes.

A amizade como ideal: expandindo as capacidades humanas

Alguns humanos terão a sorte de fazer amizade com animais "selvagens". Muitos outros terão amizades com cães, gatos ou cavalos. Muitos terão um amor não correspondido por animais que permanecem distantes. Mas todos os humanos podem aprender com esses paradigmas de amizade entre espécies. Eles expandem a nossa consciência, ensinando-nos novos hábitos de humildade e curiosidade enquanto nos aproximamos de outras criaturas, incluindo outros humanos.

Essas amizades são tão importantes para os animais "selvagens" quanto são para nós e para os animais de companhia? A importância é diferente. Nós controlamos a vida de todos os animais e, atualmente, estamos prejudicando essas vidas: então a amizade é um imperativo para nós, como uma correção de nossos modos de exploração. Para os animais de companhia, a amizade entre espécies é um grande bem, essencial para florescerem. Mas os próprios animais "selvagens" não precisam dessas amizades cara a cara para florescerem, embora precisem que os humanos exerçam seu poder com uma mentalidade não exploradora e amigável – como amigos "potenciais", por assim dizer. Mas muitas coisas boas trazem acréscimos a todas as nossas vidas sem serem absolutamente necessárias para o florescimento. Creio que, nos casos que discuti aqui, as amizades com humanos eram coisas boas nas vidas dos animais "selvagens".

Se pensarmos que a amizade entre humanos e animais é possível e que é um bom objetivo, isso instruirá nossos esforços políticos e jurídicos e expandirá nossas capacidades. O ideal da amizade nos compromete a acabar com algumas das formas mais exploradoras de atividades nas quais os humanos se envolvem ao se relacionarem com os animais selvagens: não apenas a caça, a pecuária industrial, a caça de troféus, a caça clandestina e a caça às baleias, não apenas a tortura de animais em pesquisas experimentais, mas também as formas mais silenciosas de dominação com que os animais selvagens são tratados como objetos para diversão turística dos humanos e não como sujeitos com sua própria forma de vida para viver. Ambas as partes vão ganhar. A Abordagem das Capacidades, adequadamente aberta por meio do conhecimento de outras espécies e suas formas de vida, oferece uma boa orientação enquanto buscamos esse difícil objetivo.

12

O PAPEL DAS LEIS

Essencial, mas muito difícil

Se os animais têm direitos, isso significa que os mecanismos legais para assegurá-los devem existir ou ser criados. Os direitos e as leis, argumentei no capítulo 5, são conceitualmente independentes. E assegurar direitos significa que, onde essas estruturas legais ainda não existem, todos os humanos, tendo o monopólio da criação das leis neste mundo, temos o dever coletivo de criá-las da melhor maneira possível. Mas há enormes dificuldades em nosso caminho.

A ideia de uma constituição virtual é apenas uma metáfora, na ausência de instituições que possam fazer valer esses direitos. Nossa primeira dificuldade é que em nosso mundo não existe algo como um documento de direitos exequíveis. Os documentos da legislação internacional sobre os seres humanos e sobre os direitos humanos internacionais são extremamente fracos e frágeis. Basicamente, eles podem ser legalmente aplicados apenas por meio de nações que apoiam o conteúdo desses documentos. Em abstrato, isso não é uma coisa tão ruim, creio, porque a nação tem importância moral: é a maior unidade que conhecemos totalmente responsável perante as pessoas e um canal para suas vozes e sua autonomia (literalmente, sua autolegislação). Os documentos de direitos humanos podem ter poder de expressão e persuasão, ajudando os eleitorados democráticos em cada nação a tomar providências para sua aplicação.

A situação dos direitos animais, no entanto, é muito mais incerta do que a dos direitos humanos, por duas razões muito diferentes. Primeiro, não há nada como um consenso global sobre essas questões, nem mesmo qualquer acordo de que o bem-estar dos animais deva ser um assunto de preocupação global. Isso foi uma vez verdade sobre as mulheres, e ainda assim, ao longo do tempo, o *status* das mulheres sob as leis internacionais de direitos humanos, especialmente a Convenção sobre a Eliminação de Todas as Formas de Discriminação Contra a Mulher (a CEDAW, na sigla em inglês), ao menos avançou um pouco. Nessa questão, como em outras em que algum progresso foi conseguido – racismo, direitos das pessoas com deficiência e das pessoas LGBTQ – o viés do *status quo* enfraqueceu. Esse viés é muito mais rígido no caso dos animais. Mais tarde discutirei a falta de progresso no esforço para acabar com a caça às baleias globalmente, por meio de tratados internacionais. Em todas essas questões, a ganância e o desejo de evitar os custos da mudança tornam o avanço ainda mais incerto.

Mas há uma outra questão que nos impede de resolver o problema por meio de um expressivo tratado internacional de direitos com implementação nacional: onde estão os animais e são habitantes de onde? Se os animais devem ser pensados como cidadãos, são cidadãos de onde? Os animais de companhia ocupam lugares bastante determinados, uma razão pela qual a solução que proponho para algumas dessas questões, com seu paralelo com o bem-estar das crianças, pode funcionar; contudo, a maioria dos animais selvagens não ocupam lugares determinados. Eles atravessam fronteiras. Os céus e os mares, acima de tudo, não conhecem fronteiras nítidas, embora ambos tenham áreas de jurisdição nacional. Para muitas das criaturas que considero neste livro, mesmo um documento expressivo-persuasivo teria que ser internacional para ser totalmente inclusivo. Este problema não impediu as nações de atender às necessidades de algumas aves e de mamíferos marinhos em suas águas costeiras, como veremos. Mas isso significa que é um enorme desafio para os cidadãos preocupados em deter as práticas abusivas de todas as nações que as perpetuam, exigindo confiança precisamente naquelas instituições internacionais que são provavelmente as mais fracas e mais facilmente intimidadas.

Mesmo dentro das nações, há uma enorme lacuna entre as leis vigentes e o que é efetivamente cumprido, porque os animais não têm legitimidade (carecem de direito legal de ingressar em juízo como autor de uma ação), e os seres humanos que se preocupam com os animais geralmente não conseguem processar em nome deles, exigindo o cumprimento das leis existentes. Registradas nos Estados Unidos, temos algumas leis, várias delas promissoras em muitos níveis, que incorporam uma Abordagem das Capacidades. Ainda assim, a aplicação é, na melhor das hipóteses, esporádica. Nosso processo legislativo é atormentado por impasses, pela divisão partidária e por lobistas que defendem interesses financeiros, sendo a indústria da carne uma das mais poderosas. No nosso mundo atual, onde não há limites significativos para o papel do dinheiro na política, é difícil fazer qualquer progresso enfrentando tais interesses arraigados.

Outro problema é que, em todos os níveis, há uma pluralidade confusa de jurisdições frequentemente sobrepostas: federal, dos estados, de cidades grandes ou pequenas e dos condados – muitas vezes lidando com animais que se movem através das linhas de jurisdição. Como exemplo desse problema, discutirei mais tarde o esforço para impedir a atuação das "fábricas de filhotes", nas quais criadores comerciais com fins lucrativos criam filhotes em condições chocantes para depois vendê-los para pet shops, onde eles ficam bonitos e geralmente são comprados sem que haja consciência de suas origens ou dos problemas médicos que enfrentam como resultado do mau tratamento.

Um ideal realista

A lei é ideal e estratégica. É fácil ficarmos confusos sobre qual deveria ser nossa melhor trajetória. Devemos mapear uma situação ideal, ou começar com os materiais defeituosos que temos e tentar melhorar um pouco as coisas? Alguns filósofos pensam que a "teoria ideal" e uma teoria enraizada no mundo real, visando o progresso comparativo, são duas coisas muito diferentes e que a teoria ideal não é muito prática[1]. Para mim, no entanto, parece claro que as duas são realmente complementares. Se começarmos de onde estamos e quisermos chegar a um destino, é fácil traçar uma rota daqui para lá, se primeiro tivermos clareza do destino. De alguma forma, se começarmos e quisermos apenas ir para um lugar "melhor", nossa trajetória não estará clara. A teoria ideal orienta nossos esforços práticos. O ideal deve ser alcançável e realista; contudo, tentei retratar os ideais incorporados na minha Abordagem das Capacidades de forma a mostrar que eles satisfazem tal exigência.

Alguém que adote uma teoria anti-ideal poderá objetar que minhas propostas serão caras demais para as sociedades modernas poderem arcar com elas. No entanto, como o capítulo 8 mostrou, o custo é endógeno ao desenvolvimento de alternativas. A mudança para uma dieta quase sem carne está se tornando cada vez mais fácil, com o desenvolvimento de substitutos da carne e o uso de carne sintética. As mudanças nos espaços urbanos recomendadas no capítulo 9 (mais parques para cães, por exemplo) são muito menos dispendiosas do que as mudanças exigidas pela Americans with Disabilities Act. Esta lei foi impulsionada por um imperativo moral, com seus custos em grande parte arcados pelas instalações, na sua maioria privadas, que tiveram de ser reconfiguradas para se adequar às exigências da lei. Além disso, tanto no parque para cães como nos casos para deficientes, o custo é principalmente um custo único de transição para a reestruturação. Não é mais caro projetar edifícios com acessos para as pessoas com deficiência do que edifícios sem tais acessos. Da mesma forma, o planejamento urbano que leva em conta as necessidades dos animais de companhia é caro apenas quando o planejamento anterior não o fez.

A parte mais cara da minha proposta é a prevenção da perda de hábitats e a limpeza dos hábitats existentes. Como todas as propostas ambientais ousadas, ela não será gratuita. Todavia, muitos desses custos são ditados, de qualquer forma, pelo bem-estar humano. O ar de Jean-Pierre é o mesmo que os seres humanos respiram, e ele ficou mais limpo por causa da mesma Lei do Ar Limpo. Agir para deter o derretimento das geleiras, que causa danos aos ursos polares, é parte integral de um programa voltado para o futuro humano em uma época de aquecimento global. Parar com o uso de plásticos que poluem os mares tem custos de transição, mas rapidamente novas soluções estão substituindo as antigas. Ou melhor, velhas soluções: muitos locais de trabalho e até resorts estão fazendo a transição para modelos que substituem o plástico descartável por vasilhames recicláveis de antigamente, ou mesmo exigindo que as pessoas tragam suas próprias garrafas de água para encher. Quanto aos hábitats de elefantes e outros grandes mamíferos, o custo de proteção de grandes extensões de terra para os elefantes pastarem pode ser viabilizado pela cooperação internacional, pelo enfrentamento da superpopulação humana e pela receita do ecoturismo que sempre acompanha os hábitats bem preservados.

Recursos atuais

Vejamos o que a legislação oferece atualmente: muito (no papel) e pouco (na prática). Inicialmente, vou me limitar aos Estados Unidos, mas as leis internacionais e as comparações entre as nações serão importantes mais tarde.

Como na maioria dos outros países, os animais nos Estados Unidos já têm direitos, conforme definidos em uma ampla gama de leis estaduais e federais[2]. Mesmo que o público acredite que a questão dos "direitos animais" seja altamente controversa, o fato é que a legislação deu aos animais uma gama considerável de direitos nos últimos anos, chegando a uma "declaração de direitos" virtual, embora com muitas lacunas e omissões. (Normalmente, animais criados para alimentação e animais usados em experimentos são exceções.)

As leis estaduais fornecem aos animais uma vasta gama de proteções contra a crueldade, interpretada de forma ampla. As leis normalmente vão muito além das proteções contra o que poderíamos chamar de crueldade ativa (espancamentos, assassinatos e assim por diante), e impõem aos responsáveis pelos animais (geralmente os donos) uma série de deveres afirmativos: eles devem oferecer alimentação e abrigo adequados, eles não devem sobrecarregar os animais etc. Para pegar um exemplo representativo, em Nova York quem confinou um animal deve fornecer ar bom, água, abrigo e comida[3]. Qualquer pessoa que transportar um animal de forma cruel ou desumana enfrentará penalidades criminais. Animais transportados por via férrea devem poder sair a cada cinco horas para descansar, alimentar-se e beber água. Outras leis proíbem impor excesso de trabalho ou causar sofrimento desnecessário. As leis da Califórnia contra a "tortura" de animais são ainda mais amplas, definindo "tortura" de forma a incluir a imposição negligente de sofrimento desnecessário. Como mencionei, essas leis abrem exceção para os casos de animais criados para alimentação e os usados para fins médicos ou científicos.

Essas leis têm mais dois defeitos. Primeiro, elas nada fazem pelos animais que não estão sob controle direto de algum humano: eles rastreiam a relação de propriedade e controle. Em segundo lugar, elas devem ser aplicadas pelo Estado, mas o Estado as aplica raramente, apenas nos casos mais flagrantes. Elas continuam sendo, na maior parte, apenas palavras no papel.

No nível federal, os Estados Unidos já aprovaram diversas leis de proteção. A maioria desses estatutos remonta a muito antes de os "direitos animais" tornarem-se uma causa popular, e dificilmente podem ser considerados como casos de "correção política". Muitos leitores podem ficar surpresos ao saber que em 1966, no meio da administração de Lyndon B. Johnson, o Congresso aprovou uma lei muito abrangente, a Animal Welfare Act (AWA), que é mais ampla que a maioria das leis estaduais, pois, originalmente, incluía animais utilizados na experimentação. De fato, a indignação pública com o tratamento de animais em instalações de pesquisa foi sua principal motivação[4]. Em sua forma original, essa lei protegia todos os animais de sangue quente usados em pesquisas ou exposições, ou como pets. Inclui penalidades civis e criminais contra maus-tratos, e a Secretaria de Agricultura é obrigada a emitir uma exposição detalhada do "tratamento humanitário" para cada espécie, regulando os procedimentos de "manipulação, alojamento, alimentação, abeberamento, saneamento, ventilação, proteção de condições climáticas e temperaturas extremas, cuidados veterinários adequados"[5]. Seções específicas expõem exigências de quantidades mínimas de exercício para cães e um ambiente adequado para proteger o "bem-estar psicológico" dos primatas[6]. Esses primatas devem ter a oportunidade de formar grupos sociais e ter acesso ao "enriquecimento ambiental", que lhes permitirá expressar "atividades não prejudiciais típicas das espécies"[7]. Há uma proibição absoluta de práticas de lutas entre quaisquer animais. Em sua especificidade para as espécies e nas proteções da livre circulação e da saúde psicológica, ela vai além da abordagem utilitarista e se direciona ao que uma Abordagem das Capacidades recomendaria.

Tal como está escrita, a lei tem omissões salientes. Uma delas é a total omissão de animais de sangue frio, aparentemente motivada pelo desejo do legislador de apartar o National Hard Crab Derby* de Maryland da regulamentação. Uma outra é a omissão sobre a própria matança. A lei nunca diz que os experimentadores não podem causar a morte de animais experimentais – apenas que devem ser gentis com eles ao matá-los. Em terceiro lugar, concentrando-se em três categorias – experimentação, exposições e pets – a lei exclui a fabricação de alimentos da regulamentação. Pior ainda, em 2002 a lei foi alterada para excluir aves e todos os ratos e camundongos criados para uso em pesquisa, frustrando assim muito do propósito da lei original. Em 2002, o Departamento da Agricultura dos Estados Unidos (USDA, na sigla em ingês) concordou em proteger as aves não utilizadas em pesquisa e em elaborar um padrão de cuidados dispensados a elas, mas foi adiado, e a questão do atraso não justificado é atualmente objeto de litígio[8].

A Lei das Espécies Ameaçadas (ESA, na sigla em inglês) visa, obviamente, a preservação das espécies, não o bem-estar de animais individuais. Mas os seus mecanismos, incluindo a

▼

* Evento popular de comemoração do Dia do Trabalho, cujo nome indica uma das principais atrações: corridas de caranguejos. [N. do T.]

proteção de hábitats e a proteção contra perturbações, são bons para os indivíduos também, pois uma espécie só se extingue depois de membros individuais sofrerem de várias maneiras[9]. Portanto, embora eu me concentre no bem-estar individual – sendo lamentável que, para obter a proteção de hábitats, seja preciso mostrar que a espécie está em perigo –, pelo menos seus remédios são bons para muitos animais individuais. Um hábitat é definido de uma forma compatível com a Abordagem das Capacidades: tem que acomodar os comportamentos característicos da espécie, com a exigência de que essa determinação seja feita usando a melhor evidência científica disponível, novamente compatível com a AC, que exorta os formuladores de políticas a consultar pesquisas atuais sobre o comportamento e a cognição dos animais.

Três leis importantes protegem tipos específicos de criaturas. A Wild Free-Roaming Horses and Burros Act (WFRHBA) aborda a situação de cavalos e burros selvagens, considerados "símbolos vivos da história e espírito pioneiro do Ocidente"[10]. Apesar desse início altamente antropocêntrico, a lei continua afirmando que essas espécies "contribuem para a diversidade de formas de vida dentro da nação e enriquecem a vida do povo americano", uma afirmação que aparentemente atribui algum valor intrínseco a essas criaturas[11]. Esta lei foi de fato o projeto de uma defensora dos animais muito inquieta, Velma Bronn Johnston, conhecida por muitos como "Wild Horse Annie", e seu objetivo original era proteger esses animais.

Mais recentemente, no entanto, o Bureau of Land Management (BLM), órgão federal encarregado de implementar a WFRHBA, está promovendo uma falsa narrativa de explosão de populações de cavalos selvagens, que supostamente ameaça terras públicas dos Estados Unidos. Embora infundados na maioria dos casos, os clamores do BLM repercutem entre algumas autoridades eleitas, o público e, em alguns casos, até entre defensores dos cavalos selvagens. O resultado foi a remoção de dezenas de milhares de cavalos selvagens de terras públicas, o que parece ser uma completa abdicação da responsabilidade do BLM com a lei. Mesmo a ideia de que os cavalos são muito numerosos deriva não de ciência sólida, mas do lobby feito por fazendeiros que criam seu gado nessas terras. Como a Academia Nacional de Ciências relatou em 2013, o manejo de cavalos selvagens feito pelo BLM carece de métodos cientificamente rigorosos para estimar o tamanho da população de cavalos e burros, para modelar os efeitos das ações do manejo sobre os animais, ou para avaliar a disponibilidade e uso de forragem em pastagens. O BLM, que encomendou esse relatório, nunca procurou corrigir esses problemas.

Uma lei contemporânea da ESA e da WFRHBA é a Marine Mammal Protection Act (MMPA), que já discuti no capítulo 5, em conexão com o programa de sonar da Marinha[12]. Esta lei proíbe qualquer pessoa de "pegar" mamíferos marinhos em águas dos Estados Unidos e cidadãos norte-americanos de fazê-lo também em águas internacionais. Também proíbe a importação/exportação e venda de quaisquer partes ou produtos de mamíferos marinhos nos Estados Unidos. "Pegar" é definido como "assediar, caçar, capturar, coletar ou matar, ou tentar assediar, caçar, capturar, coletar ou matar, qualquer mamífero marinho"[13]. A lei define adicionalmente assédio como "qualquer ato de perseguir, atormentar ou incomodar que tenha potencial para: a. ferir um mamífero marinho na natureza, ou b. perturbar um mamífero marinho, causando alteração dos padrões comportamentais ligados (mas não somente) a migração, respiração, cuidado dos filhotes, acasalamento, alimentação ou abrigo"[14]. É um estatuto muito bem escrito, que foca diretamente a forma de vida do animal como um todo, não apenas a matança e a imposição de dor.

Assim, a decisão em *NRDC versus Pritzker* foi ditada pela linguagem da lei, não apenas por um juízo sábio. É o mais próximo que chegamos, no nível federal, à implementação legal da Abordagem das Capacidades. A execução deve ser compartilhada entre o US Fish and Wildlife Service (subordinado ao Departamento do Interior dos EUA) e a National Oceanic and Atmospheric Administration (subordinada ao Departamento de Comércio), sendo cada órgão responsável por determinadas espécies. (As baleias estão sob a responsabilidade do Departamento de Comércio, a razão pela qual Penny Pritzker, então Secretária de Comércio, ter sido a ré naquele caso histórico.) O litígio provou ser necessário para obter o cumprimento que a lei exige, mas, nesse caso, o NRDC foi julgado como tendo legitimidade para processar (ver abaixo).

Essa lei parece comparativamente boa e, de fato, protegeu as baleias de "assédio", mesmo contra alguns interesses muito poderosos. Mas é preciso ter em mente o fato de que os Estados Unidos nunca tiveram uma grande indústria baleeira e, portanto, os grupos ambientalistas não precisam lutar contra poderosos interesses comerciais.

Um terceiro estatuto que protege um grupo específico de animais, de data muito anterior, é a Lei do Tratado de Aves

Migratórias (MBTA, na sigla em inglês)[15]. Como seu nome indica, esta lei surgiu de um tratado bilateral entre os Estados Unidos e o Canadá. Ele agora incorpora outros acordos bilaterais feitos com o México, o Japão e a ex-União Soviética. Esta lei torna ilegal "perseguir, caçar, capturar, matar, tentar capturar ou matar, possuir, colocar à venda, vender, oferecer para trocar, trocar, oferecer para comprar, comprar, entregar para embarque, embarcar, exportar, importar, fazer com que seja enviado, exportado ou importado, entregar para transporte, transportar ou fazer com que seja transportado, carregar ou fazer com que seja carregado, ou recebido para embarque, transporte, carregamento ou exportação"[16] qualquer ave ou parte de uma ave. As penalidades são rígidas: multas de até US$ 15 mil, e prisão de até dois anos. Cabe ao secretário do Interior publicar regulamentos determinando quais aves se enquadram no âmbito da lei.

Um primeiro ponto óbvio, e relacionado a lacunas em outras leis, é que se limita a "aves migratórias" e, portanto, isenta galinhas, patos e a maioria das outras aves de caça, todas as quais são normalmente caçadas, criadas e mortas para alimentação. Além disso, a lei limita explicitamente seu escopo a "espécies de aves que são nativas dos Estados Unidos ou de seus territórios"[17]. Esta afirmação quase sem sentido – já que temos poucas informações sobre a população de aves da América do Norte na pré-história e, em todo caso, não havia Estados Unidos na época – deixa muito espaço para o Departamento do Interior fazer inclusões ou exclusões.

Existem outras fraquezas. A lei é centralmente uma lei contra a caça e a caça clandestina. Não diz nada claro sobre a proteção das vidas e capacidades das aves além disso. Alguém poderia ter pensado que a destruição de hábitats e a degradação ambiental são formas seguras de matar muitas aves (como nos lembra o caso de Jean-Pierre). E, de fato, os tribunais às vezes interpretaram a lei como proibindo atividades que causam danos ambientais. Em 1980, a DC Circuit (Corte de Apelações dos Estados Unidos para o Circuito do Distrito de Colúmbia) considerou que a proibição de matar aves "por qualquer meio ou forma" sugere que matar por meio da destruição de hábitats é proibido pela lei[18]. Em 1999, uma corte de apelação federal chegou à mesma conclusão em um caso envolvendo uma companhia elétrica que falhou em instalar um equipamento barato em suas linhas de energia para evitar a morte de aves por eletrocussão. A lei, disse a corte, não se limita à caça legalizada e à caça clandestina. Além disso, o fato de a empresa não ter más intenções em relação às aves não era relevante: a MBTA é um estatuto de responsabilidade estrita[19]. Outros tribunais, no entanto, discordaram. Em 1997, a 8ª Corte de Apelação, em um caso envolvendo mortes de aves devido à extração de madeira e resultante destruição do hábitat, disse que ler a lei como proibindo a destruição de hábitats "estenderia este estatuto de 1918 muito além dos limites da razão"[20]. Em um caso relacionado, a 9ª Corte de Apelação chegou a uma conclusão semelhante[21].

Quanto à autoridade que a lei confere ao secretário do Interior, esta característica fez com que a lei se expandisse e se contraísse a cada administração, às vezes dramaticamente. Antes da administração Trump, o Departamento do Interior havia sustentado que matar aves acidentalmente por meio de derramamentos de lixo tóxico é ilegal de acordo com a lei[22].

A administração Trump mudou esse curso, limitando a lei à caça legalizada e à caça clandestina[23].

Cada uma dessas leis tem sérias lacunas e falhas, mas com todas as suas deficiências, as leis federais e estaduais que temos atualmente oferecem uma surpreendente quantidade de proteção para pelo menos alguns animais.

Duas questões jurídicas cruciais: legitimidade processual para animais. Deveres fiduciários.

Há, no entanto, um problema gigantesco com todas as leis existentes: elas são aplicadas de forma relativamente rara, e não há nenhum mecanismo através do qual os cidadãos interessados possam intervir para exigir a sua aplicação. Aqui nós chegamos a uma das questões jurídicas mais críticas para quem se preocupa com a proteção animal: a questão da legitimidade. "Legitimidade" significa estar autorizado a fazer ajuizamento como autor de uma ação. Normalmente, a legitimidade é dada apenas a alguém que sofreu um determinado dano. Um terceiro interessado geralmente não tem legitimidade. De forma geral, trata-se de um requisito sábio, evitando muitas intromissões em litígios. Considerem dois exemplos notáveis nos últimos anos, nos quais a legitimidade foi negada. Em *Hollingsworth versus Perry*, o litígio em torno do casamento entre pessoas do mesmo sexo na Califórnia, a Suprema Corte dos EUA decidiu que os cidadãos particulares que originalmente tentaram proibir o casamento entre pessoas do mesmo sexo segundo a Proposição 8 não tinham legitimidade para apelar quando a proibição foi considerada inconstitucional pelo tribunal de apelação e o estado da Califórnia se recusou a defender a lei[24]. Esses cidadãos particulares, decidiu a Corte, não sofreram o tipo de dano particular direto que transmite a legitimidade. Em 2000, no caso *Elk Grove Unified School District versus Newdow*, Michael Newdow, argumentando em nome de seu filho menor, contestou o uso das palavras "sob a proteção de Deus" no ritual de juramento de fidelidade da escola como uma violação da Cláusula de Estabelecimento[25]. Embora ele tivesse um argumento muito forte, a Suprema Corte – relutante, muito provavelmente, em decidir este caso altamente controverso – decidiu que Newdow, sendo um pai sem a guarda após o divórcio, não tinha legitimidade para fazer a demanda. Em outras palavras, mesmo sua preocupação paterna e seus argumentos fortes não o autorizavam a acionar um tribunal. É um padrão alto ao qual atender.

Ainda assim, uma vez que os animais não podem acionar um tribunal, e uma vez que os esforços dos seus aliados mais preocupados geralmente falham por falta de legitimidade, assim como os conservacionistas em *Lujan versus Defenders of Wildlife*, e outros humanos semelhantes aliados dos animais em casos a serem discutidos em breve, precisamos criar uma avenida de acesso aos tribunais para animais, cujos interesses de outra forma ficariam desprotegidos[26].

A única solução real para este problema é conceder legitimidade aos animais para ingressar em juízo como demandantes de pleno direito, por meio de um fiduciário devidamente nomeado. A pessoa que sofreu o dano não precisa ser aquela que se apresenta ao tribunal. Os filhos menores podem ser representados pelos pais, e as pessoas com deficiência cognitiva, por um responsável devidamente nomeado, ou "colaborador", para usar o termo preferido no movimento em defesa dos deficientes. Se Newdow tivesse sido um pai com a guarda, ele teria legitimidade para argumentar, por meio do alegado dano sofrido por sua filha.

O problema, no entanto, é que aos animais nunca foi conferida legitimidade pela lei dos Estados Unidos. Um tribunal na Índia concedeu legitimidade aos animais de circo, sustentando que eles são pessoas conforme do significado da Artigo 21 da Constituição indiana, que proíbe a privação da vida ou da liberdade sem o devido processo. O tribunal escreveu:

> Embora não sejam *homo sapiens*, eles também são seres com direito a uma existência digna e tratamento humano sem crueldade e tortura... Portanto, não é apenas nosso dever fundamental mostrar compaixão pelos nossos amigos animais, mas também reconhecer e proteger seus direitos... Se os humanos são titulares de direitos fundamentais, por que não os animais?[27]

A Colômbia também dá legitimidade aos animais, como discuto na minha conclusão. Da mesma forma, o Congresso dos Estados Unidos poderia dá-la aos animais que estão sob o Artigo III, se assim o desejasse: não há barreira constitucional para tal movimento, argumenta Cass Sunstein, um especialista nesta área, e não conheço nenhum estudioso que discorde[28]. Até agora, porém, os Estados Unidos seguiram um caminho diferente, negando aos animais legitimidade direta e concedendo legitimidade aos humanos para acionarem a justiça em nome dos animais em apenas uma estreita gama de casos.

Uma rota possível para o litígio humano em nome dos animais poderia ser a "legitimidade informativa", o direito de obter informações essenciais. Parece altamente plausível que humanos interessados tenham o direito de obter informações sobre o tratamento dispensado aos animais. Mas nem a AWA nem a MMPA concedem expressamente aos humanos legitimidade informativa e, na ausência de um dispositivo explícito, os humanos conscientizados têm que recorrer à Lei do Procedimento Administrativo, que foi interpretada como negando este tipo de legitimidade às organizações humanas que buscam informações sobre o bem-estar animal, em *Animal Legal Defense Fund, Inc. versus Espy*[29]. De fato, até agora o registro de tentativas de invalidar as chamadas leis "ag-gag", que expressamente impedem as pessoas de obterem informações sobre o tratamento nas fazendas industriais, com base na liberdade de expressão, é bastante variado, como veremos mais adiante.

O outro canal plausível pelo qual os humanos podem adquirir legitimidade é a de observadores preocupados com maus-tratos[30]. E é isso que os humanos tentam fazer repetidas vezes. Sob a lei existente, no entanto, eles podem adquirir legitimidade somente se atenderem a duas condições: a lesão sofrida deve ser "estética", e não ética ou compassiva, e deve ser muito direta. Se os demandantes tiverem apenas um interesse de princípio no bem-estar animal, é evidente que eles não terão legitimidade, como o caso *Lujan* claramente estabeleceu[31]. Se eles tiverem planos definidos para estudar uma espécie que está ameaçada, e puderem mostrar que a conduta que eles desafiam reduz o suprimento de tais criaturas disponíveis para estudo, eles também poderão, muito provavelmente, obter legitimidade[32]. Mas se a espécie não estiver em perigo e eles forem apenas observadores responsáveis, eles deverão mostrar uma preocupação "estética", e deve ser muito direta e imediata. Marc Jurnove, funcionário e voluntário de organizações de bem-estar animal, ingressou com uma ação contra o Long Island Game Farm Wildlife Park and Children's Zoo por seu tratamento desumano dos animais[33]. (Observem que este tratamento era muito provavelmente ilegal conforme a lei do estado de Nova York, mas ninguém aplicava a lei.) O que Jurnove precisava dizer para ter uma chance de ganhar a ação era que ele era um visitante regular do zoológico e havia sofrido lesões em seu "interesse estético em observar animais vivendo em condições humanitárias"[34]. Sua preocupação ética como trabalhador em prol do bem-estar animal não o ajudou em nada. A legitimidade lhe foi concedida apenas porque a lesão era altamente particular, suas visitas eram frequentes e a lesão era estética. Mesmo assim, os juízes do colegiado ficaram divididos, porque os maus tratos, segundo eles, foram causados pelo zoológico, não pelo governo (o réu).

As coisas se desencaminharam sem controle. A base da preocupação deve ser o dano ao animal, não o interesse estético de Jurnove ou mesmo seu interesse ético. Os interesses humanos são caprichosos e, na verdade, irrelevantes. O que importa é a lesão ao animal. Imaginem se a lei penal fosse baseada nas reações estéticas, ou mesmo éticas, dos espectadores, e não nos danos causados à vítima real. A lei então se tornaria totalmente imprevisível, refém das preferências da maioria. Nem a frequência de visitas de Jurnove teria qualquer significância real além de alguma importância probatória: ele testemunhara a má conduta com frequência. O observador humano é a testemunha de um crime. Ele ou ela não é a vítima. Animais não são protegidos por lei para que possamos sentir êxtase estético ou satisfação moral. As leis vigentes protegem os próprios animais. Se essas leis não forem cumpridas, é óbvio que os animais serão vítimas do mau comportamento governamental e devem ter legitimidade para agir exigindo a aplicação da lei, através de fiduciários humanos como, talvez, Jurnove.

Precisamente tal mudança na lei atual foi defendida já em 1972 pelo juiz da Suprema Corte dos EUA, William O. Douglas, em seu voto divergente no caso *Sierra Club versus Morton*[35]. A legitimidade, ele escreveu, deve ser expandida de modo a incluir a proteção para aqueles "membros inarticulados do grupo ecológico" que não podem defender seus próprios interesses[36]. (E obviamente, como ele não diz, nós já atribuímos legitimidade exatamente desta forma a crianças menores e humanos com deficiências cognitivas graves.) Ele observou que o principal impedimento para essa extensão vem de agências federais que estão "notoriamente sob o controle de interesses poderosos que as manipulam"[37]. E ele vislumbra um novo dia quando "[h]averá garantias de que todas as formas de vida que [o ambiente] representa poderão apresentar sua causa perante a justiça – o pica-pau, o coiote e o urso, os lemingues e também as trutas nos riachos"[38]. Se com "todas as formas de vida" ele quer dizer estender a legitimidade para além dos animais sencientes, eu respeitosamente discordo. Mas seus exemplos são todos do reino animal.

Dado que os divergentes de ontem às vezes são as maiorias de amanhã, esse voto poderia augurar progressos. Da mesma forma, em *Cetacean Community versus Bush*[39], uma tentativa malsucedida de desafiar o programa de sonar da Marinha antes do bem-sucedido caso *NRDC versus Pritzker*, a 9ª Corte de Apelação, embora sem conceder legitimidade às organizações demandantes, observou que "nada no texto do Artigo III explicitamente limita aos humanos a capacidade de apresentar uma demanda em tribunais federais"[40]. Na decisão, os juízes citaram um caso anterior da 9ª Corte de Apelação em que essa Corte declarara que a palila, ave havaiana, "tem legitimidade processual e asas para percorrer o caminho até o tribunal federal como autor da ação por direito próprio"[41]. Eles insistiram que esta declaração era um *"dictum"* (expressando opiniões pessoais dos juízes), ou seja, sem caráter de precedente vinculante; mas tais *dicta* podem preparar o caminho para participações posteriores. E, de fato, no caso *NRDC versus Pritzker*, a 9ª Corte de Apelação se envolveu em uma longa discussão sobre a legitimidade processual. Mesmo sem conceder essa legitimidade às próprias baleias, os juízes interpretaram os interesses e danos alegados pelo NRDC ampla e generosamente, como não haviam feito no caso da *Cetacean Community*.

Defender os animais seria fácil e direto se o Congresso agisse. Não há barreira constitucional para conceder aos animais legitimidade nos termos do Artigo III. Se o Congresso não agir, não é impossível que o os tribunais gradualmente se direcionem nesse sentido.

Se os animais deveriam ter legitimidade, quem os representaria? Ao longo deste livro, argumentei, concordando com Christine Korsgaard, que todos os humanos têm uma obrigação coletiva de garantir os direitos animais. No entanto, a abordagem atual, segundo a qual organizações voluntárias ou indivíduos se esforçam para ingressar em juízo em nome dos animais, é desorganizada e governada pelo acaso, precisando ser substituída por um sistema mais ordenado. No caso de animais de companhia, sugeri órgãos governamentais locais semelhantes aos que agora protegem as crianças de abuso e negligência. Em muitos outros casos, algum estatuto delegou a execução a órgãos governamentais específicos, como o Departamento de Agricultura ou o Departamento do Interior. Mas esta abordagem tem sido insuficiente para impedir que muitos casos de mau comportamento, razão pela qual as organizações sem fins lucrativos tentaram arduamente e de muitas maneiras obter legitimidade para agir em processos de execução.

O que seria melhor? Podemos pegar emprestado uma ideia de uma área familiar de direito: *direito fiduciário*[42]. Um fiduciário é alguém que tem uma obrigação legal para promover os interesses de um beneficiário. (Exemplos padrão são guardiões, tutores e curadores.) Normalmente, a necessidade de regulamentação legal decorre do fato de que o fiduciário está em uma posição poderosa em relação ao beneficiário e o beneficiário está mal posicionado para monitorar as atividades do fiduciário[43]. O trabalho do fiduciário não é simplesmente não causar danos aos interesses do beneficiário, mas promovê-los ativamente, de acordo com os desejos e as preferências dessa pessoa. Mas há sempre o perigo de que, em vez disso, o fiduciário promova seus próprios interesses.

Por essa razão, a lei impõe aos fiduciários dois deveres: o *dever de cuidado* e o *dever de lealdade*. O dever de cuidado envolve "tomar decisões que promovam, da melhor forma possível, o cuidado, a educação, a saúde, as finanças e o bem-estar do beneficiário, o tempo todo tendo em vista a promoção da autonomia do beneficiário. Isso significa que o fiduciário deve tentar, tanto quanto possível, incluir o beneficiário no processo de tomada de decisão e familiarizar-se com os valores e interesses do beneficiário"[44]. O dever de lealdade envolve estar em guarda contra agir por interesse próprio, e os estados têm adotado vários requisitos de monitoramento para garantir que os fiduciários cumpram este dever.

Isso é exatamente o que é necessário, para cada tipo de animal. E esta abordagem se encaixa particularmente bem com a Abordagem das Capacidades: o direito fiduciário não se preocupa apenas em evitar dor ou mesmo dano ao beneficiário, mas sim em promover ativamente os interesses do beneficiário de uma forma ampla. No caso de animais de companhia, o companheiro humano é o fiduciário de primeiro grau, mas propus que o governo deveria monitorar este arranjo zelosamente, atentando para a negligência. Em outros casos, o governo deve designar uma agência adequada de bem-estar animal como fiduciária para um tipo ou tipos específicos de animais. Supõe-se que o fiduciário age ativamente de acordo com os interesses dos animais: assim, se o USDA não age enquanto o dano acontece, a agência designada pode prosseguir no exame da questão.

No caso dos animais selvagens, o fiduciário não deve ficar de braços cruzados se eles estiverem sofrendo vários danos (deterioração de hábitats, caça clandestina, doenças), mas intervir em defesa dos interesses dos animais.

Sem uma reforma da legislação vigente, esse arranjo não tem força. Mas uma vez que os animais tenham legitimidade, um acordo fiduciário pode dar ao fiduciário legitimidade para acionar um tribunal em nome do animal ou dos animais.

No que diz respeito aos interesses humanos, a lei tem sido engenhosa. Essas boas ideias vêm operando há muito tempo para proteger seres humanos vulneráveis. Não há razão para que, convenientemente alterados, não possam ser transferidas para o caso dos animais.

Vejamos agora três problemas que exemplificam e tornam vivas as lacunas na cobertura atual da legislação. O primeiro, o das fábricas de filhotes, mostra a dificuldade de fazer cumprir a Lei do Bem-Estar Animal (AWA, na sigla em inglês) na ausência de zelo por parte do USDA e, por outro lado, a desenvoltura das jurisdições locais na tentativa de resolver o problema. O segundo, a da regulamentação da pecuária industrial, mostra o que pode ser feito na completa ausência da regulamentação federal e, ainda assim, a feroz resistência que todos esses esforços encontram. Ela também mostra que outras nações fizeram mais progressos com uma abordagem mais abrangente. O terceiro, o dos vários danos causados às baleias e a outros mamíferos marinhos, mostra a promessa, ainda que igualmente a atual fragilidade, da regulamentação internacional.

Fábricas de filhotes

As fábricas de filhotes são empresas com fins lucrativos que criam filhotes em quantidade e depois os vendem para pet shops, onde os consumidores frequentemente acreditam que estão comprando cães de criadores de alta qualidade. A Humane Society dos Estados Unidos tem monitorado de perto esses criadores por muitos anos, publicando um relatório anual sobre os "cem horríveis" ("The Horrible Hundred Report") para documentar a natureza e a magnitude do problema[45]. Muitos cães recebem nutrição de baixa qualidade e, com frequência, pouquíssima água. Muitos não recebem cuidados veterinários ou os recebem de forma insuficiente, e frequentemente apresentam doenças, parasitas e outros problemas. Os filhotes assim criados geralmente têm pouco espaço para se movimentar e comumente são mantidos em gaiolas, em condições insalubres que espalham doenças. Eles têm pouquíssimo abrigo do calor e do frio.

Muitas dessas condições violam a AWA. Por três anos, de 2017 até 2020, o USDA parou de relatar a aplicação do AWA e as ações de fiscalização contra criadores específicos diminuíram em 90%. Os inspetores relataram que foram ativamente dissuadidos de realizar seu trabalho[46]. Em fevereiro de 2020, por ordem do Congresso, o USDA foi obrigado a restabelecer os dados on-line sobre ações de fiscalização. Em 2019, a Humane Society ganhou uma ação judicial exigindo que o USDA liberasse informações abrangentes ao público sempre que solicitado. Seu relatório de 2020 contém informações abrangentes sobre criadores em cada estado.

O problema da fábrica de filhotes é nacional nos pontos de venda: pet shops em todos os estados comercializam, ou até muito recentemente costumavam comercializar, cães desses criadores problemáticos. Mas não é nacional nos pontos de origem. Missouri é sua capital, com trinta criadores problemáticos. Os próximos estados são Ohio, com nove; Kansas e Wisconsin, com oito e Geórgia, com sete. (Esses números não são confiáveis porque alguns estados desencorajam a investigação local.) No Missouri, que liderou a lista dos "cem horríveis" por oito anos, as organizações humanitárias travaram uma luta legal por anos para regulamentar os maus criadores, mas com repetidos fracassos no nível estadual. A Puppy Mill Cruelty Prevention Act foi aprovada por referendo em 2010, apoiada pela Humane Society, a Sociedade Americana para a Prevenção da Crueldade contra Animais (ASPCA, na sigla em inglês) e outros grupos, mas amargamente contestada por grupos do agronegócio e de criadores, a Associação Nacional do Rifle (NRA, na sigla em inglês) e, estranhamente, a Associação Médica Veterinária do Missouri. De acordo com a regulamentação antiga, um cão podia ser mantido em uma gaiola apenas quinze centímetros mais longa que seu corpo e ficar permanentemente confinado nela, exposto às intempéries e sem nenhuma exigência de atendimento veterinário. A nova lei exigia alimentação adequada, higiene e gaiolas um pouco maiores, cuidados veterinários e proteção contra temperaturas extremas. Em um período de dois meses após a sua aprovação, cinco projetos de lei para revogá-la ou modificá-la foram apresentados. O governador Jay Nixon sancionou um projeto de lei muito diluído em 2011. O projeto revisado removeu a exigência de exercícios ao ar livre e permitiu tamanhos de gaiola a serem definidos pelo Departamento Estadual de Agricultura[47]. Ainda assim, o estado tem um sistema de fiscalização do cumprimento da lei que alguns estados não têm, e ocasionalmente interdita os piores infratores[48].

Como a regulamentação dos pontos de origem não é confiável, um grande número de estados, cidades e condados estão regulamentando os pontos de venda. A estratégia preferida é exigir que os pet shops vendam apenas cães resgatados de abrigos licenciados. Vejamos a tentativa da minha própria cidade de usar essa estratégia. Em 2014, a cidade de Chicago aprovou uma lei exigindo que todos os pet shops obtenham seus animais de estimação de um centro de controle de animais, um canil ou instalação de treinamento administrados pelo governo, ou "uma sociedade humanitária privada, de caridade, sem fins lucrativos ou uma organização de resgate de animais"[49]. Outro propósito da lei era aumentar a taxa de soltura de animais vivos dos abrigos – que de fato aumentou de 62% em 2016 para 92% em 2019. Os pet shops começaram a fazer campanha contra a lei imediatamente, uma vez que ela eliminou um negócio lucrativo. Alguns críticos afirmaram que a lei violava as constituições dos Estados Unidos e do estado de Illinois, mas a 7ª Corte de Apelação rejeitou as alegações como legalmente infundadas[50].

Entretanto, verificou-se que a lei tinha sido mal redigida, permitindo aos donos de pet shops para escapar de suas exigências. Criadores dessas fábricas de filhotes só tinham que fundar uma organização sem fins lucrativos "de fachada" e usá-la para canalizar os cães até pet shops de Chicago. Um artigo do *Chicago Tribune* mostrou que dois desses criadores, o J.A.K.'s Puppies e o Lonewolf Kennels (o primeiro em Iowa, o segundo em Missouri), iniciaram organizações sem fins lucrativos, fachadas para fábricas de filhotes, chamadas Hobo K-9 Rescue e Dog Mother Rescue Society. Mais de mil cães foram vendidos em Chicago por essas duas organizações. Curiosamente, os dois estados de origem reagiram de maneiras opostas à denúncia: Missouri não fazendo nada, e Iowa, em última análise, penalizando a fábrica e outras fábricas de filhotes no estado, no valor de US$ 600 mil[51].

Enquanto isso, em Chicago, o vereador Brian Hopkins apresentou uma emenda à lei que exige que pet shops recebam animais de grupos de resgate sem vínculos com qualquer criador ou entidade com fins lucrativos. Além disso, exigia que pet shops cobrassem apenas uma modesta taxa de adoção, removendo o incentivo para vender cães caros supostamente de raça pura. Depois de muito debate, essa alteração foi finalmente aprovada em 12 de abril de 2021[52]. Uma característica estranha do processo, mostrando o poder contínuo do nexo entre fábricas de filhotes e pet shops, foi a descoberta de que o vereador Raymond Lopez, que já havia apoiado o decreto, opôs-se à emenda – e havia aceitado uma contribuição de campanha do dono de um pet shop. Mas Lopez argumentou bem quando se opôs à exclusão pela emenda das "criações de fundo de quintal", uma concessão ao American Kennel Club. Hopkins argumentou que as pessoas que amam suas raças não as criarão em condições cruéis; Lopez rebateu que muitos dos cães que acabam em abrigos são os "super criados" cães de raça pura vindos de tais criadores. Ele faz uma observação que fiz no capítulo 9: os cães são abusados não apenas pelos danos óbvios causados pelas fábricas de filhotes, mas também por serem consanguíneos e, portanto, sujeitos a muitas doenças. Os ávidos e amadores "criadores de fundo de quintal" são especialmente propensos a ignorar a triagem genética[53].

Este longo drama mostra como é difícil progredir nessa questão quanto aos pontos de venda, quando os estados não regulamentam adequadamente as origens. A regulamentação desses pontos não é apenas difícil, ela é inerentemente estreita em jurisdição. Um morador de Chicago que quer um cão de uma dessas fábricas (talvez ignorando as más condições, apenas procurando um cachorrinho fofo, em vez de um cão adulto de abrigo) só tem que dirigir até os subúrbios, onde o regulamento é instável na melhor das hipóteses, muitas vezes uma colcha de retalhos de regras inconsistentes da cidade e do condado.

Toda a questão poderia ser resolvida pela zelosa aplicação federal da AWA; ou por um novo estatuto federal direcionado a esta questão específica. Os estados podem fazer relativamente pouco, desde que haja pelo menos um estado de origem ansioso e outro com muitos pet shops com fins lucrativos. Enquanto isso, incontáveis cães jovens não têm oportunidade de desenvolver e exercitar suas capacidades.

Pecuária industrial (e as leis "Ag-gag")

Os capítulos 1, 7 e 9 mencionaram alguns dos abusos da pecuária industrial. Animais de fazenda carecem de proteção pelas leis federais, tais como a AWA, a ESA e a MBTA. Eles também são excluídos de proteção pelas leis estaduais anticrueldade de 37 estados. E as coisas ainda são piores: tão bem-sucedido tem sido o esforço do setor da pecuária industrial para isolar-se das críticas que muitos estados aprovaram as chamadas leis "ag-gag", que criminalizam a atividade de denunciantes que queiram chamar a atenção do público para os abusos praticados[54]. (Fotografias e gravações de vídeo feitas disfarçadamente têm sido muito eficazes em revelar abusos e motivar a indignação pública.)

O estatuto típico criminaliza a gravação secreta em uma instalação agrícola; alguns se estendem mais amplamente à gravação em outros tipos de negócios. Atualmente, seis estados têm leis "ag-gag" vigentes: Alabama, Arkansas, Iowa, Missouri, Montana e Dakota do Norte (embora ações judiciais foram movidas em Iowa e Arkansas, e dois estatutos anteriores de Iowa foram considerados inconstitucionais pelos tribunais). Em cinco outros estados – Carolina do Norte, Kansas, Utah, Wyoming e Idaho –, as leis foram derrubadas sob o fundamento de que violam os direitos da Primeira Emenda. Em dezoito estados, a legislação "ag-gag" foi introduzida, mas derrotada: Maine, New Hampshire, Vermont, Nova York, Nova Jersey, Pensilvânia, Flórida, Tennessee, Kentucky, Indiana, Illinois, Minnesota, Nebraska, Colorado, Novo México, Arizona, Califórnia e Washington. No resto, a batalha até agora não se concretizou.

Essa luta mostra a enorme importância das organizações legalizadas sem fins lucrativos que travam as batalhas legais nos Estados Unidos. Enquanto isso, informações têm vindo à tona e estão facilmente disponíveis nos sites dessas organizações e em livros como o impressionante *Every Twelve Seconds: Industrial Slaughter and the Politics of Sight* [A cada doze segundos: o abate industrial e a política do olhar][55], de Timothy Pachirat, que expõe ao leitor a vida oculta dos matadouros, olhando para suas atividades diárias desde o ponto de vista de um trabalhador. (Pachirat pesquisou disfarçado de funcionário de um frigorífico que ele não nomeia.) Quem quiser descobrir quais abusos essa indústria tem tanta sede de ocultar pode acessar as informações, graças ao trabalho de tais denunciantes corajosos.

A legislação federal pouco contribui para a luta contra o abuso. Não apenas todos os animais de fazenda são excluídos da AWA, mas mesmo a Humane Methods of Slaughter Act [Lei do Abate Humanitário] e a Twenty-Eight Hour Law [Lei das Vinte e Oito Horas], que regula como animais devem ser tratados no transporte, excluem as aves, embora 95% dos animais criados para alimentação nos Estados Unidos sejam aves.

Como estão os estados? Encontramos quase o mesmo problema que o que foi apresentado em relação às fábricas de filhotes: os estados onde ocorre a maioria dos abusos não fazem nada, e os estados que aprovaram boas leis são, em geral, aqueles em que poucos abusos estavam ocorrendo de qualquer maneira (embora a criação de galinhas não seja tão geograficamente centralizada quanto a criação de suínos e bovinos). Os abusos que se tornaram ilegais em alguns estados incluem o uso de gaiolas de gestação (dez estados), o uso de gaiolas de confinamento de vitelos (nove estados), e o uso de gaiolas de confinamento de galinhas (oito estados). Califórnia e Massachusetts são regulamentadores especialmente ativos. Mas os estados que regulamentam não são os grandes produtores; portanto, suas regulamentações dos pontos de origem não são particularmente significativas.

Por esta razão, como no caso do problema das fábricas de filhotes, os estados também adotaram estratégias para pontos de venda: proibição da venda de *foie gras*, feito pela alimentação forçada de patos e gansos (Califórnia e Nova York), proibição da venda de carne de vitelos e de porcos criados em gaiolas de confinamento (Califórnia e Massachusetts), e proibição da venda de ovos de galinhas confinadas de maneira ilegal pelas leis desses estados (sete estados). Enquanto isso, outros estados se moveram na outra direção. Iowa, maior produtor nacional de ovos e um dos maiores produtores de carne suína, adotou exceções específicas às leis anticrueldade para práticas envolvendo animais de fazenda. Alguns abusos são alvos de ação penal, mas eles precisam ser muito extremos: por exemplo, um caso em que trabalhadores de uma fazenda de porcos espancavam os animais com barras de metal e cravavam alfinetes em seus rostos. Iowa também aprovou uma lei exigindo que qualquer mercearia que participe de um programa federal que subsidia ovos "livres de gaiolas" venda também ovos de galinhas mantidas em gaiolas de confinamento.

Não é provável que as estratégias para pontos de venda avancem rapidamente, dado que, ao contrário da regulamentação dos pet shops, elas impõem um ônus financeiro aos consumidores. E as estratégias para pontos de origem estão condenadas no presente, nos maiores estados produtores de carne.

A Europa, entrementes, conseguiu fazer muito mais progressos, aparentemente porque a UE não está tanto nas garras do setor da pecuária industrial quanto os legisladores federais dos Estados Unidos estão. A Convenção Europeia para a Proteção de Animais Mantidos para Fins Agropecuários, promulgada em 1976, contém uma ampla gama de proteções para animais de fazenda e estabelece um sistema de monitoramento[56]. A convenção é ainda complementada por regulamentações específicas para cada espécie, incluindo currais para porcos espaçosos o suficiente para um porco se levantar, deitar-se e socializar com outros porcos. Os porcos também devem ter feno, palha e outros materiais suficientes para permitir que eles se envolvam em suas "atividades de investigação e manipulação"[57] naturais. As galinhas poedeiras também têm proteções razoavelmente robustas. Uma diretriz para bezerros reconhece sua natureza social, exigindo alojamento em grupo para bezerros com mais de oito semanas de idade. Resumindo: a Europa caminha na direção de respeitar as capacidades dos animais.

Embora a lei da UE seja bastante protetora, algumas nações, com a Áustria e a Suécia, foram ainda mais longe na proteção dos suínos e das galinhas[58].

Leitores norte-americanos preocupados podem estar desanimados neste ponto. Do ponto de vista deste livro, em primeiro lugar esses animais altamente inteligentes e complexos não devem ser criados para alimentação. Se mesmo essas reformas incrementais em direção ao tratamento humanitário são tão malsucedidas, como podemos esperar que os objetivos deste livro sejam alcançados? Reconhecidamente, os Estados Unidos são um país em que é difícil depositar esperança, dado o enorme poder da indústria da carne sobre a nossa vida política. Ainda assim, o progresso que foi feito através das leis e do trabalho dos advogados, especialmente contra as leis "de mordaça" ("ag-gag"), é impressionante. E conforme as informações vão sendo disponibilizadas, os sentimentos do público realmente estão mudando. A nova popularidade da imitação de carne à base de plantas e a perspectiva da carne sintética podem vir a mudar o jogo em todo o mundo.

O futuro das baleias: a fraqueza do direito internacional[59]

Durante séculos, as baleias foram vistas de maneiras aparentemente contraditórias: como animais inspiradores e belos, mas também como animais com os quais os seres humanos podem obter um grande lucro. A grande literatura contém ambas as visões. D. H. Lawrence, tão crítico, em muitos aspectos, do capitalismo industrial, adotou a primeira abordagem em seu poema "Whales Weep Not!" [As Baleias não Choram!] (1909):

> *Dizem que o mar é frio, mas o mar contém*
> *o sangue mais quente de todos, e o mais selvagem, o mais urgente.*
>
> *Todas as baleias nas profundezas mais amplas, quentes são*
> *elas, pois insistem sem parar e mergulham sob os icebergs.*
> *As baleias francas, os cachalotes, as cabeças de martelo,*
> *as assassinas lá elas sopram, lá elas sopram um hálito branco*
> *quente e selvagem saindo do mar!*

Considerem, em contraste, este excerto de *The History of Nantucket* [A história de Nantucket], de Obed Macy (1835):

> No ano de 1690, algumas pessoas estavam em uma colina alta observando as baleias esguichando e brincando umas com as outras, quando alguém observou: lá – apontando para o mar – é um pasto verde onde os netos dos nossos filhos buscarão o pão.

Herman Melville, que cita a passagem de Macy entre os muitos trechos com que começa *Moby Dick*, é atraído em ambas as direções, aceitando a indústria baleeira sem críticas, ao mesmo tempo que enfatiza as propriedades inspiradoras de sua presa. Como logo veremos, o direito internacional contemporâneo também é puxado em ambas as direções; com um grupo tentando acabar com a crueldade letal contra as baleias, e o outro, buscando apenas preservar os "estoques" de baleias para futura exploração.

A caça às baleias, o único foco dos esforços internacionais até o momento, implica apenas uma pequena parte dos danos causados às baleias em águas internacionais. O som é a forma mais importante de comunicação de uma baleia com outras baleias, e a interrupção de seu ambiente sonoro interrompe sua forma de vida de muitas maneiras, como *NRDC versus Pritzker* concluiu corretamente. Mas há muitas interrupções além das causadas pela Marinha dos EUA. Outras nações também usam sonares. O setor de navegação global provoca uma grande quantidade de ruído em todo o mundo. E a indústria de petróleo e gás causa perturbações sônicas não apenas pelo barulho das plataformas de petróleo que perfuram o petróleo submarino, mas também pelas operações cartográficas de busca de petróleo. Para traçar os contornos do fundo do oceano, essas empresas usam "bombas de ar" de alta potência que deflagram explosões de ar para baixo, através das profundezas, o que acontece em intervalos regulares e mais ou menos em todo o globo. Uma excelente exploração dessas perturbações está no merecidamente elogiado documentário de 2016, *Sonic Sea*, dirigido por Daniel Hinerfeld e Michelle Dougherty[60]. Essas explosões sônicas podem até mesmo, em alguns casos, causar lesões cerebrais e morte às baleias. Portanto, o fato de o direito internacional não ter considerado adequado sequer discutir regular a perturbação sônica mostra quão tímido é e quão pouco pretende realizar.

O que há de errado com a caça às baleias? Nos termos deste livro, a resposta é evidente: ela acaba prematuramente com a vida desses complexos animais sencientes, usando-os como objetos dos quais os humanos podem extrair carne, óleo e outros produtos úteis. Mas é isso que há de errado em matar a maioria dos animais para alimentação, como o capítulo 7 argumentou. Pode-se certamente acrescentar que a indústria baleeira é cruel: o arpoamento inflige uma morte longa e lenta, e às vezes torna-se mais doloroso porque o animal se agita na tentativa de livrar-se do arpão. A nova tecnologia mudou um pouco as coisas: agora muitas baleias são capturadas usando um arpão com ponta explosiva, que é detonada dentro da baleia, o que encurta o tempo da agonia. Ainda assim, é uma morte ruim. E, no entanto, enquanto a maioria dos animais mortos para alimentação também tem uma morte ruim no final de uma vida ruim, a baleia pelo menos estava livre antes, e assim se sai muito melhor do que a maioria das vacas, porcos e galinhas. Antes de embarcarmos em uma crítica das práticas atuais, é importante dizer que a caça às baleias não envolve nenhum mal que essas outras práticas não envolvam. É, portanto, hipocrisia de nações como os Estados Unidos, que têm pouca caça às baleias, reclamarem dessa caça, feita por outras nações, enquanto negligenciam as práticas hediondas em que se envolvem todos os dias. Infelizmente, esta (justificada) acusação de hipocrisia muitas vezes retarda as tentativas para proteger as baleias sob o abrigo do direito internacional.

Outra questão a esclarecer é a natureza do mal contra o qual se busca proteção jurídica. Sobre ela, existem dois grupos. Para um grupo (basicamente o mesmo que quer usar as baleias como meios para fins humanos), o único mal a ser contido é a extinção de uma ou mais espécies de baleias, evitando, portanto, o fim de (uma parte de) uma indústria lucrativa. Esse grupo normalmente fala de "estoques de baleias", como se as baleias individuais fossem insignificantes. Para o outro grupo, e para mim, o mal são as mortes desnecessárias e cruéis de baleias individuais. A espécie é importante porque a reprodução continuada e a diversidade das espécies são geralmente essenciais para a saúde e o florescimento individuais, incluindo a interação social.

Dentro da jurisdição dos Estados Unidos, as baleias se saem razoavelmente bem. A MMPA protege baleias individuais não apenas da morte, mas também de "assédio", e o caso *Pritzker* mostra quão protetores os tribunais podem ser, mesmo contra poderosos interesses militares. As orcas nem sempre foram protegidas de "assédio", como demonstra a conduta infame mostrada em *Blackfish*, mas as coisas agora mudaram, pelo menos na Califórnia, graças à Lei de Bem-Estar e Segurança das Orcas. Enquanto isso, as orcas florescem na natureza das águas costeiras nos Estados Unidos, especialmente ao largo das Ilhas San Juan, em Washington.

Isso não quer dizer que os Estados Unidos não caçam baleias. A caça da baleia beluga, monitorada pela Alaska Beluga Whale Committee, mata cerca de trezentas baleias por ano.

Dois grupos indígenas caçam animais de espécies ameaçadas de extinção sob protestos de grupos de direitos dos animais: a baleia-da-groenlândia é caçada para "subsistência" por nove comunidades indígenas do Alasca, e os Makah, no estado de Washington, retomaram a caça à baleia-cinzenta. Ambas as caçadas são defendidas com apelos a direitos culturais do tipo que discuti no capítulo 8.

Agora, porém, chegamos ao que acontece em águas internacionais. Todas as caças de baleias, incluindo caçadas conduzidas por cidadãos norte-americanos, são regulamentadas por um tratado assinado em 1946, a Convenção Internacional para a Regulamentação da Caça às Baleias (ICRW, na sigla em inglês). Esta convenção estabelece um grupo de monitoramento, a Comissão Baleeira Internacional (IWC, na sigla em inglês)[61].

A ICRW não visava acabar com a matança de baleias, mas garantir um uso sustentável. Foi motivada por evidências de esgotamento dos "estoques de baleias". Em seu preâmbulo, Dean Acheson, então secretário de Estado dos Estados Unidos, descreveu baleias como "sentinelas do mundo inteiro" e um "recurso comum". A palavra "recurso" sugere que as baleias são vistas como objetos para uso humano. E, de fato, quando a convenção foi redigida, não se pensou em proibição total da caça comercial de baleias: o objetivo era um sistema de cotas para cada nação integrante. Duas formas de caça às baleias foram explicitamente permitidas fora das cotas anunciadas: baleação aborígene, e baleação "para propósitos científicos". Tanto antes como agora, uma nação que não concorda com uma cláusula específica pode permanecer membro da IWC, optando por não cumprir essa cláusula. Mas qualquer mudança requer consentimento de 3/4 das nações.

Com esse ordenamento em vigor, o palco já estava montado para a estagnação, apesar do fato de o secretário do Interior dos EUA, C. Girard Davidson ter anunciado o tratado como apontando para "um futuro mais pacífico e feliz para a humanidade". (A futura felicidade das baleias não foi mencionada!) Ainda assim, sem a possibilidade de escolher não cumprir alguma cláusula, muitas nações que se engajam seriamente na caça às baleias, incluindo Rússia, Japão e Noruega, não teriam primeiramente aderido à IWC.

A princípio, a caça comercial de baleias era permitida, com um sistema de cotas e cuidadosos procedimentos de monitoramento. Em 1982, no entanto, uma moratória completa da caça comercial de baleias foi instituída. Destinada a ser temporária, até que os estoques fossem recuperados, a moratória perdura, pois não houve acordo sobre as circunstâncias que justificariam a retomada. Este desacordo só se intensificou: membros da IWC têm, cada vez mais, adotado um ponto de vista dos direitos animais, com uma objeção ética geral à caça às baleias, enquanto outros membros estão ansiosos para retomar a prática comercial. O cumprimento das normas do tratado sempre foi fraco, já que o tratado dá a cada nação a tarefa de disciplinar seus próprios membros. A Noruega e a Islândia simplesmente optaram por sair da moratória e conduzir operações de caça comercial legal de baleias.

Enquanto isso, outras nações exploram as exceções concedidas pelo tratado. Vamos considerar cada uma delas por vez. O objetivo da exceção para a ciência foi entender a biologia das baleias. Assim como estudantes de medicina adquirem conhecimento por dissecação, também se pensava que o conhecimento sobre as baleias exigia cadáveres de baleias. Mas considerando que os seres humanos não são assassinados para fins de ciência médica, havendo um suprimento suficiente de cadáveres por morte natural, raciocinou-se que os cadáveres de baleias estavam normalmente perdidos nas profundezas, e que uma ocasional baleia encalhada poderia não ser representativa da espécie. Então matar para a pesquisa, argumentaram algumas nações, é necessário.

Mesmo que tais alegações de propósito científico fossem sempre feitas de boa-fé, nosso mundo mudou. Novas tecnologias tornaram possível estudar as baleias de perto nas próprias profundezas sem matá-las, como Hal Whitehead e Luke Rendell fazem rotineiramente, usando equipamento de descida e fotografia em alto-mar. O novo equipamento não explora o interior, mas assim como um bom médico pode combinar o que já sabe sobre a anatomia humana com um exame clínico de um paciente para obter um resultado preciso, o mesmo pode acontecer com o cientista que estuda as baleias. A ideia toda de que devemos matar para saber nunca foi aceita para nenhuma outra espécie animal; agora é possível fazer progressos com outros métodos.

Apelos para fins científicos, especialmente aqueles feitos pelo Japão, não conseguiram convencer. Em março de 2014, a Corte Internacional de Justiça (ICJ, na sigla em inglês) decidiu que o programa de caça científica de baleias do Japão na Antártida, conhecido como JARPA II, não era justificável segundo o direito internacional, porque não tinha mérito como programa científico. A ação foi movida pela Austrália, tendo a intervenção da Nova Zelândia[62]. O tribunal apontou a falta de descobertas científicas e estudos revisados por pares no programa japonês. Muitas organizações ambientais viam toda a prática como caça comercial disfarçada, e é difícil não concordar.

O Japão, porém, não desistiu: anunciou que iria "redesenhar" o programa, e seu direito de fazê-lo foi defendido pelo Institute of Cetacean Research (ICR), uma ONG japonesa que afirma ser uma organização de pesquisa independente, embora venda os "subprodutos" de dissecação de baleias comercialmente como alimento. (Significativamente, no caso da Sea Shepherd, a ser descrito brevemente, o ICR é descrito pela 9ª Corte de Apelação, não de forma controversa, mas direta, como "pesquisadores japoneses que realizam baleação letal no oceano Antártico.")

A decisão do tribunal foi cautelosa. Não abordou as alegações de que as baleias têm direito à vida e definiu o propósito do ICRW como o de equilibrar a conservação com a exploração sustentável. Nem sequer se opôs a toda a ideia de dar licenças especiais para pesquisa científica; apenas disse que o programa do Japão não se qualificava. Após 2014, o Japão reduziu o número de baleias capturadas no oceano Antártico, mas continuou a prática. Em 2015, o Japão apresentou um novo plano para a caça "científica" de baleias e evitou que uma ação judicial se repetisse, modificando sua declaração opcional sobre a jurisdição do ICJ, removendo da jurisdição desse tribunal todas as disputas relativas a animais marinhos vivos.

A questão agora é discutível, porque o Japão, frustrado com o aumento da oposição que enfrentava na IWC, cada vez mais conservacionista, deixou a comissão em dezembro de 2018, e retomou a caça comercial de baleias em 2019, embora não na Antártida. Em 2020, o ICR afirmou que sua pesquisa agora usa apenas métodos não letais[63]. Aparentemente, está admitindo que seu trabalho científico genuíno não requer a morte de baleias. Uma vez que a caça comercial às baleias é feita às claras, o véu não é mais necessário.

O que pode e deve ser feito? Pouco se espera neste momento da IWC, uma organização fraca e cada vez mais conflituosa que poderosas nações se sentem à vontade para ignorar. A resistência levada a cabo por grupos extremistas de ação ambiental também falhou. Especialmente notória tem sido a atividade da Sea Shepherd Conservation Society, um grupo que acredita que as baleias têm o direito inerente à vida. Para lutar pela causa das baleias, essa organização repetidamente interferiu nas atividades baleeiras japonesas na Antártida. A Sea Shepherd faz isso de uma maneira muito agressiva, que grupos ambientalistas deploram, na minha opinião, com razão. Por exemplo, joga garrafas cheios de ácido butírico em navios baleeiros e tenta obstruir a visão dos baleeiros. O grupo e seu fundador, Paul Watson, argumentam que esta é a única forma eficaz de interromper a caça às baleias, porque o mero protesto não foi eficaz, nem o direito internacional. Mas a tática saiu pela culatra legalmente. O ICR processou a Sea Shepherd usando o Alien Tort Statute (lei originalmente projetada para tornar possível processar piratas marítimos nos tribunais dos Estados Unidos), pedindo uma liminar contra o grupo, alegando que suas ações constituem pirataria. Um tribunal de apelação federal decidiu a favor da Sea Shepherd, dizendo o ICR não demonstrou que as ações do grupo constituem pirataria, embora tenha expressado desaprovação das táticas da

Sea Shepherd. Atendendo a um recurso, a 9ª Corte de Apelação reverteu a decisão[64], com o principal parecer escrito pelo juiz Alex Kozinski, pouco antes de sua aposentadoria repentina e desgraça pública[65]. Paul Watson, o líder da Sea Shepherd, interrompeu as atividades agressivas em 2017, citando novas leis antiterroristas aprovadas pelo Japão.

Em resumo, a caça "científica" de baleias não foi interrompida por nenhuma lei ou meio extralegal, e neste ponto a pretensão de ciência não é mais necessária, uma vez que as nações retomaram abertamente a caça comercial de baleias. A IWC se revelou como irremediavelmente impotente – um problema familiar na história do direito internacional dos direitos humanos.

E quanto à outra exceção feita na convenção, a caça de subsistência feita por aborígenes (conhecida como ASW, na sigla em inglês)? No capítulo 8, questionei as afirmações feitas pelo povo Makah e pelos inuítes de que a caça às baleias é necessária para sua sobrevivência. Posso agora acrescentar que nem todos os povos indígenas concordam com esses argumentos. Os maoris demonstraram à IWC seu grande respeito por baleias e seu desejo de se distanciar de práticas letais[66].

Quanto à alegação de que a carne de baleia é vital para atender às necessidades nutricionais, ela também não resiste ao escrutínio. A IWC refere-se ao "comércio de itens que são subprodutos da pesca de subsistência"[67]. Obviamente, o comércio de produtos de baleia significa que há um excedente que vai além do consumo por necessidades nutricionais imediatas. E esse excedente normalmente inclui carne: a carne de baleia acaba em restaurantes turísticos na Groenlândia. À objeção de que se a carne de baleia é vendida em restaurantes não pode ser essencial para a sobrevivência do povo inuíte, a Groenlândia respondeu: "Com relação aos restaurantes, [a Groenlândia] notou que não controlava quem podia comer determinados produtos dentro da Groenlândia e não via nenhum problema no fato de os turistas comerem carne de baleia em restaurantes... O valor nutricional dos alimentos locais é melhor e ambientalmente mais saudável que alimentos importados chegando em aviões vindos do Oeste, juntamente com os problemas de saúde associados que isso pode trazer"[68]. Contudo, uma preferência por alimentos locais por motivos de saúde (além do fato de que há sérios problemas de saúde relacionados ao consumo de carne de baleia) é completamente diferente de uma necessidade de comida para sobreviver. Onde a fome aguda é um problema, este deve ser tratado por uma boa política pública em todos os níveis. Isso, de fato, a Dinamarca fez: o povo inuíte da Groenlândia (quase 90% dos habitantes da Groenlândia) é de fato bastante rico, em grande parte graças aos amplos subsídios da Dinamarca.

A IWC mostra sua fraqueza ao se submeter a tais não argumentos. Apesar da gravidade da situação atual, acredito que há um futuro melhor para os mamíferos marinhos. Muitos grupos internacionais e nacionais estão abraçando a causa desses animais. Muito progresso vem sendo feito, em nível estadual e nacional. Muitos filmes bons, tais como *Blackfish* e *Sonic Sea*, alertaram as pessoas sobre a situação das baleias e dos golfinhos. Muitos livros excelentes estão sendo escritos sobre a beleza das baleias e seu drama atual[69]. Muitos observadores de baleias trouxeram seu próprio senso de admiração para os tribunais e casas legislativas. Muitos advogados e estudantes de direito qualificados, inspirados pelas tarefas que precisam ser realizadas, estão entrando neste campo da prática. A admiração, a compaixão e a indignação estão crescendo ao nosso redor. Muito mais resta a ser feito. O direito internacional é fraco. No momento, devemos abordar essas questões por meio de leis domésticas (o que também é válido para os direitos humanos) e por meio de um movimento internacional de protesto. Mas tenho confiança de que a humanidade vai agir em conjunto.

As leis dependem de todos nós

Como este capítulo mostrou, os sistemas jurídicos do mundo estão em um estado primitivo no que diz respeito às vidas dos animais. Direitos prestacionais, como eu disse, implicam em leis que os tornem reais: se não leis reais, a possibilidade dessas leis no futuro. Muito progresso foi feito nos níveis local e estadual, e mesmo nacional, em várias nações, embora sempre de forma desigual nos Estados Unidos, falhando em proteger os animais criados pela indústria da carne. Além disso, para todos os animais, o problema da legitimidade processual impede um progresso real, já que as leis nos Estados Unidos ainda não tratam os animais como plenos sujeitos de justiça, capazes de estar diante de um tribunal (com a ajuda de um substituto adequado) por direito próprio. A legitimidade processual poderia ser concedida a eles por uma votação do Congresso; no entanto, todos nós sabemos quão longe no futuro essa votação provavelmente acontecerá. Enquanto isso, no âmbito internacional, a causa dos animais aparece cercada de muitas incertezas, já que mesmo aquelas organizações que existem estão arruinadas por conflitos e são impotentes para controlar os desertores.

 O que pode ser feito? Em todos esses casos, o remédio requer a consciência em evolução da humanidade para gerar soluções. Que isso poderá acontecer, podemos ver ao contemplar o progresso das mulheres. Em todo o mundo, as mulheres já foram tratadas, de acordo com as leis, como objetos ou propriedade para uso e controle masculino. Uma mulher casada não tinha poder legal independente para agir: ela não podia mover uma ação judicial ou administrar suas próprias finanças. Acima de tudo, as mulheres não tinham voz no futuro das leis, porque não podiam votar. Em 1893, a Nova Zelândia se tornou a primeira nação a conceder o direito de voto às mulheres[70]. Em 2015, a Arábia Saudita se tornou a última. Como resultado de um esforço corajoso de muitas mulheres e homens, as mulheres melhoraram gradualmente as leis sobre agressão e assédio sexual, conquistaram o ingresso em universidades, parlamentos e no mundo do emprego. A história está terrivelmente inacabada, mas, depois de milênios de estagnação, houve uma explosão de energia em todo o mundo.

 A mesma coisa pode acontecer, e creio que esteja acontecendo, com os direitos dos animais. De fato, isso já começou a acontecer. O futuro que Jeremy Bentham previu com confiança demorou muito para chegar. Mas está a caminho e pode ser alcançado se nós assim fizermos. Os obstáculos são os mesmos do caso das mulheres: a ganância e o orgulho. Por orgulho, quero dizer a crença do grupo dominante de que está acima de tudo e que o grupo subordinado não é totalmente real[71]. Dante descreve os orgulhosos curvados como arcos, para que possam ver apenas a si mesmos e não consigam olhar para o mundo ou para os rostos dos outros. Por milênios, exatamente dessa forma, parte significativa da humanidade tem procurado olhar apenas para a humanidade, e nunca se voltar para olhar, realmente olhar, para os outros seres sencientes com quem compartilhamos este pequeno e frágil planeta. Agora as coisas estão mudando, ainda que parcial e desigualmente. Há mais procura, mais admiração e, nesse sentido, mais compaixão e indignação com o que fizemos e estamos fazendo.

Esse futuro nos pertence. Será que realmente o veremos? Vamos estender uma mão de amizade aos nossos semelhantes? E faremos o difícil trabalho de mudar a maneira como vivemos e as nossas leis e instituições? Não sei. Está nas mãos de todos nós. O trabalho envolve diversos tipos de pessoas: cientistas que trabalham com dedicação e empenho para descrever as habilidades dos animais e suas complexas formas de vida; ativistas que abnegadamente dão suas vidas pelo bem de espécies cujas línguas a maioria das pessoas não tenta entender (chamando-as até de "bestas burras"); legisladores e juízes que tomam boas decisões, muitas vezes impopulares; advogados que abrem processos contra abusadores, com tribunais decidindo sobre um caso de cada vez; professores e pais que criam filhos que olham para o mundo com admiração inalterada. Até o mercado tem seu lugar no esforço: se a carne sintética não gerasse dinheiro, as pessoas não trabalhariam tanto para criá-la e comercializá-la.

Creio que o filósofo também tem um lugar nesse trabalho. É por isso que escrevi este livro.

CONCLUSÃO

"Os animais estão em apuros no mundo todo. Nosso mundo é dominado por humanos em toda parte: na terra, nos mares e no ar. Nenhum animal não humano escapa da dominação humana. Na maioria das vezes, essa dominação inflige danos injustos aos animais: resultantes das crueldades bárbaras da indústria da carne, das caças clandestina e esportiva, da destruição dos hábitats, da poluição do ar e dos mares ou da negligência dos animais de companhia por pessoas que dizem amá-los."

Foi assim que comecei este livro. E isso ainda descreve como estamos hoje. Este livro por si só não mudou a terrível situação dos animais, pela qual todos nós temos uma responsabilidade coletiva. Mas espero que os capítulos intermediários tenham ajudado a despertar ou fortalecer as três emoções que discuti no meu primeiro capítulo: admiração pela complexidade e diversidade das vidas dos animais, compaixão pelo que frequentemente acontece com essas vidas em nosso mundo dominado por humanos, e uma indignação produtiva voltada para o futuro ("Raiva-de-Transição", para usar a minha terminologia) e objetivando retificar a situação.

No entanto, este livro não é apenas para despertar essas emoções e incitar a ação produtiva. É também um livro de teoria filosófica, destinado a descrever uma visão que pode direcionar esses esforços e a mostrar que ela é melhor do que outras teorias agora em uso. A luta para melhorar o quinhão dos animais e para corrigir os abusos precisa de muitas coisas: ativismo corajoso; trabalho jurídico comprometido e engenhoso; organizações dedicadas às vidas dos animais e seus participantes comprometidos; doações a essas organizações; pesquisa científica criativa e rigorosa; esforços para comunicar a beleza, as incríveis capacidades e as dificuldades atuais dos animais a um público de massa por meio do jornalismo, do cinema e das artes visuais. Todos os leitores deste livro podem encontrar seus próprios papéis nesse esforço, dependendo de suas situações e recursos. Mesmo dentro da filosofia, projetos diferentes fazem contribuições valiosas: *insights* sobre a natureza da mente, sobre a percepção e a senciência, sobre a estrutura das emoções. Estes e outros projetos fazem contribuições distintas para a compreensão das vidas dos animais.

Contudo, a luta também precisa de uma teoria filosófico-política abrangente. As teorias direcionam os esforços que as pessoas fazem, marcando algumas coisas como proeminentes e negligenciando outras, instando a lei a direcionar seus esforços de uma maneira e não de outra. Mas, com muita frequência, teorias defeituosas direcionam mal as coisas, ignorando questões de grande importância e concentrando-se inteiramente em um conjunto restrito ou distorcido de considerações. A teoria dá a advogados e políticos uma lente através da qual eles veem o mundo e frequentemente os encoraja a ignorar importantes coisas que as pessoas veem muito bem em suas vidas diárias. Quando isso acontece, a necessidade de teoria torna-se muito maior do que antes, porque agora não precisamos apenas de mais uma teoria, mas de uma contrateoria, que mostre, por meio de argumentos convincentes, os defeitos em teorias ruins e então proponha uma substituição, frequentemente resgatando, da negligência e da impotência, as percepções cotidianas das pessoas.

As teorias que guiaram a humanidade até agora na abordagem das vidas animais são promissoras em alguns aspectos, mas cruas ou distorcidas em outros. Todas as três teorias defeituosas que apontei podem finalmente revisar suas afirmações de forma a aceitar os princípios políticos baseados na Abordagem das Capacidades, ou pelo menos é o que penso. A visão kantiana de Korsgaard pode enfatizar o seu profundo *insight* de que os animais são fins em si mesmos e desenfatizar as reivindicações sobre a especialidade moral humana, que são complicações no caminho de um consenso político sobre princípios. Os utilitaristas podem trabalhar com os *insights* sutis da teoria de Mill, em vez da visão mais reducionista de Bentham. Mesmo a antropocêntrica abordagem "Tão Semelhantes a Nós" pode se tornar parte do "consenso sobreposto" se minimizar a semelhança com os seres humanos como fonte de princípios jurídicos e políticos e abarcar a admiração e o respeito pela diferença. Há razões para pensar que tal teoria poderia ir nessa direção, dado que a visão é originalmente inspirada pelas concepções cristãs da natureza inteira como criação de Deus e do ser humano como um guardião responsável em vez de um dominador arrogante. E, recentemente, o expoente filosófico mais sensível da abordagem "Tão Semelhantes a Nós", Thomas White, quando solicitado a escrever um ensaio sobre ética para um grupo de cientistas especialistas em golfinhos, recomendou-lhes, como a melhor teoria orientadora, não a sua anterior teoria antropocêntrica, mas a Abordagem das Capacidades[1]!

Comparativamente a essas outras teorias, a Abordagem das Capacidades pode responder melhor aos fatos que agora conhecemos sobre as vidas dos animais: a incrível diversidade das habilidades e atividades dos animais, suas capacidades de valorizar, de formar teias sociais, suas capacidades de aprendizagem cultural, de estabelecer amizades e amar. Se Jeremy Bentham ficasse cara a cara com Hal, a baleia, ou Lupa, a cadela, ou Imperatriz de Blandings (Bentham era muito afeiçoado a um porco caipira, que o acompanhava nas caminhadas)[2], por ser uma pessoa de ampla sensibilidade e inteligência, muito provavelmente veria todos esses aspectos das vidas dessas criaturas. Mas não há espaço em sua teoria oficial para muito do que um comprometido amigo dos animais consegue ver. A AC é construída em torno da ideia de que devemos olhar e ver o que cada vida animal contém e valoriza, como também devemos proteger, de forma não reducionista, os elementos mais importantes em todo esse conjunto diversificado de esforços. Eu mostrei como a AC direciona bem o nosso pensamento prático quando perguntamos se os zoológicos são aceitáveis, quando elaboramos leis e políticas sobre animais de companhia e animais selvagens, quando confrontamos as fragilidades do direito internacional em proteger os mamíferos marinhos do assédio, quando tentamos articular o que há de horrível nas criações industriais de animais, e quando tentamos especificar os danos causados pelas fábricas de filhotes. Estes são apenas alguns exemplos, pois existem inúmeras outras questões a respeito das quais uma abordagem que especifica as espécies, orientada para as formas de vida, pode nos ajudar a imaginar um mundo mais justo.

Políticos e acadêmicos costumam falar de "justiça global" como uma meta que deveríamos perseguir. Mas com frequência seus esforços e projetos não são verdadeiramente globais. Com este termo, eles normalmente querem dizer justiça para os seres humanos, não importando onde eles vivam. Isso, claro, já é um objetivo nobre ao qual deveríamos aspirar. Mas no processo não devemos esquecer que uma justiça verdadeiramente global é uma justiça que assume o ônus de proteger os direitos de todas as criaturas sencientes, não importa onde *elas* vivam, na terra, no mar ou no ar. E deve ser realmente *justiça* – preocupada, como afirmei, com a remoção de barreiras para criaturas sencientes que se esforçam para atingir seus fins.

A nossa época é um tempo de grande despertar: para nosso parentesco com um mundo de notáveis criaturas inteligentes e para uma responsabilização real pelo tratamento que dispensamos a elas. A Abordagem das Capacidades é a melhor aliada teórica da todos os humanos interessados em trabalhar para esse despertar e essa responsabilização. Temos uma responsabilidade coletiva de reivindicar os direitos animais; e finalmente estamos começando a assumir essa responsabilidade. Contudo, precisamos de uma teoria adequada para nos orientar. Considero que agora temos uma, embora ela tenha, sem dúvida, muitas falhas e precise ser melhorada em trabalhos futuros.

A tarefa parece assustadora. Há tantas coisas ruins acontecendo, tanto sofrimento, tanta frustração de esforços animais pela liberdade de movimento, saúde e vida social. Frustração e sofrimento que trazem muito dinheiro para algumas pessoas. Os animais são tão terrivelmente fracos neste mundo, e seus aliados frequentemente também parecem terrivelmente fracos – contra o poder da indústria da carne, a astúcia dos caçadores clandestinos, o fluxo interminável de lixo plástico, a poluição sonora das "bombas de ar" submarinas da indústria petrolífera. No entanto, acredito que o nosso tempo é um momento de grande esperança para o futuro dos animais.

Pensemos um pouco na esperança[3]. Ter esperança não depende de probabilidades. Se seu parente estiver doente, você pode ter esperança, mesmo que as perspectivas pareçam muito ruins, mas você pode ter medo, o oposto da esperança, mesmo que as perspectivas pareçam boas. As duas emoções são diferentes ângulos de visão, diferentes formas de ver um futuro incerto que não controlamos. E as duas emoções são diferentes quanto aos esforços que inspiram. O medo imobiliza as pessoas e frequentemente as torna obstinadas. A esperança anima as pessoas e lhes dá asas. É como ver um copo meio cheio em vez de meio vazio; mas o ângulo de visão faz uma enorme diferença prática. Por esta razão, Immanuel Kant disse que todos nós temos o dever de cultivar a esperança em nós mesmos, para nos sustentar em nossos esforços práticos. Penso que Kant está certo. Todos nós devemos ser pessoas esperançosas, se pensarmos que nossos esforços são importantes e que, de fato, são nossa responsabilidade coletiva.

Podemos cultivar a esperança simplesmente iniciando-a a partir de nossa admiração e nosso amor. Mas também temos razões específicas para ter esperança neste momento particular. Muitas pessoas sabem muito mais sobre animais nos dias de hoje, tantas os veem (de perto ou em filmes), cuidam deles com precisão, em vez de apenas através da fantasia narcísica. Esta revolução na consciência já levou a desdobramentos políticos concretos.

- Vejam a recente reintrodução de muitas proteções para aves, em conformidade com a Lei do Tratado de Aves Migratórias de 1918, que haviam sido removidas durante o governo anterior[4]. Mais uma vez, a morte acidental de aves no curso de atividades industriais é uma violação da lei.
- Vejam o abrangente Projeto de Lei de Bem-Estar Animal (Senciência) recentemente apresentado na Câmara dos Lordes da Grã-Bretanha, que usa trabalhos científicos recentes sobre senciência e emoção animais, exigindo que o governo considere a forma como todas as suas políticas – não apenas aquelas que lidam diretamente com animais – afetam o bem-estar de animais sencientes[5]. Este projeto de lei, que parece ter amplo apoio, por fim será implementado por um conjunto de leis mais específicas.
- Vejam a notável decisão da Corte de Apelação dos EUA para o distrito sul de Ohio, em 20 de outubro de 2021, estabelecendo que os hipopótamos são pessoas de direito, de acordo com uma lei dos Estados Unidos que permite que "pessoas interessadas" solicitem permissão para tomar depoimentos para uso em um processo legal estrangeiro – a primeira vez que um tribunal dos Estados Unidos reconheceu animais como sujeitos de direito. Os hipopótamos,

trazidos para a Colômbia por Pablo Escobar, tornaram-se muito numerosos, levando o governo a planejar a matança de muitos deles. Como a lei colombiana prevê a legitimidade processual de animais, os hipopótamos são os autores de um processo colombiano para impedir a matança, enquanto no que se refere aos Estados Unidos, especialistas foram procurados para depor no processo. Então, por um caminho muito estranho, sem mudar as ideias mais restritivas de legitimidade dos Estados Unidos, um tribunal americano criou uma conclusão importantíssima[6]. (Não se trata de um precedente, porque se baseia na decisão da justiça colombiana de conceder aos hipopótamos legitimidade processual, mas é altamente sugestiva; e a ideia mais inclusiva de legitimidade contida na lei colombiana também é motivo de otimismo.[7])

- Vejam a aprovação da Bird Safe Buildings Act (Lei de Edifícios Seguros para Aves), pelo legislativo do estado de Illinois, em julho de 2021. Esta lei, assinada pelo governador Pritzker, exige o uso de técnicas de construção "amigas das aves" para todas as novas construções ou reformas de edifícios de propriedade do estado de Illinois. Pelo menos 90% do material exposto nas fachadas em novos edifícios estatais precisará ser de vidro que ajuda a impedir colisões de aves. A lei também exige que, sempre que possível, a iluminação exterior do edifício seja adequadamente blindada para proteger a vida selvagem[8]. As construções privadas, por exemplo na nossa própria universidade, também estão começando a seguir as diretrizes da Lei.

Estes e tantos outros desdobramentos políticos concretos mostram que a mudança é possível, mas que ela depende de todos nós: tais mudanças são políticas e frágeis, dependendo do envolvimento de cidadãos interessados no processo político, que é uma maneira pela qual todos nós podemos e devemos exercer nossa responsabilidade coletiva.

Contudo, por esta mesma razão, dada a instabilidade do nosso processo político, eles podem parecer terrivelmente frágeis e não exatamente razões de esperança. A esperança, já disse, não precisa de razões. No entanto, se estivermos procurando coragem em nossa esperança, ela ajuda a fixar nossas mentes em instâncias de progresso e não de retrocesso – embora notícias terríveis, como o recente derramamento de petróleo na costa da Califórnia, que já matou inúmeras criaturas marinhas[9], também possam inspirar indignação e ação política. Para um exemplo bem sólido de uma mudança positiva, muito improvável de ser revertida, pensem, no notável e quase incrível sucesso do consumo de produtos feitos com carne vegetal – logo ele será seguido pela opção adicional de carne cultivada em laboratório, que é "carne real", sem matar nenhum animal, comercializada pela empresa americana Eat Just, e agora aprovada para venda em Cingapura, e em breve, sem dúvida, em outros lugares[10]. A mudança é detida pelo dinheiro que as pessoas ganham explorando os animais, mas agora o dinheiro pode ser ganho por empresas que fazem um grande bem. Esses desdobramentos mostram que os amigos dos animais podem cada vez mais triunfar sem doloroso sacrifício e luta, a exemplo das pessoas que buscam uma dieta mais saudável e à medida que mais e mais pessoas, podendo escolher, façam uma escolha pela justiça.

Todo leitor pode descobrir exemplos semelhantes de coisas que podem ser feitas e estão sendo feitas, muitas delas mencionadas neste livro. Pensar nessas coisas torna a esperança mais fácil e renova nosso espírito enquanto nos esforçamos. Pois, afinal, todos nós somos animais à nossa maneira específica, lutando por objetivos que valorizamos e frequentemente enfrentando a frustração. Porém, nem sempre nos frustramos, não quando podemos nos unir em busca de objetivos compartilhados.

Espero que os leitores deste livro sejam movidos, de muitas maneiras diferentes, a fazer uma escolha pela justiça e se tornem amantes das vidas dos animais: com admiração, com compaixão, com indignação – e com esperança.

AGRADECIMENTOS

Este livro foi desenvolvido ao longo de vários anos, então tenho muitas pessoas a quem agradecer. Em primeiro lugar, sou profundamente grato à minha falecida filha, Rachel Nussbaum Wichert (1972-2019), que trabalhou como advogada para Assuntos Governamentais na organização Friends of Animals, em sua Divisão da Vida Selvagem em Denver, com foco em mamíferos marinhos. Eu discuto suas contribuições na introdução, e é possível vê-las em todos os lugares neste livro. Por meio da Rachel conheci o pessoal da Friends of Animals, e aprendi muito com eles e seu trabalho jurídico inspirador. Então, devo muito a eles também – especialmente Michael Harris, diretor da Divisão da Vida Selvagem, e Priscilla Feral, diretora-geral da organização. Gerd, marido da Rachel, continua amando as orcas e outras baleias; sou grata a ele por seu caloroso apoio a este projeto.

Durante o tempo em que estive preparando este livro, tive a sorte de ter assistentes de pesquisa extremamente talentosos e atenciosos, que contribuíram muito para este trabalho, ainda mais do que é habitual para um livro meu, uma vez que este exigia muita pesquisa e aprendizado. Em ordem cronológica: Matthew Guillod, Jared Mayer, Tony Leyh, Claudia Hogg-Blake e Cameron Steckbeck. Nas últimas etapas do trabalho, apresentei o rascunho em um seminário com doze alunos maravilhosos, alguns do direito e outros da filosofia, e seus comentários foram tão valiosos que devo mencionar todos eles pelo nome: Franchesca Alamo, Michael Buchanan, Spencer Caro, Ben Conroy, Kristen De Man, Benjamin Elmore, Micah Gibson, Jack Johanning, Psi Simon, Cameron Steckbeck, Nico Thompson-Lleras, Andres Vodanovic.

Como sempre, as duras críticas dos meus colegas da Escola de Direito da Universidade de Chicago nos Work-In-Progress Workshops e em comentários por escrito aos capítulos contribuíram imensamente para o livro; sou especialmente grata a: Lee Fennell, Brian Leiter, Saul Levmore e Richard McAdams. Apresentei rascunhos iniciais em workshops na NYU Law School e na Yale Law School, e uma palestra relacionada na conferência de alunos de pós-graduação em ciências políticas de Harvard, aprendendo muito a cada vez. Agradeço especialmente a Sam Scheffler, Jeremy Waldron, Thomas Nagel, Priya Menon e Doug Kysar.

Stuart Roberts, meu editor na Simon & Schuster, foi incrível, enviando-me os comentários mais úteis do começo ao fim.

BIBLIOGRAFIA

ACKERMAN, Jennifer. 2016. *The Genius of Birds*. Nova York: Penguin Books, 2016.

ACKERMAN, Jennifer. *The Bird Way:* A New Look at How Birds Talk, Work, Play, Parent, and Think. Nova York: Penguin Press, 2020.

AGUIRRE, Jessica Camille. "Australia Is Deadly Serious About Killing Millions of Cats". *New York Times*, 25 de abr. 2019.

AKHTAR, Aysha. "The Flaws and Human Harms of Animal Experimentation". *Cambridge Quarterly of Healthcare Ethics* 24, n. 4, 2015, p. 407-19.

ALTER, Robert. *The Five Books of Moses:* A Translation with Commentary. Nova York: W. W. Norton, 2004.

AMERICAN ANTI-VIVISECTION SOCIETY v. United States Department of Agriculture, 946 F.3d 615 (D.C. Cir. 2020).

AMOS, Jonathan. "Knut Polar Bear Death Riddle Solved". *BBC News*, 27 ago. 2015.

ANGIER, Natalie. "What Has Four Legs, a Trunk and a Behavioral Database?". *New York Times*, 4 jun. 2021.

ANIMAL LEGAL DEFENSE FUND. "Animals Recognized as Legal Persons for the First Time in U.S. Court", 20 out. 2021. Disponível em: https://aldf.org/article/animals-recognized-as-legal-persons-for-the-first-time-in-u-s-court/.

ANIMAL LEGAL DEFENSE FUND v. Espy, 23 F.3d 496 (D.C. Cir. 1994).

ANIMAL LEGAL DEFENSE FUND v. Glickman, 154 F.3d 426 (D.C. Cir. 1998).

ANIMAL WELFARE ACT (AWA), 7 U.S.C. § 2131 et seq (1966).

ASSOCIATED PRESS. "Iowa AG: Groups Involved in Puppy-Laundering Ring to Disband", 25 mar. 2020. Disponível em: https://apnews.com/articlecle/8f5dada41cb7a4afc25403d4c93365f5.

BALCOMBE, Jonathan. *What a Fish Knows:* The Inner Lives of Our Underwater Cousins. Nova York: Scientific American/Farrar, Straus and Giroux, 2016.

BATSON, C. Daniel. *Altruism in Humans*. Nova York: Oxford University Press, 2011.

BEAM, Christopher. "Get This Rat a Lawyer!". *Slate*, 14 set. 2009.

BEAUCHAMP, Tom L.; DEGRAZIA, David. *Principles of Animal Research Ethics*. Nova York: Oxford University Press, 2020.

BEKOFF, Marc. *The Emotional Lives of Animals:* A Leading Scientist Explores Animal Joy, Sorrow, and Empathy – and Why They Matter. San Francisco: New World Library, 2008.

BENDIK-KEYMER, Jeremy. "The Reasonableness of Wonder". *Journal of Human Development and Capabilities* 18, n. 3. 2017, p. 337-55.

BENDIK-KEYMER, Jeremy. "Beneficial Relations Between Species and the Moral Responsibility of Wondering". *Environmental Politics* 30, 2021a. Disponível em: https://doi.org/10.1080/09644016.2020.1868818.

BENDIK-KEYMER, Jeremy. "The Other Species Capability and the Power of Wonder". *Journal of Human Development and Capabilities* 22, n. 1, 2021b, p. 154-79. Disponível em: https://doi.org/10.1080/19452829.2020.1869191.

BENHABIB, Seyla. "Cultural Complexity, Moral Independence, and the Global Dialogical Community". In: NUSSBAUM, Martha C.; GLOVER, Jonathan (org.). *Women, Culture and Development*. Oxford: Oxford University Press, 1995.

BENTHAM, Jeremy. *An Introduction to the Principles of Morals and Legislation* [1780], Nova York: Hafner, 1948.

BENTHAM, Jeremy. *Not Paul, but Jesus*. Project Gutenberg, 2013. Disponível em: https://www.gutenberg.org/ebooks/42984.

BERGER, Karen. "Snorkeling and Diving with Dolphins in Eilat, Israel". *Bucket Tripper*. 25 fev. 2020. Disponível em: https://www.buckettripper.com/snorkeling-and-diving-with-dolphins-in-eilat-israel/.

BEVER, Lindsey. "A Trail Runner Survived a Life-or-Death 'Wrestling Match' with a Mountain Lion. Here's His Story". *Washington Post*, 15 fev. 2019.

BIRDLIFE INTERNATIONAL. "10 Amazing Birds That Have Gone Extinct". 24 jan. 2017. Disponível em: https://www.birdlife.org/news/2017/01/24/10-amazing-birds-have-gone-extinct/.

BOTKIN, Daniel B. "Adjusting Law to Nature's Discordant Harmonies". *Duke Environmental Law & Policy Forum* 7, 1996, p. 25-38.

BRADSHAW, Karen. *Wildlife as Property Owners:* A New Conception of Animal Rights. Chicago: University of Chicago Press, 2020.

BRAITHWAITE, Victoria. *Do Fish Feel Pain?* Nova York: Oxford University Press, 2010.

BRINK, David. *Mill's Progressive Principles*. Oxford: Clarendon Press, 2013.

BRULLIARD, Karin. "A Judge Just Raised Deep Questions About Chimpanzees' Legal Rights". *Washington Post*, 9 maio 2018.

BRULLIARD, Karin; WAN, William. "Caged Raccoons Drooled in 100-Degree Heat. But Federal Enforcement Has Faded". *Washington Post*, 22 ago. 2019.

BURGESS-JACKSON, Keith. "Doing Right by Our Animal Companions". *The Journal of Ethics* 2, 1998, p. 159-85.

BURKERT, Walter. "Greek Tragedy and Sacrificial Ritual". *Greek, Roman and Byzantine Studies* 7, 1966, p. 87-121.

CAMPOS BORALEVI, Lea. *Bentham and the Oppressed*. Berlim: Walter de Gruyter, 1984.

CARRINGTON, Damian."No-Kill, Lab-Grown Meat to Go on Sale for First Time". *Guardian*, 1º dez. 2020.

CETACEAN COMMUNITY v. Bush, 386 F.3d. 1169 (9th Cir. 2004).

CHICAGO ZOOLOGICAL SOCIETY. "Media Statement: Update on Amur Tiger's Second Surgery at Brookfield Zoo". 1º fev. 2021. Disponível em:

https://www.czs.org/Chicago-Zoological-Society/About/Press-room/2021-Press-Releases/Update-on-Amur-Tiger's-Second-Surgery-at-Brookfield.

COLB, Sherry F. *Mind If I Order the Cheeseburger?*: And Other Questions People Ask Vegans. Nova York: Lantern Books, 2013.

COLE, David. "Our Nudge in Chief". *The Atlantic*, maio, 2014.

COMAY DEL JUNCO, Elena. "Aristotle's Cosmological Ethics". Chicago: University of Chicago, 2020.

COMMUNITY OF HIPPOPOTAMUSES LIVING in the Magdalena River v. Ministerio de Ambiente y Desarrollo Sostenible, 1:21MC00023 (S.D. Ohio 2021).

CONNOR, Michael. "Progress, Change and Opportunity: Managing Wild Horses on the Public Lands". *The Hill*, 12 mar. 2021.

COWPERTHWAITE, Gabriela (dir.). *Blackfish*. CNN Films, 2013.

CRAWLEY, William. "Peter Singer Defends Animal Experimentation". *BBC*, 26 nov. 2006.

DAMÁSIO, Antonio. *Descartes' Error:* Emotion, Reason and the Human Brain. Nova York: G. P. Putnam's Sons, 1994.

D'AMATO, Anthony; CHOPRA, Sudhir K. "Whales: Their Emerging Right to Life". *The American Journal of International Law* 85, n. 1, 1991, P. 21-62.

DAWKINS, Marian Stamp. *Why Animals Matter:* Animal Consciousness, Animal Welfare, and Human Well-Being. Nova York: Oxford University Press, 2012.

DE LAZARI-RADEK, Katarzyna; SINGER, Peter. *The Point of View of the Universe:* Sidgwick and Contemporary Ethics. Nova York: Oxford University Press, 2014.

DELON, Nicolas. "Animal Capabilities and Freedom in the City". *Journal of Human Development and Capabilities* 22, n. 1, 2021, p. 131-53. Disponível em: https://doi.org/10.1080/19452829.2020.1869190.

DEVLIN, Patrick. *The Enforcement of Morals*. Oxford: Oxford University Press, 1959.

DE WAAL, Frans. *Peacemaking Among Primates*. Cambridge, MA: Harvard University Press, 1989.

De Waal, Frans. *Good Natured: The Origins of Right and Wrong in Humans and Other Animals.* Cambridge, MA: Harvard University Press, 1996.

De Waal, Frans. *Primates and Philosophers:* How Morality Evolved. Princeton, NJ: Princeton University Press, 2006.

De Waal, Frans. *Mama's Last Hug: Animal Emotions and What They Tell Us About Ourselves.* Nova York: W. W. Norton, 2019.

Dickens, Charles. *Hard times* [1854]. Project Gutenberg, 2021. Disponível em: https://www.gutenberg.org/ebooks/786.

Donaldson, Sue; Kymlicka, Will. *Zoopolis*: A Political Theory of Animal Rights. Oxford: Oxford University Press, 2011.

Dorsey, Kirkpatrick. *Whales and Nations:* Environmental Diplomacy on the High Seas. Seattle: University of Washington Press, 2014.

Dworkin, Gerald. *The Theory and Practice of Autonomy.* Cambridge: Cambridge University Press, 1988.

Elk Grove Unified School District v. Newdow, 542 U.S.1 (2004).

Elster, Jon. *Sour Grapes:* Studies in the Subversion of Rationality. Cambridge: Cambridge University Press, 1983.

Emery, Nathan. *Bird Brain:* An Exploration of Avian Intelligence. Princeton, NJ: Princeton University Press, 2016.

Endangered Species Act (ESA), 16 U.S.C. § 1531 et seq (1973).

European Parliament and Council, Regulation n. 2008/20/EC, L47/5 (2018).

Favre, David. "Equitable Self-Ownership for Animals." *Duke Law Journal* 50, 2000, p. 473-502.

Favre, David. "Living Property: A New Status for Animals Within the Legal System". *Marquette Law Review* 93, 2010, p. 1021-70.

Feingold, Lindsey. "Big Cities, Bright Lights and up to 1 Billion Bird Collisions". *NPR,* 7 abr. 2019.

Fischer, John Martin. *The Metaphysics of Death.* Palo Alto, CA: Stanford University Press, 1993.

Fischer, John Martin. *Death, Immortality, and Meaning in Life.* Nova York: Oxford University Press, 2019.

FITZMAURICE, Malgosia. *Whaling and International Law*. Cambridge: Cambridge University Press, 2015.

FITZMAURICE, Malgosia. "International Convention for the Regulation of Whaling". *United Nations Audiovisual Library of International Law*, 2017. Disponível em: https://legal.un.org/avl/pdf/ha/icrw/icrw_e.pdf.

FRANCIONE, Gary L. *Animals as Persons:* Essays on the Abolition of Animal Exploitation. Nova York: Columbia University Press, 2008.

FRANCIONE, Gary L.; CHARLTON, Anna. *Animal Rights:* The Abolitionist Approach. Nova York: Exempla Press, 2015.

FRIEDMAN, Lisa. "Trump Administration, in Parting Gift to Industry, Reverses Bird Protections", *New York Times*, 5 jan. 2021.

FRIEDMAN, Lisa; EINHORN, Catrin. "Biden Administration Restores Bird Protections, Repealing Trump Rule". *New York Times*, 29 set. 2021.

FUJISE, Dr. Yoshihiro. "Foreword." *Technical Reports of the Institute of Cetacean Research (TERPEP-ICR)*, Tokyo: Institute of Cetacean Research, n. 4, dez. 2020.

FURLEY, David. "Nothing to Us?". In: SCHOFIELD, Malcom; STRIKER, Gisela (orgs.). *The Norms of Nature*. Cambridge: Cambridge University Press, 1986.

GIGGS, Rebecca. *Fathoms:* The World in the Whale. Nova York: Simon & Schuster, 2020.

GILLESPIE, Alexander. *Whaling Diplomacy*: Defining Issues in International Environmental Law. Northampton, MA: Edward Elgar, 2005.

GODFREY-SMITH, Peter. *Other Minds:* The Octopus, the Sea, and the Deep Origins of Consciousness. Nova York: Farrar, Straus and Giroux, 2016.

GORDON, Yvonne. "A Fun-Loving Dolphin Disappears into the Deep, and Ireland Fears the Worst". *Washington Post*, 23 out. 2020.

GOWDY, Barbara. *The White Bone*. Nova York: HarperCollins, 1999.

HARE, Richard M. "Why I Am Only a Demi-Vegetarian". In: JAMIESON, Dale (org.). *Singer and His Critics*. Hoboken, NJ: Wiley-Blackwell, 1999.

HARRIS, Michael Ray. "What Happy Deserves: Elephants Have Rights Too, at Least They Should". *Daily News*, 30 ago. 2021.

HARVEY, Fiona. "Animals to Be Formally Recognised as Sentient Beings in UK Law". *Guardian*, 12 maio 2021.

HASAN, Zoya; HUQ, Aziz Z.; NUSSBAUM, Martha C.; VERMA, Vidhu (orgs.). *The Empire of Disgust:* Prejudice, Discrimination, and Policy in India and the U.S. Nova York: Oxford University Press, 2018.

HEGEDUS, Chris; PENNEBAKER, D. A. (dirs.). *Unlocking the Cage.* Pennebaker Hegedus Films and HBO Documentary Films, 2016.

HINERFELD, Daniel; DOUGHERTY, Michelle (dirs.). *Sonic Sea.* Imaginary Forces, 2016.

HOLLAND, Breena; LINCH, Amy. "Cultural Killing and Human-Animal Capability Conflict". *Journal of Human Development and Capabilities* 18, n. 3, jun. 2017, p. 322-36.

HOLLINGSWORTH v. Perry, 570 U.S. 693 (2013).

HOLMAN, Gregory J. "Missouri Tops 'Horrible Hundred' Puppy Mill Report Again, but Has More Enforcement Than Some States". *Springfield News-Leader*, 11 maio 2020.

HORWITZ, Joshua. *War of the Whales:* A True Story. Nova York: Simon & Schuster, 2015.

HUMANE SOCIETY of the United States v. Babbitt, 46 F.3d 93 (D.C. Cir. 1995).

INSTITUTE OF CETACEAN RESEARCH v. Sea Shepherd Conservation Society, 725 F.3d 940 (9th Cir. 2013).

JAMES, Henry. *What Maisie Knew* [1897]. Project Gutenberg, 2021. Disponível em: https://www.gutenberg.org/ebooks/7118.

JAPAN WHALING ASSOCIATION v. American Cetacean Society, 478 U.S. 221 (1986).

KAHAN, Dan M.; MEARES Tracey L. "When Rights Are Wrong". *Boston Review*, 5 ago. 2014.

KANT, Immanuel. *Crítica da razão prática.* Trad. Valerio Rohden. São Paulo: WMF Martins Fontes, 2003.

KANT, Immanuel. *Anthropology from a Pragmatic Point of View* [1798]. Tradução de Mary Gregor. Haia: Martinus Nijhoff, 1974.

KANT, Immanuel. *Groundwork of the Metaphysics of Morals* [1785]. Tradução de Mary Gregor e Jens Timmermann. 2ª ed. Cambridge: Cambridge University Press, 2012.

Karpinski, Stanislaw et al. "Systemic Signaling and Acclimation in Response to Excess Excitation Energy in Arabidopsis". *Science* 284, n. 5.414, 23 abr. 1999, p. 654-57.

Katz, Jon. *The New Work of Dogs:* Tending to Life, Love, and Family. Nova York: Random House, 2004.

Kitcher, Philip. "Experimental Animals". *Philosophy & Public Affairs* 43, n. 4, outono 2015, p. 287-311.

Kittay, Eva. *Love's Labor:* Essays on Women, Equality, and Dependency. Nova York: Routledge, 1999.

Korsgaard, Christine. *The Standpoint of Practical Reason*, tese de doutorado, Cambridge, MA: Harvard University, 1981.

Korsgaard, Christine. *Creating the Kingdom of Ends*. Cambridge: Cambridge University Press, 1996a.

Korsgaard, Christine. *The Sources of Normativity*. Cambridge: Cambridge University Press, 1996b.

Korsgaard, Christine. "Fellow Creatures: Kantian Ethics and Our Duties to Animals". In: peterson, Grethe B. (org). *Tanner Lectures on Human Values*, vols. 25/26. Salt Lake City: University of Utah Press, 2004.

Korsgaard, Christine. "Morality and the Distinctiveness of Human Action". Macedo, Stephen; Ober, Josiah (orgs). *De Waal, Primates and Philosophers:* How Morality Evolved, Princeton, NJ: Princeton University Press, 2006.

Korsgaard, Christine. "Kantian Ethics, Animals, and the Law". *Oxford Journal of Legal Studies* 33, n. 4, inverno 2013, p. 629-48.

Korsgaard, Christine. "The Claims of Animals and the Needs of Strangers: Two Cases of Imperfect Right". *Journal of Practical Ethics* 6, n. 1, jul. 2018a, p. 19-51.

Korsgaard, Christine. *Fellow Creatures: Our Obligations to the Other Animals*. Nova York: Oxford University Press, 2018b.

Kraut, Richard H. "What Is Intrinsic Goodness?". *Classical Philology* 105, n. 4, 1º out. 2010, p. 450-62.

Lazarus, Richard. *Emotion and Adaptation*. Nova York: Oxford University Press, 1991.

Lear, Jonathan. *Radical Hope:* Ethics in the Face of Cultural Devastation. Cambridge, MA: Harvard University Press, 2008.

Lee, Ascha. "UChicago Animal Rights Philosopher Fights for Bronx Zoo Elephant's Freedom". *WBBM*, 30 ago. 2021.

Lee, Jadran. *Bentham on Animals*, tese de doutorado. Chicago: University of Chicago, 2003.

Leonard, Pat. "Study Air Pollution Laws Aimed at Human Health Also Help Birds". *Cornell Chronicle*, 24 nov. 2020.

Levenson, Eric. "What We Know So Far About the California Oil Spill". *CNN*, 5 out. 2021.

Linch, Amy. "Friendship in Captivity? Plato's Lysis as a Guide to Interspecies Justice". *Journal of Human Development and Capabilities* 22, n. 1, 2021, p. 108-30. Disponível em: https://doi.org/10.1080/19452829.2020.1865289.

List of Migratory Birds. 50 CFR 10.13, 2000. Disponível em: https://www.govinfo.gov/app/details/CFR-2000-title50-vol1/CFR-2000-title50-vol1-sec10-13.

Lujan v. Defenders of Wildlife, 504 U.S. 555 (1992).

Lupo, Lisa. "Rodent Fertility Control: What It Is and Why It's Important". *Pest Control Technology*, 12 abr. 2019.

Maestripieri, Dario; Mateo, Jill M. (orgs.). *Maternal Effects in Mammals*. Chicago: University of Chicago Press, 2009.

Marine Mammal Protection Act (MMPA), 16 U.S.C. § 1361 et seq (1972).

Maritain, Jacques. *Man and the State*. Chicago: University of Chicago Press, 1951.

Mayer, Jared B. "Memorandum to Martha C. Nussbaum", 17 nov. 2020.

McMahan, Jeff. *The Ethics of Killing*: Problems at the Margins of Life. Nova York: Oxford University Press, 2002.

McMahan, Jeff. "The Meat Eaters". *New York Times*. 19 set. 2010.

Migratory Bird Treaty Act (MBTA), 16 U.S.C. § 703 et seq (1918).

Mill, John Stuart. *The Collected Works of John Stuart Mill*. Robson, J. M. (org.). Toronto: University of Toronto Press, 1963.

Moss, Cynthia. *Elephant Memories*: Thirteen Years in the Life of an Elephant Family. Chicago: University of Chicago Press, 1988.

MUNICIPAL CODE OF CHICAGO, § 4-384-015, 2014.

NAGEL, Thomas. *Mortal Questions*. Cambridge: Cambridge University Press, 1979.

NAIR v. Union of India, Kerala High Court, n. 155/1999, jun. 2000.

NARAYAN, Uma. *Dislocating Cultures:* Identities, Traditions, and Third World Feminism. Nova York: Routledge, 1997.

NATIONAL RESEARCH COUNCIL. *Workforce Needs in Veterinary Medicine*. Washington, DC: National Academies Press, 2013.

NATURAL RESOURCES DEFENSE Council, Inc. v. Pritzker, 828 F.3d 1125 (9th Cir. 2016).

NEWTON COUNTY WILDLIFE Association v. United States Forest Service, 113 F.3d 110 (8th Cir. 1997).

NINEMSN. "Berlin Zoo's Baby Polar Bear Must Die: Activists". 21 mar. 2017. Disponível em: https://web.archive.org/web/20070701010523/http://news.ninemsn.com.au/article.aspx?id=255770.

NORTH SLOPE BOROUGH v. Andrus, 486 F. Supp. 332 (D.C. Cir. 1980).

NOZICK, Robert. *Anarquia, Estado e utopia*. Trad. Fernando Santos. São Paulo: WMF Martins Fontes, 2011.

NUFFIELD COUNCIL ON BIOETHICS. *The Ethics of Research Involving Animals*, 2005. Disponível em: https://www.nuffieldbioethics.org/assets/pdfs/The-ethics-of-research-involving-animals-full-report.pdf.

NUSSBAUM, Martha C. *Aristotle's De Motu Animalium*. Princeton, NJ: Princeton University Press, 1978.

NUSSBAUM, Martha C. *A fragilidade da bondade*: fortuna e ética na tragédia e na filosofia. Trad. Ana Aguiar Cotrim. São Paulo: WMF Martins Fontes, 2009.

NUSSBAUM, Martha C. *The Therapy of Desire:* Theory and Practice in Hellenistic Ethics. Princeton, NJ: Princeton University Press, 1994.

NUSSBAUM, Martha C. *Poetic Justice:* The Literary Imagination and Public Life. Boston: Beacon Press, 1996.

NUSSBAUM, Martha C. "The Costs of Tragedy: Some Moral Limits of Cost-Benefit Analysis." In: ADLER, Matthew D.; POSNER, Eric A. (orgs). *Cost-Benefit Analysis:* Legal, Economic and Philosophical Perspectives. Chicago: University of Chicago Press, 2000a.

NUSSBAUM, Martha C. *Women and Human Development:* The Capabilities Approach. Nova York: Cambridge University Press, 2000b.

NUSSBAUM, Martha C. *Upheavals of Thought:* The Intelligence of Emotions. Nova York: Cambridge University Press, 2001.

NUSSBAUM, Martha C. *Hiding from Humanity:* Disgust, Shame, and the Law. Princeton, NJ: Princeton University Press, 2004.

NUSSBAUM, Martha C. "Mill Between Bentham and Aristotle". *Daedalus*, p. 60-68. Reimpresso em BRUNI, Luigino; PORTA, Pier Luigi (orgs). *Economics and Happiness.* Oxford: Oxford University Press, (2004) 2005, p. 170-83.

NUSSBAUM, Martha C. *Fronteiras da justiça:* deficiência, nacionalidade, pertencimento à espécie. Trad. Susana de Castro. São Paulo: WMF Martins Fontes, 2013.

NUSSBAUM, Martha C. "Human Dignity and Political Entitlements." In: *Human Dignity and Bioethics:* Essays Commissioned by the President's Council on Bioethics. Washington, DC: President's Council on Bioethics, 2008, p. 351-80.

NUSSBAUM, Martha C. *From Disgust to Humanity:* Sexual Orientation and Constitutional Law. Nova York: Oxford University Press, 2010a.

NUSSBAUM, Martha C. "Mill's Feminism: Liberal, Radical, and Queer". In: VAROUXAKIS, Georgios; KELLY. Paul (orgs.). *John Stuart Mill:* Thought and Influence. Londres: Routledge, 2010b.

NUSSBAUM, Martha C. "Response to Kraut". *Classical Philology* 105, n. 4, 2010c, p. 463-70.

NUSSBAUM, Martha C . "Perfectionist Liberalism and Political Liberalism". *Philosophy and Public Affairs* 39, n. 1, inverno 2011, p. 3-45.

NUSSBAUM, Martha C. *Creating Capabilities:* The Human Development Approach. Cambridge, MA: Harvard University Press, 2012.

NUSSBAUM, Martha C. "The Damage of Death: Incomplete Arguments and False Consolations". In: TAYLOR, James S. *The Metaphysics and Ethics of Death.* Nova York: Oxford University Press, 2013.

NUSSBAUM, Martha C. *Anger and Forgiveness:* Resentment, Generosity, Justice. Nova York: Oxford University Press, 2016a.

NUSSBAUM, Martha C. "Aspiration and the Capabilities List". *Journal of Human Development and Capabilities* 17, 2016b, p. 1-8.

Nussbaum, Martha C. *The Monarchy of Fear:* A Philosopher Looks at Our Political Crisis. Nova York: Simon & Schuster, 2018a.

Nussbaum, Martha C. "Why Freedom of Speech Is an Important Right and Why Animals Should Have It". *Denver Law Review* 95, n. 4, jan. 2018b, p. 843-55.

Nussbaum, Martha C. "Preface: Amartya Sen and the HDCA". *Journal of Human Development and Capabilities* 20, n. 2, abr. 2019, p. 124-26.

Nussbaum, Martha C. *Citadels of Pride:* Sexual Abuse, Accountability, and Reconciliation. Nova York: W. W. Norton, 2021.

Nussbaum, Martha C.; Putnam, Hilary. "Changing Aristotle's Mind". In: Nussbaum, Martha C.; Rorty, Amélie (orgs.). *Essays on Aristotle's De Anima*. Oxford: Clarendon Press, 1992.

Nussbaum (Wichert), Rachel; Nussbaum, Martha C. "Legal Protection for Whales: Capabilities, Entitlements, and Culture". In: Rodrigues, Luis Cordeiro; Mitchell, Les (org.). In: *Animals, Race, and Multiculturalism*. Cham, Suíça: Palgrave Macmillan, 2017a.

Nussbaum (Wichert), Rachel. "Scientific Whaling? The Scientific Research Exception and the Future of the International Whaling Commission". *Journal of Human Development and Capabilities* 18, n. 3, out. 2017b, p. 356-69.

Nussbaum (Wichert), Rachel. "The Legal Status of Whales and Dolphins: From Bentham to the Capabilities Approach". In: Keleher, Lori; Kosko, Stacy J. (orgs.). *Agency and Democracy in Development Ethics*, Cambridge: Cambridge University Press, 2019.

Nussbaum (Wichert), Rachel. "Can There Be Friendship Between Human Beings and Wild Animals?". *Journal of Human Development and Capabilities* 22, n. 1, jan. 2021, p. 87-107.

Nuwer, Rachel. "This Songbird Is Nearly Extinct in the Wild. An International Treaty Could Help Save It – But Won't". *New York Times*, 15 mar. 2019.

Orlans, F. Barbara; Beauchamp, Tom L.; Dresser, Rebecca; Morton, David B.; Gluck, John P. *The Human Use of Animals:* Case Studies in Ethical Choice. Nova York: Oxford University Press, 1998.

Osborne, Emily. "New Law Will Protect Illinois Birds from Deadly Building Collisions". *Audubon Great Lakes*, 29 jul. 2021.

Pachirat, Timothy. *Every Twelve Seconds:* Industrial Slaughter and the Politics of Sight. New Haven: Yale University Press, 2011.

Palila v. Hawaii Department of Land and Natural Resources, 639 F.2d 495 (9th Cir. 1981).

Park Pet Shop v. City of Chicago, 872 F.3d 495 (7th Cir. 2017).

Pepperberg, Irene. *The Alex Studies:* Cognitive and Communicative Abilities of Grey Parrots. Cambridge, MA: Harvard University Press, 1999.

Pepperberg, Irene. *Alex & Me*. Nova York: HarperCollins, 2008.

Piscopo, Susan. "Injuries Associated with Steeplechase Racing." *The Horse*, 1º ago. 2004. Disponível em: https://thehorse.com/16147/injuries-associated-with-steeplechase-racing/.

Pitcher, George. *The Dogs Who Came to Stay*. Nova York: Dutton, 1995.

Platt, John R. "I Know Why the Caged Songbird Goes Extinct". *The Revelator*, 3 mar. 2021.

Poole, Joyce. *Coming of Age with Elephants:* A Memoir. Nova York: Hyperion, 1997.

Poole, Joyce et al. "The Elephant Ethogram". *Elephant Voices*, maio 2021. Disponível em: https://www.elephantvoices.org/elephant-ethogram.html.

Rawls, John. *O liberalismo político*. Trad. Álvaro de Vita e Luís Carlos Borges. São Paulo: WMF Martins Fontes, 2011

Regulations Governing Take of Migratory Birds, 50 CFR 10 (2021). Disponível em: https://www.govinfo.gov/app/details/FR-2021-01-07/2021-00054.

Renkl, Margaret. "Think Twice Before Helping That Baby Bird You Found". *New York Times*, 7 jun. 2021.

Rollin, Bernard. *Farm Animal Welfare:* Social, Bioethical, and Research Issues. Ames: Iowa State University Press, 1995.

Rollin, Bernard. "'We Always Hurt the Things We Love' – Unnoticed Abuse of Companion Animals". *Animals* 8, 18 set. 2018, p. 157.

Rose, James D. et al. "Can Fish Really Feel Pain?". *Fish and Fisheries* 15, n. 1, jan. 2013, p. 97-133.

Rott, Nathan. "Biden Moves to Make It Illegal (Again) to Accidentally Kill Migratory Birds". *NPR*, 9 mar. 2021.

Rowan, Andrew. "Ending the Use of Animals in Toxicity Studies and Risk Evaluation". *Cambridge Quarterly of Healthcare Ethics* 24, n. 4, out. 2015, p. 448-58.

Russell, W. M. S.; Burch, R. L. "Guidelines for Ethical Conduct in the Care and Use of Nonhuman Animals in Research". *American Psychological Association Committee on Animal Research and Ethics*, 24 fev. 2012.

Safina, Carl. *Beyond Words:* What Animals Think and Feel. Nova York: Picador, 2015.

Safina, Carl. *Becoming Wild:* How Animal Cultures Raise Families, Create Beauty, and Achieve Peace. Nova York: Henry Holt, 2020.

Samuels, Gabriel. "Chimpanzees Have Rights, Says Argentine Judge as She Orders Cecilia be Released from Zoo". *The Independent*, 7 nov. 2016.

Schneewind, Jerome B. *The Invention of Autonomy:* A History of Modern Moral Philosophy. Nova York: Cambridge University Press, 1998.

Schultz, Bart. *Henry Sidgwick: Eye of the Universe:* An Intellectual Biography. Nova York: Cambridge University Press, 2004.

Scott, Elizabeth S.; Chen, Ben. "Fiduciary Principles in Family Law". In: Criddle, Evan J.; Miller, Paul B.; Sitkoff, Robert H. (orgs.) *Oxford Handbook of Fiduciary Law*. Nova York: Oxford University Press, 2019.

Scruton, Roger. *On Hunting:* A Short Polemic. Londres: Vintage UK, 1999.

Scully, Matthew. *Dominion:* The Power of Man, the Suffering of Animals, and the Call to Mercy. Nova York: St. Martin's Press, 2002.

Seattle Audubon Society v. Evans, 952 F.2d 297 (9th Cir. 1991).

Sen, Amartya. *Poverty and Famines:* An Essay on Entitlement and Deprivation. Nova York: Oxford University Press, 1983.

Sen, Amartya. "Fertility and Coercion". *The University of Chicago Law Review* 63, n. 3, 1996, p. 1035-61.

Sen, Amartya. *The Idea of Justice*. Cambridge, MA: Harvard University Press, 2009.

Shah, Sonia. "Indian High Court Recognizes Animals as Legal Entities". *Nonhuman Rights Blog*, 10 jul. 2019. Disponível em: https://www.nonhumanrights.org/blog/punjab-haryana-animal-rights/.

Shapiro, Paul. "Pork Industry Should Phase Out Gestation Crates". *Globe Gazette*, 10 jan. 2007.

Siebert, Charles. "The Swazi 17". *New York Times Magazine*, 14 jul. 2019a.

Siebert, Charles. "They Called It a 'Rescue.' But Are Elephants Really Better Off?". *New York Times*, 9 jul. 2019b.

Sierra Club v. Morton, 405 U.S. 727 (1972).

Sidgwick, Henry. *The Methods of Ethics*. Reimpressão da 7ª edição. Londres: Macmillan; Indianápolis: Hackett, 1981.

Singer, Peter. *Libertação animal*: o clássico definitivo sobre o movimento pelos direitos dos animais. Trad. Marly Winckler e Marcelo B. Cipolla. São Paulo: WMF Martins Fontes, 2010.

Singer, Peter. *Practical Ethics*. Cambridge: Cambridge University Press, 2011.

Smuts, Barbara. "Encounters with Animal Minds". *Journal of Consciousness Studies* 8, n. 5 e 7, 2001, p. 293-309.

Sorabji, Richard. *Animal Minds and Human Morals:* The Origins of the Western Debate. Ítaca, NY: Cornell University Press, 1995.

Spielman, Fran. "Aldermen Vote to Close Loophole in Chicago's Puppy Mill Ordinance". *Chicago Sun-Times*, 12 abr. 2021.

Stevens, Blair. "Even Years After Blackfish, SeaWorld Still Has Orcas". *8forty*, 2020. Disponível em: https://8forty.ca/2020/06/10/even-years-after-blackfish-seaworld-still-has-orcas/.

Sunstein, Cass R. "Standing for Animals". University of Chicago Law School, *Public Law and Legal Theory*, Working Paper. nº 06, 1999.

Sunstein, Cass R . "Standing for Animals (With Notes on Animal Rights) A Tribute to Kenneth L. Karst". *UCLA Law Review* 47, 2000, p. 1333-68.

Swanson, Sady. "Survival Story: Colorado Runner's 'Worst Fears Confirmed' When Mountain Lion Attacked". *Coloradoan*, 14 fev. 2019.

Swift, Jonathan. *Gulliver's Travels* [1726]. 5ª ed. Oxford: Oxford University Press, 2005.

Thorpe, William. *Learning and Instinct in Animals*. Cambridge, MA: Harvard University Press, 1956.

Townley, Cynthia. "Animals as Friends". *Between the Species* 13, n. 10, 2011, p. 45-59.

Tye, Michael. "Are Insects Sentient? Commentary on Klein & Barron on Insect Experience". *Animal Sentience* 9, n. 5, 2016.

Tye, Michael. *Tense Bees and Shell-Shocked Crabs:* Are Animals Conscious?. Nova York: Oxford University Press, 2017.

Ul Haq, Mahbub. *Human Development Report 1990*. New York: United Nations Development Programme, 1990.

United States v. Moon Lake Electric Association, 45 F. Supp. 2d. 1070 (D. Colo. 1999).

Van Doren, Benjamin M. et al. "High-Intensity Urban Light Installation Dramatically Alters Nocturnal Bird Migration". *PNAS* 114, n. 42, 2 out. 217, p. 11.175-80.

Victor, Daniel. "Dead Whale Found with 88 Pounds of Plastic Inside Body in the Philippines". *New York Times*, 18 mar. 2019.

Walzer, Michael. 1973. "Political Action and the Problem of Dirty Hands". *Philosophy and Public Affairs* 2, n. 2, 1973, p. 160-80.

Watkins, Frances; Truelove, Sam. "Fungie the Dolphin 'Spotted Off Irish Coast' Six Months After Vanishing from Home". *Mirror*, 11 abr. 2021.

Whaling in the Antarctic (Australia v. Japan: New Zealand intervening) (Int'l Ct. 2014). Disponível em: https://www.icj-cij.org/en/case/148.

White, Thomas. *In Defense of Dolphins:* The New Moral Frontier. Hoboken, NJ: Wiley-Blackwell, 2007.

White, Thomas. "Whales, Dolphins and Ethics: A Primer". In: Herzing, Denise L.; Johnson, Christine M. (orgs.), *Dolphin Communication & Cognition:* Past, Present, Future. Cambridge, MA: MIT Press, 2015.

Whitehead, Hal; Rendell, Luke. *The Cultural Lives of Whales and Dolphins*. Chicago: University of Chicago Press, 2015.

Wild Free-Roaming Horses and Burros Act, The (WFRHBA), 16 U.S.C. § 1331 et seq (1971).

Williams, Bernard. *Problems of the Self*. Cambridge: Cambridge University Press, 1983.

WISE, Steven M. *Rattling the Cage:* Toward Legal Rights for Animals. Nova York: Perseus Books, 2000.

WODEHOUSE, P. G. "Pig-Hoo-o-o-o-ey!". In: *Blandings Castle* [1935]. Londres: Penguin, 2008.

WODEHOUSE, P. G. *Pigs Have Wings* [1952]. Nova York: Random House, 2008.

WOLFF, Jonathan; DE-SHALIT, Avner. *Disadvantage*. Nova York: Oxford University Press, 2007.

WORLD ANIMAL PROTECTION. *World Animal Protection Index 2020*, 2020. Disponível em: https://api.worldanimalprotection.org/.

ZAMIR, Tzachi. *Ethics and the Beast:* A Speciesist Argument for Animal Liberation. Princeton, NJ: Princeton University Press, 2007.

NOTAS

Introdução

1. Ao longo deste livro, muitas vezes sigo a prática comum, entre os defensores dos animais, de usar "animais" para significar "animais não humanos", embora, vez por outra, lembre os leitores de que isso é uma abreviação, como na minha terceira frase do texto. Seres humanos também são animais, mas dizer "não humanos" em todos os lugares seria complicado, e espero que o significado que atribuo esteja bem claro.

2. Ver o relatório do World Wide Fund for Nature sobre biodiversidade: https://wwf.panda.org/discover/ourfocus/biodiversity/biodiversity/.

3. Este estudo do Animal Welfare Institute, com base nas classificações utilizadas na Lei de Espécies Ameaçadas dos Estados Unidos, fornece uma lista completa das espécies atualmente em perigo ou ameaçadas: https://awionline.org/content/list-endangered-species.

4. Platt (2021).

5. BirdLife International (2017): https://www.birdlife.org/news/2017/01/24/10-amazing-birds-have-gone-extinct/.

6. Nuwer (2019).

7. Godfrey-Smith (2016), pp. 68-9, 73-4.

8. Poole (1997).

9. Esse comportamento foi apresentado muitas vezes, mas para uma descrição especialmente precisa, ver Moss (1988).

10. Um caso notório foi o de um grupo de elefantes da Suazilândia [país chamado, desde 2018, de Reino de Essuatíni], transportados ilegalmente de avião para os Estados Unidos. Vou descrevê-lo no capítulo 10.

11. Whitehead e Rendell (2015).

12. Victor (2019). A baleia não era uma jubarte, mas uma baleia-bicuda-de--Cuvier. No entanto, as baleias-jubarte também são afetadas pela ingestão de plástico, assim como praticamente todas as espécies de baleias.

13. Wodehouse ([1935] 2008), pp. 60-86.

14. Shapiro (2007).

15. Para uma discussão mais ampla, consultar o capítulo 12.

16. Ver Rollin (1995), um estudo fundamental sobre o assunto.

17. Para fotos, ver Leonard (2020).

18. Você pode ouvir isso no site do Laboratório de Ornitologia de Cornell: https://www.allaboutbirds.org/guide/HouseFinch/sounds .

19. Pitcher (1995). Discuto o caso de Lupa e seus amigos humanos mais adiante, no capítulo 11.

20. Baseio-me nesses artigos nos capítulos 3, 11 e 12. Apresentamos quatro deles nas reuniões anuais da Human Development and Capability Association (HDCA), um grupo internacional de pesquisadores, principalmente economistas e filósofos, que trabalham no estudo da pobreza e desigualdade globais, do qual o economista Prêmio Nobel Amartya Sen e eu somos os dois presidentes fundadores.

21. A abordagem é usada por toda a organização Friends of Animals, onde Rachel trabalhou. Seu chefe, Michael Harris, publicou recentemente um editorial sobre ela, intervindo no caso de um elefante que sofria privações em cativeiro. Ver Harris (2021). Também intervi no caso, escrevendo um *amicus brief* e aparecendo em um programa de notícias local. Ver Lee (2021).

Capítulo 1

1. Devo este argumento a Christine Korsgaard, cuja defesa dessa ideia (basicamente kantiana) eu discuto mais adiante. Nesse ponto, ela e eu estamos de pleno acordo.

2. Natural Resources Defense Council, Inc. v. Pritzker, 828 F.3d 1125 (9th Cir. 2016).

3. Muitos locais de trabalho e até mesmo resorts eliminaram o plástico descartável, substituindo-o por vasilhames recicláveis e água em garrafas próprias dos usuários.

4. Um importante pensador da admiração é Jeremy Bendik-Keymer. Três representativas publicações recentes são: Bendik-Keymer (2017); Bendik-Keymer (2021a); Bendik-Keymer (2021b). Ver também seu site: https://sites.google.com/case.edu/bendikkeymer/.

5. Aristóteles, Partes dos animais, I.5.

6. Nussbaum (2001, cap. 1).

7. Ver a discussão sobre "fancy" em Nussbaum (1996).

8. Ver uma conclusão semelhante em Nussbaum (2006, cap. 6).

9. Nussbaum (2001, cap. 6).

10. Nussbaum (1978), baseado na minha tese de doutorado.

11. Batson (2011).

12. Nussbaum (2016a). Para uma versão mais curta do mesmo argumento, ver também Nussbaum (2018a).

Capítulo 2

1. Nussbaum (2006).

2. Nair v. Union of India, Kerala High Court, n. 155/1999, jun. 2000.

3. Sorabji (1995).

4. Ver a dissertação de Comay del Junco sobre este tema (2020).

5. Nussbaum (1978).

6. Existem vertentes divergentes em ambas, e existe uma forma de *Kadish*, ou oração pelos mortos, que inclui uma oração pelos animais mortos.

7. Por exemplo, ver Kraut (2010, pp. 250, 256). Kraut usa o abismo para justificar a realização de experimentos médicos em animais, mas não em humanos. Ver também minha resposta a Kraut em Nussbaum (2010c, pp. 463, 467).

8. Sexto Empírico, *Esboços pirrônicos*.

9. Plutarco, *Vida de Pompeu*, LII.4; Plínio, o Velho, *História natural*, VIII.7.20.

10. Sorabji (1993), citando Plínio.

11. Ibidem, p. 124, n. 21, citando Plínio. Ver também Sêneca, *De Brevitate Vitae* 13; Cássio Dio XXXIX.38, que diz que os elefantes levantaram suas trombas como se implorassem aos céus para vingarem o mal.

12. Sorabji (1993, pp. 124-25), citando Cícero, *Epistulae ad Familiares* [Cartas aos amigos] VII.1.

13. White (2007, pp. 219-20).

14. Gênesis 7 na verdade oferece dois relatos diferentes: no primeiro, há sete pares de cada um dos animais "puros" e de cada tipo de ave, mas apenas um casal de animais "impuros"; a tradição posterior interpreta isso como uma permissão do sacrifício. A segunda versão, logo após a primeira, menciona apenas um único par de cada tipo de animal, tanto puro como impuro, e de aves.

15. Gênesis 9:12; Alter (2004).

16. Gênesis 1:26-8, versículos 29 e 30.

17. Scully (2002).

18. Scruton (1999).

19. Este julgamento nacionalmente célebre colocou dois dos advogados mais famosos do país um contra o outro: o liberal Clarence Darrow e o ex-político, três vezes candidato presidencial fracassado, William Jennings Bryan. O réu, o professor John T. Scopes, foi acusado de ensinar a teoria da evolução, violando a lei estadual. A atenção nacional estava voltada para o julgamento, que parecia ser um embate de religião contra evolução. Devido ao exagerado foco na afirmação evolucionária de que os humanos descendem de "uma ordem inferior de animais", ele ficou conhecido como "O Julgamento do Macaco". No final, Scopes foi condenado, mas multado em apenas cem dólares. A multa foi mais tarde anulada por um tecnicismo jurídico, mas a tentativa de fazer com que a Lei Butler fosse declarada inconstitucional por razões de liberdade de expressão e de credo religioso falhou – até 1968, quando uma lei semelhante no Arkansas foi declarada inconstitucional pela Suprema Corte dos Estados Unidos, conforme a cláusula de estabelecimento da Primeira Emenda. O Julgamento de Scopes foi dramatizado de forma memorável na peça de 1955 *Inherit the Wind* [O vento será a tua herança], por Jerome Lawrence e Robert E. Lee, mais tarde transformado em filme estrelado por Fredric March como Bryan e Spencer Tracy como Darrow (1960).

20. Outros ativistas que trabalham com primatas, como Jane Goodall, parecem ter uma visão semelhante.

21. Wise (2000).

22. *Unlocking the Cage* (2016).

23. Wise (2000).

24. *Unlocking the Cage* (2016).

25. Ibid.

26. Ibid.

27. Ver, de forma geral, Schneewind (1998), para uma história da ideia de autonomia na filosofia ocidental, e Dworkin (1988), para a principal explicação filosófica em termos de desejos de ordem superior.

28. Wise (2000); *Unlocking the Cage* (2016).

29. *Unlocking the Cage* (2016).

30. Ibid.

31. Ibid.

32. Ibid.

33. Ibid.

34. *Unlocking the Cage* (2016); Wise (2000).

35. *Unlocking the Cage* (2016).

36. Ibid.

37. Whitehead e Rendell (2015, pp. 120-21).

38. Swift ([1726] 2005, pp. 135-84).

39. Ver, de modo geral, Nussbaum (2004).

40. Ver, de modo geral, ibid.

41. Ver ibid. Ver, de modo geral, Nussbaum (2010a). Ver também Hasan, Huq, Nussbaum e Verma (2018).

42. *Unlocking the Cage* (2016).

43. Whitehead e Rendell (2015).

44. De Waal (1996).

45. *Unlocking the Cage* (2016).

46. Ver ibid.

47. Broulliard (2018).

48. White (2007).

49. O "teste do espelho" testa a capacidade de um animal reconhecer sua própria imagem em um espelho pintando uma marca escura na nuca do animal, visível apenas no espelho, e uma marca simulada, sentida pelo animal, mas não visível no espelho. O comportamento subsequente do animal – esfregar a cabeça para remover a marca escura – mostra que viu a marca no espelho e a conectou à sua própria cabeça, e que não foi a sensação tátil da marca que levou ao comportamento de esfregar. Esse teste está intimamente ligado a um senso de identidade [self], embora as pessoas contestem se é uma condição necessária para a autoconsciência, ou apenas uma condição suficiente.

50. Wise não fala muito sobre as emoções, embora chame a atenção para um exemplo notável de resposta emocional empática apropriada. White, ao contrário, tem muito a dizer sobre as capacidades emocionais dos humanos e dos golfinhos, suas bases neurais e suas variedades.

51. Este último elemento não é enfatizado teoricamente por White, mas muitos de seus exemplos parecem usá-lo. Não está claro se esse tratamento "adequado" de outras pessoas deveria ser uma condição necessária da personalidade para White, que constantemente enfatiza que os humanos geralmente falham em reconhecer os golfinhos, apesar do fato de serem na verdade pessoas, e que também chama a atenção para a agressividade em relação a outros humanos, em contraste com o comportamento não agressivo dos golfinhos.

52. White (2007, p. 47).

53. Ibid., pp. 166-67.

54. Ibid., p. 8.

55. Ibid.

56. Ibid., p. 176.

57. Ao longo do livro, White combina vários significados diferentes da ideia de "individualismo": em um sentido, "individualismo" significa que toda e qualquer criatura separada conta, é um ser com dignidade, a ser tratado como um fim e não como uma coisa ou propriedade. Nesse sentido do termo, golfinhos e humanos são ambos indivíduos, assim como (eu considero) to-

dos os outros animais sencientes. Um segundo significado de "individualismo" é a autossuficiência solitária: a criatura pode viver muito bem sem os outros. É aqui que White afirma que há uma grande diferença entre golfinhos e humanos: eles estão profundamente enredados em seu grupo social, enquanto nós somos solitários. Mas ele diz isso, penso, erroneamente. Finalmente, White também usa "individualismo" para significar "egoísmo", sugerindo que os humanos são mais egoístas pessoalmente do que os golfinhos, para quem o grupo é de importância crítica. Esta é uma afirmação interessante, mas difícil de testar. Ele fornece evidências de que os golfinhos são muito pouco agressivos em comparação com os humanos, e, aparentemente, nunca são letalmente agressivos. Mas isso é realmente altruísmo e controle de tendências egoístas? É difícil dizer. De qualquer forma, na medida em que o egoísmo é central na vida humana, White deveria revisar seus critérios de personalidade (não incluindo o "reconhecimento e tratamento adequados de outras pessoas" como uma condição), ou deveria ser mais cético quanto aos seres humanos serem pessoas!

58. White (2007, p. 182).

59. Ibid., pp. 188-200.

Capítulo 3

1. Singer (1975). Trad. bras. WMF Martins Fontes, 2010.

2. Bentham notoriamente não defende o movimento do "é" para o "deve".

3. Bentham ([1780] 1948).

4. Ibid., pp. 310-11.

5. Ibid.

6. Ibid.

7. Ibid.

8. Para as fontes desses e de outros casos, ver Campos Boralevi (1984, p. 166).

9. Ver a tese de doutorado de Lee (2003) sobre este tema.

10. Ver o e-book gratuito em Bentham (2013): https://www.gutenberg.org/ebooks/42984.

11. Korsgaard (2021, p. 159), citando Singer.

12. Sobre preferências adaptativas, ver Elster (1983). Amartya Sen desenvolve este conceito em muitos artigos; as referências essenciais estão em Nussbaum (2000b, cap. 2).

13. Nozick (1974, pp. 42-45). Em *Anarquia, Estado e utopia*, querer ser ativo é a razão contra ser conectado mais enfatizada por Nozick. Em versões posteriores, ele também enfatiza um interesse em estar em contato com a realidade, em não viver em um mundo de sonhos.

14. É claro que se pode inventar um prazer especial e chamá-lo de prazer de agir; Mill parece fazer isso. Mas, a menos que esse prazer seja entendido não apenas quantitativamente, como qualitativamente diferente de outros prazeres, será difícil captar a intuição contida no exemplo. Mill entendeu este ponto, e sua visão não é vulnerável à minha crítica.

15. Sidgwick ([1907] 1981).

16. Sobre a vida e as atividades políticas de Sidgwick, ver Schultz (2004).

17. De Lazari-Radek e Singer (2014).

18. Por exemplo, ele abordou o argumento dos "recipientes" de Korsgaard. Sua resposta é complexa. Para a afirmação de Singer da visão dos recipientes, ver Korsgaard (2018b, p. 159); contudo, em outro lugar, aparentemente respondendo à crítica dela, ele a articula de uma forma mais limitada: "[E]m algumas circunstâncias – quando um animal tenha levado uma vida agradável e seja morto sem dor, sua morte não cause sofrimento a outros animais e sua morte torne possível sua substituição por outro, que não teria vivido de outra forma –, a matança de animais sem autoconsciência não é errada". Singer (2011, p. 108). Devemos observar que Singer pensa que a maioria dos animais carece de "autoconsciência".

19. Singer (1975).

20. Singer (2011, p. 101).

21. Em *The Point of View of the Universe* [O ponto de vista do universo], Lazari-Radek e Singer realmente mencionam outro aspecto do cenário de Nozick (2014, p. 257). A visão objetiva do prazer assumida naquele livro torna Singer mais vulnerável aos argumentos de Nozick, mas ele sugere que nossa preferência por estar em contato com a realidade resulta de um viés do *status quo*.

22. Ele atribui a mudança em seus pontos de vista aos argumentos de Sidgwick; ele articulou melhor sua nova visão no livro em coautoria com

Lazari-Radek. Essa mudança separa Singer dos utilitaristas econômicos, com quem Singer se aliara anteriormente, pois eles concebem o bem-estar em termos de satisfação de preferências. Mas a mudança faz pouca diferença para seus pontos de vista sobre o tratamento dispensado aos animais, ou para as objeções a esses pontos de vista.

23. A University College London ofereceu diplomas e bolsas de estudos para ateus a partir de 1826, mas só em 1836 garantiu seu reconhecimento legal como uma faculdade dentro da Universidade de Londres. Ou seja, era presumivelmente tarde demais para autodidatas sem diploma como Mill, que já havia começado a trabalhar por salário para a Companhia das Índias Orientais em 1823, onde permaneceu até 1858.

24. Nussbaum ([2004] 2005) e Nussbaum (2010b). Um bom tratamento geral de Mill, com cujas interpretações concordo amplamente, é o de Brink (2013).

25. Mill (1963, vol. XVI, p. 1.414).

26. Mill (1963, vol. X, p. 223).

27. Ibid.

Capítulo 4

1. Kant às vezes faz observações racistas, que foram justamente criticadas.

2. Kant leu os estoicos (em latim, já que não sabia grego), e foi obviamente influenciado por eles. Bentham não deu muita atenção à história da filosofia, e Mill o acusou de falhar em "obter luz de outras mentes".

3. Kant ([1798] 1974, 8:27).

4. John Stuart Mill, apaixonado pela filosofia alemã, provavelmente conheceu Kant, e ele parece evitar os erros de ambos, ver os caps. 3 e 5.

5. Korsgaard (2004).

6. Korsgaard (2018b).

7. Korsgaard (1981). John Rawls era o presidente da sua banca de tese e eu, a segunda leitora.

8. Kant não mostra nenhum conhecimento detalhado de Aristóteles, e suas breves referências não são precisas.

9. Kant ([1788] 1955); Akad., p. 5.161.

10. Kant ([1798] 1974, 8:27).

11. Kant ([1785] 2012).

12. Korsgaard (1996a).

13. Akad, p. 429.

14. O quarto exemplo de Kant, a proibição do suicídio, é controverso entre os kantianos, e alguns dos seus especialistas mais ilustres invocaram a ideia kantiana de autonomia para argumentar a favor do suicídio medicamente assistido.

15. Claro, isso está acontecendo agora com os filhos dos imigrantes, mas vem causando indignação generalizada.

16. Ver Korsgaard (2018b, p. 99), que cita uma seção mais longa do texto. Obviamente, esta passagem é a fonte do título de seu livro.

17. Parece haver uma correlação clara entre o tratamento cruel de animais e o mau comportamento em relação aos humanos, mas é difícil dizer se o elo é causal, ou se os dois são aspectos relacionados de uma psicologia distorcida.

18. Ver Korsgaard (2018b, pp. 99-101), referindo-se às *Lições de ética*, de Kant.

19. Ibid., pp. 100-101.

20. Ibid., p. 103, citando as *Lições de ética*, de Kant.

21. *Fellow Creatures* é dedicado aos gatos de Korsgaard.

22. Korsgaard objetaria que eu já estou confiando demais em intuições, como ela acusa aristotélicos de fazer em Korsgaard (1996b).

23. Korsgaard (2018b, p. 27).

24. Ibid., p. 31.

25. Ibid., p. 14.

26. Ibid., p. 145.

27. Ibid., p. 77.

28. Ibid., p. 139.

29. Ibid., p. 146.

30. Ibid., p. 237.

31. Ibid., p. 43.

32. Ibid., p. 40.

33. Ibid., p. 48.

34. Ibid., p. 47.

35. Ibid., pp. 48-50.

36. Ibid., p. 50.

37. As mortes de elefantes nos trilhos de ferrovias indianas, onde os trens raramente obedecem a seus limites de velocidade, são ocorrências lamentavelmente comuns, como uma pesquisa aleatória na internet mostrará. O grupo de fêmeas adultas normalmente tenta proteger os bebês de danos, mesmo com custos letais para suas integrantes. Ver de Waal (1996), que discute o autossacrifício de elefantes.

38. Observado em um safári em Botsuana em 2012.

39. De Waal (1996); de Waal (2006).

40. De Waal (1989); de Waal (1996); de Waal (2006).

41. Maestripieri e Mateo (2009).

42. Whitehead e Rendell (2015).

43. Safina (2020).

44. Korsgaard (2006).

45. Smuts (2001). Ver também de Waal (2019).

Capítulo 5

1. Já havia estendido a AC aos animais no capítulo 6 de Nussbaum (2006). A abordagem neste capítulo (e nos capítulos subsequentes) é semelhante, mas muito mais detalhada.

2. A abordagem também é chamada de Abordagem do Desenvolvimento Humano, mas, por razões óbvias, parei de usar esse nome e tentei convencer outras pessoas a não usá-lo. Ver minhas observações em Nussbaum (2019).

3. Desenvolvo minha versão da AC em três livros: Nussbaum (2000b); Nussbaum (2006) e Nussbaum (2012). O último deles também tem uma extensa bibliografia de outras publicações relevantes de Amartya Sen e minhas sobre o assunto. Por lidar com o trabalho de muitos teóricos, não apenas o meu, uso o subtítulo "Desenvolvimento Humano", embora eu mesma não goste dele.

4. Ver a Human Development and Capability Association: https://hd-ca.org.

5. Ul Haq (1990).

6. Nussbaum (2000b, cap. 2).

7. Ver o e-book gratuito em Dickens ([1854] 2021, cap. IX): https://www.gutenberg.org/ebooks/786.

8. Conforme discuto em Nussbaum (2012), as capacidades internas correspondem às chamadas "capacitações" na abordagem do capital humano, como, por exemplo, no trabalho de James Heckman (discutido em um apêndice daquele livro).

9. Wolff e de-Shalit (2007).

10. Estritamente falando, eles deveriam dizer "capacidades férteis", mas a aliteração era muito tentadora.

11. Esta é a minha visão, não a de Sen. Ele usa a ideia de capacidades apenas para fins comparativos.

12. Nussbaum (2012) e Nussbaum (2008).

13. Nussbaum (2000b, cap. 2).

14. Rawls (1986). Rawls deixa claro que o consenso sobreposto pode levar tempo para ser alcançado; ele oferece uma exposição persuasiva de como, ao longo do tempo, as pessoas podem mover-se em direção a ele.

15. Este exemplo foi dado pelo filósofo francês Jacques Maritain (1882-1973), um dos autores da Declaração Universal dos Direitos Humanos, descrevendo como os autores do Egito, da China e de outras nações e tradições buscaram uma linguagem ética que pudesse ser consensual. Ver Maritain (1951, cap. 4).

16. Ver mais em Nussbaum (2011).

17. Pessoas interessadas em tipologias filosóficas (por favor, pule esta nota se for o seu caso!) frequentemente perguntam se minha versão da AC é deontológica ou consequencialista: isto é, se reconhece como centrais um conjunto de deveres éticos, ou se busca, à maneira do Utilitarismo, um bom conjunto de consequências. Uma vez que estas são classificações de livros escolares, não posições filosóficas sutis, não deve surpreender que minha resposta a esta pergunta seja complicada. Há um forte componente deontológico na minha abordagem, no sentido de que se exige de uma nação a promoção de cada uma das capacidades até o limiar especificado, sob pena

de ser julgada como falha em alcançar a justiça mínima; enquanto se exige eticamente dos indivíduos que busquem alcançar essa justiça. No entanto, as capacidades são um conjunto interligado de fins, assim como na vida humana as pessoas se esforçam por fins interligados. Pessoas são criaturas teleológicas (direcionadas para fins), e as capacidades são consideradas como bases para seu esforço efetivo em direção a qualquer modo de vida florescente que selecionem. (De certa forma, a própria atividade das pessoas é o fim, e as capacidades são apenas bases para ela; mas, em termos políticos, o fim ou objetivo é assegurar as capacidades: o que vem depois disso é deixado para as próprias pessoas escolherem.) O consequencialismo às vezes assume a forma de promover um estado estático, como satisfação ou prazer. Eu critiquei esse tipo de consequencialismo. Mas existem formas de consequencialismo que veem as atividades ou a oportunidade para atividades como fins intrinsecamente valiosos. Como sugeri no capítulo 3, parece que o Utilitarismo de John Stuart Mill era desse tipo. Mill também insistiu que os fins eram plurais, diferindo em qualidade e não apenas em quantidade. E ele considerou o respeito pela dignidade como uma das marcas importantes de um conjunto adequado de fins. Mill concebeu seu Utilitarismo como uma doutrina política (e pessoal) abrangente que deveria substituir outras doutrinas abrangentes, especialmente as religiosas. Esta é uma grande diferença entre minha AC e as visões de Mill. Mas, em outros aspectos, minha visão e a de Mill são semelhantes. Amartya Sen também há muito enfatiza que o consequencialismo pode incluir fins plurais, qualitativamente distintos uns dos outros.

18. Essa palavra é frequentemente preferida na literatura sobre direitos das pessoas com deficiência, pois é mais sugestiva de atividade conjunta do que a palavra "guardião".

19. Poole et al. (2021): https://www.elephantvoices.org /elephant-ethogram.html. Ver também Angier (2021).

20. Nussbaum (2018b).

21. Sen (1983).

22. Smuts (2001).

23. Gordon (2020). Uma possível menção a Fungie foi relatada recentemente por um grupo de defesa do bem-estar animal; ver Watkins e Truelove (2021).

24. Para a relação, ver Nussbaum (2012).

25. Como fiz no *amicus brief* mencionado na introdução, em nome da elefanta Happy: Wise, totalmente ciente de minhas diferenças com sua abordagem, me convidou para contribuir com o brief, destacando a AC. Sobre a recente adesão de Thomas White à AC, ver a conclusão.

26. Ver também Korsgaard (2018b, pp. 191-214).

27. Ver ibid., pp. 204-6.

28. Korsgaard (2018a); Korsgaard (2013).

29. Korsgaard formula essa ideia usando uma forte distinção entre instinto e vontade, distinção que rejeitei; mas eu aceito sua ideia básica.

30. Bradshaw (2020).

31. Natural Resources Defense Council, Inc. v. Pritzker, 828 F.3d 1125 (9th Cir. 2016).

32. Ver ibid., em 1142. Ver, de forma geral, Horwitz (2015), que descreve o programa de sonar em detalhes.

33. Lei de Proteção de Mamíferos Marinhos (MMPA), 16 U.S.C. § 1361 e seguintes (1972). O capítulo 12 descreverá esse estatuto mais detalhadamente.

34. Pritzker, 828 F.3d em 1.142.

35. Ibid., em 1.130-1.131

36. O juiz Gould exerceu a advocacia em Seattle por vinte e cinco anos antes de sua nomeação à magistratura pelo presidente Clinton, e também atuou como professor adjunto na Faculdade de Direito da Universidade de Washington, também em Seattle, escola cuja currículo inclui uma ampla gama de ofertas pertinentes aos animais, incluindo "Direito Costeiro" e "Direito do Mar". Rachel Nussbaum teve uma educação de primeira classe em direito animal nessa faculdade, preparando-a para sua carreira subsequente como advogada defensora de animais selvagens.

Capítulo 6

1. Aristóteles, *Sobre o movimento dos animais*, cap. 7, 701a33-36.

2. Não surpreende que os filósofos defendam vários pontos de vista diferentes; apresento aqui uma visão comum e que eu própria considero a mais convincente.

3. Tye (2017, pp. 67-68).

4. Ver o e-book gratuito em James ([1897] 2021, prefácio): https://www.gutenberg.org/ebooks/7118.

5. Um exemplo é Gowdy (1999), um retrato da vida dos elefantes do ponto de vista de um elefante. É claro que é um relato linguístico, mas com base em sua excelente compreensão de pesquisa sobre como os elefantes vivem e pensam.

6. Tye (2017, pp. 86-88).

7. Ver também Tye (2016).

8. Nussbaum (1978, cap. 7).

9. Balcombe (2016, p. 72).

10. Wodehouse ([1952] 2008, p. 248).

11. Nussbaum (1978, cap. 7).

12. Dawkins (2012, p. 92); ver também Tye (2017, p. 85).

13. Hilary Putnam e eu usamos um exemplo semelhante para ilustrar o argumento aristotélico de que as explicações no nível formal são frequentemente preferíveis, como explicações, às que buscam o nível último do tema, em Nussbaum e Rorty (1992).

14. Balcombe (2016, p. 72).

15. Alguns defensores dos animais usam "peixes" ["*fishes*"] como o plural de "peixe" ["*fish*"], pensando que o plural irregular "peixe" ["*fish*"] implica que essas criaturas não são indivíduos. Eles parecem que estão errados linguisticamente: o inglês contém esses plurais irregulares. "Ovelha" ["*sheep*"] é outro caso desses, e não conheço ninguém que pense que o uso do plural irregular "ovelha" ["*sheep*"] implica que cada uma não é um indivíduo.

16. Rose et al. (2013).

17. Braithwaite (2010).

18. Ibid., cap. 3; ver também Balcombe (2016, pp. 78-80).

19. Braithwaite (2010, pp. 103-4).

20. Ibid., p. 104.

21. De Waal (2019). Outros estudos importantes sobre emoções animais são os de Bekoff (2008) e Safina (2015).

22. Lazarus (1991). Nussbaum (2001, cap. 2).

23. De Waal (2019, p. 205).

24. Damásio (1994). Discuto suas descobertas e as de muitos outros neurocientistas e psicólogos cognitivos em Nussbaum (2001, cap. 2).

25. Damásio (1994, cap. xv).

26. Ibid.

27. Ibid., p. 36.

28. Ibid., pp. 44-45.

29. Ver ibid., pp. 46-51. Elliot é submetido a uma bateria de testes de tomadas de decisão, que exigem apenas análise e não uma decisão pessoal, e se sai muito bem. Ele produziu uma abundância de alternativas de ação. "'E depois de tudo isso', disse Elliot para Damásio: 'Eu ainda não saberia o que fazer!'".

30. Nussbaum (1978, cap. 7).

31. Tye (2017, cap. 9).

32. Braithwaite (2010, pp. 92-94). Ela descreve experimentos complexos em que peixes, diante de escolhas sobre como se posicionar em relação a potenciais rivais, claramente usam esse padrão de pensamento.

33. Balcombe (2016, p. 25-39); Tye (2017, p. 114). Ver, de forma geral, Tye (2017, cap. 6).

34. Braithwaite (2010, p. 113).

35. A taxonomia atual é mais complexa: os dois grupos principais são os osteíctes (peixes ósseos), dos quais os teleósteos são de longe o maior subgrupo, e os condrictes (peixes cartilaginosos), dos quais os elasmobrânquios são o maior subgrupo; um terceiro grupo principal compreende os peixes sem mandíbula, os ágnatos.

36. Tye (2017, p. 102).

37. Ibid., p. 103.

38. Ackerman (2016, p. 55), citando Harvey Karten.

39. Emery (2016, p. 8).

40. Ibid.

41. Ibid., p. 11, citando Thorpe [1956].

42. Ackerman (2016, p. 58), resumindo a pesquisa de Erich Jarvis.

43. Ibid., cap. 3, resume essa pesquisa.

44. Pepperberg (2008).

45. Ackerman (2016, p. 40); Ackerman (2016, cap. 5); Emery (2016, pp. 77-87, 174-75).

46. Ackerman (2016, cap. 4), e ver uma foto notável da construção de um pássaro-jardineiro em Emery (2016, p. 77).

47. Tye (2017, pp. 127-28) descreve experimentos nos quais, quando os pintinhos eram criados passando pelo desconforto do ar agitando suas penas, as mães galinhas exibiam sinais de estresse e começavam a cacarejar para seus filhotes de forma tranquilizadora. Muitos experimentos mostraram que corvídeos e papagaios são capazes de absorver a perspectiva de outra ave, muitas vezes para fins de embuste. Outros experimentos mostram que os corvos respondem com prazer e brincam com as exibições lúdicas de outros corvos, e também reagem negativamente ao sofrimento dos outros: ver Ackerman (2020, p. 162) e Emery (2016, pp. 158-159), que encontra evidências de empatia no comportamento consolador após uma briga. Ver também Safina (2015) e Safina (2020) para uma extensa exposição das capacidades dos papagaios.

48. Ackerman (2016, cap. 7) resume a pesquisa.

49. Tye (2017, pp. 131-33).

50. Godfrey-Smith (2016); Braithwaite (2010, pp. 122, 134).

51. Godfrey-Smith (2016, p. 9).

52. Braithwaite (2010, p. 122).

53. Ver ibid., p. 122-29. Experimentos relacionados foram realizados com camarões. Ver também Tye (2017, pp. 156-58).

54. Tye (2016) e Tye (2017, pp. 141-56).

55. Tye (2017, p. 144).

56. Ibid., p. 188.

57. Ver "Jagadish Chandra Bose" em: https://www.famousscientists.org/jagadish-chandra-bose/.

58. Ver referências em Tye (2017, p. 189).

59. Ver ibid., p. 189. Ver também Karpinski et al. (1999, p. 657).

60. Tye (2017, p. 189).

Capítulo 7

1. Investiguei esse argumento epicurista em Nussbaum (1994, cap. 6), citando a *Carta a Meneceu*, de Epicuro, e mais tarde, com uma posição um pouco alterada, em Nussbaum (2013).

2. Ver Nagel (1979, pp. 1-10). Exemplos semelhantes foram desenvolvidos em importantes artigos de John Martin Fischer, para os quais meu artigo Nussbaum (2013) é uma resposta dialógica. Para referências completas aos artigos de Fischer, consultar meu artigo. Ele também editou a valiosa coletânea Fischer (1993). Seu último resumo da sua posição está em Fischer (2019).

3. Aqui estou respondendo diretamente a Fischer, que cria esse exemplo.

4. Furley (1986); McMahan (2002).

5. Ver Nussbaum (2013) para saber mais sobre esses dois falsos consoladores.

6. Ver "The Makropulos Case: Reflections on the Tedium of Immortality" em Williams (1983, pp. 82-100).

7. Nussbaum (1994).

8. Na verdade, Bentham restringe a matança a propósitos humanos importantes, descartando matanças "arbitrárias", ou seja, apenas por diversão ou prazer. Ele pensava que comer animais era permitido se as práticas fossem humanitárias, e continuou a comer carne ao longo de sua vida – ao contrário de muitos contemporâneos, que rejeitaram o consumo de carne.

9. Ver minhas ressalvas sobre Singer no capítulo 3.

10. Lupo (2019).

11. Hare (1999, cap. 11). Originalmente publicado em seu *Essays on Bioethics* [Ensaios sobre bioética], mas a resposta de Singer está incluída apenas no volume de Jamieson.

12. Balcombe (2016).

13. Para uma defesa de uma dieta puramente vegana, ver Colb (2013).

Capítulo 8

1. A maldição hereditária sobre a casa que causou o dilema não foi culpa dele, nem os gregos achavam que fosse. Dilemas trágicos são proeminentes

em outras culturas do mundo, como, por exemplo, o épico indiano *Mahabharata*, um conto de guerra civil.

2. Ver Nussbaum (2000a). O exemplo de Agamênon foi usado por Bernard Williams em seu importante artigo "Ethical Consistency", em Williams (1983). Ver também Nussbaum (1986, cap. 2). Em termos de como modelar esses dilemas logicamente, alguns defendem o abandono do "dever implica poder", enquanto Williams sugere negar que "eu devo fazer A" e "eu devo fazer B" implique "eu devo fazer A e B".

3. Um tratamento importante dessa questão é apresentado por Walzer (1973).

4. Crawley (2006).

5. Os "3Rs" tiveram origem em Russell e Burch (2012).

6. Nuffield Council on Bioethics (2005): https://www.nuffieldbioethics.org/assets/pdfs/The-ethics-of-research-envolving-animals-full-report.pdf.

7. Incluindo Beauchamp e DeGrazia (2020).

8. Akhtar (2015).

9. Ibid.; Rowan (2015).

10. Kitcher (2015).

11. Beauchamp e DeGrazia (2020). Este valioso livro inclui avaliações críticas dos princípios propostos por Beauchamp e DeGrazia feitas por uma ampla gama de cientistas e eticistas.

12. Ibid., p. 15.

13. Ibid., p. 66.

14. O estádio Guaranteed Rate Field (da equipe do Chicago White Sox) oferece chili vegetariano e hambúrgueres vegetarianos; o estádio Coors Field, em Denver, oferece pizza vegana, hambúrgueres e cachorros-quentes vegetarianos.

15. Nesta seção, baseio-me fortemente em dois artigos: Holland e Linch (2017) e Nussbaum (Wichert) e Nussbaum (2017a).

16. Holland e Linch (2017, p. 322).

17. Ibid.

18. Esses dois casos são retirados de Holland e Linch (2017), que fornecem mais fontes para eles.

19. Para um tratamento completo deste caso, consultar Nussbaum (Wichert) e Nussbaum (2017a) com referência a várias fontes sobre a controvérsia. A frase citada atribuindo a exceção é, na verdade, de uma lei anterior de 1931, mas a atual Convenção (1946) é muito semelhante.

20. Ver Whitehead e Rendell (2015, cap. 2), investigando todos os contendores destacados.

21. Narayan (1997).

22. Benhabib (1995, pp. 235-55).

23. Pode-se comparar a afirmação dos teóricos políticos comunitários Dan M. Kahan e Tracey L. Meares de que os direitos da Quarta Emenda contra a busca e apreensão injustificadas devem ser dispensados sempre que a comunidade afro-americana local (ou seja, quem quer que apareça em uma reunião) votar pela sua suspensão: ver Kahan e Meares (2014).

24. Scully (2002, pp. 175-76).

25. Ibid.

26. Ibid.

27. Nussbaum (2000b, cap. 1).

28. Devlin (1959).

29. D'Amato e Chopra (1991, p. 59).

30. Holland e Linch (2017, pp. 322-36).

31. Lear (2008).

32. Burkert (1966).

33. Uma das óperas recentes de maior sucesso é *Moby Dick*, de Jake Heggie, que mostra como a mídia contemporânea torna a brutalidade contra as baleias disponível para a representação teatral.

34. Connor (2021).

35. Delon (2021).

36. Bever (2019).

37. Swanson (2019).

38. Um grupo que está promovendo tal solução complexa é o GroupElephant, que trabalha com elefantes e rinocerontes na África e, ao mesmo tempo, com aldeias. Ver groupelephant.com.

39. Sen (1996).

Capítulo 9

1. A pesquisa National Pet Owners Survey, de 2019-2020, conduzida pela American Pet Products Association.

2. Rollin (2018). Esse número é superior aos 56% de 1988.

3. Embora seja uma ficção poética, ela retrata as relações animais-humanos que parecem ter sido comuns no mundo grego.

4. Homero, *Odisseia*, Livro XVII, pp. 290-327.

5. Ver, de forma geral, Homero, *Odisseia*, Livro XVII.

6. Rollin (2018). Vou discutir este artigo mais abaixo. Ver também Katz (2004).

7. Donaldson e Kymlicka (2011).

8. Para importantes trabalhos filosóficos sobre a dependência assimétrica, ver Kittay (1999).

9. Francione (2008); Francione e Charlton (2015). Para outras críticas de sua abordagem, ver Donaldson e Kymlicka (2011) e Zamir (2007).

10. E, obviamente, um pedaço de propriedade não pode ter direitos de propriedade. E ainda, surpreendentemente, os animais têm alguns direitos de propriedade segundo as leis atuais: ver a minha discussão do livro de Karen Bradshaw no capítulo 5.

11. A palavra "colaborador" é usada no movimento pelos direitos das pessoas com deficiência e é valiosamente transferida por Donaldson e Kymlicka (2011, cap. 2) para a relação humano-animal.

12. Sunstein (2000, pp. 1.333, 1.342, 1.363-1.364, 1.366).

13. Cole (2014).

14. Beam (2009).

15. Burgess-Jackson (1998).

16. Agradeço a Rory Hanlon por esta informação.

17. Ver "Should the Tail Wag the Dog?" [E se o rabo abanar o cachorro?] em Orlans et al. (1988, cap. 15, pp. 273-87).

18. Aqui se encontra um resumo útil da ASPCA sobre a situação de cães e gatos em abrigos: https://www.aspca.org/animal-homelessness/shelter-intake-andsurrender/pet-statistics.

19. Aguirre (2019).

20. Piscopo (2004): https://thehorse.com/16147/injuries-associated-with-steeple/chase-racing/.

21. Donaldson e Kymlicka (2011, p. 139).

22. Ibid.

23. Ibid., p. 136.

24. Ibid.

25. Ver ibid., discutindo os santuários de animais de fazenda.

Capítulo 10

1. Mostrei um rascunho deste capítulo para minha filha, Rachel, antes de sua doença final, quando ela ainda trabalhava na Friends of Animals em Denver como advogada para Assuntos Governamentais. Ela disse que concordava com minha abordagem, mas muitas outras pessoas não concordariam!

2. Esta seção se sobrepõe a uma seção de Nussbaum (2006, cap. 6), embora eu agora situe a disputa em termos ainda mais fortes.

3. Ver ibid. (discussão de Botkin [1996]).

4. Bradshaw (2020).

5. Ver Van Doren et al. (2017), por exemplo.

6. Para uma discussão, ver capítulo 12.

7. Feingold (2019).

8. Ver, por exemplo, Renkl (2021). Um bom exemplo de organização, na minha própria cidade, que dá esse conselho é Flint Creek Wildlife Rehabilitation: https://flintcreekwildlife.org/.

9. Chicago Zoological Society (2021): https://www.czs.org /Chicago-Zoological-Society /About /Press-room /2021-Press-Releases /Update-on-Amur-Tiger's-Second-Surgery-at-Brookfield.

10. Ver "Veterinarians in Wildlife and Ecosystem Health" em National Research Council (2013, cap. 7).

11. Beauchamp e DeGrazia (2020).

12. Siebert (2019a). Ver também Siebert (2019b).

13. Siebert (2019a, p. 42).

14. Ibid., pp. 26-33, 42, 45. O artigo discute propostas alternativas e viáveis que foram feitas para lidar com o estresse ambiental sob o qual o rebanho estava, e também mostra que um grupo de conservação, GroupElephant, se ofereceu para pagar todas as despesas para transferir os elefantes para uma reserva de vida selvagem na África do Sul.

15. *Blackfish* (2013).

16. Ver a discussão em Nussbaum (Wichert) e Nussbaum (2019).

17. Stevens (2020): https://8forty.ca/2020/06/10/even-years-after-blackfish-seaworld-still-has-orcas/.

18. Whitehead e Rendell (2015).

19. Ibid.

20. White (2007, pp. 198-215).

21. Berger (2020): https://www.buckettripper.com/snorkeling-and-diving-with-dolphins-in-eilat-israel/.

22. Este exemplo foi dado pelo Zoológico do Bronx; no entanto, não consigo mais encontrar a fonte on-line.

23. Ver, de forma geral: https://animals.sandiegozoo.org /animals/leopard.

24. McMahan (2010). Dada a brevidade e a natureza especulativa deste artigo, parece injusto creditar a McMahan uma teoria filosófica sobre esse tópico.

25. Para um excelente exemplo de nova pesquisa filosófica sobre essas questões, ver Delon (2021).

Capítulo 11

1. Este capítulo é originalmente um artigo parcialmente baseado em Nussbaum (Wichert) e Nussbaum (2021). Ver também outros artigos do simpósio: Bendik-Keymer (2021b), Delon (2021) e Linch (2021).

2. Pitcher (1995, p. 20).

3. Smuts (2001).

4. Pitcher (1995).

5. Pitcher (1995, p. 20).

6. Ibid., p. 32.

7. Pitcher nunca menciona o relacionamento no livro, em parte porque foi escrito numa época ainda conservadora; também porque se destinava a famílias. Mas não havia qualquer ocultação em suas vidas.

8. Pitcher (1995, pp. 30-31).

9. Ibid., pp. 160-61.

10. Ibid., p. 161.

11. Ibid., p. 162.

12. Ibid., pp. 46-47.

13. Ibid., p. 53

14. Ibid.

15. Smuts (2001).

16. Ibid., p. 295.

17. Ibid.

18. Ibid.

19. Ibid., p. 299.

20. Ibid., p. 300.

21. Ibid., p. 301.

22. Poole (1996).

23. Ibid., p. 275.

24. Ibid., p. 270.

25. Ibid., p. 276. Tanto os elefantes africanos machos como as fêmeas têm essas secreções.

26. Ibid.

27. Townley (2011).

28. Um caso marcante foi o filme *Bedtime for Bonzo* [Hora de dormir para Bonzo], de 1951, no qual um professor de psicologia (interpretado por Ronald Reagan) tentava ensinar a moralidade humana a um chimpanzé, provando a superioridade da criação sobre a natureza. Ninguém associado

a esse filme parece ter tido algum interesse nas vidas morais reais dos chimpanzés dentro de seu próprio grupo.

29. Whitehead e Rendell (2015).

30. Amos (2015).

31. Ver NineMSN (2017), resumindo as opiniões de ativistas contra a adoção de Knut pelo zoológico: https://web.archive.org/web/20070701010523/http://news.ninemsn.com.au/article.aspx?id=255770.

32. De Waal (2019).

33. Ibid., p. 20.

34. Ibid., p. 13. Van Hooff, nascido em 1936, ainda vive.

35. Pepperberg (2008). Para mais detalhes científicos, consultar Pepperberg (1999).

36. Bekoff (2008).

Capítulo 12

1. Sen (2009). Eu respondo a Sen em Nussbaum (2016b).

2. Nesta seção, agradeço a Sunstein (2000). As referências de páginas são para a versão do *working paper*, Sunstein (1999).

3. Sunstein (1999, pp. 5-6).

4. Animal Welfare Act (AWA), 7 U.S.C. § 2131 et seq (1966).

5. Ibid.

6. Ibid.

7. Ibid.

8. Anti-Vivisection Society v. United States Department of Agriculture, 946 f.3d 615 (D.C. Cir. 2020). Recentemente, o tribunal de apelação concedeu legitimidade aos demandantes e negou o pedido do USDA para extinção do processo.

9. Endangered Species Act (ESA), 16 U.S.C. § 1531 et seq (1973).

10. The Wild Free-Roaming Horses and Burros Act (WFRHBA), 16 U.S.C. § 1331 et seq (1971).

11. Ibid.

12. Marine Mammal Protection Act (MMPA), 16 U.S.C. § 1361 et seq (1972).

13. Ibid.

14. Ibid.

15. Migratory Bird Treaty Act (MBTA), 16 U.S.C. § 703 et seq (1918).

16. Ibid.

17. Para a lista atual de aves protegidas, ver "List of Migratory Birds," 50 C.F.R. 10.13 (2000): https://www.govinfo.gov/app/details/CFR-2000-title50-vol1/CFR-2000-title50-vol1-sec10-13.

18. North Slope Borough v. Andrus, 486 F. Supp. 332, 361-2 (D.C. Cir. 1980).

19. United States v. Moon Lake Electric Association, 45 F. Supp.2d. 1070, 1074 (D. Colo. 1999). Posteriormente, outras empresas de energia fizeram acordos de colaboração premiada para evitar julgamentos sobre o mesmo assunto.

20. Newton County Wildlife Association v. United States, 113 F.3d 110, 115 (8th Cir. 1997).

21. Seattle Audubon Society v. Evans, 952 F.2d 297, 302 (9th Cir. 1991).

22. Friedman (2021); Friedman e Einhorn (2021).

23. Ver "Regulations Governing Take of Migratory Birds," 50 CFR 10 (2021): https://www.govinfo.gov/app/details /FR-2021-01-07/2021-00054.

24. Hollingsworth v. Perry, 570 U.S. 693 (2013).

25. Elk Grove Unified School District v. Newdow, 542 U.S. 1 (2004).

26. Lujan v. Defenders of Wildlife, 504 U.S. 555 (1992).

27. Nair v. Union of India, Kerala High Court, n. 155/1999, jun. 2000. Para casos posteriores, incluindo um caso da Suprema Corte de 2014, que chegam à mesma conclusão, ver Shah (2019): https://www.nonhumanrights.org/blog/punjab-haryana-animal-rights/.

28. Sunstein (1999); Sunstein (2000).

29. Animal Legal Defense Fund, Inc. v. Espy, 23 F.3d 496 (D.C. Cir. 1994).

30. Omito as "lesões concorrentes", brevemente tratadas por Sunstein e consideradas pouco promissoras.

31. Lujan v. Defenders of Wildlife, 504 U.S. 555 (1992); Sierra Club v. Morton, 405 U.S. 727 (1972); Humane Society of the United States v. Babbitt, 46 F.3d 93 (D.C. Cir. 1995).

32. Japan Whaling Association v. American Cetacean Society, 478 U.S. 221 (1986).

33. Animal Legal Defense Fund v. Glickman, 154 F.3d 426 (1998).

34. Ibid., à 429.

35. Sierra Club v. Morton, 405 U.S. 727 (1972).

36. Ibid., à 752 (Douglas, em voto divergente).

37. Ibid., à 745 (Douglas, em voto divergente).

38. Ibid., à 752 (Douglas, em voto divergente).

39. Cetacean Community v. Bush, 386 F.3d 1169 (9th Cir. 2004).

40. Ibid., à 1175.

41. Palila v. Hawaii Department of Land and Natural Resources, 639 f.2d 495 (9th Cir. 1981).

42. Devo esta sugestão a Jared B. Mayer. Depois de redigir este capítulo, conheci o trabalho relacionado de David Favre em Favre (2000) e Favre (2010). O trabalho de Favre é interno ao sistema legal como ele é, dando direitos fiduciários e um tipo de legitimidade apenas para animais que são propriedade de alguém. Assim, ele supõe que, pelo menos para fazer progressos concretos, é permitido manter animais como "propriedade viva". Eu, obviamente, nego isso. E ele oferece progresso jurídico apenas para uma classe limitada de animais, principalmente animais de companhia. Apesar disso, é um trabalho muito bom e é interessante ver até onde as proteções podem ir por meio de uma abordagem enraizada na lei atual, com todos os seus defeitos.

43. Scott e Chen (2019, pp. 227, 229)

44. Mayer (2020).

45. Para os mais recentes: https://www.humanesociety.org /sites/default/files/docs/2020-Horrible-Hundred.pdf.

46. Broulliard e Wan (2019).

47. Ver SourceWatch: https://www.sourcewatch.org/index.php/Missouri_puppy_mills.

48. Holman (2020).

49. Municipal Code of Chicago, § 4-384-015 (2014).

50. Park Pet Shop v. City of Chicago, 872 F.3d 495 (7th Cir. 2017).

51. Associated Press (2020): https://apnews.com/article/8f5dada41cb7a4afc25403d4c93365f5.

52. Spielman (2021).

53. Ver PAWS: https://www.paws.org/resources/puppy-mills/.

54. Para um panorama abrangente desta questão, apresentado pelo Animal Legal Defense Fund, com um mapa mostrando como estão as coisas nos estados na atualidade, ver: https://aldf.org/issue/ag-gag/.

55. Pachirat (2011).

56. Consultar o site da Convenção Europeia para discussão sobre segurança alimentar: https://ec.europa.eu/food/sites/food/files/animals/docs/aw_european_convention_protection_animals_en.pdf.

57. European Parliament and Council Regulation n. 2008 /20 /EC, L47 /5 (2018).

58. Ver o World Animal Protection "Animal Protection Index" (2020): https://api.worldanimalprotection.org/.

59. Nesta seção, baseio-me extensivamente em três artigos de coautoria minha e da falecida Rachel Nussbaum Wichert. A maior parte da análise e discussão jurídica da Convenção Internacional para a Regulamentação da Caça às Baleias e da Comissão Baleeira Internacional é dela. Esses artigos contêm extensas referências à literatura jurídica que não tento reproduzir aqui. Ver Nussbaum (Wichert) e Nussbaum (2017a); Nussbaum (Wichert) e Nussbaum (2017b); Nussbaum (Wichert) e Nussbaum (2019).

60. Sonic Sea (2016).

61. Um relato abrangente do tratado e sua história podem ser encontrados em Fitzmaurice (2017): https://legal.un.org/avl/pdf/ha/icrw/icrw_e.pdf. Ver também o livro dela, Fitzmaurice (2015). Ver também Dorsey (2014).

62. Whaling in the Antarctic (Australia v. Japan: New Zealand intervening) (Int'l Ct. 2014): https://www.icj-cij.org/en/case/148.

63. Fujise (2020).

64. Institute of Cetacean Research v. Sea Shepherd Conservation Society, 725 F.3d 940 (9th Cir. 2013).

65. Ver meu relato detalhado da renúncia de Kozinski como resultado de alegações de assédio sexual, em Nussbaum (2021).

66. Gillespie (2005, p. 218-219), citando o representante da Nova Zelândia na IWC.

67. Ver: http://us.whales.org/issues/aboriginal-subsistence-whaling.

68. Ibid.

69. Especialmente notável é Rebecca Giggs (2020). Com sua escrita vívida e apaixonada, Giggs argumenta de forma poderosa que as baleias não são apenas importantes por seu próprio direito, mas também um teste da profundidade e percepção de nossa humanidade.

70. Na época, entretanto, a Nova Zelândia não era totalmente independente da Grã-Bretanha e houve outras províncias que também concederam antecipadamente o direito de votar às mulheres.

71. Ver meu capítulo sobre orgulho em Nussbaum (2021).

Conclusão

1. White (2015). Ele cita especificamente meu trabalho anterior em Nussbaum (2006).

2. Ver o capítulo 3 para este e outros exemplos do amor de Bentham pelos animais.

3. Discuto essa emoção com mais detalhes no capítulo final de Nussbaum (2018a).

4. Rott (2021).

5. Harvey (2021).

6. Animal Legal Defense Fund (2021): https://aldf.org /article/animals-
-recognized-as-legal-persons-for-thefirst-time-in-u-s-court/. Para o voto, consultar Community of Hippopotamuses Living in the Magdalena River v. Ministerio de Ambiente y Desarrollo Sostenible, 1:21MC00023 (S.D. Ohio 2021).

7. Conforme discutido no capítulo 12, os tribunais indianos atribuíram aos animais *status* de pessoas desde 2000 (em Kerala) e desde 2014 (na nação como um todo). Em 2016, uma juíza na Argentina decidiu que Cecilia, uma fêmea chimpanzé a quem a sentença determinou a transferência para um santuário no Brasil, era uma pessoa com legitimidade processual: ver Samuels (2016). E Kaavan, um elefante no Paquistão que ganhou a transferência para um santuário no Camboja em 2020, também recebeu personalidade e legitimidade. Sua história é objeto do recém-lançado documentário *Cher and the Loneliest Elephant*, narrando o papel da atriz Cher, junto com vários grupos de bem-estar animal, na soltura de Kaavan. De acordo com o Nonhuman Rights Project (correspondência por e-mail), estes (e as notícias da Colômbia) são os únicos exemplos de concessão de personalidade jurídica a animais até agora.

8. Osborne (2021).

9. Levenson (2021).

10. Carrington (2020).

ÍNDICE REMISSIVO

abelhas, 194, 214.
aprendizado de evitação por, 215, 216.
Abordagem "Tão Semelhantes a Nós", xv, 62, 73, 78, 96, 98, 100, 106, 116, 152.
hierarquia da *scala naturae* na, 41.
na estratégia de White, 53, 58, 458.
na estratégia de Wise, 49, 53.
nas leis e políticas dos EUA, 172.
semelhança dos animais com os humanos como base para, xxix, 26, 30, 457.
uso de linguagem gestual pelos animais na, 30, 160.
Abordagem das Capacidades (AC), para animais,
admiração e, 14, 15, 27, 160, 161, 241, 349.
animais selvagens e, xxxii, 285, 326, 337, 339, 340, 375, 458. *Ver* animais selvagens.
Capacidades Centrais e, 130, 166.
como constituição virtual, 137, 147, 148, 149, 170, 173, 407.
como referencial teórico para a justiça animal, xxix, 120.
dilemas trágicos e, 253. *Ver* conflitos trágicos.
espécies ameaçadas de extinção e, 163.
especificidades das espécies na, 415.
florescerem como objetivo da, xxix, 19, 120, 141, 143, 160, 161, 323, 337, 375.
leis e políticas e, 458.
predação e, 345, 352, 360, 361, 362, 363, 364, 365, 366, 367, 368.
Ver predação.
relacionamentos interespécies e, 159.
zoológicos e, 260, 326, 340, 350, 360, 371, 458.
Ver também animais de companhia.
Abordagem das Capacidades (AC), para humanos,
Capacidades Centrais na, 130, 166.
como guia para a elaboração de constituições nacionais, 137, 147, 148, 173.

Human Development and
   Capability Association, 135, 486.
   liberdade individual de escolha na,
      119.
   *Relatórios de Desenvolvimento
      Humano* e, 130.
   Sen como arquiteto original da, 121.
abordagem kantiana:
   dignidade na, 52.
   Korsgaard e, xxxi, 27, 87,88, 96, 98,
      101, 102, 106, 115, 117, 120, 161,
      169 457, 486.
   White e, 53, 54.
abrigos de animais, 131, 267, 293,
   295, 302, 304, 306, 309, 314, 315,
   392, 413, 418, 431, 433, 434, 435,
   505.
abuso infantil e negligência, 305.
Academia Nacional de Ciências, 417.
Acheson, Dean, 444.
adaptabilidade,
   de animais, 55, 72, 179, 209, 312.
   de humanos, 55, 274, 277, 313.
adaptação, 72, 313.
administração Johnson, 414.
Administração Trump, 420, 421.
admiração, 15, 16, 18, 20, 37, 42, 57,
   94, 142, 330, 349, 375, 450, 451,
   453, 455, 461, 464, 487.
   abordagem "Tão Semelhantes a
      Nós" e, 49, 62, 99, 457.
   abordagem utilitarista e, 62.
   AC e, 19, 27, 241.
   Aristóteles sobre, 16, 19.
   como epistêmica, 142.
   como não eudaimonista, 17.
   curiosidade e, 19, 22, 26, 160, 172.
   em crianças, 17, 19.
   sintonizada eticamente, 19, 280.

afiliação, social,
   como Capacidade Central, 132.
   dentro da espécie, 345, 376.
   entre animais e humanos, 374.
   Ver também amizade.
África, 278, 389, 504, 507.
   conflito humanos-elefantes na, 276,
      395.
   elefantes traficados para zoológicos
      desde a, 351, 355.
   refúgios de animais na, 333, 352.
agentes, animais como, 83, 85, 86,
   161.
agentes, humanos como, 242.
   política, 297.
água-viva, senciência e, 216.
Akhtar, Aysha, 363, 467, 503.
Alabama, leis "ag-gag" no, 436.
Alaska Beluga Whale Committee,
   443.
alces, superpopulação de, 370.
Alex (babuíno), 373, 391.
Alex (papagaio), 402, 403, 404.
Alex & Me (Pepperberg), 402, 479.
Alien Tort Statute, EUA (1798), 448.
Alter, Robert, 37, 467, 488.
altruísmo, em animais, 109, 491.
American Kennel Club (AKC), 292,
   293, 294, 434.
Americans with Disabilities Act, EUA
   (1990), 411.
amizade de Pitcher e Cone com, xxiii,
   xxiv, 384, 385, 387, 486.
amizade, entre humanos e animais,
   xxviii, xxxii, 70, 374, 380, 382,
   402, 406.
   brincadeiras, xxiii, xxiv, 67, 302,
      313, 318, 403.
   comunicação na, 381, 386.

copresença ao longo do tempo na, 380.
empatia na, 45, 49, 104, 113, 195, 378, 379, 383, 386, 396, 397.
respeito pelas diferentes formas de vida como fundamental, 377.
amizade, entre humanos,
amizade como fim, 376.
brincadeiras, 380.
copresença prolongada em um mesmo lugar, 379.
linguagem e comunicação na, 381.
on-line, 388.
respeito pela forma de vida do outro, 377.
Anarquia, Estado e utopia (Nozick), 492.
anêmonas-do-mar, senciência e, 201, 216, 218.
animais de circo considerados por tribunais como pessoas (sujeitos de direito) na Índia, 347, 423.
animais de companhia, x, xvi, xvii, 147, 156, 240, 285, 286, 288, 291, 294, 296, 300, 304, 311, 315, 332, 339, 348, 362, 369, 371, 374, 405, 411, 428.
amizades humanas com, 274, 375, 377, 382, 388.
castração e esterilização de, 314, 315.
cidadania para, 284, 296, 297.
considerados como fins e não como propriedade, 319, 385.
direitos de mobilidade para, 311.
domesticação pré-histórica de, 292, 323.
educação e treinamento de, 316.
estimulação e brincadeira necessárias para, 318.
ferais, 286, 383.

fiduciários para, 429, 511.
legitimidade processual faltando para, 297.
negligência e abuso de, ix, 146, 282, 284, 305, 307, 428, 455.
obrigações de, 169.
responsabilidade dos humanos com, 227, 228, 301, 302, 316.
seguro-saúde para, 227, 306, 307.
Ver também gatos; cães; cavalos.
animais selvagens, xxviii, xxxii, 49, 110, 114, 169, 279, 326, 327, 343, 498.
em cativeiro, 325, 326, 340, 354, 375, 396, 406, 458.
fiduciários para, 429.
fronteiras nacionais atravessadas por, 409.
manejo humano de, 337.
relações e causas humanas com, xxvi, 146, 285, 301, 334, 335, 339, 342, 374, 375, 388, 396, 406.
animais, não sencientes, 164, 244.
morte como não prejudicial para, 244.
animais, sencientes,
adaptação por, 55, 72, 77, 179, 209, 274, 312.
altruísmo em, 109, 491.
amizades humanas com xxviii, xxxii, 67, 339, 374, 375, 377, 380, 382, 387, 388, 391, 393, 395, 396, 397, 398, 399, 400, 401, 402, 403, 404, 405, 406, 453, 458. *Ver* amizade, entre humanos e animais.
aprendizagem social e vínculos por, 4, 83, 111, 131, 132, 210, 283, 302, 357.

brincadeiras e estimulação necessitadas por, xxx, 4, 17, 73, 84, 132, 146, 267, 302, 303, 317, 318, 345, 380, 403.
castração e esterilização de, 290, 291, 314, 315.
como agentes, 85, 161.
como cidadãos, 108, 114, 115, 170, 285, 296, 297, 298, 303, 323, 327, 409.
comunicação por, xi, 4, 113, 144, 151, 210, 311, 381, 386, 441.
controle populacional de, 290, 314, 315.
danos injustos a, ix, 455. *Ver também* experimentação animal; pecuária industrial; hábitats, destruição e perda de; caça; caça clandestina; poluição; caça às baleias; *ver também* animais específicos.
de sangue frio, 211, 415.
dignidade de, xxi, 52, 84, 85, 87, 90, 117, 120, 136, 142, 149, 161, 166, 168, 280. *Ver* dignidade dos animais.
dominação humana em relação a, ix, x, 254, 334, 396, 455.
em cativeiro, 42, 52, 57, 162, 331, 357, 358, 359, 388, 396, 397, 399, 400, 405, 486. *Ver* zoológicos.
embuste praticado por, 183, 184, 501.
emoções experimentadas por, xiv, 69, 211.
falta de legitimidade processual de, 154, 171, 172, 297, 298, 347, 421, 427, 451.
inteligência de, ix, xiii, xv, xxii, 51, 55, 56, 98, 108, 198, 199, 206, 208, 209, 214, 315, 350, 458. *Ver* inteligência, dos animais.
Kant, visões sobre, 27, 85, 87, 89, 101, 168, 377.
liberdade de movimento para, 5, 72, 241, 267, 311, 460.
mortos para servirem de comida, xvii, 227, 244, 250, 245, 302, 305, 401, 418, 437, 439, 442. *Ver também* setor de criação industrial de animais; criação humanitária de animais.
neuroanatomia de, 177, 193, 199.
objetivos da AC para, 128, 149, 173, 344.
percepção sensorial de, 104, 155.
Animal Legal Defense Fund, Inc. v. Espy, 416, 468, 510.
Animal Welfare Act (AWA), EUA (1966), 414, 424, 468, 509.
aplicação da, 431, 435.
fábricas de filhotes que violam a, 431.
fazendas industriais imunes à, 435, 437.
Antígona (Sófocles), 256.
Antropoceno, 254, 280.
antropocentrismo, 47, 49, 52.
antropomorfismo, 182.
aquecimento global, 165, 412.
ar,
jurisdições nacionais e, 409.
Arábia Saudita, direito de votar das mulheres na, 452.
araras, aprendizado social em, 111.
Argentina, chimpanzé recebe legitimidade processual na, 514.
Argos (cão de Ulisses), 281, 282, 287, 317.

Aristóteles, xiii, 16, 19, 24, 88, 89, 186, 221, 287, 376, 487, 493.
eudaimonia como vista por, 79.
scala naturae e, 21, 32, 33.
sobre a compaixão, 20
sobre a senciência das plantas, 216, 218.
sobre animais estacionários, 201, 216, 218, 243.
sobre o movimento dos animais, 17, 22, 32, 173.
sobre o prazer, 70, 73, 82, 200.
sobre os animais como sistemas teleológicos, 185.
arranha-céus, aves mortas por choques com, xi.
Ashoka (imperador hindu), ix.
Associação de Mulheres Autônomas (SEWA),125, 126.
Associação de Zoológicos e Aquários, 354.
Associação Médica Veterinária do Missouri, 432.
atividade, xvii, xxvii, xxx, xxi, 5, 9, 13, 14, 62, 69, 70, 73, 79, 82, 83, 84, 95, 119, 124, 125, 127, 128, 132, 134, 140, 145, 152, 172, 173, 217, 234, 235, 236, 237, 239, 241, 246, 282, 302, 317, 321, 322, 326, 333, 334, 335, 338, 341, 343, 345, 359, 362, 370, 377, 398, 402, 406, 420, 428, 435, 436, 439, 448, 449, 458, 461, 492.
compartilhada, 386, 389.
específica da espécie, 151, 352, 415.
interrompida pela morte, 233.
natureza temporal da, 239.
obstrução injusta da, 4.
oportunidade para, 497.
significativa, 3, 190.
Ver também injustiça.
Austrália, xix, 336, 399.
ação da CIJ contra a JARPA II movida pela, 446.
programa de extermínio de gatos, 315.
Áustria, direitos animais na, 439.
aves canoras asiáticas, extinção na natureza de, xiii.
aves,
cantos de, xxii, 46, 184, 210.
como sencientes, 208, 212.
experiências subjetivas de, 193.
mortas pela poluição do ar, xii, 6, 9, 10.
mortas por colidir com arranha-céus, xi, 462.
neocórtex ausente em, 193, 208.
neuroanatomia de, 179.
sistema visual de, 211.

babuínos,
amizade de Smuts com, 150, 373, 389, 390, 391, 392.
em hábitats humanos, 369.
Balcombe, Jonathan,206, 207, 245, 468, 499, 500, 502.
baleias-da-groenlândia, como espécies ameaçadas, 274.
baleias, xxix, 21, 42, 47, 144, 150, 155, 160, 171, 172, 240, 243, 272, 273, 285, 330, 334, 340, 361, 375, 381, 382, 389, 406, 418.
aprendizagem social por, xiv, 6, 111, 172.
cantos de, xix, 46.
cultura das, 274.
direito internacional e, 148, 271, 408.

em cativeiro, 357, 380.
espécies ameaçadas de, xii.
mortas pela ingestão de lixo
   plástico, x, xx, 6, 9, 163, 333,
   338, 460, 486.
sonar como perturbador para, 9, 55,
   171, 333, 342, 417, 427, 441, 498.
Batson, C. Daniel, 23, 468, 487.
batuíras, 367, 368.
Bear (cão), 308.
Beauchamp, Tom L., 265, 266, 268,
   468, 478, 503, 506.
Beck, Glenn, 298, 299.
Becoming Wild (Safina), 111, 480.
Bedtime for Bonzo (filme), 508.
behaviorismo, 176.
Bendik-Keymer, Jeremy, 17, 468, 487,
   507.
Bentham, Jeremy, xxx, 68, 81, 83, 86,
   95, 145, 160, 203, 263, 457, 477,
   468, 469, 475, 478, 491, 493.
   amor pelos animais de, 67, 458,
      513.
   ativismo pela educação das
      mulheres de, 68, 74.
   dor e prazer como os únicos fatos
      éticos relevantes para, 61, 63, 86.
   famosa nota de rodapé de, 63, 64.
   radicalismo antivitoriano de, 67, 69,
      74.
   sobre matar animais, 65, 66, 225,
      236, 242, 244, 502.
   sobre os direitos animais, 62, 65,
      66, 69, 172, 452.
   Ver também Utilitarismo.
Bill of Rights, EUA, 158.
biodiversidade, xii, xiii, 164, 485.
Bird Safe Buildings Act, Illinois
   (2021), 462.

Blackfish (documentário), 349, 357,
   397, 443, 450, 470, 481, 507.
Blake, William, 327, 328, 365.
bonobos, 42, 150.
   comportamento altruísta de, 109.
   linguagem gestual aprendida por,
      49.
Bose, Jagadish Chandra, 218, 219, 501.
Botsuana, grandes reservas em, 348,
   365, 366, 495.
Bounce (cão), 283.
Bowring, John, 67.
Bradshaw, Karen,169, 469, 498, 505,
   506.
Braithwaite, Victoria, 193, 194, 207,
   212, 216, 499, 500, 501.
briga de galos, 95.
brincar, xxiii, xxiv, 4, 17, 36, 67, 120,
   146, 302, 313, 318, 440, 501.
   como Capacidade Central, 132, 345.
   necessidade dos animais, xxx, 84,
      151, 317, 352.
Brookfield Zoo (Chicago), 12, 344,
   469.
Bryan, William Jennings, 40, 488.
Budismo,
   abuso contra animais banido pelo,
      31.
   defesa dos animais, ix, 31, 149, 225.
   raiva, 24.
Bureau of Land Management (BLM),
   EUA, 416, 417.
Burgess-Jackson, Keith, 302, 469, 505.
Bush, George W., 38, 427, 469, 511.
Butler Act [Lei Butler] (Tennessee),
   40, 488.

Caça às Baleias (ICRW), 271, 444,
   447, 472, 512.

caça às baleias belugas, 443.
caça às baleias, 272, 273, 274, 330, 334, 338, 361, 375, 406, 408, 441, 442, 444, 445, 448, 449, 512.
   aborígine, 272, 444.
   para fins científicos, 444.
caça clandestina, 153, 155, 278, 334, 338, 340, 351, 352, 356, 361, 375, 406, 419, 420, 421, 429.
caça:
   cultura tradicional e, 259, 270, 271, 272, 273, 274, 275, 444.
   esportiva, ix, 95, 361.
cães labradores, doenças genéticas em, 292.
cães:
   adoção de, xxiii, xxiv, 295, 296, 302.
   altruísmo em, 161.
   amizades humanas com, 161, 281, 291, 382, 384, 386, 387, 388, 395, 405.
   amputação da cauda de, 308, 309, 310.
   consciência temporal em, 243.
   considerados como propriedade, 283, 295, 323.
   educação e treinamento de, 303, 313, 364.
   embuste praticado por, 184.
   endogamia estética em, 292.
   estimulação e brincadeira necessários para, xxiii, 302, 303, 312, 313, 317, 318, 358, 414.
   eutanásia de, 307.
   interação e afeto necessários para, 303, 317.
   na Grécia antiga, 282.
   necessidades de mobilidade de, 313, 414, 431.
   negligência e abuso de, 282, 283, 284, 296, 302, 303, 383, 431 434.
   responsabilidade, obrigações humanas com, 284, 302, 384, 387.
   trabalho, 282, 283, 293, 316, 317.
   Ver também fábricas de filhotes.
Califórnia:
   direitos animais na, 443.
   gaiolas de confinamento regulamentadas na, 357, 437, 438.
camarões, 213, 214, 501.
"Can Fish Really Feel Pain?" [Os peixes podem realmente sentir dor?] (Rose e outros), 192, 409.
Canadá, tratados sobre aves migratórias assinados pelo, 419.
Capacidades Centrais dos Animais, 166, 319, 405.
Capacidades Centrais, 130, 131, 166, 319, 405.
capacidades,
   como direitos prestacionais básicos, 119.
   como oportunidades para escolher atividades significativas, 14.
caranguejos-eremitas, 213.
caranguejos, 213, 214, 415.
carne:
   cultivada em laboratório, 269, 364, 367, 411, 439, 453, 463.
   imitação vegetal, 269, 364, 367, 439, 463.
Carolina do Norte, leis "ag-gag" derrubadas na, 436.
cavalos, selvagens, 227, 279, 286, 333, 370, 417.

ameaças a, xxvi, 370.
cavalos, xxiv, xxvi, 47, 65, 95, 144, 159, 277, 286, 317, 358, 405, 416, 417.
  puro-sangue, 320.
  relações humanas com, 281, 320, 323, 348.
Cecilia (chimpanzé), legitimidade processual de, 480, 514.
cefalópodes, xiv, 175.
  senciência e, 212, 244, 265.
Cetacean Community v. Bush, 427, 469, 511.
chapins, sistemas de comunicação de, 210.
Chateaubriand, François-Rene de, 328, 329.
Cher and the Loneliest Elephant (documentário), 514.
Cher, ativismo pelos direitos animais de, 514.
Chicago:
  batuíras melodiosas, 367.
  requisitos para pet shop em, 433, 434, 435.
  substituição do quadril de tigre em, 344.
chimpanzés, 150, 398, 400, 403, 404, 508, 514.
  amizade de van Hooff com, 401, 402.
  ativismo de Wise a favor de, 42, 43, 51.
  comportamento altruísta em, 109.
  linguagem gestual aprendida por, 45, 49, 204.
  vínculo social e aprendizagem por, 111, 357.
Chopra, Sudhir, 270, 271, 275.

Cícero, xxviii, 36, 366, 376, 488.
cidadania para animais,
  animais de companhia e, 284, 285, 296, 297.
  animais selvagens e, 409.
  ativa *versus* passiva, 108, 114, 115, 323, 409.
  colaboradores humanos na, 115, 300.
  responsabilidades dos animais na, 300.
cidadania, cidadãos, 27, 79, 108, 114, 115, 120, 121, 133, 139, 140, 144, 161, 170, 145, 284, 285, 294, 296, 297, 298, 300, 303, 323, 327, 409, 417, 421, 422, 444, 463.
ciência da criação, 40.
circos, 31, 346, 347, 348, 423.
Cites (tratado internacional), como fraco e não aplicado, xiii.
Cláusula de Estabelecimento, 422, 488.
Clean Air Act, EUA [Lei do Ar Limpo] (1970), xxiii, 10, 412.
coiotes, 312, 426.
  em hábitats humanos, 277, 369.
Colômbia, legitimidade processual dos animais na, 423, 514.
colônia de macacos de Arnhem, 346, 357, 401.
comércio de marfim, 349.
Coming of Age with Elephants (Poole), xviii, 395.
Comissão Baleeira Internacional (IWC), 148, 444, 445, 447, 449, 450, 512, 513.
compaixão, 4, 5, 14, 15, 20, 21, 23, 26, 28, 36, 83, 167, 373, 423, 453, 455.

em animais, xiv, 195.
na AC, 15.
Companhia das Índias Orientais, britânica, 493.
Cone, Ed, xxiii.
  amizades de cães com, 382.
conflitos trágicos (dilemas trágicos),
  abordagem hegeliana para, 256, 258, 259, 266, 268.
  abordagem pelo choro e lamento em, 253, 280.
  derrotismo auto-odioso em, 254.
  experimentação animal e, 258, 259, 264.
  valores plurais em, 255.
Congresso, EUA,
  Lei do Bem-estar Animal aprovada, 414.
  e legitimidade processual dos animais, 423, 427, 451.
"Conjecturas sobre os Primórdios da História humana" (Kant), 94.
Conselho de Bioética de Nuffield (britânico), 261, 262, 263, 265, 476, 503.
Conselho europeu, 310.
constituição virtual, 137, 147, 148, 149, 170, 173, 407.
Constituição, África do Sul, 136, 270.
Constituição, EUA,
  Artigo III da, 423, 427.
  Primeira Emenda à, 436, 488.
Constituição, Illinois, 433.
Constituição, indiana, 31, 136, 423.
constituições, nacionais, 130, 147.
  AC como guia para, 130, 137, 147, 148, 149, 173.
  lista de Capacidades Centrais e, 133.
contra Animais (ASPCA), 432, 505.

controle sobre o próprio ambiente, como Capacidade Central, 132, 335.
Convenção Europeia para Proteção dos Animais Mantidos para Fins Agropecuários (1976), 438.
Convenção Multilateral para a Proteção de Animais de Estimação, 310.
Convenção sobre a Eliminação de Todas as Formas de Discriminação Contra as Mulheres (CEDAW), 408.
Corte de Apelação do Distrito Sul de Ohio, hipopótamos reconhecidos como pessoas (sujeitos de direito) por, 461.
Corte Internacional de Justiça (CIJ), JARPA II, 449.
corvídeos, 210, 405.
  embuste praticado por, 201, 501.
  uso de ferramenta por, 209.
  Ver também corvos; pegas.
corvos,
  embuste praticado por, 184, 501.
  resolução de problemas por, xiv.
  uso de ferramentas por, xiv.
  Ver também corvídeos.
corvos, xiv, 184, 359, 501.
criações industriais de animais,
  condições horríveis em xxv, 70, 459.
  dor e tortura em, 162, 225, 241, 364.
  gaiolas de gestação usadas em, xxii.
  leis "ag-gag" e, 152, 153, 424, 435.
  regulamentação de, 430.
crianças, 43, 50, 67, 101, 109, 110, 144, 170, 181, 197, 202, 268, 295, 296, 304, 305, 306, 362, 369, 384, 385, 386, 394, 398, 402, 409, 428.

com deficiências cognitivas, 204, 228.
educação de, 95, 126, 134, 257, 258, 302, 303, 316, 332, 348, 349, 374.
legitimidade processual de, xvi, 426.
responsabilidades dos pais com, 15, 257, 302, 307, 319.
brincadeiras como necessárias para, 17, 302, 313.
curiosidade e admiração em, 19, 24.
Crisipo, 35.
cristianismo, 34, 37, 39, 67, 81, 273, 274, 457.
Escolástica e, 33.
evolução e, 39.
influência do estoicismo e do judaísmo, 34, 35.
scala naturae e, 33, 81.
Crítica da Razão Prática (Kant), 89.
crustáceos, senciência e, 175, 213, 214, 244.
curiosidade, 58, 116, 400, 405.
admiração e, 26, 57, 62, 160, 172.
de animais, 84, 318.
de crianças, 19.
falta de, 59, 237, 254, 378, 396, 397, 398.
sobre outros animais, 389.

D'Amato, Anthony, 274, 504.
Dakota do Norte, leis "ag-gag" em, 436.
"Damage of Death, The" (Nussbaum), 233, 236, 477.
Damásio, António, 196, 197, 198, 199, 470, 500.
Dante Alighieri, 453.
Daphne (babuíno), 373, 391.

Darrow, Clarence, 40.
Darwin, Charles, 39, 40, 41, 42, 218.
Darwin, Erasmus, 218.
Davidson, C. Girard, 445.
Dawkins, Marian Stamp, 190, 470, 499.
de Lazari-Radek, Katarzyna, 470, 492, 493.
De Motu Animalium (Aristóteles), 22, 32, 476.
de Waal, Frans, 49, 50, 109, 112, 150, 195, 196, 199, 208, 267, 351, 401, 402, 470, 471, 474, 489, 495, 499, 500, 509.
De-Shalit, Avner, 129, 483, 496.
Declaração Universal dos Direitos Humanos, 496.
DeGrazia, David, 265, 266, 268, 468, 503, 506.
Departamento de Agricultura, EUA (USDA), 415, 429, 430, 431, 509.
fábricas de filhotes e, 431.
Departamento de Agricultura, KwaZulu-Natal, 270.
Departamento de Comércio, EUA, 418.
Departamento do Interior, EUA, 418, 419, 420, 428.
desastres climáticos, 154.
design inteligente, 40.
desinformação, 11, 12.
Devlin, Lorde, 274, 470, 504.
Dickens, Charles, 126, 127, 471, 496.
dignidade dos animais, 52, 84, 87, 89, 142, 166, 168, 490.
Korsgaard sobre, xxxi, 85, 105, 117, 136, 161.
Mill sobre, 79, 136.
na AC, 120, 149, 161.

dignidade:
    Mill sobre, 79, 136, 243, 497.
    na AC, 120, 123, 135, 141, 149,
        161, 166, 168.
    na cultura chippewa, 270.
    na filosofia kantiana, 52, 85, 87, 89,
        90, 105, 117, 120, 136.
Dinamarca, carne de baleia vendida
    na, 271, 450.
direitos animais, xxvi, 30, 31, 41, 42,
    45, 86, 87, 88, 107, 115, 140, 153,
    167, 259, 408, 413, 414, 427, 445,
    459, 498.
    abordagens teóricas dos, 4, 41, 44,
        58, 85, 67, 69, 75, 81, 85. *Ver*
        Abordagem das Capacidades,
        para os animais; Korsgaard,
        Christine; *scala naturae*;
        abordagem "Tão Semelhantes a
        Nós"; Utilitarismo.
direitos de propriedade, 168, 290, 505.
    como Capacidade Central, 133.
direitos humanos, 149, 157, 166, 408,
    451.
    Declaração Universal dos Direitos
        Humanos, 496.
    leis fracas e aplicação de, 407.
    Mill sobre, 80.
    movimento de direitos humanos,
        internacional, 407.
direitos:
    AC e, 27, 116, 119, 120, 121, 130,
        140, 142, 143, 145, 149, 157, 166,
        168, 173, 429. *Ver* Abordagem
        das Capacidades, para humanos.
    como reivindicações éticas
        legalmente executáveis, 168.
    conforme correlacionados com as
        leis, 166.
    conforme correlacionados com
        direitos 166.
    imperfeitos, 167.
    Kant sobre, 86, 87,88, 96, 167, 168,
        169.
    Mill sobre, 79, 80, 81, 8, 153, 242.
    Ver também direitos animais;
        justiça; justiça para animais; leis e
        políticas, para animais; leis e
        políticas, para humanos.
Disadvantage (Wolff e de-Shalit), 129,
    483.
Do Fish Feel Pain? (Braithwaite), 193,
    469.
Dog Mother Rescue Society, 433.
Dogs who Came to Stay, The (Pitcher),
    xxiii, 373, 479.
Dolphin Reef (Israel), 359.
Dominion (Scully), 38, 480.
Donaldson, Sue, 284, 297, 299, 312,
    313, 316, 321, 471, 505, 506.
dor e prazer:
    AC e, xxix, 131, 145, 161, 235, 260.
    agregação de, 71, 82, 87.
    no Utilitarismo, em Bentham, xxix,
        xxx, 27, 61, 63, 68, 69, 70, 72, 77,
        81, 202, 221.
dor, emocional,
    Medo, medo da morte e, xiv, 195,
        200, 211, 228, 230, 460.
    preferências adaptativas e, 72.
dor:
    animais não sencientes e, 244.
    como mecanismo de sobrevivência,
        179, 191.
    experiência subjetiva da, 179, 191.
    foco dos cientistas, 186.
    senciência e, 160, 174, 175, 186,
        200, 201, 203, 212, 219, 223.

sentida pelos peixes, 192, 193, 194, 195, 201, 207, 248.
Ver também prazer, prazeres.
Dörflein, Thomas, 399.
Dougherty, Michelle, 441, 473.
Douglas, William O., *Sierra Club v. Morton*, 426, 511.

ecolocalização, 55, 142, 376.
economia, desenvolvimento, 126, 251, 277, 346, 486.
  AC e, 121, 127.
  medição de capacidades na, 134.
  PIB e, 122.
  utilitarista, 123, 493.
ecoturismo, 278, 348, 412.
educação, 25, 30, 65, 80, 123, 133, 134, 136, 223, 258, 300, 301, 315, 329, 348, 349, 350, 357, 375, 400, 429, 498.
  como historicamente negada às mulheres, 72, 80.
  como potencializadora de capacidades, 129.
  controle populacional e, 278.
  de animais de companhia, 303, 316.
  na AC, 130, 131, 258.
Effi Briest (Fontane), 112.
elefantes,
  caça clandestina de, 110, 163, 333, 349.
  consciência temporal em, 243.
  criação comunitária de filhos por, 5 142, 380, 381, 393, 394.
  em zoológicos, em cativeiro, xxvi, 162, 350 354, 355, 387, 486
  empatia de, 161, 394.
  espaço necessário para, 277, 346, 347, 348, 353, 354, 412.

mortos por trens, 109, 495.
perda de hábitat, x, xxiv.
relacionamento de Poole com, 392, 393, 394, 395.
Elk Grove Unified School District v. Newdow, 422, 471, 510.
Elliot (paciente de Damasio), 197, 198, 199, 500.
Elwood, Robert, 213, 214.
embuste,
  praticado por alguns animais, 183, 184, 501.
emoções, 4, 16, 109, 175, 176, 177, 178, 182, 195, 198, 218, 328, 375, 381, 383, 384, 455, 456, 460.
  como capacidade central, 131, 345.
  como conectadas ao nosso bem-estar pessoal, 17, 22.
  em animais, xiii, xiv, 35, 45, 49, 50, 199, 200, 201, 205, 211, 245, 350, 461, 490, 499.
  eudaimonísticas, 17, 22.
  lobo frontal como centro das, 199.
  morais, 15.
  papel evolutivo das, 189, 196.
  Ver também compaixão; indignação; admiração.
empatia, 45, 49, 104, 113, 195, 378, 379, 383, 386, 396, 397, 468, 501.
Empédocles, vegetarianismo de, 32.
Epicuro, epicuristas, 33, 228, 229, 230, 231, 232, 233, 235, 236, 246, 502.
  sobre a vida após a morte, 230.
  sobre o medo da morte, 228, 229, 231, 236, 246.
escada da natureza, 46, 222. *Ver scala naturae.*
Escobar, Pablo, 462.

Escolástica, 33.
escravidão, 44, 66, 86, 250, 287.
escravos:
    comprados e vendidos como propriedade, 294.
    emancipação de, 286, 295.
esforço:
    AC e, 143, 149, 458.
    admiração pelo, 18, 19.
    florescimento, 46, 206, 211, 497.
    frustração, frustração injusta do, 4 15, 460.
    percepção subjetiva no, 203, 205.
    senciência e, 200, 203.
    significativo, 12, 15, 174, 175, 176, 189, 200, 205.
espécies animais,
    diversidade e complexidade em, 5, 22, 26, 30, 36, 49, 55, 62, 86, 121, 146, 164, 165, 212, 222, 250, 280, 318, 443, 455, 458.
    em perigo, xii, xiii, xxvi, 103, 162, 165, 174, 191, 336, 339, 345, 347, 356, 416, 425, 485.
    extinção de, xii, xiii, 163, 165, 290, 291, 331, 351, 443, 444.
    preservação de, 37, 164, 221, 276, 279, 355, 366, 415, 441.
especismo, 69, 75.
esperança, 36, 148, 149, 149, 274, 439, 460, 461, 463, 464.
esponjas, 201, 216, 217, 218, 243.
esportes, como substituto teatral para o combate letal, 275.
Ésquilo, 254.
esquilos, 335, 336, 369.
Estados Unidos, xiii, 39, 40, 121, 233, 281, 306, 361, 401, 417, 418, 441, 448, 485.

direitos animais nos, 171, 333, 341, 412, 414, 419, 420, 445, 461.
falta de legitimidade processual dos animais nos, 409, 421, 426, 451, 462.
troféus de animais importados nos, xix.
elefantes traficados, 355, 486.
criações industriais de animais nos, xxii, 451. *Ver* fazendas industriais.
liberdade de religião nos, 135.
liberdade de expressão nos, 135, 152, 488.
racismo nos, 48, 81.
Abordagem "Tão Semelhantes a Nós" nos, 30, 172.
Estoicismo,
animais não humanos vistos pelo, 36.
Deus, 34.
humanos vistos pelo, como feitos à imagem de
"Ethical Consistency" (Williams), 503.
ética, consideração ética, x, 63,74, 83, 107, 108, 274, 278, 288, 496, 502.
cristã, 33, 68.
kantiano, 27, 86, 87, 88, 89, 90, 94, 95, 112, 117, 168. Ver Kant, Immanuel; filosofia kantiana.
pelos animais, ética animal, xiii, xiv, xv, xxx, 4, 11, 19, 26, 29, 31, 32, 33, 41, 50, 54, 57, 61, 76, 97, 101, 102, 104, 114, 116, 121, 138, 140, 161, 162, 167, 172, 176, 218, 221, 222, 226, 227, 228, 250, 263, 265, 269, 276, 280, 292, 303, 312, 321, 322, 323, 334, 337, 345, 353, 354, 360, 366, 369, 424, 425, 445, 458.

Ver também Abordagem das Capacidades; Korsgaard, Christine.
Etograma de elefantes (Poole), 150.
eudaimonia, 79.
Every Twelve Seconds: Industrial Slaughter and the Politics of Sight (Pachirat), 436, 479.
experimentação animal, xxxii, 240, 259.
  direitos animais dispensados na, 259.
  Diretrizes do Conselho de Bioética de Nuffield para a, 261, 262, 263, 265.
  mitigação da dor na, 260, 264.
  na indústria de cosméticos, 263.
  recomendações de Beauchamp e DeGrazia para, 265, 266.
  regulamentação da, 261, 262, 268, 413, 415.
  tormento e morte de animais na, 413, 415.
  vidas humanas e animais salvas pela, 253, 259.

fábricas de filhotes,
  abuso e negligência em, xxv, 284, 304, 437, 459.
  cães de, vendidos em pet shops, 293, 410, 431, 433.
  endogamia em, 434.
  monitoramento da Humane Society, 430, 431.
  regulamentação de, 435, 437.
  violação da AWA, 430, 431, 434.
Fahey, Eugene, 51.
Fechner, Gustav, 218.
Fellow Creatures (Korsgaard), 85, 102, 494.

"Fellow Creatures" (Korsgaard – Tanner
"Fertility and Coercion" (Sen), 278, 480.
fiduciários, deveres de, 421, 426, 428, 429, 511.
fome, xii, xx, xxiv, 6, 12, 15, 153, 154, 165, 189, 246, 279, 291, 297, 331, 332, 335, 338, 342, 346, 352, 355, 356, 361, 371, 450.
Fontane, Theodor, 112, 113.
Fórmula da Humanidade, de Kant, 92.
Fórmula da Lei Universal, de Kant, 92.
Forster, E. M., 329.
Francione, Gary, 289, 290, 291, 292, 472, 505.
Friends of Animals, xxvi, xxvii, 315, 355, 465, 486, 506.
Fronteiras da justiça (Nussbaum), xxviii, 477.
Fungie (golfinho), 156, 157, 158, 482, 497.
Furley, David, 232, 233, 472, 502.

gado, carne bovina, 243, 244, 245, 319, 370, 417, 437.
  Ver também vitelos.
gado, laticínios, 227, 247, 320, 321, 323.
Gage, Phineas, 197, 199.
gaiolas de confinamento, 438.
gaiolas de gestação, xxi, xxii, 6, 93, 155, 227.
galinhas,
  criadas em gaiolas de confinamento, 322, 437, 438.
  excluídas da Lei das Vinte e Oito Horas, 437.
  excluídas da MBTA, 419.

leis europeias protegendo, 439.
sofrimento de, 8, 49.
Gandhi, Mohandas K., 290.
Gandhi, Sanjay, 329.
gansos, alimentação forçada de, 437.
gatos, xxiv, 12, 96, 97, 99, 156, 159, 170, 227, 243, 281, 299, 302,494, 505.
   abuso e negligência de, 282, 283, 296.
   amputação das garras de, 308, 309.
   educação e treinamento de, 303, 312.
   esterilização e castração de, 289, 290, 314, 315.
   eutanásia de, 248, 307.
   ferais, 286, 314, 315, 383.
   natureza predatória de, 362, 363, 364.
   necessidades de mobilidade de, 309, 311, 312, 337.
   relações humanas com, 67, 98, 291, 295, 299, 319.
Gênesis, Livro de, 37, 40.
Geórgia, fábricas de filhotes na, 431.
girafas, 279, 356.
Godfrey-Smith, Peter, 150, 212, 389, 472, 485, 501.
Goethe, Johann Wolfgang von, 328.
golfinhos,
   aprendizado social e vínculo por, 55, 111, 159, 358, 376, 398, 404.
   capacidade emocional de, 490.
   comportamentos humanos aprendidos por, 49.
   ecolocalização por, 55, 142.
   em cativeiro, 52, 358, 359, 398.
   feridos ou mortos por práticas na pesca de atum, 52.
   grande espaço necessário, 223, 359.

   inteligência de, 42, 43, 52, 55, 359, 399.
   interações humanas com, 359, 398, 399.
   neuroanatomia de, 56.
   resolução de problemas por, xiv.
   White e, 52, 53,150, 358, 458, 490, 491.
gorilas, comportamento altruísta em, 109.
Gould, Ronald, 172, 498.
governos, 37, 80, 108, 123, 137, 257, 258, 298, 332, 333, 425, 429, 461, 462.
   AC como guia para a elaboração da constituição dos, 137, 143, 147, 148, 173.
   garantir capacidades para todos como responsabilidade dos, 137.
Grã-Bretanha, 74, 80, 261, 513.
   puritanismo vitoriano na, 74, 82.
Grande Barreira de Corais, xix.
gratidão, 95, 131, 384.
Grécia Antiga, ix, 16, 31, 32, 33, 34, 39, 69, 218, 231, 275, 282, 502, 505.
   cães respeitados na, 282.
   reflexões sobre a morte na, 228, 230.
   Ver também estoicos, estoicismo; filósofos específicos.
Groenlândia, carne de baleia vendida, 271, 449, 450.
GroupElephant, 504, 507.
guaxinins, 369.

hábitats, x, xxxi, 13, 73, 154, 164, 169, 338, 339, 342, 344, 346, 348, 349, 364, 389, 399, 412.

controle humano sobre, 333, 337.
destruição e perda de, ix, 49, 153, 155, 165, 334, 356, 411, 420, 429, 455.
Hal (baleia-jubarte), xix, xx, 6, 9, 10, 12, 16, 333.
hamsters, 322.
Hardy, Thomas, 329.
Hare, R. M., 225, 245, 472, 502.
Harris, Michael, xxvi, 465, 472, 486.
Harvard Law School, 42.
Hegel, G. W. F., 256, 257, 258, 259, 264, 266, 268, 269, 275, 278, 371.
Heráclito, 16, 17.
hienas, 356.
Hinduísmo, hindus, ix, 24, 31, 64, 273.
Hinerfeld, Daniel, 441, 473.
hipopótamos, reconhecidos como dotados de personalidade jurídica nos Estados Unidos, 461.
história da criação, judaico-cristã, teoria da evolução e, 39, 40, 488.
História de Gênesis, 37.
History of Nantucket, The (Macy), 440.
Hobo K-9 Rescue, 433.
Hogarth, William, 95.
Holland, Breena, 274, 275, 473, 503, 504.
Hollingsworth v. Perry, 421, 473, 510.
homofobia, 48, 69.
Hopkins, Brian, 434.
Howards End (Forster), 329.
Human Development and Capability Association (HDCA), xxvii, 135, 279, 468, 470, 473, 475, 477, 478, 482, 486, 496.
Humane Society dos Estados Unidos, fábricas de filhotes, 431.

humanos com deficiências cognitivas, 101, 144, 170, 204, 228, 288, 289, 296, 297.
legitimidade, legitimidade processual de, xvi, 154, 298, 313, 426.
direitos de, xvi, 43, 295, 505.
humanos:
animais, amizade entre, xxviii, xxxii, 67, 339, 374, 375, 377, 378, 379, 380, 381, 382, 388, 391, 393, 395, 396, 397, 398, 399, 400, 401, 402, 404, 405, 406.
animais, relação assimétrica com, 286, 287, 288, 291, 292, 295, 387, 505.
como criadores de valores, 98.
como dominadores, ix, x, xxxii, 154, 169, 254, 326, 334, 337, 375, 388, 396, 406, 455, 457, 458.
QI, 46.

Idaho, leis "ag-gag" derrubadas em, 436.
Imperatriz de Blandings (porca), xx, 6, 16, 190, 192, 458.
In Defense of Dolphins (White), 52, 482.
incêndios, causas humanas de, 338.
Índia,
animais de circo declarados "pessoas" na, 31, 347, 423.
indignação, 4, 5, 14, 15, 20, 23, 24, 25, 375, 414, 435, 451, 453, 455, 463, 464, 494.
dirigida ao futuro, 15.
Ver também raiva; Raiva-de-Transição.
indústria de peles, 70.
Inherit the Wind (Lawrence e Lee), 488.

injustiça, animais, xxii, xvi, xxv, 3, 4,
6, 7, 9, 10, 12, 14, 25, 26, 29, 42,
148, 166, 167, 169, 173, 202, 223.
insetos, xii, xxiii, 18, 175, 214, 215,
243, 244, 368.
Institute of Cetacean Research
[Instituto de Pesquisa de Cetáceos]
(ICR), 447, 448.
integridade física, xxxi, 120, 123, 131,
151, 308, 340, 345.
inteligência de animais, ix, xiii, xiv, xv,
xxii, 51, 55, 56, 98, 108, 198, 199,
206, 208, 209, 214, 315, 329, 350,
458.
inundações, 154, 342, 361.
invertebrados, xiv, 14, 212, 213, 262.
Iowa, xiv, 6, 433, 434, 468, 479.
exceções nas leis anticrueldade, 438.
leis "ag-gag" em, 436.
Islândia, caça às baleias, 445.
Ivory Game, The (documentário), 349.

J.A.K.'s Puppies, 433.
James, Henry, 181, 238, 473, 499.
Janáček, Leoš, 236.
Japão:
caça às baleias, 9, 445, 446, 447, 449.
tratados de aves migratórias
assinados pelo, 419.
Jean-Pierre (tentilhão doméstico), xxii,
xxiii, 6, 9, 12, 16, 333, 412, 420.
Johnston, Velma Bronn, 416.
Judaísmo, 34, 39.
Judas, o Obscuro (Hardy), 329.
Julgamento de Scopes, 40, 488.
Jurnove, Marc, 425, 426.
justiça,
AC como referencial teórico para,
xxix, xxx, 3, 26, 51, 57, 121, 162,
173, 457, 459. *Ver* Abordagem de
capacidades, para humanos.
global, xxxii, 459.
"global", xxxii, 459.
gradualismo *vs.* revolucionismo e,
250.
justiça para os animais.
Ver também injustiça; leis e
políticas, para humanos.
Rawls, 14, 137.
responsabilidade humana com, xv,
xxx, 13, 26, 303, 304, 307, 325,
327, 455, 460, 463.
senciência como base para, 76, 83,
144. *Ver também* senciência.
vidas florescentes *vs.* impedidas
em, 7.

Kaavan (elefante), legitimidade
processual de, 514.
Kansas:
fábricas de filhotes no, 431.
leis "ag-gag" derrubadas no, 436.
Kant, Immanuel, 27, 43, 52, 53, 54,
85, 86, 87, 88, 89, 90, 91, 92, 93,
94, 95, 96, 97, 98, 99, 100, 101 102,
105, 106, 107, 109, 111, 112, 113,
115, 116, 117, 120, 123, 136, 161,
167, 168, 169, 172, 295, 377, 457,
460, 473, 475, 486, 493, 494.
animais não humanos vistos por,
89, 100, 136, 168.
imperativo categórico de, 90, 91,
93, 94.
sobre a matança de animais, 94, 95.
sobre o suicídio, 494.
sobre os direitos humanos, 86, 92,
93, 94, 167.

sobre os seres humanos como fins em si mesmos, 105, 85, 115, 123, 295.
Keller, Helen, 203.
Kerala, Índia, 257, 476, 487, 510, 514.
Knut (urso polar), 356, 399, 400, 467, 509.
Korsgaard, Christine, vii, xxxi, 27, 71, 78, 85, 87, 88, 89, 90, 91, 93, 95, 96, 97, 98, 99, 100, 101, 102, 103, 104, 105, 106, 107, 108, 109, 111, 113, 115, 116, 117, 120, 136, 139, 140, 142, 143, 144, 149, 161, 162, 167, 168, 225, 377, 427, 457, 474, 486, 491, 492, 493, 494, 495, 498.
   abordagem kantiana de, xxxi, 85, 87, 88, 96, 89, 115, 117, 120, 161, 457.
   Conferências Tanner de, 88, 105, 474.
   doutrina metafísica de, 139, 140.
   escolha éticas, 96.
   sobre a ausência de pensamento perspectivo nos animais, 113.
   sobre a capacidade humana de reflexão e, 96, 97.
   sobre matar animais para fins humanos, 98, 225.
   sobre o modelo utilitarista de agregação, 71.
   sobre o valor como criação humana, 98, 99.
   sobre os animais como fins em si mesmos, 98, 105, 106, 457.
   visões aristotélicas de, 88, 89.
Kozinski, Alex, 449, 513.
Kymlicka, Will, 284, 297, 299, 312, 313, 316, 321, 471, 505, 506.

Laboratório de Ornitologia de Cornell, 486.
lagostas, 213, 244.
Lawrence, D. H., 440.
Lazarus, Richard, 196, 198, 474, 499.
Lear, Jonathan, 274, 474, 504.
Lectures), 88, 105, 474.
legítima defesa, 369.
Lei das Vinte e Oito Horas, EUA, aves excluídas da, 437.
Lei de Espécies Ameaçadas (ESA), EUA (1973), xiii, 415, 417, 435, 471, 485, 509.
Lei de Proteção de Mamíferos Marinhos (MMPA), EUA (1972), 417, 424, 475, 498, 510.
   baleias protegidas na, 443.
Lei do Abate Humanitário, EUA (1958), 437.
Lei do Tratado de Aves Migratórias, 10, 419, 420, 435, 475, 510.
Lei do Tratado de Aves Migratórias, EUA (1918), 10, 418, 461.
leis e políticas, para animais:
   AC e, xxvii, xxviii, 119, 148, 170, 173, 418, 458.
   ativismo por meio de, 30, 41. *Ver também* Wise, Steven.
   Bentham sobre, 63, 65, 66, 67, 172.
   colaboradores humanos e, 145, 296, 297, 298, 505.
   estaduais, xxvi, 413, 414, 421, 435, 450, 451.
   falta de legitimidade processual dos animais, 154, 171, 172, 297, 298, 347, 421, 451.
   federais, 300, 413, 421, 435, 438.
   internacionais, xiii, xvi, 271, 412, 440, 441, 442, 443, 512.

Korsgaard e, 89, 96, 107, 108, 136,142, 144, 162,167, 427, 457.
liberdade de expressão e, 424.
obrigações dos animais em, 170, 300.
que regem a experimentação, 261, 414, 447.
que regem a vida selvagem, 462.
que regem animais de companhia, 297, 300, 311, 458, 511.
que regem os mamíferos marinhos, 10, 171, 172, 417, 418, 430, 450, 498.
R. Nussbaum e, xxvi, xxviii, 465, 498.
senciência como base para direitos prestacionais em, xxxi, 173.
setor de fazendas industriais e 153, 424.
leis e políticas, para humanos:
AC e, xxviii, 119, 139, 149, 258, 457.
domésticas, 451.
fiduciárias, 428, 429.
Kant sobre, 86, 92, 94,96, 97, 168.
legitimidade processual em, 421, 422, 426.
liberdade de expressão e, 130, 132, 135, 488.
mulheres historicamente tratadas como propriedade em, 452.
leões da montanha, 276, 277.
leões, 276, 277, 279, 330, 348, 356.
Liberalismo Político (Rawls), 137.
liberdade de associação, 152.
liberdade de expressão, 130, 131, 132, 133, 135, 424, 488.
liberdade de imprensa, 130, 153, 154.
liberdade de movimento, 72, 241, 267, 311, 460.

liberdade de religião, 135.
Libertação Animal (Singer), 76, 162.
Lições de ética (Kant), 95, 494.
Linch, Amy, 274, 275, 473, 475, 503, 504, 507.
linguagem gestual:
aprendida por crianças com deficiências, 204.
aprendida por macacos, 45, 49, 50, 398.
linguagem, 24, 45, 46, 49, 50, 54, 58, 120, 130, 138, 144, 160, 180, 181, 182, 183, 204, 210, 301, 381, 398, 403, 418, 496.
Ver também linguagem gestual.
Lista de Capacidades, 119, 120, 130, 137, 148, 157, 159, 166, 286, 304, 311, 316, 340, 374.
Liverpool, Universidade de, 192.
lobo-cinzento, como espécie ameaçada, xii.
Londres, Universidade de, 493.
Lonewolf Kennels, 433.
Long Island Game Farm Wildlife Park and Children's Zoo, 425.
Lopez, Raymond, 434.
Lucrécio, 33, 228, 232, 233.
sobre a morte, 230, 231, 233, 235.
Lujan v. Defenders of Wildlife, 422, 424, 475, 510, 511.
Lupa (cadela), xvii, 6, 8, 16, 146, 382, 383, 386, 458.
luta de ursos, 95.
luto, xxv, xxviii, 195, 388.

macacos,
amizades humanas com (e convivência com), 369, 400, 401, 402.

colônia de Arnhem, 346, 357, 401.
como "Tão Semelhantes a Nós", xv, 39, 41, 42, 55.
em zoológicos, 353, 357, 400.
empatia de, 45.
linguagem gestual aprendida por, 45, 49, 50, 398.
vínculo social e aprendizagem por, 110, 267, 268.
Macy, Obed, 440, 441.
Maestripieri, Dario, 110, 475, 495.
Mahabharata, 503.
Makropulos Case, The (Janáček), 236.
Mama (chimpanzé), 400, 401, 402, 403, 404, 471.
Mama's Last Hug (de Waal), 401.
mamíferos marinhos, xix, xiv, 10, 223, 465.
consciência temporal em, 243.
leis dos EUA protegendo, 171, 417, 418, 498.
leis internacionais fracas protegendo, 430, 458.
personalidade jurídica de, xxvi.
poluição sônica e, 171, 333, 342, 349.
Ver também golfinhos; baleias.
mamíferos, xii, xiv, xxxvi, xxxiii, 10, 13, 58, 111, 171, 172, 175, 193, 206, 207, 214, 215, 216, 220, 223, 227, 243, 262, 315, 336, 342, 348, 349, 353, 356, 357, 358, 399, 409, 417, 430, 450, 458, 465, 498.
Mann, Janet, 150.
Marinha, EUA, programa de sonar da, xxv, 9, 171, 333, 417, 427, 441.
Massachusetts, gaiolas de confinamento regulamentadas em, 437, 438.

matança de animais, 322, 340, 362, 415, 418, 444, 462.
Bentham sobre, 502.
em legítima defesa, 369.
em práticas culturais, 275.
humanitárias, 245, 270, 275, 315, 502.
Korsgaard sobre, 225, 226, 492.
Lei do Bem-Estar Animal e, 414, 415.
para alimentação, xvii, 227, 244, 250, 413, 437, 442. *Ver também* criações industriais; criações humanitárias.
Singer sobre, 225, 492.
McMahan, Jeff, 232, 237, 242, 243, 364, 475, 502, 507.
medo, xix, 17, 64, 68, 79, 128, 132, 180, 195, 200, 201, 206, 211, 215, 218, 228, 230, 242, 245, 345, 352, 371, 381, 383, 390, 402, 460.
Melville, Hermann, 441.
Menino Selvagem de Aveyron, 358.
metacognição, 183, 184.
Methods of Ethics, The (Sidgwick), 74, 481.
México, tratados de aves migratórias assinados pelo, 419.
Mill, John Stuart, 61, 62, 67, 75, 77, 78, 80, 116, 475, 477, 493.
como social-democrata, 80.
defesa dos direitos animais, 140, 153.
e a dor, xxx, xxxi, 69, 72, 79, 81, 82, 492.
puritanismo de, 82.
sobre a "escada da natureza", 81.
sobre a crueldade da natureza, 325, 331, 338, 339, 361.

sobre a dignidade dos animais, 79, 83, 136, 242, 243, 497.
sobre a igualdade das mulheres, 74, 80.
Missouri:
fábricas de filhotes no, 431, 432, 433, 434.
leis "ag-gag" no, 436.
Moby Dick (Melville), 441.
monitoradas e contestadas pela, 431, 473, 511.
Montana, leis "ag-gag" em, 436.
morte, de animais, xi, xii, 104,158, 195, 228, 242, 243, 325, 334, 341, 361, 382, 388, 401, 402, 403, 420, 443, 446, 461, 492, 495.
argumento da interrupção e, 239, 243, 245, 247, 249, 251.
Bentham sobre, 66, 236, 242.
dano da, xxxi, 223, 225, 226, 240, 246, 248, 287, 341.
eutanásia e, 248, 307.
indolor, 66, 223, 246, 247, 249, 260. 269.
mortos em experimentos, 259, 261, 415. *Ver* experimentação animal.
mortos para alimentação, 64, 322, 364, 442. *Ver também* criações industriais de animais; pecuária humanitária.
mortos pela caça e caça às baleias, 442, 448. *Ver* caça; caça às baleias.
na natureza, 64, 365.
prematura, 259, 260, 266, 267, 320, 364.
morte, de humanos, xxvii, 32, 33, 234, 235, 237.
argumento da interrupção e, 232, 233, 234, 236, 238.
dano da, 231, 241.
Epicuro sobre, 228, 229, 231.
Lucrécio sobre, 231.
medo da, 200, 228, 229, 230.
questão da vida após a morte e, 138, 230.
Moss, Cynthia, 150, 475, 485.
movimento, 22, 33, 151,179, 186, 188, 190, 200, 207, 216, 219, 346, 373.
liberdade de, 7, 72, 84, 146, 160, 241, 260, 267, 311, 345, 460.
senciência e, 18, 202, 203, 173, 311.
mudança climática, causas humanas da, 338, 342.
mulheres,
defesa de Bentham das, 68, 452.
defesa de Mill das, 79.
educação das, 72, 74, 124, 452.
historicamente tratadas como propriedade, 79, 294, 452.
opiniões de Kant sobre, 86.
preferências adaptativas e, 79.
violência doméstica contra, 80, 276, 278, 294.

NASA, chimpanzés enviados ao espaço pela, 401.
National Dog Show, 293.
National Hard Crab Derby (Maryland), 415.
National Oceanic and Atmospheric Administration (NOAA), 418.
Natural Resources Defense Council, Inc. v. Pritzker, 171, 476, 486, 498.
"A Natureza" (Mill), 325.
natureza ("natureza selvagem"):
crueldade e sofrimento na, 325, 352, 360.
desequilíbrios populacionais na, 371.

dominação e controle pelos humanos, 285, 326, 330.
manejo pelos humanos, 226.
noção romântica da, 326, 328.
predação na, 363.
natureza, animal:
dos humanos, 68, 97, 101, 115.
modelo *scala naturae* da, 21, 30, 46, 103, 262. Ver *scala naturae*.
senciência como linha divisória na, 76,83, 202, 217.
negligência, vii, ix, x, xxiv, xxv, 3, 4, 5, 6, 9, 10, 11, 12, 13, 296, 303, 304, 305, 428, 429, 455, 457.
neocórtex:
ausente nas aves, 208, 2011.
ligado à cognição, dor e emoções, 178, 193.
senciência e, 213.
neuroanatomia, 177, 178, 193, 195, 199, 219.
Newdow, Michael, 422, 423, 471, 510.
Newnham College, Cambridge, 74.
Nixon, Jay, 432.
nocicepção, 186, 193, 195, 201, 207.
em peixes teleósteos, 207.
sem senciência, 201.
Noé (figura bíblica), 37.
9ª Corte de Apelação:
Cetacean Community v. Bush, sentença de 427.
Decisão da Sea Shepherd, 447.
National Resources Defense Council, Inc. v.
Pritzker, sentença de, 171.
sobre a Lei do Tratado de Aves Migratórias, 420.
sobre o Instituto de Pesquisa de Cetáceos, 447.

Nonhuman Rights Project,42, 51, 514.
Noruega, caça às baleias, 445.
Not Paul, but Jesus (Bentham), 68, 469.
Nova York, 51, 386, 413, 425, 436, 437.
Nova Zelândia:
covid-19 na, 11.
espécies predatórias introduzidas na, 336, 367.
santuário de aves na, 360, 367.
Nozick, Robert, 73, 77, 125, 476, 492.
Nussbaum, Rachel, 478, 486.
artigos em coautoria com Martha Nussbaum, 506, 512.
defesa animal de, xxvi, xxxiii, xxix, 465, 498.
morte de, xxvii.

O Erro de Descartes (Damásio), 19, 470.
oceanos, lixo plástico nos, x. xi, 165, 333, 338, 341, 349.
oceanos, poluição sonora nos,
causada pela perfuração de petróleo e bombas de ar, xi, 342.
causada pelo programa de sonar da Marinha dos EUA, 9, 171, 333, 417, 427, 441, 498.
"Ode ao Vento Oeste" (Shelley), 325.
Odisseu, 281, 282.
Ohio, fábricas de filhotes em, 431.
8ª Corte de Apelação, decisão segundo a Lei do Tratado de Aves Migratórias, 420.
Orca Welfare and Safety Act (Califórnia, 2016), 357.
orcas,
em cativeiro, 110, 357, 358, 397.

vínculo social e aprendizado em, 341, 358.
orgulho, 17, 54, 387, 452, 453, 513.
Orlans, F. Barbara,309, 478, 505.
Os Devaneios do Caminhante Solitário (Rousseau), 328.

Pachirat, Timothy, 436, 479, 512.
Pandemia de covid-19, xxvii, 11,302, 316.
papagaios,
  amizade de Pepperberg com, 209, 402, 403.
  embuste praticado por, 501.
  inteligência de, 209, 403.
  mimetismo praticado por, 403, 404.
Parque Nacional Ala-Archa (Quirguistão), 335.
Parque Nacional Amboseli (Quênia), xviii, 392, 394.
participação política:
  como Capacidade Central, 132.
  como determinando direitos e privilégios, 72, 132, 154.
  gradualismo *vs.* revolucionismo em, 250.
  participação direta e não representativa em, 145.
  Ver também leis e políticas, para animais, leis e.
pássaros-jardineiros, 210, 501.
pastores alemães, xxiii, 204, 292, 308.
patos, 419.
  alimentação forçada de, 437.
pecuária industrial, xi, 39, 152, 162, 225, 227, 241, 406, 430, 435, 438.
pegas, 143, 335, 359.
  teste do espelho e, 210.
peixes, cartilaginosos, 175, 201, 500.
  dor não sentida por, 207.
peixes, teleósteos, 175, 207, 500.
Penélope (esposa de Ulisses), 281.
Pepperberg, Irene, 209, 402, 403, 404, 479, 501, 509.
  amizade do papagaio com, 402, 403, 404.
  jurídica para animais, xxvi, 41, 42, 514.
  estendida a corporações, 44.
perfuração de petróleo, submarino, poluição sonora de, xi.
pesca de atum, golfinhos mortos, 52.
pesca, esportiva, 95, 249.
pessoas LGBTQ, direitos de, 408.
pet shops:
  cães de fábricas de filhotes vendidos por, 293, 410, 430, 431, 433.
  regulamentação de, 433, 434, 435, 438.
pets:
  como companheiros *versus* propriedade, 323, 377, 382.
  criaturas selvagens tratadas como, 339.
  Lei do Bem-Estar Animal (AWA) e, 414, 415.
  personalidade, 6, 52, 53, 54, 55, 58, 65, 156, 157, 491.
  Ver também animais de companhia
Pitágoras, vegetarianismo de, 32.
Pitcher, George, xxiii, 373, 382, 383, 384, 385, 386, 388, 479, 486, 507, 508.
plantas, xxiii, xxxi, 32, 38, 76, 103, 132, 175, 216, 218, 221, 278, 364, 367, 439.
  cérebro e sistema nervoso central ausentes em, 187, 219, 222.

como sistemas teleonômicos, 217.
como tropistas, 220.
plásticos:
  de uso único, 341.
  nos mares e oceanos, x, xx, 6, 9, 153, 165, 338, 412, 460, 486.
Platão (babuíno), 391.
Platão, platônicos, 32.
Plínio, 36, 366, 487, 488.
Plutarco, ix, xiii, 34, 487.
Point of View of the Universe, The (de Lazari-
políticas, xxxii, 27, 29, 30, 51,52, 86, 121, 122, 125, 127, 128, 129, 132, 136, 139, 145, 284, 285, 296, 297, 299, 300, 301, 332, 348, 371, 375, 416, 458, 461, 463, 466, 492.
  Ver leis e políticas, para animais; leis e políticas, para humanos.
poluição do ar, ix, 455.
  aves mortas pela, xi, xxiii, 6, 9.
  regulamentação da, 10.
poluição:
  leis e políticas de governo, xxiii, 10.
  oceanos, poluição sonora em.
  Ver também poluição do ar; oceanos, lixo plástico.
polvos,
  inteligência de, xv, 212, 213.
  senciência e, 212, 213.
Pompeu, 36.
Poole, Joyce,
  amizade dos elefantes com, 150, 151.
  etograma de elefantes compilado por, xviii, 150, 392, 393, 394, 395, 399.
Pope, Alexander, 282.
porcos, xx, xxix, 17, 21, 22, 67, 82, 152, 243, 281, 437, 439, 458.
em gaiolas de confinamento, 8, 438.
em gaiolas de gestação, xxi, xxii, 6, 93.
inteligência de, 244.
sofrimento de, 8, 49, 438, 442.
Porfírio, ix, x, xiii, 34, 218.
Poverty and Famines (Sen), 153.
povo Chippewa, 270, 271, 275.
povo Crow, 274.
povo Inuíte,
  caça às baleias, 271, 272, 449, 450.
povo Makah, caça às baleias, 272, 444, 449.
povo maori, 449.
prazer, prazeres:
  AC e, xxix, 57, 161, 235, 260.
  agregação de, 71, 82.
  Aristóteles sobre, 70, 73, 82.
  atividades e, 70, 73, 79, 82, 145, 379, 386.
  diferenças qualitativas entre, 63, 70,81, 82, 492.
  experiência subjetiva de, 200, 202.
  Kant sobre, 86, 92, 93.
  maximizar, como objetivo dos utilitaristas, 61, 70, 77, 221.
  Mill sobre, xxi, 72, 79, 81, 82, 83, 242, 492.
  Ver também dor; dor e prazer.
predação, 12, 326, 344, 364.
  em reservas de animais, 345, 352, 362, 363, 365, 366, 367, 368.
preferências adaptativas,72, 77, 79, 124, 492.
primatas:
  consciência temporal de, 243.
  em cativeiro, 162.
  inteligência e emoções de, 350.
  pensamento perspectivo em, 113.
  pesquisas, 250, 351.

Primeira Emenda, 436, 488.
Principles of Animal Research Ethics (Beauchamp e DeGrazia), 265, 468.
Pritzker, J. B., 462.
Pritzker, Penny, 418.
Produto Interno Bruto (PIB), 122, 123, 124, 126, 135.
Professor Polvo (filme), 349.
Programa das Nações Unidas para o Desenvolvimento, 122.
Projeto de Lei de Bem-Estar Animal (Senciência), britânico, 461.
Proposição 8, Califórnia, 421-422.
Protestantismo, 138.
Proust, Marcel, 181, 182, 234.
pumas,
   em hábitats humanos, 369.
Puppy Mill Cruelty Prevention Act, Missouri (2010), 432.

Quatro Estágios da Crueldade, Os (Hogarth), 95.
Quênia:
   grandes reservas no, 348.
   Parque Nacional Amboseli no, xviii, 392.
Quirguistão, 335, 352, 366, 368.

racismo, 69, 273, 408.
Radek e Singer), 470, 492.
Radical Hope (Lear), 274.
Raiva-de-Transição, 15, 24, 25, 26, 28.
   como olhando para o futuro, 456.
   Ver também indignação.
raiva, 17, 23, 24, 131, 195, 304, 309, 357.
   Ver também indignação; Raiva-de-Transição.
Rampal, Jean-Pierre, xxii

ratos, 259, 262, 336, 367, 369, 415.
   morte de, 244, 315, 368.
   reprodução e sobrevivência de, 47.
Rattling the Cage (Wise), 41, 482.
Rawls, John, 138, 139, 148, 479, 493, 496.
   sobre justiça para humanos *versus* animais, 14, 137.
razão prática, como Capacidade Central, 132, 133, 151, 298, 319, 345.
Regan, Tom, 225.
relacionamentos entre espécies, 284, 285, 286, 395, 402.
   Ver também animais de companhia; amizade, entre humanos e animais.
   relações com outras espécies, como Capacidade Central, 131.
Relatórios de Desenvolvimento Humano, ONU, 130.
Remus (cão), xxiv, 6, 384, 385.
   a amizade de Pitcher e Cone com, xxiv, 385.
Rendell, Luke, 111, 150, 398, 446, 482, 486, 489, 495, 504, 507, 509.
répteis,
   como provavelmente sencientes, 211, 212.
   em cativeiro, 353.
reservas de animais,
   clientela turística de, 346, 347, 365, 366.
   gestão humana de, 12, 304, 343.
   predação em, 352, 362, 365, 366, 367.
   zoológicos *vs.*, 344, 345, 346, 348, 351, 352, 355, 356, 360, 361, 363.

"Resposta a Whewell" (Mill), 81.
Reverendo John Langborn (gato), 67.
Ringwood (cão), 282.
rinocerontes,
  caça clandestina de, x, 164, 355, 356.
roedores, 243, 264, 336, 405.
Rollin, Bernard, 292, 479, 486, 505.
Rollo (cão), 112, 113.
Roma, antiga, 34, 36, 329, 384.
  amizade como vista na, 381.
  vida após a morte como vista na, 228, 231.
  xxxviii, 31, 32, 33, 34, 36, 39, 69, 366.
  Ver também estoicos, estoicismo, filósofos específicos.
Rose, James, 192, 479, 499.
Rousseau, Jean-Jacques, 328.
Rowan, Andrew, 264, 480, 503.
Rússia, caça às baleias, 445.

sadoturismo, 330, 366.
Safari Club, 39.
Safi (cadela) relacionamento de Smuts com, 113, 318, 394, 395, 396.
Safina, Carl,111, 480, 495, 499, 501.
saúde, física, 124, 129, 165, 218, 248, 269, 277, 279, 320, 321, 341, 350, 374, 450.
  como Capacidade Central 131, 340, 345.
  educação e, 136, 258.
  para animais de companhia, 98, 291.
  seguro-saúde, 306, 307, 332.
saúde, mental, 267, 341.
scala naturae,
  Aristóteles e, 21, 32.
  Bentham e, 66.

como sistema fixo com humanos no topo, 41, 46, 262, 265.
Escolástica e, 33.
forma estoica de, 35.
forma judaico-cristã de, 35.
Korsgaard e, 103, 140.
misoginia e, 48.
na estratégia de White, 51.
na estratégia de Wise, 42, 46.
racismo e, 48.
sistemas de castas e, 48.
Ver também a abordagem "Tão Semelhantes a Nós".
Scopes, John T., 488.
Scruton, Roger, 39, 480, 488.
Scully, Matthew, 38, 39, 272, 273, 480. 488, 504.
Sea Shepherd Conservation Society, 473, 513.
  ativismo agressivo contra a caça às baleias, 448.
SeaWorld, 357, 397, 481.
secas, 338, 342.
Secretaria de Agricultura, EUA, 414.
Secretário do Interior, EUA, 419, 445.
"selvagem" ("Natureza Selvagem"), viii, xxiv, xxxvi, 12, 169, 226, 277, 278, 285, 304, 325, 326, 327, 328, 329, 330, 331, 333, 335, 336, 337, 339, 340, 341, 343, 344, 345, 346, 350, 351, 352, 361, 363, 364, 365, 371, 386, 388, 401, 403, 440, 462, 465, 507.
Sen, Amartya, 122, 153, 278, 478, 480, 486, 492, 495, 497.
  como arquiteto original da AC, 121.
senciência,
  antigas visões greco-romanas, 32, 33.
  atribuída a todas as aves, 208, 211.

atribuída a todos os mamíferos, 206.
atribuída à maioria dos peixes, 213, 220.
como base para a justiça, xxxi, xxxii, 76, 83, 141, 144, 173, 202, 204, 206, 459.
Budismo e, 31.
AC e, xxviii, xxix,121, 160, 166, 168, 173, 174, 285.
percepção consciente na, 184, 186.
morte e, 226, 244, 442. *Ver* a morte, de animais; morte de humanos; matança de animais.
emoções na, 200, 201, 202, 205, 456.
Korsgaard sobre, 85, 88, 121, 136.
neocórtex como não necessário para, 213, 220
nocicepção e, 186, 201.
como questionável em cefalópodes, 212.
como questionável em crustáceos, 175, 213, 214.
como questionável em plantas, 218, 219.
como questionável em répteis, 211, 212.
senso de significado na, 186.
esforço significativo na, 72, 175, 200, 205.
Singer, 76.
perspectiva subjetiva do mundo na, 144.
consciência sensorial subjetiva, percepção subjetiva na, 186, 188, 203, 205.
como improvável em cnidários e poríferos, 216, 217.
tão improvável em insetos, 18, 214.

Aristóteles e, 16, 17, 18, 88, 185, 173, 188, 200, 201, 202, 216, 243.
admiração humana da, 16, 18, 22, 99,185, 453.
abordagem utilitarista da, 20, 27, 63, 83, 85, 223. *Ver* Utilitarismo.
Ver também animais, sencientes.
sentidos, imaginação e pensamento, como Capacidades Centrais, 131, 345.
7ª Corte de Apelação, 433.
sexismo, 69, 251, 394.
Shark Bay, Austrália, 399.
Shelley, Percy Bysshe, 325, 328, 365.
Sidgwick, Eleanor, 74.
Sidgwick, Henry, xxx, 61, 62, 74, 75, 77, 78, 470, 480, 481, 492.
Siebert, Charles, 355, 481, 506, 507.
Sierra Club v. Morton, 426, 481, 511.
Sierra Club, 330.
Singer, Peter,
ativismo animal de, 62, 75, 76.
sobre a senciência, 76.
sobre a superioridade humana, 75, 242.
sobre dor e prazer, xxx, xxxi, 77, 78, 492.
sobre experimentação animal, 259.
sobre matar animais, 76, 225, 243, 245, 492.
Smuts, Barbara,
amizade dos babuínos com, 150, 373, 389, 390, 391, 392, 393, 399, 400, 405, 481, 495, 497, 507, 508.
relacionamento do cão com, 113, 318, 394, 395, 396.
Sneddon, Lynne, 192, 193, 216.
Sobre a Abstinência de Carne dos Animais (Porfírio), 34.

Sobre a Liberdade (Mill), 153.
Sobre o Movimento dos Animais (Aristóteles), 22, 173, 498.
Sociedade Americana para a Prevenção da Crueldade
sociedades, doutrinas abrangentes do valor em, 138, 139, 149, 497.
Sófocles, 256.
Sonic Sea (documentário), 349, 473, 512.
Sorabji, Richard, 31, 32, 481, 487, 488.
"Standing for Animals" (Sunstein), 298, 481.
Stevens, Wallace, 237.
Suazilândia, 486.
Subjection of Women, The (Mill), 79.
Suécia, direitos animais na, 439.
suicídio assistido por médico, 240, 307.
"Sunday Morning" (Stevens), 237.
Sunstein, Cass, 298, 423, 481, 505, 509, 510, 511.
Suprema Corte, EUA, 421, 422, 426, 488.
Suprema Corte, Índia, 258, 510.
Suprema Corte, Nova York, 51.
"Swazi 17, The" (Siebert), 355, 481.
Swidler, Ann, 274.
Swift, Jonathan, 47, 481, 489.

Tamil Nadu, Índia, 257.
tartarugas, 322.
Tempos difíceis (Dickens), 126.
teoria da evolução, 31, 39, 40, 488.
Terapia do desejo, A (Nussbaum), 236.
Terra, dominação humana da terra, mar e ar na, ix, 337, 338, 455.
teste do espelho, 101, 210, 490.
Thoreau, Henry David, 328.

Thorpe, William, 208, 481, 500.
tigres, 12, 279, 300, 328, 344, 356, 363.
  como espécie ameaçada, xii.
Tilikum (orca), 357.
Torá, 37.
tosquia de ovelhas, 248, 249, 321.
Townley, Cynthia, 395, 482, 508.
tragédia grega, 254.
Tribunal de Apelação do Distrito Sul de Ohio, 461.
turismo cultural, 275.
Tye, Michael, 180, 183, 190, 202.
"Tyger, The" [O tigre] (Blake), 327, 328, 365.

Ul Haq, Mahbub, 122, 482, 496.
Uma introdução aos princípios da Moral e da Legislação (Bentham), 63.
União Soviética, tratados de aves migratórias assinados pela, 419.
Universidade de Denver, xxviii.
Universidade Estadual da Pensilvânia, 192.
University College London, 493.
Unlocking the Cage (documentário), 42, 49, 473, 489.
Unto These Hills (drama histórico Cherokee), 275.
ursos polares:
  criação de filhos por, 399.
  perda de hábitats dos, 49, 342, 356.
ursos,
  direitos para, 426.
  em hábitats humanos, 369.
  em zoológicos, 356, 357, 399, 400.
  espécies ameaçadas de, xii, 164.
  lutas entre, 95.
  perda de hábitats pelos, xi, 49, 338, 342, 412.
  Ver também ursos polares.

Utah, leis "ag-gag" derrubadas em, 436.
Utilitarismo, utilitaristas, xxix, vii, 26, 61, 63, 65, 67, 69, 71, 73, 74, 76, 75, 77, 78, 79, 81, 83, 84, 85, 117, 123, 138, 162, 202, 221, 223, 225, 235, 239, 242, 243, 308, 344, 349, 371, 457, 493, 496, 497.
    dor e prazer como chaves para a injustiça, xxix, 223.
    dor e prazer no, xxix, 71, 235, 349, 371.
    econômico, 123.
    seres sencientes individuais não considerados, 76, 83.
    Sidgwick, Henry; Singer, Peter.
    sobre a matança de animais, 225.
    Ver também Bentham, Jeremy; Mill, John Stuart.

van Hooff, Jan, amizade do chimpanzé com, 400, 401, 403.
Vasanti (mulher indiana), 126, 127, 157, 161.
veganos, veganismo, 31, 249, 268, 321, 322.
vegetarianos, vegetarianismo, 19, 38, 247, 269, 503.
    de hindus, 31.
    de pensadores gregos pré-socráticos, 32.
vertebrados:
    dor subjetivamente sentida por, xiv.
    senciência de, xv, 265.
    visão subjetiva do mundo percebida por, 14.
Victoria (elefanta africana), xviii.
vida:
    como Capacidade Central, 131, 166, 405.
    florescente, florescimento, xvii, xxviii, 3, 6, 7, 13, 14, 19, 22, 29, 32, 46, 73, 79, 80, 83, 84, 110, 120, 125, 141, 143, 146, 159, 160, 161, 204, 205, 206, 222, 223, 240, 260, 277, 280, 288, 291, 335, 337, 339, 348, 358, 361, 371, 375, 395, 404, 443, 497.
    formas de, xv, xxix, 46, 55, 115, 119, 166, 173, 223, 241, 259, 286, 344, 350, 360, 377, 397, 406, 416, 426, 453, 459.
    frustração injusta de, 15.
    Ver também injustiça.
    humana, xxix, 54, 104, 121, 123, 127, 131, 157, 161, 228, 238, 239, 242, 280, 288, 491, 497.
    Ver também morte, de animais; morte, de humanos.
Virginia (elefanta africana), xviii, 5, 8, 16, 392, 393.
vitelos,
    gaiolas de confinamento e, 437.

Washington, George, 256.
Washington, Universidade de, xxvi, 498.
Watson, Paul, 448, 449.
"Whales Weep Not!" (Lawrence), 440.
What Maisie Knew (James), 181, 473.
Whewell, William, 67, 81.
White, Thomas I., 51, 52, 53, 54, 55, 56, 57, 58, 150, 358, 359, 458, 482, 488, 490, 491, 498, 507, 513.
    como kantiano, 53.
    "estranha inteligência" e, 51, 55.
    individualismo e, 490, 491.
    sobre personalidade para golfinhos, 52, 53, 55, 56, 58, 358, 490.

Whitehead, Hal, xix, 111, 150, 398, 446, 482, 486, 489, 495, 504, 507, 509.
Whitman, Walt, 190.
Wichert, Gerd, xxvii, 465.
Wild Free-Roaming Horses and Burros Act (WFRHBA), EUA (1971), 416, 417, 482, 509.
Wildlife as Property Owners (Bradshaw), 169, 469.
Williams, Bernard, 236, 482, 502, 503.
Winnicott, Donald, 351, 356.
Wisconsin, fábricas de filhotes em, 431.
Wise, Steven,
 analogia da escravidão usada por, 44.
 antropocentrismo de, 49, 52.
 como pioneiro do direito animal, 41, 42.
 estratégia legal "Tão Semelhantes a Nós" de, 30, 41, 43, 44, 45, 46, 48, 49, 50, 51, 52, 53, 54, 55, 489, 490, 498.
Wodehouse, P.G., xx, xxi, 17, 187, 188, 483, 486, 499.
Wolff, Jonathan, 129, 483, 496.
Wordsworth, William, 328.
Wyoming, leis "ag-gag" derrubadas em, 436.
Wyoming, Universidade do, 192.

Zoológico de Berlim, 339.
Zoológico de Detroit, 354.
Zoológico de San Diego, 352, 363.
zoológicos,
 clientela turística de, 346.
 como incapazes de atender às necessidades dos grandes mamíferos, 353, 354, 357, 359.
 crueldade com animais em, 325, 346, 347, 425.
 cuidados veterinários em, 343, 344.
 educação e, 19, 348, 349, 350, 400.
 EUA, elefantes traficados para os, xix, xxvi, 355.
 falsas amizades entre humanos e animais exibidas em, 396, 399.
 grandes reservas *vs.*, 346, 348, 356, 360, 363.
 importação de animais selvagens jovens para, 340.
 interesses humanos atendidos por, 347, 352, 360, 397, 399, 425.
 pesquisa científica em, 348, 350, 400.
 preferências adaptativas e, 72.
 regulamentação de, 347, 360.
 reprodução controlada em, 351.
 vidas empobrecidas dos animais em, 6, 152, 260, 349, 397.
Zoopolis (Donaldson e Kymlicka), 284, 471.

GRÁFICA PAYM
Tel. [11] 4392-3344
paym@graficapaym.com.br